Kulbe · Die gesetzliche und private Krankenversicherung

Die gesetzliche und private Krankenversicherung

von
Arthur Kulbe

Rudolf Haufe Verlag · Freiburg i. Br.

Die Deutsche Bibliothek – CIP-Einheitsaufnahme

Kulbe, Arthur:
Die gesetzliche und private Krankenversicherung / von Arthur Kulbe. –
1. Aufl. – Freiburg i. Br.: Haufe, 1993
ISBN 3-448-02899-1

ISBN 3-448-02899-1

1. Auflage 1993

Lektorat: Thomas Muschiol

Schutzumschlag-Entwurf Michael Wiesinger, Freiburg

Satz: F. X. Stückle, 77955 Ettenheim

Herstellung: Rudolf Haufe Verlag, Freiburg

Vorwort

Die gesetzliche und die private Krankenversicherung stehen zunehmend im Blickpunkt des Interesses, denn sie bilden für jedermann eine wesentliche Grundlage der Daseinsvorsorge. Dabei ist häufig die Frage zu klären, welchem der beiden Versicherungssysteme bei der persönlichen Entscheidung der Vorzug zu geben ist. Hinzu kommt, daß beide Systeme sehr unterschiedliche Grundlagen haben. Die Gesetzliche ist aufgrund ihres staatlichen Auftrages eine Art Volksversicherung, die Private hingegen beruht einzig und allein auf der freien Entscheidung der Beitrittswilligen.

Seit der Gesundheitsreform 1989 sowie dem Gesundheits-Strukturgesetz 1993 mit zahlreichen Einschneidungen im Leistungsbereich der Gesetzlichen und der erweiterten Wahlmöglichkeit zur Privaten, ist letztere für viele Personengruppen interessant geworden. Hier die richtige Wahl zu treffen, ist nicht einfach. Zu viele Einzeltatbestände im persönlich individuellen Bereich und Zukunftsprognosen geben den Ausschlag. Allgemeingültige Empfehlungen sollen deshalb auch mit diesem Buch nicht gegeben werden, wohl aber Entscheidungshilfen.

Dieses Buch enthält eine ausführliche Darstellung der beiden Krankenversicherungssysteme und soll für jeden ratsuchenden Bürger, angehenden Fachmann der einen oder anderen Versicherungssparte und Studenten, der sich mit den unterschiedlichen Versicherungsrechtsgebieten auseinandersetzen möchte, ein Ratgeber sein. Darüber hinaus wird der systematische Einstieg in diese komplizierte Rechtsmaterie auf einfache Weise ermöglicht.

Freiburg, im Oktober 1993 — Arthur Kulbe

Inhaltsübersicht

Abkürzungsverzeichnis

AFG	Arbeitsförderungsgesetz
AG	Aktiengesellschaft
AGB	Allgemeine Geschäftsbedingungen
AlV	Arbeitslosenversicherung
AOK	Allgemeine Ortskrankenkasse
ArEV	Arbeitsentgeltverordnung
AVB	Allgemeine Versicherungsbedingungen
BAföG	Bundesausbildungsförderungsgesetz
BBG(n)	Beitragsbemessungsgrenze(n)
BErzGG	Bundeserziehungsgeldgesetz
BfA	Bundesversicherungsanstalt für Angestellte
BGB	Bürgerliches Gesetzbuch
BKK	Betriebskrankenkasse
BMG	Bundesminister für Gesundheit
DDR	Deutsche Demokratische Republik
DEVO	Datenerfassungsverordnung
EDV	Elektronische Datenverarbeitung
EG	Europäische Gemeinschaft
EStDV	Einkommensteuer-Durchführungsverordnung
EStG	Einkommensteuergesetz
EWG	Europäische Wirtschaftsgemeinschaft
GEMA	Gesellschaft für musikalische Aufführungs- und mechanische Vervielfältigungsrechte
GG	Grundgesetz
GKV	Gesetzliche Krankenversicherung
GOÄ	Gebührenordnung für Ärzte
GRG	Gesundheitsreform-Gesetz
GVL	Gesellschaft zur Verwertung von Leistungsschutzrechten
IKK	Innungskrankenkasse
JWG	Jugendwohlfahrtsgesetz
K.d.ö.R.	Körperschaft des öffentlichen Rechts
KSK	Künstlersozialkasse
KSVG	Künstlersozialversicherungsgesetz
KV	Krankenversicherung
KVdR	Krankenversicherung der Rentner

KVLG	Gesetz über die Krankenversicherung der Landwirte
LG	Landgericht
LStDV	Lohnsteuer-Durchführungsverordnung
LStR	Lohnsteuer-Richtlinien
LVA	Landesversicherungsanstalt
MB/KK 76	Allgemeine Versicherungsbedingungen für die Krankheitskosten- und Krankenhaustagegeldversicherung
MB/KT 78	Allgemeine Versicherungsbedingungen für die Krankentagegeldversicherung
MB/PV	Allgemeine Versicherungsbedingungen für die Pflegekrankenversicherung
o. ä.	oder ähnliches
OLG	Oberlandesgericht
PKV	Private Krankenversicherung
RV	Rentenversicherung
RVO	Reichsversicherungsordnung
SGB	Sozialgesetzbuch
SGG	Sozialgerichtsgesetz
Studenten-KV	Krankenversicherung der Studenten
SV	Sozialversicherung
u. a.	unter anderem
v. H.	vom Hundert
V.V.a.G.	Versicherungsverein auf Gegenseitigkeit
VVG	Versicherungsvertragsgesetz

Einleitung

Bei dem Einstieg in die Thematik des Versicherungswesens bedarf es zunächst einiger begrifflicher Klarstellungen. Bemüht man ein Lexikon, so wird man bei der Definition des Versicherungsvertrages folgende oder ähnliche Formulierungen finden: „...durch Versicherungsgesellschaften vermittelte Verträge zur Verminderung des Einzelrisikos nach den Ergebnissen der Versicherungsmathematik unter Berücksichtigung der Schadenswahrscheinlichkeit gegen Zahlung eines angemessenen Beitrages." Solche Definitionen sind im Ergebnis nicht falsch, aber zu global, um die Komplexität deS Versicherungsbegriffs genau zu beschreiben. Sicher und richtig ist, daß eine Versicherung eine Einrichtung ist, die die wirtschaftlichen Folgen eines näher bestimmten oder bestimmbaren Ereignisses abdeckt. Charakteristisch für eine Versicherung ist dabei folglich, daß sie sich auf in der Zukunft liegende Ereignisse bezieht, denen eine Ungewißheit anhaftet. Der Versicherer verspricht dem Versicherten auf der Grundlage der Gesetze oder eines Vertrages, beim Eintritt des Versicherungsfalles den dadurch entstandenen wirtschaftlichen Schaden nach näherer Bestimmung durch Gesetz oder Vertrag abzudecken. Dabei steht nicht fest, ob der Versicherungsfall überhaupt, zu welchem Zeitpunkt oder wie häufig eintritt und ggf. in welcher Höhe Kosten dieser verursacht. Darin liegt das ungewisse Risiko sowohl auf Seiten des Versicherten als auch des Versicherers. Die Übernahme des versicherten Risikos, also des Versicherungsschutzes, stellt die eigentliche Leistung des Versicherers dar. Andererseits hat die Versicherung ihren Wert auch dann, wenn der Versicherungsfall nie eintritt. Die Verpflichtung des Versicherten besteht darin, als Gegenleistung die festgelegten Beiträge zu zahlen. Diese Beiträge werden in der gesetzlichen wie privaten Versicherung versicherungsmathematisch, jedoch nach unterschiedlichen Grundsätzen ermittelt.Jedenfalls sind die Beiträge so zu bemessen, daß der Versicherer in der Lage ist, die künftigen Aufwendungen für die von ihm möglicherweise zu erbringenden Leistungen zu decken. Die Beiträge sind also der Gegenwert des von dem Versicherten zu erwartenden Versicherungsschutzes.

Dieses in der Bundesrepublik Deutschland bestehende duale Krankenversicherungssystem, also das Nebeneinander von gesetzlicher und privater Krankenversicherung, ermöglicht einen allumfassenden Schutz gegen die wirtschaftlichen Folgen aller nur denkbaren Krankheitsrisiken. Dabei hat der Staat die Verantwortung für die gesetzliche Krankenversicherung übernommen. Ausgangspunkt hierfür ist das „Gesetz betreffend die Krankenversicherung der Arbeiter“ vom 15. Juni 1883. Dieses Gesetz ist vor dem Hintergrund der wirtschafts- und sozialpolitischen Ereignisse der damaligen Zeit zu sehen. Deutschland entwickelte sich zu einem Industriestaat, in dessen Verlauf sich die industrielle Lohnarbeiterklasse etablierte. Mit den damit einhergehenden Strukturveränderungen entwickelte sich auch die Arbeiterbewegung als Gegenpol kapitalistischer Ausbeutung. Die Regierung unter dem damaligen Kaiser Wilhelm I. fühlte sich durch die Arbeiterbewegung bedroht und bekämpfte sie durch ein Verbot ihrer Organisationen (Sozialistengesetz 1878). Schon bald mußte die Regierung erkennen, daß dieses Verbot und die weit verbreitete Not in der Arbeiterschaft die Gründe beginnender Radikalisierung und verstärkter Untergrundarbeit waren. Deshalb wurden in der Folge auf sozialpolitischem Wege Änderungen mit dem Ziel der Beseitigung sozialer Mißstände herbeigeführt. Dieses Ziel sollte in der Abdeckung der Risiken, die das Arbeitsverhältnis und so die Existenzgrundlage gefährdeten, erreicht werden. Risiken waren Verdienstausfall bei Arbeitsunfähigkeit infolge Krankheit, Arbeits-(Betriebs-)unfall, Invalidität und Alter.

Die moderne Sozialversicherung findet ihre Hauptwurzeln in der Kaiserlichen Botschaft Wilhelms I. an den Deutschen Reichstag vom 17. 11. 1881, deren Urheber und geistiger Vater der damalige Reichskanzler Otto Fürst von Bismarck war. Nach seinen Vorstellungen sollten Arbeiter gegen die wirtschaftlichen Folgen von Krankheit, Unfall, Invalidität und finanzieller Not im Alter versichert werden. Damit wurde ein ebenso langer wie schwieriger Prozeß eingeleitet, der selbst in mehr als hundert Jahren nicht zum Stillstand gekommen ist. Es würde an dieser Stelle zu weit führen, auch nur annähernd die einzelnen Stationen gesetzgeberischer Aktivitäten zu erwähnen. Insbesondere die gesetzliche Krankenversicherung war immer wieder Schauplatz gesetzlicher Neuerungen. Sie hat sich in nunmehr 110 Jahren zu einer Institution entwickelt, der man ohne Vorbehalt im Vergleich zu anderen Staaten Einmaligkeit bescheinigen kann.

Zur Zeit sind in der Bundesrepublik ca. 90 v.H. der Bevölkerung aufgrund verschiedener Tatbestände gesetzlich krankenversichert. Hierunter fallen hauptsächlich alle Pflichtversicherten als Arbeitnehmer, Arbeitslose, Studenten, Behinderte in bestimmten Einrichtungen und andere Personengruppen sowie freiwillig Krankenversicherte, welche die Voraussetzungen hierfür erfüllen. Besonderes Merkmal der auf Solidarität ausgerichteten gesetzlichen Krankenversicherung ist die Familienversicherung. Ihr gehören nach näherer Bestimmung ohne individuellen Beitrag alle Familienangehörigen der Mitglieder an, soweit sie nicht anderweitig selbst versichert sind.

Die private Krankenversicherung hat in den letzten Jahren aus ihrer Sicht erfreuliche Mitgliederzuwächse zu verzeichnen, sei es in der Krankheitskostenvollversicherung, aber auch in den Sparten der Krankheitskostenteilversicherung, also den Zusatzversicherungen. Diese Zuwächse sind wohl in erster Linie auf steigende Beiträge und die durch das Gesundheits-Reformgesetz 1989 und Gesundheits-Strukturgesetz 1993 gesetzlich vorgegebenen Leistungsminderungen sowie auf das Klientel in den neuen Bundesländern zurückzuführen. Jedenfalls beträgt der Mitgliederbestand an Vollversicherten ca. 10 v.H. der Gesamtbevölkerung. Die Zahl der Zusatzversicherten betrug Ende 1992 absolut ca. 5,5 Millionen.

Aus diesen Zahlen kann der Leser entnehmen, daß jeder Bürger in der einen oder anderen Form einen Krankenversicherungsschutz hat. Eben weil dieses so ist, nimmt die breite Öffentlichkeit regen Anteil an dessen weiterer Entwicklung. Hier ist vor allem die Kostenentwicklung bei den Versicherungen unter Berücksichtigung sozialverträglicher Beiträge zu nennen. Die Ursachen hierfür werden je nach Interessenlage unterschiedlich beurteilt und sind von der Sichtweise der jeweils am Gesundheitswesen Beteiligten abhängig.

Auf der einen Seite bestand in den letzten Jahren unzweifelhaft ein dringender Handlungsbedarf im Bereich der gesetzlichen Krankenversicherung, die Ausgabenentwicklung zu bremsen, was zur Einleitung von Strukturmaßnahmen führte, die dem System Perspektiven und Stabilität für die Zukunft geben sollen.

Durch das Gesundheitsreform-Gesetz (GRG) von 1989 konnte der durchschnittliche allgemeine Beitragssatz der Krankenkassen von 12,9 v.H. auf 12,2 v.H. Anfang 1991 abgesenkt werden. Ohne das GRG hätte er vermutlich um rund 2 v.H. höher gelegen. Im Jahr 1991 betrug das Defizit der Krankenkassen 5,5 Milliarden. 1992 hat sich der Fehlbetrag mit ca. 10 Mrd. fast verdoppelt. Dies führte unweigerlich zur Erhöhung der Beitragssätze. Ende 1992 erreichte der durchschnittliche Beitragssatz einen Rekord von über 13 v.H.. Beitragssatzstabilität heißt deshalb das Gebot der Stunde. Eine sofortige Bremsung der Kosten in der gesetzlichen Krankenversicherung soll das hohe Niveau unseres Gesundheitssystems sichern.

Schaubild: Entwicklung des durchschnittlichen Beitragssatzes in der gesetzlichen Krankenversicherung in den alten Ländern von 1980 – 1992 in % (Jahresdurchschnitt)

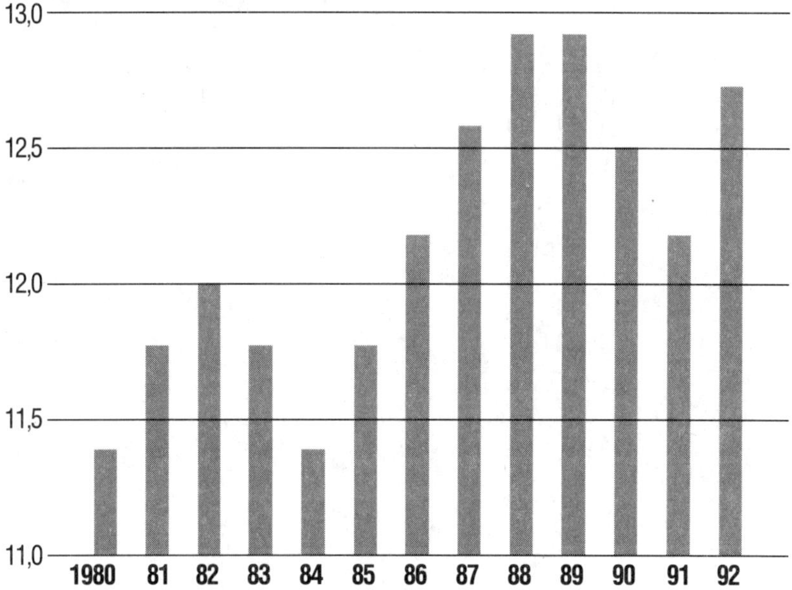

(vgl. Broschüre des BMG)

Andererseits ist die private Krankenversicherung deshalb in die Schlagzeilen geraten, weil hier die Beiträge vor allem für ältere Versicherte überproportional gestiegen sind, was ebenfalls Anlaß zu Beitragsstrukturveränderungen gegeben hat. Die Mechanismen sind jedoch sehr unterschiedlich. In der gesetzlichen Krankenversicherung hat der Gesetzgeber im Rahmen seines sozialstaatlichen Auftrages und seiner Verantwortung die Initiative in Form der Gesetzgebung zu ergreifen, während in der privaten Krankenversicherung in erster Linie die Versicherungsunternehmen selbst in Übereinstimmung mit dem Bundesaufsichtsamt für das Versicherungswesen entsprechende Maßnahmen zur Kostendämpfung und der Beitragsgestaltung ergreifen müssen.

Diese grundlegenden einleitenden Feststellungen sollen mithelfen, im Leser auch das Verständnis für die unterschiedlichen Systeme und deren Probleme zu wecken.

A Die Versicherungssysteme im Überblick

I Gesetzliche Krankenversicherung (GKV)

1 Die gesetzliche Krankenversicherung als Teilsystem der sozialen Sicherung

Die Bundesrepublik Deutschland ist nach Artikel 20 Grundgesetz ein demokratischer und sozialer Bundesstaat. Dieser Auftrag unserer Verfassung enthält zugleich die Verpflichtung des Staates, seinen Bürgern ein umfassendes Netz sozialer Absicherung anzubieten. Soziale Sicherung ist eine der wichtigsten Lebensgrundlagen jedes Bürgers. Ein Teil hiervon ist neben der Versorgung und Sozialhilfe die gesetzliche Sozialversicherung. Sie gliedert sich grundsätzlich in folgende Zweige:

gesetzliche Krankenversicherung,
gesetzliche Unfallversicherung,
gesetzliche Rentenversicherung.

Neben diesen drei sogenannten klassischen Zweigen gehören im weiteren Sinne noch die Arbeitslosenversicherung und die Altershilfe für Landwirte hierzu.

An dieser Einteilung wird deutlich, daß wir es bei der Sozialversicherung nicht mit einem Einheits-, sondern einem gegliederten System sozialer Versicherung zu tun haben. Grundlegendes Merkmal dieses Systems ist, daß es den Personen, denen es zugute kommen soll, nicht übertragen wird, selbst zu entscheiden, ob sie der Versicherung angehören wollen. Vielmehr haben sie, von der Möglichkeit der freiwilligen Versicherung einmal abgesehen, dieser Versicherung aufgrund gesetzlicher Pflicht anzugehören.

Der gesetzlichen Krankenversicherung kommt in diesem Zusammenhang eine wesentliche Bedeutung zu. Man stelle sich vor, die auf den gesetzlichen Krankenversicherungsschutz angewiesenen Menschen hätten im Krankheitsfall die dann entstehenden Kosten, z. B. an ärztlicher (zahnärztlicher) Behandlung, der Arzneien, der Krankenhauspflege, und darüber hinaus anfallende Kosten allein zu tragen. Die Folge wäre wohl in den allermeisten Fällen eine Überforderung ihrer finanziellen Möglichkeiten. Auch der Staat wäre bei weitem überfordert, aus seinen Mitteln hier für den sozialen Ausgleich zu sorgen.

Die gesetzliche Krankenversicherung beruht also auf dem Versicherungsprinzip. Das heißt, daß die Versicherten an ihrem Krankenversicherungsschutz in Form von Beiträgen finanziell beteiligt werden. Neben diesem Versicherungssystem existieren noch andere staatliche Einrichtungen der Daseinsvorsorge gegen die Folgen von Krankheit, die aber im Gesamtsystem der sozialen Sicherung einen eher untergeordneten Rang einnehmen. Dabei wäre zunächst der Bereich der Versorgung als eine weitere Säule der sozialen Sicherung zu nennen. Sie umfaßt im wesentlichen die Übernahme von Leistungen durch den Staat aufgrund von Kriegsfolgeleiden für die Betroffenen, bzw. deren Hinterbliebenen oder auch für Krankheiten, die sich ein Soldat in Ausübung des Dienstes bei der Bundeswehr oder ein Zivil- oder Ersatzdienstleistender zugezogen hat.

Die Versorgung der Beamten im Krankheitsfalle ist rein historisch begründet und findet zunehmend Kritiker. Ursprünglich hatte der Staat sich der ihm gegenüber dienstverpflichteten Beamten die Fürsorgepflicht auch im Krankheitsfalle auferlegt. Er zahlte seinen Staatsdienern keinen erfolgsorientierten Gegenwert für geleistete Arbeit, sondern sicherte ihnen Bezüge zu, die ein einfaches Leben ermöglichen sollten. Hinzu kamen die Arbeitsplatzgarantie und eine Beihilfe zu entstehenden Kosten im Krankheitsfalle und Alter. Durch den inzwischen eingetretenen Wandel in unserer Gesellschaft und den damit einhergehenden Veränderungen in der Einkommensentwicklung dürften diese Prinzipien als weitestgehend überholt angesehen werden. Kein Beamter wird sich mehr allein auf die Beihilfe des Staates in Krankheits-, Geburts- und Todesfällen verlassen. Die Eigenbelastung wäre zu groß, so daß auch bei diesem Personenkreis die Selbsthilfe in Form anderer Absicherungen im Vordergrund steht.

Als dritte Säule sozialer Sicherung gewährt der Staat all denen Krankenschutz, die weder durch eine Krankenversicherung noch durch die Versorgung Hilfe erhalten. Es handelt sich hier um Sozialhilfeleistungen an Personen, die hilfsbedürftig im Sinne des Bundessozialhilfegesetzes geworden sind und nicht von unterhaltsverpflichteten Familienangehörigen entsprechende Leistungen erhalten.

Versorgungs- und Sozialhilfeleistungen werden ausschließlich aus Steuermitteln finanziert. Die Kosten teilen sich der Bund, die Länder und Gemeinden nach näherer Bestimmung und Zuständigkeit.

2 Die gesetzliche Krankenversicherung als Zweig der Sozialversicherung

Als bedeutendste Form im Gesamtsystem sozialer Sicherung muß die Sozialversicherung genannt werden. Einerseits weil sie nahezu allen Bevölkerungsgruppen offensteht, andererseits weil sie in fast allen Lebenslagen einen umfassenden Versicherungsschutz gewährleistet. Die Bedingungen, sowohl was die Höhe der Beiträge als auch den Leistungsumfang betrifft, stehen unter staatlicher Regie. Das gilt für alle drei Zweige der gesetzlichen Sozialversicherung, nämlich die Kranken-, Unfall und Rentenversicherung.

Zwischen diesen Versicherungszweigen bestehen Aufgabenabgrenzungen, die im Gesamtsystem ein Ganzes ergeben. Die gesetzliche Krankenversicherung ist vom Grundsatz ihrer Zweckbestimmung her für die Sicherstellung der Leistungen im Krankheitsfalle zuständig. Terminologisch ist nach der Lehre des Versicherungsrechts Krankheit ein regelwidriger körperlicher, geistiger oder seelischer Zustand, der ärztlicher Heilbehandlung bedarf. Die Notwendigkeit ärztlicher Inanspruchnahme ist nach den gesamten Umständen des Einzelfalles zu beurteilen. Das gilt auch für den Zustand der Arbeitsunfähigkeit als Folgeerscheinung einer Krankheit. So gesehen, besteht zwischen einer Krankheit und Arbeitsunfähigkeit lediglich ein gradueller Unterschied. Nicht jede Krankheit bedingt also zugleich Arbeitsunfähigkeit, welches wiederum Auswirkungen auf den Umfang der Leistungen hat. Ist der Versicherte nämlich wegen der Schwere einer Krankheit nicht in der Lage, seine Arbeit auszuüben, erhält er eine zusätzliche wirtschaftliche Absicherung in Form des Krankengeldes als Lohnersatz. Das setzt allerdings voraus, daß tatsächlich infolge der durch Krankheit bedingten Arbeitsunfähigkeit ein Einkommensausfall eintritt und daß das Versicherungsverhältnis diese Leistung einschließt. Krankengeld wird zwar, wie später noch ausführlich darzulegen sein wird, nach dem Gesetz ohne zeitliche Begrenzung gewährt, für den Fall der Arbeitsunfähigkeit wegen derselben Krankheit jedoch für längstens 78 Wochen innerhalb von 3 Jahren. Geht die Arbeitsunfähigkeit in einen Dauerzustand über und wird der Versicherte erwerbsunfähig im Sinne der gesetzlichen Rentenversicherung, endet mit dem Rentenbeginn die Leistung Krankengeld der Krankenversicherung. Von nun an erhält der Versicherte eine Rente aus der gesetzlichen Rentenversicherung als Dauerleistung. An diesem Beispiel wird deutlich, daß die gesetzliche Krankenversicherung nur für eine begrenzte Zeit zuständig ist, Leistungen zu erbringen, und daß eine Aufgabenteilung zwischen ihr und der gesetzlichen Rentenversicherung stattfindet. Eine weitere Leistungsabgrenzung ergibt sich bei den Maßnahmen zur Rehabilitation. Während dieser Zeit hat die gesetzliche Krankenversicherung die jeweils für den Versicherten geeigneten medizinischen Maßnahmen einzuleiten, die gesetzliche Rentenversicherung gewährt dagegen nach beendetem medizinischem Heilverfahren Maßnahmen zur beruflichen Wiedereingliederung, wenn dadurch eine Rente vermieden wird.

Die gesetzliche Unfallversicherung sieht in ihrem Leistungskatalog sowohl medizinische Heilmaßnahmen und Lohnersatzleistungen als auch Renten sowie Leistungen zur beruflichen Rehabilitation vor. Sie wird aber nur dann zur Leistung verpflichtet, wenn die Krankheitsursache auf einem Unfall während der beruflichen Tätigkeit (Arbeitsunfall), auf dem Weg zur oder von der Arbeit (Wegeunfall) oder auf einer anerkannten Berufskrankheit beruht. Daneben nennt das Gesetz (§ 539 RVO) eine Reihe von Personenkreisen, die bei der Ausübung verschiedener nicht berufsbezogener Tätigkeiten vom gesetzlichen Unfallversicherungsschutz erfaßt werden. Primäre Aufgabe dieses Versicherungszweiges ist jedoch unbestritten, darauf zu achten, daß die Unfallverhütungsvorschriften in den Betrieben eingehalten werden, um so Arbeitsunfälle zu verhüten.

II Private Krankenversicherung (PKV)

1 Die private Krankenversicherung als Teil der privaten Vorsorge

Ebenso wie die gesetzliche Krankenversicherung bietet die private Krankenversicherung Schutz vor finanziellem Risiko bei Krankheit. Sie ist folglich auch Teil des gesamten Krankenversicherungssystems, allerdings in erster Linie für solche Personengruppen, die nicht von der gesetzlichen Krankenversicherungspflicht erfaßt werden. Das sind im wesentlichen Selbständige, Beamte, aber auch solche Arbeitnehmer, die wegen der Höhe ihres Arbeitsentgelts in der gesetzlichen Krankenversicherung versicherungsfrei sind.

Die meisten Angehörigen der Arbeitnehmergruppe haben unmittelbar vorher im Rahmen einer Pflichtversicherung den Krankenversicherungsschutz bei einer gesetzlichen Krankenkasse erhalten. Ihnen wird vom Gesetz unter bestimmten Voraussetzungen das Recht eingeräumt, in der gesetzlichen Krankenversicherung auch bei nicht mehr bestehender Versicherungspflicht ihre Mitgliedschaft freiwillig fortzusetzen. Die Unternehmen der privaten Krankenversicherung konzentrieren sich deshalb auch darauf, solche neuen Mitglieder zu gewinnen, die die Wahlmöglichkeit zwischen der Gesetzlichen und der Privaten haben. Dieser Wettbewerb erklärt das Spannungsverhältnis zwischen diesen beiden Systemen.

Bei dieser Betrachtung geht es allein um die Gewinnung neuer Versicherter für eine Krankheitskostenvollversicherung, die eine Alternative zur Gesetzlichen darstellen soll. Das umworbene Klientel der privaten Krankenversicherungsunternehmen beschränkt sich aber nicht nur auf Versicherte mit einer Krankheitskostenvollversicherung. Auch Zusatzversicherungen, wie Krankenhaustagegeld, Krankentagegeld, Auslandsreisekrankenversicherungen usw., können oft als sinnvolle Ergänzung zum gesetzlichen Krankenversicherungsschutz abgeschlossen werden.

III Systemmerkmale der Gesetzlichen und Privaten Krankenversicherung

1 GKV – Solidaritätsprinzip

Verfolgt man die moderne Krankenversicherung bis in ihre Anfänge zurück, so wird eines ihrer tragenden Prinzipien deutlich. Es sollte auf Solidarität (lat. solidum = fester Boden, Festigkeit) ausgerichtet sein, ihre Mitglieder sollten auf dem Gebiet der Krankheitsvorsorge füreinander einstehen. Zum Risikoausgleich tritt der soziale Ausgleich innerhalb der Versichertengemeinschaft ein. Dieser soziale Ausgleich hat seine Wurzeln in der sozialpolitischen Zielsetzung, nämlich einen Ausgleich zwischen sozial schwächeren und sozial stärkeren Mitgliedergruppen zu schaffen. Er besagt weiter, daß entsprechend den Grundsätzen der Solidarität jedes Mitglied der Versichertengemeinschaft so viel von der Gemeinschaft erhält, als es benötigt, und so viel zu ihren Aufwendungen beiträgt, als es seiner wirtschaftlichen Leistungsfähigkeit entspricht. Die sozial Stärkeren sollen die Existenz der sozial Schwächeren sichern. Deshalb ist die wirtschaftliche Leistungskraft eines jeden Versicherten die Grundlage für die Höhe des Beitrages. Allerdings wird nicht immer nach diesen Grundsätzen verfahren. Die differenzierte Gestaltung von Beitragssätzen für bestimmte Personengruppen, z.B. freiwillige Mitglieder ohne Anspruch auf Krankengeld, schafft innerhalb der Solidargemeinschaft einer Krankenkasse weitere kleine Solidargemeinschaften.

2 PKV – Äquivalenzprinzip

Die private Krankenversicherung ist Teil der privaten Wirtschaft und nach deren Grundsätzen strukturiert. Das gilt ganz besonders für den Grundsatz des Gleichgewichts von Leistung und Gegenleistung (lat. äquivalent = Gegenwert, gleichwertiger Ersatz).

Die Versicherungsunternehmen kalkulieren das zu erwartende Risiko bereits beim Abschluß des Vertrages und treffen vor Beginn der Versicherung eine Auslese. Bedeutet der Versicherungsnehmer für das Unternehmen ein über das normale Maß hinausgehendes Risiko, entweder weil er krankheitsanfällig ist oder ein bestimmtes Alter erreicht hat, kann das Versicherungsunternehmen vom Abschluß einer Versicherung Abstand nehmen oder den Beitrag durch Risikozuschläge entsprechend hoch festsetzen. Hier wird die Leistung des Unternehmens in ein entsprechendes Verhältnis zur Gegenleistung (Beitrag) gesetzt, so daß insoweit auch hier ein Ausgleich stattfindet.

Versicherte mit gleichem Leistungsanspruch innerhalb eines Leistungstarifs sind zu Gefahrengemeinschaften zusammengeschlossen, wobei deren Risiko jeweils versicherungsmathematisch kalkuliert und der Beitrag dementsprechend festgesetzt wird. Im Gegensatz zur GKV stehen in der PKV eine Vielzahl von „kleinen“ Gefahrengemeinschaften innerhalb eines Unternehmens nebeneinander.

3 GKV – Naturalleistungsprinzip

Es gehört zum Gesamtbild der gesetzlichen Krankenversicherung, daß ihre Versicherten Dienst- und Sachleistungen erhalten, ohne dafür irgendwelche Beträge vorlegen zu müssen. Die Krankenkassen stellen ihren Versicherten über die Vertragspartner, wie Ärzte, Zahnärzte, Apotheken, Krankenhäuser u.a., die Leistungen in natura zur Verfügung, wobei das Abrechnungsverfahren für diese Leistungen quasi am Versicherten vorbei geregelt worden ist. Abgesehen von einer Eigenbeteiligung der Versicherten bei Sachleistungen tragen die Krankenkassen die Kosten unmittelbar, und zwar in der mit den jeweiligen Organisationen der Vertragspartner festgelegten Höhe. Einzelheiten hierzu werden im Kapitel „Die Beziehungen zu den Leistungserbringern“ ausführlich erläutert.

4 PKV – Kostenerstattungsprinzip

Die privaten Krankenversicherungsunternehmen erbringen ihren Versicherten dagegen keine Naturalleistungen. Hier gilt das Kostenerstattungsprinzip. Das heißt, daß die Versicherten die Kosten für die Leistungen grundsätzlich zunächst selbst bezahlen. Der Ausgleich findet dann gegen Vorlage der Rechnungen im Rahmen der vertraglich vereinbarten Höhe statt. Immer häufiger gehen jedoch Versicherungsunternehmen dazu über, zumindest bei Krankenhausbehandlungen dieses für den Versicherten kostspielige Verfahren aufzuweichen, indem sie das direkte Abrechnungsverfahren mit den Leistungserbringern eingeführt haben.

5 Gesetzliche Krankenkassen – Körperschaften des öffentlichen Rechts

Die Krankenkassen haben einen staatlichen Auftrag, nämlich für ihre Versicherten die vorgeschriebenen Leistungen im Krankheitsfall sicherzustellen sowie die anderen damit einhergehenden Aufgaben als gesetzlichen Auftrag zu erfüllen. Sie sind damit Teil der öffentlichen Verwaltung, allerdings in ganz anderer Form und Ausgestaltung, als man sich dies üblicherweise von einer Verwaltung vorstellt.

Der Staat gibt den Krankenkassen zwar die Gesetze vor und achtet auch darauf, daß diese beachtet und ausgeführt werden, einen direkten Zugriff in Form fachlicher Weisungen hat er indes nicht. Krankenkassen sind nämlich rechtsfähige Selbstverwaltungskörperschaften (§ 29 SGB IV und § 4 SGB V) und als juristische Personen des öffentlichen Rechts damit weitestgehend autonom. Wie andere juristische Personen können sie nur durch ihre Organe handeln. Deshalb werden bei jeder Krankenkasse als Selbstverwaltungsorgane eine Vertreterversammlung und ein Vorstand eingerichtet, deren Mitglieder ihr Amt ehrenamtlich ausüben. Damit die Interessen der Beitragszahler möglichst gleichgewichtig wahrgenommen werden, hat sich der Gesetzgeber für eine paritätische Besetzung dieser Organe entschieden, indem er Versicherte und Arbeitgeber gleichermaßen und je zur Hälfte sowohl in der Vertreterversammlung als auch im Vorstand an den Aufgaben beteiligt. Bei den Ersatzkassen sind nur Versicherte vertreten. Diese Mitglieder wurden zuletzt alle sechs Jahre bei den Sozialversicherungswahlen aufgrund von Vorschlagslisten ihrer Vertretungen in die Organe gewählt. Das Recht, Vorschlagslisten einzureichen, haben insbesondere

1. Gewerkschaften sowie andere selbständige Arbeitnehmervereinigungen mit sozial- oder berufspolitischer Zwecksetzung,
2. Vereinigungen von Arbeitgebern sowie deren Verbände.

Die laufenden Verwaltungsgeschäfte werden hauptamtlich von dem Geschäftsführer, seinem Stellvertreter und den Angestellten wahrgenommen. Der Geschäftsführer und sein Stellvertreter werden nach geltendem Recht auf Vorschlag des Vorstandes von der Vertreterversammlung gewählt.

Schaubild

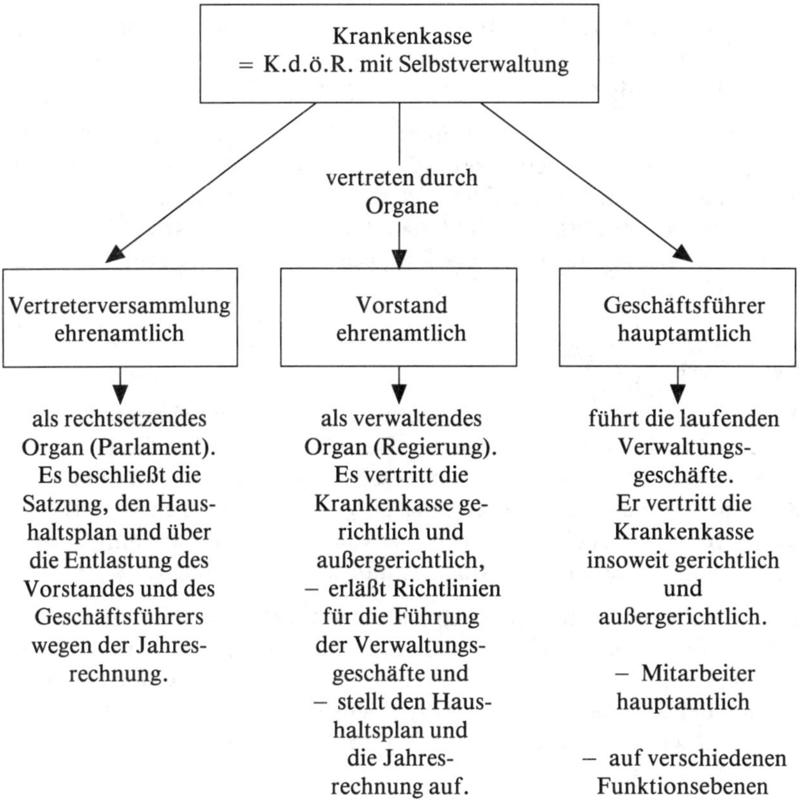

Dieses bis Ende 1995 noch geltende Recht der Selbstverwaltung bei den gesetzlichen Krankenkassen kann wegen der Vielzahl seiner teils auch bei den einzelnen Kassenarten abweichenden Vorschriften nur grundrißartig dargestellt werden. Die Erläuterungen geben jedoch einen Einblick in die Organisationsstrukturen der Krankenversicherungsträger.

Nach allgemeiner Einschätzung seiner Befürworter hat sich dieses System der Selbstverwaltung grundsätzlich bewährt, findet doch hier eine echte Mitbestimmung der an der Versicherung beteiligten Versicherten und Arbeitgeber an den vielfältigen Entscheidungsprozessen statt. Bedenkt man andererseits, daß die Vertreterversammlung je nach Mitgliederzahl der Krankenkasse aus bis zu 60 Personen bestehen kann, der Vorstand in der Regel mit 10 – 12 Personen besetzt ist, liegt bei objektiver Betrachtung die Vermutung nahe, daß die Handlungsfähigkeit der Organe bei diesen Größenordnungen hinsichtlich ihrer Flexibilität und auch mitunter Meinungsvielfalt nicht immer gewahrt ist.

Der sich in den letzten Jahren immer mehr abzeichnende Wettbewerb zur privaten Krankenversicherung, aber auch der Krankenkassenarten untereinander, fordert flexibles Agieren und Reagieren auf dem Krankenversicherungsmarkt. Das Gesundheits-Strukturgesetz 1993 verschärft die Bedingungen des Marktes, auf die an späteren Stellen einzugehen sein wird.

Neues Recht ab 1. 1. 1996

Nimmt ein Wettbewerber am Markt teil, muß er auch über die dazu erforderlichen Instrumente verfügen. Der Gesetzgeber hat die aus seiner Sicht geeigneten Voraussetzungen geschaffen, indem er sich durch eine Konzentration der Selbstverwaltungsaufgaben auf einen ehrenamtlichen Verwaltungsrat als einzigem Selbstverwaltungsorgan mit Kontrollfunktion eine rasche und flexible Entscheidungsfindung erhofft.

Die eigentlichen Verwaltungsaufgaben werden künftig von einem hauptamtlichen Vorstand wahrgenommen, der die bisherigen Aufgaben des Vorstands und des Geschäftsführers wahrnimmt. Der je nach Mitgliederzahl der Krankenkasse aus bis zu höchstens 3 Mitgliedern bestehende Vorstand wird für die Dauer von 6 Jahren gewählt, wobei die Wiederwahl möglich ist.

Der Gesetzgeber hat damit künftig den Krankenkassen, ähnlich wie in der freien Wirtschaft, Instrumentarien in die Hand gegeben, nach marktwirtschaftlichen Prinzipien und Gesetzmäßigkeiten ihre Organisationsstrukturen zu bilden.

6 Private Krankenversicherungsunternehmen

– Aktiengesellschaften und Versicherungsvereine auf Gegenseitigkeit

Während die gesetzlichen Krankenkassen zur Zeit und auch künftig den Rechtsstatus einer rechtsfähigen Körperschaft des öffentlichen Rechts mit Selbstverwaltung haben und fast ausschließlich von den gesetzlichen Vorgaben des Gesetzgebers abhängig sind, darf nach § 7 VAG nur Aktiengesellschaften, Versicherungsvereinen auf Gegenseitigkeit sowie Körperschaften und Anstalten des öffentlichen Rechts die Erlaubnis zum Geschäftsbetrieb einer privaten Krankenversicherung erteilt werden.

Von den am 1. 1. 1993 dem Verband der privaten Krankenversicherung angehörenden 52 Mitgliedsunternehmen sind 23 Aktiengesellschaften (AG), 29 dagegen Versicherungsvereine auf Gegenseitigkeit (V.V.a.G.). Hierzu muß bemerkt werden, daß nicht alle privaten Krankenversicherungsunternehmen dem besagten Verband angehören.

Die privaten Krankenversicherungsunternehmen sind ausschließlich privatwirtschaftlich orientiert und organisiert. Das heißt nun aber nicht, daß alle diese Unternehmen ein gesteigertes Interesse an Gewinnmaximierung haben. Einige von ihnen haben eine berufsbezogene homogene Klientel und sind als Selbsthilfeeinrichtungen ins Leben gerufen worden, welches die Gemeinnützigkeit ihrer Ziele unterstreicht.

Die nachfolgende Darstellung der Unternehmensformen verdeutlicht die Unternehmensziele:

6.1 Aktiengesellschaften (AG)

Die Aktiengesellschaft ist eine Gesellschaft mit eigener Rechtspersönlichkeit, eine juristische Person des privaten Rechts, gehört zu den Kapitalgesellschaften und ist kraft Gesetzes Handelsgesellschaft, auch wenn sie kein Handelsgewerbe betreibt. Für die Gesellschaftsschulden haftet nur das Gesellschaftsvermögen, nicht das Vermögen der Aktionäre. Das Grundkapital beträgt mindestens 100.000 DM und ist in Aktien zerlegt, die mindestens auf 50 DM lauten müssen. Diese Summe bildet die Rücklage. Die Organe der Aktiengesellschaft sind die Hauptversammlung der Aktionäre, der Vorstand und der Aufsichtsrat. Die Hauptversammlung wählt den Aufsichtsrat, dieser bestellt den Vorstand. Der Vorstand führt die Geschäfte und vertritt die Aktiengesellschaft gerichtlich und außergerichtlich. Er stellt den Jahresabschluß auf, der von den Abschlußprüfern geprüft wird. Billigt der Aufsichtsrat den Jahresabschluß, gilt dieser als festgestellt und ist öffentlich bekanntzumachen. Die Hauptversammlung entscheidet dann, wie der Gewinn zu verwenden ist.

Die Aktiengesellschaft entsteht mit der Eintragung in das Handelsregister. Zuvor müssen die Gründer, bestehend aus mindestens 5 Personen, die Satzung festgestellt haben. Änderungen der Satzung kommen durch Beschluß der Hauptversammlung mit einer Mehrheit von mindestens 3/4 und durch Eintragung in das Handelsregister zustande.

6.2 Versicherungsvereine auf Gegenseitigkeit (V.V.a.G.)

Die Mitglieder des V.V.a.G. sind einerseits Versicherungsnehmer, andererseits sind sie in ihrer Gesamtheit ihr eigener Versicherer. Sie tragen das Geschäftsrisiko des gesamten Betriebes selbst und müssen Verluste durch Beiträge, Umlagen oder andere Zuwendungen dem Verein gegenüber decken, Überschüsse werden untereinander verteilt.

Der V.V.a.G. ist ebenfalls eine juristische Person und wird in das Handelsregister eingetragen.

7 Aufsicht

GKV:

Wenn auch die gesetzlichen Krankenkassen autonome Körperschaften des öffentlichen Rechts mit Selbstverwaltung und eigener Personal- und Finanzhoheit sind, unterliegt ihr Handeln doch staatlicher Aufsicht. Diese erstreckt sich auf die Beachtung von Gesetz und sonstigem Recht, das für die Krankenkassen maßgebend ist. Sonstiges Recht in diesem Sinne sind z.B. die eigene Satzung und Rechtsverordnungen. Der Umfang der Aufsicht erschöpft sich in dieser Rechtsaufsicht. Fachliche Anweisungen der Aufsichtsbehörde, die z.B. in die Organisation der Krankenkasse hineinreichen, gehören nicht hierzu, ebenso nicht die Dienstaufsicht über das Personal. Für Krankenkassen, deren Zuständigkeitsbereich sich über die Grenzen eines Bundeslandes hinaus erstreckt (z.B. einige Ersatzkassen und Betriebskrankenkassen), führt das Bundesversicherungsamt in Berlin die Aufsicht. Andere Krankenkassen, deren Zuständigkeitsbereich sich nicht über die Grenzen eines Landes hinaus erstreckt, unterliegen der Aufsicht der für sie zuständigen obersten Verwaltungsbehörden der Länder (i.d.R. die Arbeits- und Sozialministerien der Länder). Die Aufsicht kann auf nachgeordnete Behörden delegiert werden.

PKV:

Die privaten Versicherungsunternehmen bedürfen trotz ihrer freien Trägerschaft gleichwohl der staatlichen Erlaubnis zum Betrieb des Versicherungsgeschäfts. Diese Erlaubnis erteilt das Bundesaufsichtsamt für das Versicherungswesen in Berlin. Es prüft neben der Eignung eines Versicherungsunternehmens auch die Geschäftspläne, Rechnungslegung, Kapitalanlagen usw.. Bei schwerem Verstoß gegen die Pflichten eines Versicherungsunternehmens kann die Erlaubnis entzogen werden. Einzelheiten zum Umfang der Aufsicht enthält das „Gesetz über die Beaufsichtigung der Versicherungsunternehmen".

IV Rechtliche Grundlagen der Versicherung

1 Gesetzliche Krankenversicherung

Die Träger der gesetzlichen Krankenversicherung (Krankenkassen) sind als Körperschaft des öffentlichen Rechts Teil der mittelbaren Staatsverwaltung und damit wie die Gesetzgebung und Rechtsprechung an Gesetz und Recht gebunden (Artikel 20 Absatz 3 GG). Damit unterliegen sie dem Prinzip der Gesetzmäßigkeit der Verwaltung. Ihr Handeln bedarf also stets einer rechtlichen Norm. In den meisten Fällen sind solche Rechtsnormen Gesetze und Rechtsverordnungen. § 31 SGB I verpflichtet die Krankenkassen insoweit, als Rechte und Pflichten in den Sozialleistungsbereichen nur begründet, festgestellt, geändert oder aufgehoben werden dürfen, soweit ein Gesetz es vorschreibt oder zuläßt.

Privatrechtliche Vereinbarungen, die zum Nachteil des Versicherten von den Vorschriften des Sozialgesetzbuches abweichen, sind nichtig. Welche Rechtsnormen sind nun für die Krankenkassen im wesentlichen verbindlich?

1.1 Das Sozialgesetzbuch

Im Grundgesetz ist das Rechts- und Sozialstaatsprinzip für die in der Bundesrepublik Deutschland geltende Rechtsordnung festgelegt. Daraus folgt im Ergebnis der Auftrag an den Gesetzgeber, die nachgeordneten Gesetze im Rahmen dieser Grundordnung auszugestalten. Insbesondere ist hier das Sozialgesetzbuch zu nennen.

Die Vorschriften sind, nach Versicherungszweigen getrennt, zu einem Gesetzeswerk zusammengefaßt. Daneben gibt es noch Sondergesetze. Für die gesetzliche Krankenversicherung sind in erster Linie das Erste Buch (SGB I), das Vierte Buch (SGB IV), das Fünfte Buch (SGB V) und das Zehnte Buch (SGB X) mit nachfolgend kurzgefaßter Inhaltsübersicht von Bedeutung:

SGB I – Allgemeiner Teil –

Es enthält die für alle Sozialversicherungszweige geltenden Vorschriften wie

- die Aufgaben des Sozialgesetzbuches,
- soziale Rechte,
- Leistungsarten und Leistungsträger,
- Aufklärungs-, Beratungs- und Auskunftspflichten der Sozialleistungsträger,
- Grundsätze des Leistungsrechts, wie Entstehen und Fälligkeit der Ansprüche sowie Verzinsung, Verjährung, Aufrechnung und Pfändung,
- Vererbung von Ansprüchen auf Geldleistungen und
- Mitwirkungspflichten der Leistungsberechtigten.

SGB IV – Gemeinsame Vorschriften für die Sozialversicherung –

Die in diesem Buch aufgeführten Vorschriften regeln hauptsächlich

- den Geltungsbereich und Umfang der Versicherung,
- Begriffsbestimmungen und deren Anwendung,
- das gesamte Meldewesen,
- das Verfahren und die Haftung bei der Beitragszahlung,
- die Beitragsüberwachung,
- das Recht der Selbstverwaltung,
- das Haushalts- und Rechnungswesen,
- das Recht der Aufsicht über die Versicherungsträger und
- das Verfahren bei Ordnungswidrigkeiten.

SGB V – Gesetzliche Krankenversicherung –

Dieser Teil des Sozialgesetzbuches bildet das eigentliche Kernstück der gesetzlichen Krankenversicherung und stellt damit sowohl für den Rechtsanwender in der täglichen Praxis als auch für alle anderen an der gesetzlichen Krankenversicherung Beteiligten umfassend das materielle Recht dar, so

– den versicherten Personenkreis,
– die Leistungen der Krankenversicherung,
– die Beziehungen der Krankenkassen zu den Leistungserbringern, wie Ärzten, Zahnärzten, Krankenhäusern, Apotheken u.a.,
– die Krankenkassenarten und deren Zuständigkeit,
– die Mitgliedschaft und Wahlrechte,
– die Beiträge.

Darüber hinaus werden hier Regelungen getroffen, die im Einzelfall einer späteren Erläuterung bedürfen.

SGB X – Verwaltungsverfahren, Schutz der Sozialdaten, Zusammenarbeit der Leistungsträger und ihre Beziehungen zu Dritten –

Das SGB X unterscheidet sich insofern von den anderen Teilen des Sozialgesetzbuches, als es den Krankenkassen vorschreibt, welche allgemeingültigen verwaltungs- und verfahrensrechtlichen Grundsätze sie zu beachten haben. Werden Beiträge erhoben oder Leistungen erbracht, haben die Krankenkassen sich innerhalb festgelegter Regeln zu verhalten. Auf den Bürger mag dies im Einzelfall lästig, mitunter vielleicht unverständlich wirken, andererseits dürfen Krankenkassen, wie alle Verwaltungskörperschaften, nur nach gesetzlichen Vorschriften handeln. Das soll aber nicht heißen, daß ihnen kundenorientiertes Verhalten verwehrt ist. Im Gegenteil, in Zeiten zunehmenden Wettbewerbs haben sie auf Kundenwünsche und -bedürfnisse einzugehen, ganz abgesehen davon, daß dieses zu den einfachsten Regeln des menschlichen Miteinander, auch im Berufsleben, gehören sollte. Hierin beweisen sich die wahre Größe und Qualität, und wohl auch der unternehmerische Erfolg.

Kann eine einmal getroffene Entscheidung zugunsten oder zu Lasten des Versicherten/Arbeitgebers zurückgenommen werden? Welche Konsequenzen ergeben sich daraus? Was kann der Versicherte/Arbeitgeber tun, wenn er sich ungerecht behandelt fühlt? Auf diese und andere verfahrensrechtliche Fragen gibt das SGB X detaillierte Auskünfte (vgl. Kap. „Rechtsschutz“).

Weiterhin werden in einem besonderen Abschnitt des SGB X gesetzliche Vorkehrungen zum Datenschutz getroffen. Gerade bei Krankheiten ist dies ein äußerst sensibler Bereich.

Die Beziehungen der Krankenkassen zu anderen Leistungserbringern interessieren den Leser wahrscheinlich weniger und sollen deshalb nicht weiter behandelt werden.

Neben diesem für die Krankenkassen so bedeutsamen Sozialgesetzbuch gibt es für sie eine Reihe anderer Gesetze, deren Beachtung und Anwendung ihnen im Einzelfall aufgetragen ist. Diese sollen jedoch später an geeigneter Stelle in die Einzelbetrachtung einbezogen werden.

1.2 Rechtsverordnungen

Häufig regeln Gesetze, so auch das Sozialgesetzbuch, die von ihnen angeführten Rechtstatbestände nicht erschöpfend. Das liegt zum einen daran, daß diese eine sehr umfangreiche Tragweite besitzen, zum anderen aber auch in der ständigen Veränderung der Verhältnisse. Die Inhalte sind deshalb stets anpassungsbedürftig. Das Gesetz bildet dann in solchen Fällen einen sog. Obersatz, innerhalb dessen Grenzen dieser Obersatz eine konkrete Ausgestaltung erfahren muß.

Nach Artikel 80 GG können in solchen Fällen
- die Bundesregierung, ein Bundesminister oder die Landesregierungen
- durch das jeweilige Gesetz ermächtigt werden,
- Rechtsverordnungen zu erlassen.

Dabei müssen Inhalt, Zweck und Ausmaß (Bestimmtheitsgebot) der erteilten Ermächtigung im Gesetz bestimmt werden. Überdies enthalten Rechtsverordnungen durch ihren verbindlichen Regelungscharakter Arbeitsanleitungen für den Praktiker.

1.3 Satzungen

Nach § 34 SGB IV i.V. mit § 194 SGB V hat sich jede Krankenkasse eine Satzung zu geben. Durch diese sinngemäße Formulierung stellt das Gesetz verbindlich die Pflicht zu autonomer Rechtsetzung fest. Allerdings gilt die Satzung nur für den Wirkungs- und Organisationsbereich der einzelnen Krankenkasse und ist von ihrem Rechtscharakter her vom Gesetz abgeleitetes Recht.

Die Bestimmungen der Satzung dürfen nicht dem höherwertigen Recht, z.B. Grundgesetz, einfache Gesetze oder Rechtsverordnungen, widersprechen. Gleichwohl müssen sie Regelungen enthalten, die zum Teil vom Gesetz auferlegt und für die Krankenkasse individuell verbindlich sind.

Die Satzung muß insbesondere Bestimmungen enthalten über

a) Namen und Sitz der Krankenkasse,
b) Bezirk der Krankenkasse und Kreis der Mitglieder,
c) Art und Umfang der Leistungen, soweit sie nicht durch das Gesetz bestimmt sind,
d) Höhe, Fälligkeit und Zahlung der Beiträge,
e) Zahl der Mitglieder der Organe,
f) Rechte und Pflichten der Organe,
g) Art der Beschlußfassung der Vertreterversammlung,
h) Bemessung der Entschädigungen für Organmitglieder,
i) jährliche Prüfung der Betriebs- und Rechnungsführung und Abnahme der Jahresrechnung,
k) Zusammensetzung und Sitz der Widerspruchsstelle und
l) Art der öffentlichen Bekanntmachung der Satzung und ihrer Änderungen.

2 Private Krankenversicherung

Auch die privaten Versicherungsunternehmen sind, wenn auch privatwirtschaftlich organisiert, an rechtliche Normen gebunden und bewegen sich nicht in einem rechtsfreien Bereich. Lediglich ihr Handeln läßt einen den Krankenkassen gegenüber erweiterten Spielraum zu, da dieses Versicherungssystem weitgehend auf vertraglicher Vereinbarung beruht. Grenzen, aber auch Möglichkeiten des Handelns ergeben sich aus folgenden rechtlichen Grundlagen:

2.1 Bürgerliches Gesetzbuch (BGB)

Dieses umfassendste und wohl bedeutendste Gesetzeswerk des deutschen Privatrechts hat, wie beinahe selbstverständlich, auch Auswirkungen auf das Privatrechtsverhältnis des Versicherungsnehmers zu seiner Privatversicherung.

Insbesondere gelten die Grundsätze des Vertragsangebots und der Vertragsannahme. Das heißt, daß in der privaten Krankenversicherung der Vertrag (Rechtsgeschäft) durch zwei übereinstimmende Willenserklärungen zustande kommt. Seitens des Versicherungsnehmers ist der Antrag in der Regel dann angenommen, wenn die Annahme dem Versicherungsnehmer gegenüber in Form des Versicherungsscheines schriftlich erklärt wird.

Beide Parteien müssen sich von Rechts wegen vorher über den Vertrags-/Versicherungsinhalt einigen. Tatsächlich ist es so, daß das Versicherungsunternehmen den Vertragsinhalt festlegt. Der Versicherungsnehmer stimmt entweder zu, dann kommt der Vertrag zustande, oder er stimmt nicht zu. Geht die Initiative vom Versicherungsunternehmen aus, z.B. Anzeigenwerbung, so handelt es sich hierbei um eine „Aufforderung zur Abgabe einer Willenserklärung“.

Besondere Bedeutung beim Abschluß eines Versicherungsvertrages kommt dem Versicherungsvertreter zu, wie an späterer Stelle noch ausführlich erläutert wird. Er ist **kein** Erfüllungsgehilfe im Sinne des § 278 BGB, so daß ggf. für sein evtl. Fehlverhalten (falsche Beratung oder Auskunft) das Versicherungsunternehmen **nicht** haftet.

Hier ist also Vorsicht geboten!

§ 278 BGB (Verschulden des Erfüllungsgehilfen)
Der Schuldner hat ein Verschulden seines gesetzlichen Vertreters und der Person, deren er sich zur Erfüllung seiner Verbindlichkeit bedient, in gleichem Umfang zu vertreten wie eigenes Verschulden.

2.2 Versicherungsvertragsgesetz (VVG)

Das VVG vom 30.05.1908 ist die wesentliche gesetzliche Grundlage des Versicherungsvertrages. Als Spezialgesetz galt es zunächst für die in ihm aufgeführten Versicherungssparten der Sach- und Personenversicherung. Die PKV fehlt bei der Bestimmung des sachlichen Geltungsbereiches. Das mag an der geringen gesellschaftlichen wie wirtschaftlichen Bedeutung der PKV zur Zeit der Entstehung des VVG liegen. Wenngleich die PKV im VVG nicht ausdrücklich berücksichtigt wurde, gelten jedoch nach herrschender Rechtsauffassung dessen Vorschriften gleichwohl für die PKV, soweit sie auf den Krankenversicherungsvertrag sachlich anwendbar sind.

Das VVG regelt u.a., daß die Versicherungsverträge zwischen dem Versicherer und dem Versicherungsnehmer nicht jeden gewünschten Inhalt haben dürfen. Insoweit ist die Vertragsfreiheit gesetzlich eingeschränkt. Vereinbarungen zugunsten oder zum Nachteil des Versicherungsnehmers, die dem VVG entgegenstehen, können nichtig sein. Andere Vorschriften des VVG besagen sinngemäß, daß in bestimmten Fällen Vereinbarungen nicht zum Nachteil des Versicherungsnehmers, wohl aber zu seinem Vorteil getroffen werden können. So kann zum Beispiel die Frist für die Zahlung von Beiträgen von zwei Wochen nicht einseitig verkürzt, wohl aber verlängert werden.

Darüber hinaus enthält das VVG eine Reihe auch für die PKV bedeutsamer Vorschriften, die später im Sachzusammenhang erläutert werden. Der Versicherungsnehmer sollte sie dem Sinne nach kennen, um so Nachteile zu vermeiden.

2.3 Allgemeine Versicherungsbedingungen (AVB)

Wie bereits unter 2 erwähnt, fehlt es im VVG an eigens für die PKV geltenden Vorschriften. So mußten die Versicherungsunternehmen zur Selbsthilfe greifen, um das Rechtsverhältnis zu den Versicherungsnehmern auszugestalten. Dieses geschah in Form der „Allgemeinen Versicherungsbedingungen„ (AVB), die mit Wirksamwerden des Versicherungsvertrages Bestandteil desselben werden.

Die AVB ähneln in ihrem Rechtscharakter den „Allgemeinen Geschäftsbedingungen“ (AGB). Daraus folgt, daß sie von den Versicherungsunternehmen vorformulierte Vertragsbedingungen sind, welche der anderen vertragswilligen Partei faktisch auferlegt werden.

– Allgemeine Versicherungsbedingungen – Teil I –

Die AVB der privaten Krankenversicherungsunternehmen bestehen aus zwei Teilen. Teil I enthält die Musterbedingungen, z.B. „Allgemeine Versicherungsbedingungen für die Krankheitskosten- und Krankenhaustagegeldversicherung -MB/KK 76-“, die vom Verband der PKV für alle Krankenversicherungsunternehmen einheitlich erarbeitet und mit der jeweiligen Aufsichtsbehörde abgestimmt worden sind. Für die Krankentagegeldversicherungen -MB/KT 78- sowie für die private Pflegekrankenversicherung -MB/PV- hat der Verband der PKV eigenständige Musterbedingungen entwickelt.

Die Texte dieser AVB sind im Anhang abgedruckt:

– Allgemeine Versicherungsbedingungen – Teil II –

Jedes Versicherungsunternehmen kann für seinen Geltungsbereich abweichend vom Teil I und zugunsten seiner Versicherungsnehmer individuelle Versicherungsbedingungen vorgeben. Auch hierbei handelt es sich nicht um Zusatzvereinbarungen oder Nebenabreden zwischen dem Versicherungsunternehmen und Versicherungsnehmer, sondern um Ergänzungen zu Teil I, und sind damit Bestandteil der AVB.

Beispiel:

Vgl. Text zu § 3 Abs. 1 – 4 AVB -MB/KK 76- Teil I.

Als Ergänzung zu Teil I könnte Teil II wie folgt lauten (Auszug):

„Die **allgemeine** Wartezeit kann erlassen werden, wenn der Abschluß einer Versicherung mit ärztlicher Untersuchung beantragt und ein ärztliches Zeugnis auf dem hierfür bestimmten Vordruck vorgelegt wird. Der Antragsteller und die mitzuversichernden Personen sind verpflichtet, sich innerhalb von ... Wochen nach der Antragstellung auf eigene Kosten der ärztlichen Untersuchung zu unterziehen.

Der Antragsteller bleibt ... Wochen seit dem Tag der ärztlichen Untersuchung an seinen Antrag gebunden.

Wird die Untersuchung nicht innerhalb von ... Wochen nach der Antragstellung vorgenommen, so gilt diese Unterlassung als Antrag, die Versicherung mit Wartezeit durchzuführen.“

Darüber hinaus werden im Teil II die Bestimmungen zu Teil I häufig konkretisiert.

Beispiel:

Vgl. Text zu § 4 Abs. 3 der AVB -MB/KK 76- Teil I.

Als Konkretisierung hierzu könnte Teil II wie folgt lauten (Auszug):

„Als Hilfsmittel gelten

Bandagen, Brillengläser, Brillenfassungen bis zu einem Rechnungsbetrag von ... DM (ab ... Lebensjahr frühestens zwei Jahre nach Verordnung der letzten Brille), Bruchbänder, Gummistrümpfe, Gipsliegeschalen, Einlagen zur Fußkorrektur, Korrekturschienen, Kontaktlinsen, Hörgeräte, Krankenfahrstühle bis zu einem Rechnungsbetrag von ... DM, Kunstglieder, orthopädische Rumpf-, Arm- und Beinstützapparate, Sprechgeräte (elektronischer Kehlkopf).

Nicht erstattungsfähig sind Aufwendungen für alle anderen Hilfsmittel, medizinische Apparate und sanitäre Bedarfsartikel (z.B. Heizkissen, Massagegeräte, orthopädische Schuhe) sowie für die Betriebsfähigkeit, den Gebrauch und die Pflege von Hilfsmitteln.“

Teil I und II der AVB, die von der zuständigen Aufsichtsbehörde genehmigt werden müssen, sind so voneinander abzuheben, daß sie deutlich als solche erkennbar sind. Dieses kann z.B. in der Weise geschehen, indem sie sich räumlich getrennt, farblich oder sonst drucktechnisch voneinander unterscheiden. Für den Versicherungsnehmer, insbesondere für den Vertragswilligen vor Abschluß einer Versicherung, ist das besonders wichtig, damit bei einem Vergleich auch in diesem Punkt Markttransparenz besteht.

2.4 Satzung

Für den Versicherungsnehmer ist es oft wichtig zu wissen, ob er bei einem Versicherungsunternehmen mit der Rechtsform der AG oder des

VVaG versichert ist (sein möchte). Bei den VVaG können Bestimmungen, die im wesentlichen den AVB entsprechen, durchaus auch in der Satzung des Unternehmens enthalten sein. Diese unterliegt zwar auch der Genehmigungspflicht durch die Aufsichtsbehörde, ist aber für den Versicherungsnehmer meistens in Unkenntnis der Rechtsfolgen von geringer Bedeutung.

Vor Abschluß eines Versicherungsvertrages sollte sich der Vertragswillige genauestens informieren. Dazu gehört neben dem Studium der AVB Teile I, II auch die Satzung.

2.5 Besondere Vereinbarungen

Die Festsetzung des Beitrages für eine Leistung beruht auf einem versicherungsmathematisch berechneten Durchschnittsrisiko, das der Versicherer zu tragen hat. Entspricht das individuelle für den Versicherer zu tragende Risiko nicht mehr dem allgemeinen Durchschnittsrisiko, so wird der Versicherer das Gleichgewicht zwischen Beiträgen und zu erwartenden Leistungen herzustellen versuchen. Eine solche erhebliche Abweichung liegt in aller Regel vor, wenn der Versicherungsnehmer beim Abschluß der Versicherung an nicht unerheblichen oder chronischen Krankheiten leidet. Um dieses Gleichgewicht wieder herzustellen, stehen dem Versicherer zwei Instrumente zur Verfügung:

1. Ausschluß vom Versicherungsschutz für beim Beitritt bestehende Krankheiten,
2. Erhebung eines sogenannten Risikozuschlages zusätzlich zum tariflichen Beitrag.

Der zu 1. genannte Tatbestand ist bereits durch § 2 Abs. 1 Satz 2 AVB -MB/KK 76- geregelt. Hierzu sind zwei Fallgruppen denkbar:

a) Es besteht eine akut aufgetretene Erkrankung zum Zeitpunkt des Beitritts,
b) es besteht eine Krankheit, die zum Zeitpunkt des Beitritts keine Beschwerden und damit keine Behandlungsbedürftigkeit verursacht. Die Krankheit tritt aber in mehr oder weniger regelmäßigen Abständen auf.

Zu a) Für diese Fälle tritt die PKV nicht ein. Der eindeutige Wortlaut des § 2 Abs. 1 Satz 2 AVB -MB/KK 76- verhindert die Leistungsverpflichtung.

Zu b) Der Versicherer leistet anläßlich dieser Krankheit ebenfalls nicht und zwar in der Regel für die gesamte Dauer des Vertrages.

Das kann in der Praxis zu erheblichen Schwierigkeiten bei der Klärung des Ursachenzusammenhanges führen. Deshalb verfährt die PKV mit dem Leistungsausschluß für die unter b) genannten Fälle sehr zurückhaltend. Statt dessen erhebt sie zusätzlich zum tariflichen Beitrag einen individuell festzusetzenden Risikozuschlag für die Laufzeit des Vertrages, soweit nichts anderes bestimmt ist.

Eine solche Vereinbarung wird Inhalt des Vertragsverhältnisses.

2.6 Leistungstarife

Sie sind der eigentliche Leistungskatalog der Versicherung und geben detailliert Auskunft über die zu erwartenden Leistungen. Tarife werden nach Leistungsarten zusammengestellt und sind in beinahe jedem Versicherungsunternehmen unterschiedlich, weshalb ein unmittelbarer Vergleich der Tarife bei den einzelnen Unternehmen kaum möglich sein dürfte.

Auch diese Tarife sollte der PKV-Vertragswillige vor dem Abschluß einer Versicherung genau studieren.

B Der Kreis der versicherten Personen und ihre Mitgliedschaft

I Die versicherten Personen in der Gesetzlichen Krankenversicherung

1 Pflichtmitglieder

Ursprünglich wurde die gesetzliche Krankenversicherung als reine Arbeiterversicherung gegründet. Sie ist im Laufe ihres 110jährigen Bestehens kontinuierlich auf fast alle denkbaren Personenkreise ausgedehnt und so zu einer regelrechten Volksversicherung geworden.

Grundsätzlich gehören ihr Pflichtversicherte, freiwillige Versicherte und Familienversicherte an. Die Voraussetzungen für diese drei Versicherungsformen sind gesetzlich geregelt. Die zahlenmäßig größte Versichertengruppe bilden zweifellos die Pflichtversicherten mit ihren Angehörigen (Familienversicherte).

Pflichtversicherung bedeutet in diesem Zusammenhang, daß die Versicherung nicht durch den Willensentschluß des zu Versichernden, sondern auch notfalls gegen dessen Willen begründet wird, wenn die dafür gesetzlichen Voraussetzungen erfüllt sind. Diese Voraussetzungen sind im SGB V bei den zu versichernden Personengruppen benannt.

1.1 Beschäftigte in einem Arbeitsverhältnis

Nach § 5 Abs. 1 Nr. 1 SGB V sind Arbeiter, Angestellte und zu ihrer Berufsausbildung Beschäftigte krankenversicherungspflichtig, wenn sie gegen Arbeitsentgelt beschäftigt werden. Die Unterscheidung zwischen Arbeitern und Angestellten ist zwar gesellschaftlich wie versicherungsrechtlich lange überholt, dennoch verwendet der Gesetzgeber diese Begriffe noch. Für die Zugehörigkeit zu dem jeweiligen Zweig der gesetzlichen Rentenversicherung (Arbeiterrentenversicherung und Angestelltenversicherung) ist eine begriffliche Unterscheidung noch notwendig. In der Krankenversicherung spricht man besser von dem Sammelbegriff Arbeitnehmer.

Will man den Begriff des Arbeitnehmers näher bestimmen, dann geht das nur unter Einbeziehung einer Erläuterung des Arbeitgeberbegriffs. Arbeitnehmer und Arbeitgeber sind Begriffe, die sich wechselseitig bedingen. Ohne die gesamte Problematik dieses Rechtsverhältnisses und des daraus resultierenden Beschäftigungsverhältnisses im Detail beleuchten zu wollen, geht das Versicherungsrecht von folgenden Fakten aus:

- **Arbeitnehmer** ist derjenige, der seine Arbeitskraft zur Verfügung stellt. Im allgemeinen tut er das, um damit seinen Lebensunterhalt zu verdienen. Er begibt sich damit in eine persönliche und meistens auch wirtschaftliche Abhängigkeit, wobei das Maß der persönlichen und wirtschaftlichen Abhängigkeit im Einzelfall höchst unterschiedlich sein kann.

- Der **Arbeitgeber** nimmt die ihm angebotene Arbeitsleistung an und bestimmt in diesem Verhältnis grundsätzlich die Arbeitszeit, den Arbeitsplatz sowie die Art und Weise und die Ausführung der Arbeit. Dadurch, daß dem Arbeitgeber die Weisungsbefugnis eingeräumt wird, sich also die Arbeit nach dem Willen des Arbeitgebers gestaltet, wird die Arbeit des Arbeitnehmers zur unselbständigen Beschäftigung.

- **Beschäftigung** ist die nichtselbständige Arbeit, insbesondere in einem Arbeitsverhältnis. Daraus folgt, daß der versicherungsrechtliche Begriff der Beschäftigung weitergehender als der arbeitsrechtliche Begriff des Arbeitsverhältnisses ist. Für das Zustandekommen der Versicherungspflicht aufgrund eines Beschäftigungsverhältnisses bedarf es nämlich nicht unbedingt der Merkmale eines Arbeitsvertrages.

Das Beschäftigungsverhältnis ist die konkrete Arbeitsleistung und damit ein Verhältnis tatsächlicher Art, während das Arbeitsverhältnis als Gesamtheit der durch den Arbeitsvertrag begründeten Verpflichtungen und Berechtigungen ein rechtliches Verhältnis ist. Wird z.B. ein Arbeitsvertrag nach den Vorschriften des Bürgerlichen Gesetzbuches angefochten, so ergibt sich als Rechtsfolge die Nichtigkeit des Arbeitsvertrages als von Anfang an. Wenn aber die Nichtigkeit terminologisch als etwas nicht vorhandenes angesehen werden muß, stellt sich die Frage nach den erbrachten Leistungen und Gegenleistungen, also Arbeitsleistung einerseits und Entgeltzahlung andererseits. Das Entgelt kann herausgegeben werden, die erbrachte Arbeitsleistung hingegen kann nicht hinweggedacht werden. Versicherungsrechtlich ist dieser Fall unbedeutend, weil hier trotz Anfechtung eine tatsächliche Beschäftigung gegen Entgelt stattgefunden und mithin zur Versicherungspflicht geführt hat. Daß die Rechtsprechung diesen Fall seit langem im Sinne der Nichtigkeit für die Zukunft gelöst hat, sei nur der Vollständigkeit halber am Rande vermerkt.

Gelegentlich wird eine Beschäftigung ausgeübt, ohne daß ihr ein rechtswirksamer Arbeitsvertrag zugrunde liegt. Das kann z.B. der Fall sein, wenn der Arbeitnehmer bei Abschluß des Vertrages nicht geschäftsfähig war und sein gesetzlicher Vertreter ihn weder ermächtigt hat, in Arbeit zu treten, noch den Vertrag im nachhinein genehmigt hat. Unwirksam ist ein Arbeitsvertrag auch, wenn er gegen ein gesetzliches Verbot verstößt, wenn er z.B. mit einem Ausländer ohne gültige Arbeitserlaubnis geschlossen wird. Findet tatsächlich eine Beschäftigung gegen Arbeitsentgelt statt, so besteht gleichwohl Versicherungspflicht. Der fehlende rechtswirksame Arbeitsvertrag steht dem folglich nicht entgegen.

- **Arbeitsentgelt** sind alle laufenden oder einmaligen Einnahmen aus einer Beschäftigung, gleichgültig, ob ein Rechtsanspruch auf die Einnahmen besteht, unter welcher Bezeichnung oder in welcher Form sie geleistet werden und ob sie unmittelbar aus der Beschäftigung oder im Zusammenhang mit ihr erzielt werden. Das Arbeitsentgelt ist demzufolge der Gegenwert für geleistete Arbeit und kann in barem Geld, aber auch in Form von Sach- oder Naturalleistungen bestehen. So ist es heute gerade in Handwerksbetrieben mitunter noch üblich, daß der Handwerksgeselle einen Teil seines Lohnes in Sachbezügen, z.B. Kost und Wohnung, abgegolten erhält. Der Verkehrswert solcher Sachbezüge wird jährlich durch Rechtsverordnung bekanntgegeben und dient auch als Grundlage für die Ermittlung der Sozialversicherungsbeiträge.

Sonderfall Vorruhestandsgeldempfänger

Als gegen Arbeitsentgelt beschäftigte Arbeitnehmer im vorstehenden Sinne gelten auch Bezieher von Vorruhestandsgeld, wenn sie unmittelbar vor Bezug des Vorruhestandsgeldes versicherungspflichtig waren und das Vorruhestandsgeld mindestens in Höhe von 65 v.H. des durchschnittlichen Bruttoarbeitsentgelts der letzten 6 Monate gezahlt wird.

1.2 Empfänger von Arbeitslosengeld, Arbeitslosenhilfe oder Unterhaltsgeld

Wer Arbeitslosengeld, Arbeitslosenhilfe oder Unterhaltsgeld bezieht, ist für den Fall der Krankheit versichert. Unter Bezug einer dieser Leistungen ist zu verstehen, daß ein Anspruch auf eine solche Leistung besteht oder daß eine dieser Leistungen, ohne daß ein Rechtsanspruch besteht, tatsächlich, ggf. auch irrtümlich, gezahlt wird. Für die Begründung der Versicherungspflicht ist es also grundsätzlich ohne Bedeutung, ob die Voraussetzungen für den Leistungsbezug vorgelegen haben. Hier tritt an die Stelle der sonst versicherungspflichtigen Beschäftigung eine dieser Leistungen.

Die Krankenversicherungspflicht beginnt in der Regel mit dem ersten und endet mit dem letzten Tag des Bezuges von Arbeitslosengeld, Arbeitslosenhilfe oder Unterhaltsgeld. Wird die Leistung für einen zurückliegenden Zeitraum zugebilligt, beginnt die Versicherungspflicht entsprechend rückwirkend.

Unter bestimmten Voraussetzungen kann das Arbeitsamt für Arbeitslose vor der Zubilligung von Arbeitslosengeld eine sogenannte Sperrzeit nach näherer Bestimmung der §§ 119, 119a AFG verhängen. Von der 5. bis 12. Woche einer solchen Sperrzeit wird versicherungsrechtlich für diese Zeit ein Leistungsbezug unterstellt, mit der Folge, daß ebenfalls eine Mitgliedschaft besteht.

Für Leistungsempfänger, die Anspruch auf Krankengeld haben, Mutterschaftsgeld, Erziehungsgeld oder von einem Rehabilitationsträger Geldleistungen als Lohnersatzfunktion beziehen, bleibt eine bestehende Mitgliedschaft für diese Zeit erhalten. Das gilt ebenso bei der Einberufung zum Grundwehrdienst, Zivil- oder Ersatzdienst. Nach Beendigung der Krankenversicherungspflicht als Empfänger von Arbeitslosengeld, Arbeitslosenhilfe oder Unterhaltsgeld besteht die Möglichkeit zur freiwilligen Versicherung, wenn nicht aufgrund anderer Tatbestände (z.B. Beschäftigung gegen Entgelt) Versicherungspflicht eintritt.

Im übrigen hat die Krankenversicherung dieser Leistungsempfänger im Verhältnis zu Versicherungen auf Grund anderer gesetzlicher Vorschriften die gleiche Rechtswirkung wie die Krankenversicherung wegen einer versicherungspflichtigen Beschäftigung. D.h., daß sie gegenüber allen anderen Tatbeständen, die zur Versicherungspflicht führen, z.B. Krankenversicherung der Rentner usw., oder gegenüber einer freiwilligen Versicherung vorrangig ist.

Hat der Versicherte Arbeitslosengeld, Arbeitslosenhilfe oder Unterhaltsgeld bezogen und ist die bereits bezogene Leistung zu erstatten, wird die Krankenversicherungspflicht hierdurch grundsätzlich nicht berührt. Das gilt selbstverständlich nicht für in betrügerischer Absicht erschlichene Leistungen.

1.3 Landwirte und ihre mitarbeitenden Familienangehörigen

Mit dem Gesetz über die Krankenversicherung der Landwirte wurde zum 1. 10. 1972 für die landwirtschaftlichen Unternehmer, ihre mitarbeitenden Familienangehörigen und die Altenteiler die Versicherungspflicht zur Krankenversicherung eingeführt. Ausführliche Bestimmungen hierüber enthält das genannte Gesetz in der Fassung von 1989. Für die Durchführung der Versicherung sind die Landwirtschaftlichen Krankenkassen zuständig.

In der Krankenversicherung der Landwirte ist nicht versichert, wer nach anderen gesetzlichen Vorschriften für den Fall der Krankheit versicherungspflichtig ist oder dessen Mitgliedschaft als Versicherungspflichtiger fortbesteht (z.B. bei unbezahltem Urlaub bis zu einem Monat).

Beispiel:

A. steht als Kraftfahrer bei der Firma B. in einem versicherungspflichtigen Beschäftigungsverhältnis. Daneben betreibt er einen kleinen landwirtschaftlichen Betrieb. Für die Zeit der Getreideernte läßt er sich mit Zustimmung seines Arbeitgebers für einen Monat ohne Fortzahlung des Entgelts beurlauben. Danach nimmt er seine Beschäftigung als Kraftfahrer wieder auf.

Lösung:

A. ist nach anderen gesetzlichen Vorschriften (§ 5 Abs. 1 Nr. 1 SGB V) wegen seiner Beschäftigung bei der Firma B. krankenversicherungspflichtig. Also scheidet eine Krankenversicherung als Landwirt aus, obwohl er einen landwirtschaftlichen Betrieb unterhält. Für die Dauer des unbezahlten Urlaubs bleibt seine Versicherung bei seiner Krankenkasse erhalten.

Mitarbeitende Familienangehörige eines landwirtschaftlichen Unternehmers sind in der Krankenversicherung der Landwirte versichert, wenn sie das 15. Lebensjahr vollendet haben oder wenn sie als Auszubildende in dem landwirtschaftlichen Unternehmen beschäftigt sind. Für die Versicherungspflicht dieser Personen ist es nicht erforderlich, daß der landwirtschaftliche Unternehmer selbst versicherungspflichtig ist. Es genügt, daß der mitarbeitende Familienangehörige in dem landwirtschaftlichen Unternehmen beschäftigt ist.

Als mitarbeitende Familienangehörige in diesem Sinne gelten Verwandte bis zum 3. Grad und Verschwägerte bis zum 2. Grad sowie Pflegekinder. Pflegekinder sind nach den Vorschriften des § 2 Abs. 4 KVLG Personen, mit denen der Unternehmer oder sein Ehegatte durch ein familienähnliches, auf längere Dauer berechnetes Band verbunden ist, sofern er sie in seinen Haushalt aufgenommen hat und diese in seinem landwirtschaftlichen Unternehmen hauptberuflich beschäftigt sind. Der Ehegatte selbst gehört in diesem Sinne nicht zu den Familienangehörigen. Für die Versicherungspflicht wird vorausgesetzt, daß der Familienangehörige hauptberuflich in dem landwirtschaftlichen Unternehmen beschäftigt ist. Eine hauptberufliche Beschäftigung ist in der Regel dann anzunehmen, wenn eine unbefristete Beschäftigung mindestens 25 Stunden wöchentlich in Anspruch nimmt.

1.4 Künstler und Publizisten

Nach dem Künstlersozialversicherungsgesetz (KSVG) und dem Sozialgesetzbuch V (SGB V) sind selbständige Künstler und Publizisten in der gesetzlichen Krankenversicherung pflichtversichert, wenn sie

1. die künstlerische oder publizistische Tätigkeit erwerbsmäßig und nicht nur vorübergehend ausüben und
2. im Zusammenhang mit der künstlerischen oder publizistischen Tätigkeit nicht mehr als einen Arbeitnehmer beschäftigen, es sei denn, diese Beschäftigung erfolgt zur Berufsausbildung oder ist geringfügig.

Künstler im Sinne des KSVG ist, wer Musik, darstellende oder bildende Kunst schafft, ausübt oder lehrt. Publizist ist, wer als Schriftsteller, Journalist oder in anderer Weise publizistisch tätig ist.

Der künstlerisch/publizistisch tätige Personenkreis wird im Gesetz nur allgemein definiert. Bei den nachfolgend aufgeführten Berufsgruppen ist nach allgemeiner Rechtsauffassung von einer Zugehörigkeit zum versicherungspflichtigen Personenkreis auszugehen. Die Landesversicherungsanstalt (LVA) Oldenburg-Bremen, Abteilung „Künstlersozialkasse“, prüft ggf. im Einzelfall die künstlerische oder publizistische Tätigkeit.

Bereich Musik:
Komponist; Texter; Librettist; Musikbearbeiter; Arrangeur; Kapellmeister; Dirigent; Chorleiter; Instrumentalsolist in der „ernsten Musik“; Orchestermusiker in der „ernsten Musik“; Opern-, Operetten-, Musicalsänger; Lied- und Oratoriensänger; Chorsänger in der „ernsten Musik“; Sänger in der Unterhaltungsmusik, Show und Folklore; Tanz- und Popmusiker; künstlerisch-technischer Mitarbeiter im Bereich Musik; Pädagoge, Ausbilder im Bereich Musik; Disc-Jockey, Alleinunterhalter.

Bereich darstellende Kunst:
Ballett-Tänzer, Ballett-Meister; Schauspieler, Kabarettist; Sprecher, Moderator, Rezitator; Puppen-, Marionetten-, Figurenspieler; Conferencier, Entertainer, Quizmaster; Unterhaltungskünstler/Artist; Regisseur, Filmemacher, Choreograf; Dramaturg; Bühnen-, Film-, Kostüm-, Maskenbildner; Regieassistent; künstlerisch-technischer Mitarbeiter im Bereich darstellende Kunst; Pädagoge, Ausbilder im Bereich darstellende Kunst; Theaterpädagoge.

Bereich bildende Kunst/Design:
Bildhauer; experimenteller Künstler, Objektmacher; Maler, Zeichner, künstlerischer Grafiker; Porträt-, Genre-, Landschaftsmaler; Performance/Aktionskünstler; Videokünstler; künstlerischer Fotograf, Lichtbildner, Fotodesigner; Karikaturist, Trick- und Comiczeichner, Illustrator; Grafik-, Mode-, Textil-, Industrie-Designer, Layouter; Werbefotograf; Keramiker, Glasgestalter; Gold- und Silberschmied, Emailleur; Textil-, Holz-, Metallgestalter; Graveur; Pädagoge, Ausbilder im Bereich bildende Kunst/Design.

Bereich Wort:
Schriftsteller, Dichter; Autor für Bühne, Film, Funk und Fernsehen; Lektor; Journalist, Redakteur; Bildjournalist, Bildberichterstatter; Kritiker; wissenschaftlicher Autor; Fachmann für Öffentlichkeitsarbeit oder Werbung; Übersetzer, Bearbeiter; Vortragstätigkeit.

Diese Aufzählung kann nicht für sich in Anspruch nehmen, erschöpfend zu sein, so daß im Einzelfall zu prüfen sein wird, ob die „Künstlereigenschaft“ erfüllt ist. Anhaltspunkt könnte die Entscheidung des Finanzamtes sein. Der Gesetzgeber hat für die Pflichtversicherung dieser Personen bewußt keine Abgrenzung hinsichtlich der Qualität der künstlerischen/publizistischen Tätigkeit vorgenommen.

Das KSVG enthält zwar materiell-rechtliche Regelungen auch über die Versicherungspflicht und Versicherungsfreiheit, gibt aber kaum Erläuterungen über die Durchführung und Besonderheiten dieser Versicherung. Hinsichtlich der Rechtsanwendung und praktischen Durchführung dieses Gesetzes haben der AOK-Bundesverband, die Verbände der Ersatzkassen, die Bundesversicherungsanstalt für Angestellte, der Verband Deutscher Rentenversicherungsträger und die Künstlersozialkasse folgende Auslegungshinweise des Gesetzes gegeben:

Versicherungspflichtig sind nur die Künstler, die ihre selbständige Erwerbstätigkeit überwiegend in der Bundesrepublik Deutschland ausüben. Eine selbständige Erwerbstätigkeit ist insbesondere durch eigenes wirtschaftliches Risiko für den Erfolg der Arbeit (Unternehmerrisiko), die Verfügungsmöglichkeit über die eigene Arbeitskraft und die im wesentlichen frei gestaltete Tätigkeit und Arbeitszeit gekennzeichnet.

Die Versicherungspflicht für selbständige Künstler/Publizisten gilt nicht für solche Personen, die z.B. als Arbeitnehmer oder Arbeitslose versichert sind. Andernfalls besteht diese grundsätzlich für solche Personen, die zum 1. Mal eine selbständige Tätigkeit als Künstler/Publizist aufnehmen während der ersten 5 Jahre nach erstmaliger Aufnahme ihrer Tätigkeit. Dies gilt auch für den Fall, daß aus dieser Tätigkeit ein höheres Einkommen erzielt wird. Mit dieser Regelung wollte der Gesetzgeber den Schwierigkeiten bei der Aufnahme einer selbständigen künstlerischen/publizistischen Tätigkeit Rechnung tragen.

Wer als solcher „Berufsanfänger“ bei erstmaliger Aufnahme einer selbständigen Tätigkeit bei einem privaten Krankenversicherungsunternehmen versichert ist, wird auf Antrag von der gesetzlichen Krankenversicherung befreit. Voraussetzung dafür ist, daß er für sich und ggf. seine Familienangehörigen Vertragsleistungen erhält, die der Art nach denen der gesetzlichen Krankenversicherung bei Krankheit entsprechen. Der Antrag ist bei der Künstlersozialkasse innerhalb von 3 Monaten nach Feststellung der Versicherungspflicht zu stellen. Wird er später gestellt, kann dem Antrag nicht mehr entsprochen werden.

Wer nach dem KSVG versicherungspflichtig ist, hat sich bei der Künstlersozialkasse zu melden. Zur Feststellung der Versicherungspflicht übersendet die Künstlersozialkasse die entsprechenden Vordrucke. Sie entscheidet über die Versicherungspflicht, desweiteren über die zuständige Krankenkasse, ggf. die Befreiung von der Krankenversicherungspflicht und den Anspruch auf den Beitragszuschuß. Ihre Entscheidung teilt sie dem Künstler/Publizisten in einem Bescheid mit.

1.5 Behinderte

Nach dem Gesetz über die Sozialversicherung Behinderter aus dem Jahre 1975 sind solche Personen versicherungspflichtig, die in Einrichtungen der Jugendhilfe für eine spätere Erwerbstätigkeit befähigt werden sollen. Dabei wird eine gezielte Beschäftigung in einer solchen Einrichtung vorausgesetzt. Unerheblich für die Versicherungspflicht ist hingegen, ob anläßlich einer solchen Beschäftigung ein Entgelt gezahlt wird, da letztlich die Zahlung von Entgelt ein Gegenwert für geleistete Arbeit darstellt, wovon bei diesem Personenkreis in der Regel nicht ausgegangen werden kann.

Zu den Behinderten in diesem Sinne gehören körperlich, geistig oder seelisch Behinderte, die in Werkstätten für Behinderte oder in Blindenwerkstätten beschäftigt werden. Das gilt auch für solche Behinderte, die von den Werkstätten als Heimarbeiter beschäftigt werden.

Die Versicherungspflicht besteht auch für solche körperlich, geistig oder seelisch Behinderte, die in Anstalten, Heimen oder gleichartigen Einrichtungen beschäftigt werden. Anders als bei den in Werkstätten für Behinderte oder Blindenwerkstätten beschäftigten Behinderten wird für die Versicherungspflicht dieser Personen eine Arbeitsleistung vorausgesetzt, die 20 v.H. der Leistung eines voll erwerbsfähigen Beschäftigten in gleichartiger Beschäftigung entspricht.

1.6 Studenten

Versicherungspflichtig sind auch Studenten, die an staatlichen oder staatlich anerkannten Hochschulen in der Bundesrepublik Deutschland eingeschrieben sind. Studierende an privaten, nicht staatlich anerkannten Einrichtungen und Gasthörer werden nicht von der Studenten-Krankenversicherung erfaßt. Ebenso gelten Teilnehmer an studienvorbereitenden Sprachkursen oder Studienkollegs nicht als Studenten in diesem Sinne. Das gilt auch dann, wenn für die Teilnahme an diesen Kursen eine Einschreibung an einer Hochschule erforderlich ist.

Die Mitgliedschaft der versicherungspflichtigen Studenten beginnt üblicherweise mit dem Semester. Dieses beginnt an den Hochschulen am 1.4. und am 1.10., an den Fachhochschulen im allgemeinen am 1.3. und am 1.9. eines jeden Jahres. Erfolgt die Einschreibung erst nach Beginn des Semesters, beginnt die Mitgliedschaft mit dem Tage der Einschreibung.

Studenten, mit Ausnahme der an der Fernuniversität Hagen, sind auch dann versichert, wenn sie ihren Wohnsitz oder gewöhnlichen Aufenthalt im Ausland haben. Besteht für diese Studenten aufgrund über- oder zwischenstaatlichen Rechts ein Anspruch auf Naturalleistungen (ärztliche Behandlung, Krankenhauspflege usw.), unterliegen sie jedoch nicht der Versicherungspflicht.

Die Versicherungspflicht als Student besteht bis zum Abschluß des 14. Fachsemesters, längstens bis zur Vollendung des 30. Lebensjahres. Studenten nach Abschluß des 14. Fachsemesters oder nach Vollendung des 30. Lebensjahres bleiben aber auch versicherungspflichtig, wenn die Art der Ausbildung oder familiäre sowie persönliche Gründe die Überschreitung der Altersgrenze oder eine längere Fachstudienzeit rechtfertigen. Als solche Gründe nennt der Gesetzgeber ausdrücklich den Erwerb der Zugangsvoraussetzungen in einer Ausbildungsstätte des Zweiten Bildungsweges.

Die Versicherungspflicht endet demnach grundsätzlich mit Ablauf des 14. Fachsemesters, spätestens mit Vollendung des 30. Lebensjahres. Statt des 30. Lebensjahres tritt bei Studenten, welche die Hochschulberechtigung erst nach dem 20. Lebensjahr erworben haben, ein Zeitraum von 10 Jahren nach Erwerb der Zugangsberechtigung.

Die Krankenkasse, die für die Durchführung der Krankenversicherungspflicht der Studenten zuständig ist, prüft im Einzelfall auf Antrag des Studenten, ob die Versicherungspflicht über das 14. Fachsemester oder über das 30. Lebensjahr hinaus gerechtfertigt ist. Dabei sollte der Student Gründe vorbringen, die eine Verlängerung des Studiums unbedingt notwendig gemacht haben. Eine von der Krankenkasse diesbezüglich ausgesprochene positive Entscheidung gilt jeweils für ein weiteres Semester, so daß in der Folge jeweils entschieden werden muß, ob die vom Studenten angeführten Gründe zum Verlust von Semestern geführt haben und die Krankenversicherung für weitere Semester gerechtfertigt ist.

Diese grundsätzlichen Aussagen des Gesetzes bedürfen einer erläuternden Klarstellung:

Beispiel 1
Studienbeginn mit 19 Jahren im Studiengang Medizin.
Die Versicherungspflicht besteht längstens bis zum Ablauf des 14. Fachsemesters.

Beispiel 2
Studienbeginn mit 19 Jahren im Studiengang Chemie.
Studienabbruch nach 4 Semestern, bei anschließendem Wechsel in den Studiengang Medizin.
Die Versicherungspflicht besteht sowohl während des Chemie-Studiums als auch während des Medizinstudiums, bei letzterem bis zum Ablauf von 14 Fachsemestern und bis zur Vollendung des 30. Lebensjahres.

Beispiel 3
Erwerb der Zugangsberechtigung zur Hochschule mit 23 Jahren und anschließender Aufnahme des Studiums im Studiengang Medizin. Nach 7 Semestern erfolgt ein Wechsel in den Studiengang Pharmazie.
Die Versicherungspflicht endet nach 14 Semestern im Studiengang Pharmazie, spätestens 10 Jahre nach Erwerb der Zugangsberechtigung mit Ablauf des Semesters.

Beispiel 4
Erwerb der Hochschulreife mit 22 Jahren, anschließend Aufnahme des Studiums. Das Studium ist nach 12 Semestern beendet. Während dieses Studiums besteht Versicherungspflicht.
Unmittelbar im Anschluß an das 1. Studium wird ein notwendiges Aufbaustudium aufgenommen.
Die Versicherungspflicht endet mit Ablauf des 14. Semesters des Aufbaustudiums, also auch nach Ablauf von 10 Jahren nach Erwerb der Hochschulreife.

Beispiel 5
Fachabitur an einer Höheren Handelsschule mit 21 Jahren. Als Zugangsberechtigung für das Studium wird eine dreijährige Berufsausbildung aufgenommen, an die sich das Studium anschließt.

Die Versicherungspflicht endet mit Ablauf des 14. Fachsemesters oder spätestens 10 Jahre nach Abschluß der Berufsausbildung, wenn das Studium sich nicht unmittelbar an die Berufsausbildung anschließt.

Nicht selten führen familiäre oder persönliche Gründe zu einer Verlängerung des Studiums auch über das 14. Fachsemester bzw. das 30. Lebensjahr hinaus. Familiäre Gründe können z.B. sein Betreuung oder Pflege von nahestehenden Angehörigen durch den Studenten, wenn hierdurch eine regelmäßige Teilnahme am Studium nicht möglich ist. Als persönliche Gründe werden in diesem Zusammenhang allgemein anerkannt:

- Grundwehrdienst, Zivil- und Ersatzdienst sowie eine Dienstverpflichtung als Zeitsoldat. Die Altersgrenze bzw. der Zeitraum von 10 Jahren wird in diesen Fällen um die Dienstzeit verlängert.
- Geburt eines Kindes mit anschließender Betreuung. Eine Verlängerung der Versicherungspflicht ist für längstens 3 Semester möglich.
- Erkrankung in der Person des Studenten. Diese ist hinsichtlich der Verlängerung der Versicherungspflicht anzuerkennen, wenn die Krankheit mindestens 3 Monate durchgehend bestanden hat.
- Behinderung, sofern diese ursächlich für die Verlängerung des Studiums ist. Die Versicherungspflicht verlängert sich um höchstens 7 Semester.

Andere persönliche oder familiäre Gründe können ebenfalls anerkannt werden. Immer kommt es aber auf die individuelle Beurteilung der gesamten Umstände des Einzelfalles an. Zum Nachweis der Gründe sollten der Krankenkasse in jedem Fall geeignete Unterlagen vorgelegt werden.

Die Krankenversicherung der Studenten ist zwar eine Pflichtversicherung, sie wird jedoch nicht wirksam, wenn eine Pflichtversicherung nach anderen gesetzlichen Vorschriften besteht. Hier ist die Versicherungspflicht der unter 1.1 – 1.5 genannten Personenkreise zu nennen. Praktisch kommt es jedoch selten vor, daß diese genannten Pflichtversicherungen die Studenten-Krankenversicherung verdrängen. Mehr Bedeutung kommt dagegen der Pflichtversicherung in der „Krankenversicherung der Rentner" (vgl. Punkt 1.7) und der „Familienversicherung" (Punkt 2) zu. Bezieht der Student nämlich z.B. eine Waisenrente und ist er deshalb in der Krankenversicherung der Rentner versichert, so besteht diese vorrangig gegenüber der Studenten-Krankenversicherung.

Das gilt auch, wenn der Rentenantrag bereits gestellt, die Rente aber noch nicht zugebilligt ist.

Eine freiwillige Versicherung des Studenten bei seiner Krankenkasse verdrängt dagegen die Krankenversicherungspflicht in der Studenten-Krankenversicherung nicht. Die freiwillige Versicherung endet in diesen Fällen mit dem Tag vor Eintritt der Studenten-Krankenversicherung.

Wenn der Gesetzgeber für die Studenten seit 1975 die gesetzliche Krankenversicherungspflicht vorschreibt, so beruht das auf der Tatsache, daß nicht alle Studenten auf einen Versicherungsschutz ihrer Eltern zurückgreifen können. Um auch hier ein soziales Netz zu schaffen und im Falle der Krankheit bedarfsgerechte Leistungen zu erhalten, ist dieser Personenkreis grundsätzlich der Versicherungspflicht unterstellt worden.

Aus den bisherigen Ausführungen zu dieser Versicherungsart wird deutlich, daß es sich hier zwar um eine Pflichtversicherung, jedoch mit nachrangigem Charakter handelt. D.h., unter den Pflichtversicherungen nimmt die Studenten-Krankenversicherung einen rechtsdogmatisch niederen Rang gegenüber allen anderen Pflichtversicherungsarten ein. Dieses gilt grundsätzlich sogar dann, wenn z.B. ein Elternteil des Studenten einen gesetzlichen Krankenversicherungsschutz bei einer Krankenkasse hat. In der Regel erstreckt sich dieser Schutz auch auf das Kind, den Studenten. Da aber die Ausdehnung dieses Versicherungsschutzes auf den Studenten von verschiedenen Voraussetzungen abhängig ist, soll im folgenden, speziell für diesen Personenkreis, auf die rechtlichen Tatbestände hingewiesen werden.

Die Familienversicherung im allgemeinen wird unter Punkt 2 zu diesem Kapitel erläutert.

Studenten sind in der Studenten-Krankenversicherung nicht selbst versicherungspflichtig, wenn sie nach § 10 SGB V familienversichert sind. Diese Familienversicherung kommt aber nur zustande, wenn sie

- nicht selbst pflichtversichert (ausgenommen Studenten-KV) oder freiwillig versichert sind,
- nicht hauptberuflich selbständig erwerbstätig sind und
- kein Gesamteinkommen haben, das regelmäßig im Monat 530 DM (im Beitrittsgebiet 390 DM – jeweils 1993 –) überschreitet.

Der Versicherungsschutz in der Familienversicherung besteht bis zur Vollendung des 25. Lebensjahres, wenn die Kinder (Studenten) sich in Schul- oder Berufsausbildung befinden (Studium). Wird das Studium durch Erfüllung der gesetzlichen Dienstpflicht unterbrochen oder verzögert, besteht die Versicherung auch für einen der Dauer dieses Dienstes entsprechenden Zeitraum über das 25. Lebensjahr hinaus.

Kinder (Studenten) sind nicht familienversichert, wenn der mit den Kindern verwandte Ehegatte des Mitglieds nicht Mitglied einer Krankenkasse ist und sein Gesamteinkommen regelmäßig im Monat 5.400 DM (im Beitrittsgebiet 3.975 DM – jeweils 1993 –) übersteigt und regelmäßig höher als das Gesamteinkommen des Mitglieds ist. Soweit die Gesetzessprache.

Beispiel 6
Student (23 Jahre), Vater und Mutter sind jeweils selbst Mitglied einer gesetzlichen Krankenkasse.
Es besteht keine Versicherungspflicht zur Studenten-Krankenversicherung, sondern eine Familienversicherung entweder bei dem Vater oder der Mutter.

Beispiel 7
Student (26 Jahre), der Vater ist gesetzlich krankenversichert. Zwischen dem Abitur und dem Beginn des Studiums wurde die gesetzliche Dienstpflicht erfüllt.
Es besteht keine Versicherungspflicht zur Studenten-Krankenversicherung, sondern eine Familienversicherung bei der Krankenkasse des Vaters, und zwar über das 25. Lebensjahr hinaus um den Zeitraum der gesetzlichen Dienstpflicht.

Beispiel 8
Student (24 Jahre), geht neben seinem Studium regelmäßig einer Aushilfsbeschäftigung nach. Das monatliche Entgelt aus dieser Beschäftigung beträgt 530 DM. Der Vater ist gesetzlich krankenversichert.
Es besteht eine Familienversicherung bei der Krankenkasse des Vaters. Das Gesamteinkommen des Studenten überschreitet nicht regelmäßig 530 DM im Monat (1993).

Beispiel 9
Student (25 Jahre), der Vater hat ein monatliches Einkommen von 6.000 DM und ist privat krankenversichert. Die Mutter erhält als Arbeitneh-

merin 3.500 DM monatlich und ist gesetzlich krankenversichert.
Der mit dem Kind (Student) verwandte Ehegatte (Vater) des Mitgliedes (Mutter) ist nicht Mitglied einer Krankenkasse, sondern privat krankenversichert. Das Gesamteinkommen des Vaters beträgt regelmäßig im Monat mehr als 5.400 DM (im Beitrittsgebiet 3.975 DM – jeweils 1993 –) und ist damit höher als das Gesamteinkommen des Mitgliedes (Mutter). Also besteht keine Familienversicherung bei der Krankenkasse der Mutter, sondern Versicherungspflicht zur Studenten-Krankenversicherung.

Der Grundsatz, daß Studenten nicht versicherungspflichtig sind, wenn sie familienversichert sind, gilt nicht, wenn ihr Ehegatte oder die Kinder nicht versichert sind. Allerdings kann die Familienversicherung auch aus der Studenten-Krankenversicherung hergeleitet werden. Wenn beide Ehegatten studieren und sie nicht aufgrund der Mitgliedschaft eines Elternteils familienversichert sind, wird einer der Studenten, entsprechend ihrer Wahl, versicherungspflichtig.

Beispiel 10
Ein Ehegatte studiert. Für ihn besteht eine Familienversicherung, für den Ehegatten aber nicht.
Da für den Ehegatten kein Versicherungsschutz bestehen würde, wird der studierende Ehegatte in der Studenten-Krankenversicherung versicherungspflichtig. Für den nicht studierenden Ehegatten besteht nun eine Familienversicherung.

Beispiel 11
Beide Ehegatten studieren. Für sie bestehen keine Familienversicherungen. Einer der Ehegatten ist versicherungspflichtig. Welcher Ehegatte in der Studenten-Krankenversicherung versicherungspflichtig ist, wird mit dem Antrag auf Ausstellung der Versicherungsbescheinigung entschieden.

Sind beide Studenten durch ihre Eltern familienversichert, besteht keine Versicherungspflicht in der Studenten-Krankenversicherung, es sei denn, daß ein oder mehrere Kinder der Studierenden zu versichern sind. Ist nur einer der beiden studierenden Ehegatten familienversichert, so besteht für den anderen studierenden Ehegatten Versicherungspflicht in der Studenten-Krankenversicherung, ebenso eine Familienversicherung für das Kind bzw. die Kinder aufgrund des versicherungspflichtigen Ehegatten.

Solange Studenten familienversichert sind, besteht keine Versicherungspflicht in der Studenten-Krankenversicherung. Letztere wird jedoch sofort wirksam, sobald die Familienversicherung endet, ggf. auch im Laufe eines Semesters. Umgekehrt endet die Studenten-Krankenversicherung, sobald eine Familienversicherung begründet wird.

Wer durch die Aufnahme eines Studiums versicherungspflichtig wird und privat bei einem Krankenversicherungsunternehmen versichert ist, kann den privaten Versicherungsvertrag vorzeitig kündigen. Die Kündigung wirkt vom Beginn der Versicherungspflicht an und ist durch eine Bescheinigung der zuständigen Krankenkasse über den Eintritt der Versicherungspflicht dem privaten Krankenversicherungsunternehmen nachzuweisen. Das Kündigungsrecht ist an keine bestimmte Frist gebunden. Die Kündigung wirkt vom Eintritt der Versicherungspflicht bzw. vom Beginn der Familienversicherung an. Andererseits wird der Student auf Antrag von der Studenten-Krankenversicherung befreit, wenn er dem privaten Krankenversicherungsschutz den Vorzug geben möchte.

Die Mitgliedschaft der versicherungspflichtigen Studenten endet 7 Monate nach Beginn des Semesters, für das sie sich zuletzt eingeschrieben oder zurückgemeldet haben, spätestens mit der Exmatrikulation. Endet die Studenten-Krankenversicherung durch Ablauf des 14. Fachsemesters oder Vollendung des 30. Lebensjahres, bleibt die Mitgliedschaft bis zum Ende des Semesters bestehen.

Studenten, die aus der Versicherungspflicht ausgeschieden sind, können sich bei ihrer Krankenkasse freiwillig versichern, wenn sie

- in den letzten 5 Jahren vor dem Ausscheiden mindestens 24 Monate oder
- unmittelbar vor dem Ausscheiden ununterbrochen mindestens 12 Monate

versichert waren.

Der Beitritt ist innerhalb von 3 Monaten nach dem Ausscheiden aus der Versicherungspflicht der Krankenkasse schriftlich anzuzeigen. Die Mitgliedschaft bleibt dann lückenlos aufrechterhalten.

1.7 Rentner und Rentenantragsteller

Ein weiterer zahlenmäßig großer Personenkreis, der des Versicherungsschutzes der gesetzlichen Krankenversicherung bedarf, sind die Rentner. Durch die Einbeziehung dieser Personen in den gesetzlichen Krankenversicherungsschutz wird das Solidarprinzip besonders deutlich. Mit einer verhältnismäßig geringen Eigenbeteiligung (Beitrag) erhält der Rentner einen umfassenden Versicherungsschutz, vorausgesetzt, er hat während der Zeit seines Erwerbslebens wesentlich mit zu den Lasten der Versichertengemeinschaft beigetragen, indem er durch seine Beiträge die Leistungen der Solidargemeinschaft mitfinanziert hat.

Besondere Bedeutung kommt der Krankenversicherung der Rentner und ihre Finanzierung gerade in den nächsten Jahren deshalb zu, weil sich voraussichtlich das Verhältnis zwischen Arbeitnehmern und Rentnern kontinuierlich negativ entwickeln wird. Da aber die naturgemäß höheren Leistungsausgaben für Rentner im wesentlichen von der im Erwerbsleben stehenden Versichertengemeinschaft aufgebracht werden müssen, zeichnet sich ein ständig steigendes Defizit in dieser Versichertengruppe ab, welches auch Auswirkungen auf die gesamte gesetzliche Krankenversicherung haben dürfte. Ein Blick in die Statistik belegt diese Befürchtung:

So stieg die durchschnittliche Lebenserwartung bei Frauen auf 78,65 Jahre, vor 25 Jahren betrug diese 72,39 Jahre und bei Männern auf 72,13 Jahre, vor 25 Jahren – 66,86 Jahre.

Wie sich das Defizit bei den Leistungsausgaben dieser Gruppe im Verhältnis zu den Beitragseinnahmen in den letzten 20 Jahren entwickelt hat, ergibt sich aus der Übersicht auf Seite 61:

Daraus erklärt sich die Tatsache, daß der Gesetzgeber durch entsprechende Maßnahmen, zuletzt durch das Gesundheits-Reformgesetz 1989 und das Gesundheits-Strukturgesetz 1993, die sich vermehrt abzeichnenden Probleme in den Griff bekommen möchte.

Vom 1. 1. 1993 an gilt folgende gesetzliche Regelung:

Versicherungspflichtig sind Personen, welche die Voraussetzungen für den Anspruch auf eine Rente aus der gesetzlichen Rentenversicherung

Schaubild

Entwicklung in der KVdR 1980 bis 1991 West

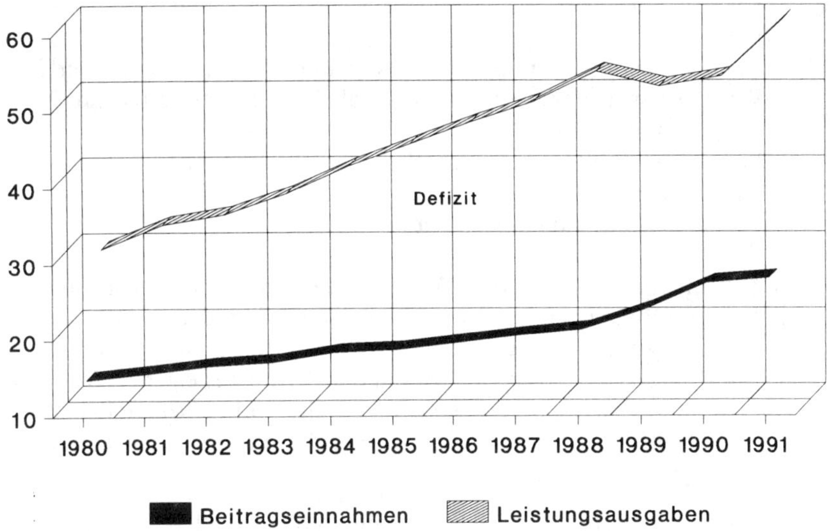

Quelle: Jahresrechnung GKV

erfüllen und diese Rente beantragt haben, wenn sie seit der erstmaligen Aufnahme einer Erwerbstätigkeit bis zur Stellung des Rentenantrags mindestens 9/10 der 2. Hälfte des Zeitraums auf Grund einer eigenen Pflichtversicherung Mitglied oder in einer Familienversicherung versichert waren. Zeiten der Familienversicherung werden nur dann berücksichtigt, wenn der Stammversicherte selbst pflichtversichert war.

Wenn im folgenden von der „Krankenversicherung der Rentner" die Rede ist, dann sind damit, wie aus dem Gesetzeswortlaut eindeutig erkennbar, nur die Rentner gemeint, die eine Rente aus der gesetzlichen Rentenversicherung, nicht jedoch eine Versorgungsrente, beziehen. Für die Durchführung der „KVdR" sind die gesetzlichen Krankenkassen zuständig. Art, Umfang, Dauer und Höhe der Leistungen sind mit den anderen versicherungspflichtigen Personenkreisen identisch. Das gilt auch für Familienangehörige, in der Regel Ehegatten des Rentners, wenn der

Ehegatte nicht selbst die Voraussetzungen für die Versicherungspflicht erfüllt.

Folgende Fragen und deren Beantwortung dürften ohne Rangordnung von besonderem Interesse sein:

- Wer ist als Rentner oder bereits als Rentenantragsteller kraft Gesetzes versichert?
- Was hat sich durch das Gesundheits-Strukturgesetz 1993 geändert?
- Welche Auswirkungen ergeben sich dabei auf bereits bestehende Versicherungsverhältnisse?
- Was müssen Rentner beachten, die nicht Pflichtmitglied in der KVdR werden können?
- Welche Beiträge hat der Rentner zu zahlen?

Die Pflichtversicherung in der KVdR tritt ein, sobald eine Rente aus der gesetzlichen Rentenversicherung beantragt wird und daneben andere persönliche Voraussetzungen erfüllt sind. Auf die Rentenart kommt es hierbei nicht an, d.h., es kann sich um eine Rente aus eigener Versicherung (Berufs-, Erwerbsunfähigkeits- oder Altersruhegeld) handeln oder um eine Rente, die aus der Versicherung des Verstorbenen abgeleitet wird (Witwen- oder Waisenrente).

Zum besseren Verständnis dieses Rechtsgebietes soll beispielhaft die Wirkung eines Rentenantrags in seinem weiteren Geschehensablauf mit zusätzlichen Erläuterungen geschildert werden.

Der Angestellte A., geboren am 31. Januar 1928, stellt am 21. Januar 1993 beim Versicherungsamt einen Antrag auf Altersruhegeld. Dadurch wird das gesamte Verfahren in der KVdR ausgelöst. Selbstverständlich stellt A. in erster Linie den Rentenantrag in der Absicht, recht bald seine Rente zu erhalten. Gleichwohl ist er an seinem weiteren Krankenversicherungsschutz interessiert.

Der den Rentenantrag aufnehmende Sachbearbeiter beim Versicherungsamt läßt sich von A. sämtliche Rentenunterlagen vorlegen und erstellt sodann eine „Meldung zur Krankenversicherung der Rentner" für die Krankenkasse, bei der A. zur Zeit versichert ist. Der eigentliche Rentenantrag wird dann dem zuständigen Rentenversicherungsträger (hier Bundesversicherungsanstalt für Angestellte) zur Prüfung des Rentenanspruchs und weiteren Bearbeitung weitergeleitet.

Unabhängig davon, ob A. die Voraussetzungen für den Rentenanspruch erfüllt, wird er grundsätzlich vom Tage des Rentenantrags an Mitglied in der KVdR. Da A. aber zum Zeitpunkt des Rentenantrags noch in einem Arbeitsverhältnis steht und auch noch solange arbeiten möchte, bis ihm das Altersruhegeld zugebilligt wird, verdrängt die aufgrund des Arbeitsverhältnisses bestehende Versicherungspflicht, wie übrigens auch alle anderen Pflichtversicherungen (ausgenommen Studenten-KV), die KVdR.

Ebenso würde A. von der KVdR ausgeschlossen, wenn er noch hauptberuflich selbständig erwerbstätig wäre. In einem solchen Falle wird die KVdR bis zur Aufgabe der Erwerbstätigkeit hinausgeschoben. Möglich wäre auch, daß A. in seiner Beschäftigung wegen Überschreitens der Jahresarbeitsentgeltgrenze in der gesetzlichen Krankenversicherung versicherungsfrei ist. Auch hier würde die KVdR für die Dauer der versicherungsfreien Beschäftigung hinausgeschoben.

In jedem Falle sind von der KVdR ausgeschlossen

- Beamte, Richter, Berufssoldaten und sonstige Beschäftigte des öffentlichen Dienstes sowie Geistliche der als öffentlich-rechtliche Körperschaften anerkannten Religionsgemeinschaften, wenn sie nach beamtenrechtlichen Vorschriften oder Grundsätzen bei Krankheit Anspruch auf Fortzahlung der Bezüge und auf Beihilfe oder Heilfürsorge haben,
- Ruhegehaltsempfänger der genannten Personenkreise sowie Empfänger von Hinterbliebenenversorgung, wenn sie ausschließlich Hinterbliebenenrente beziehen,
- Mitglieder geistlicher Genossenschaften, Diakonissen und ähnliche Personen.

Rentenantragsteller, die durch den Rentenantrag versicherungspflichtig werden, da keine andere Pflichtversicherung besteht und auch sonst keine Ausschlußgründe vorliegen, können sich auf Antrag von der Versicherungspflicht in der KVdR befreien lassen. Gründe für diese persönliche Entscheidung brauchen nicht angegeben zu werden. Der Antrag auf Befreiung ist fristgebunden und muß innerhalb von drei Monaten nach Beginn der Versicherungspflicht in der KVdR bei der zuständigen Krankenkasse gestellt werden. Es empfiehlt sich also, bereits bei der Rentenantragstellung oder zumindest kurz danach ggf. einen solchen Antrag zu stellen.

Achtung! Eine einmal ausgesprochene Befreiung kann später nicht widerrufen werden.

Darüber hinaus hat die Befreiung zur Folge, daß während der Dauer des Rentenbezuges auch eine Beschäftigung bei einem Arbeitgeber nicht zur Versicherungspflicht führt.

Allerdings können versicherungspflichtig werdende Rentner bzw. Rentenantragsteller, die bei einem privaten Krankenversicherungsunternehmen versichert sind, den Versicherungsvertrag ohne Einhaltung einer Kündigungsfrist mit Wirkung vom Eintritt der Versicherungspflicht in der KVdR an kündigen.

– Beginn und Ende der Mitgliedschaft

Wie bereits dargelegt, beginnt die Mitgliedschaft in der KVdR grundsätzlich mit dem Rentenantrag, soweit keine andere Pflichtversicherung besteht. Endet die andere Pflichtversicherung, beginnt unmittelbar im Anschluß die Mitgliedschaft in der KVdR. Diese Mitgliedschaft dauert zunächst während des gesamten Rentenantragsverfahrens. Während dieser Zeit prüft der Rentenversicherungsträger die Rentenberechtigung.

Schaubild

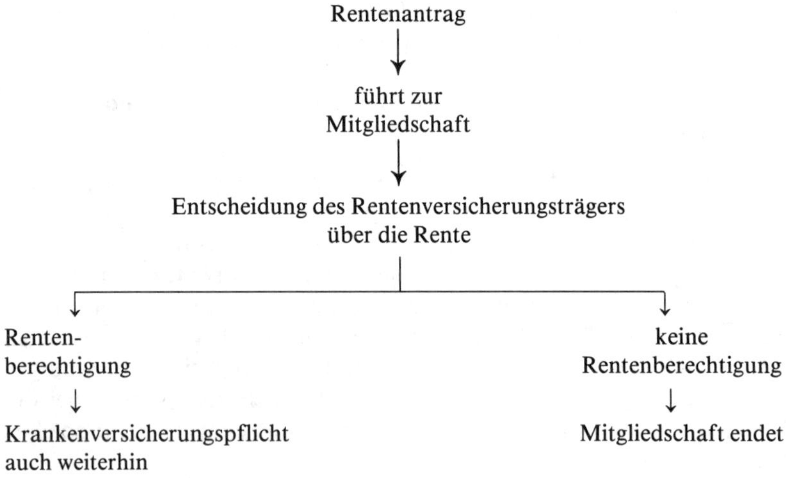

Die Mitgliedschaft der Rentenantragsteller endet mit dem Tag, an dem der Rentenantrag entweder zurückgenommen oder die Ablehnung, z.B. wegen nicht ausreichender Vorversicherungszeiten, unanfechtbar wird.

> **Beispiel:**
> A. erhält am 14.08.1993 einen Bescheid der Bundesversicherungsanstalt für Angestellte, wonach der Rentenantrag vom 21.01.1993 abgelehnt wird. A. erhebt dagegen keinen Rechtsbehelf.
>
> **Ergebnis:**
> Die Rechtsbehelfsfrist beträgt ein Monat. Bleibt diese ungenutzt, endet die Mitgliedschaft; hier also am 14.09.1993.

Die Mitgliedschaft als Rentenbezieher endet u.a. mit Ablauf des Monats, in dem der Anspruch auf Rente wegfällt. Sie endet jedoch frühestens mit Ablauf des Monats, für den letztmalig Rente zu zahlen ist. Das gilt aber nur dann, wenn die Rentenzahlung endgültig eingestellt wird. Auch muß die Frist für den Rechtsbehelf (Widerspruch oder Klage) verstrichen sein.

> **Beispiel:**
> A. erhält am 10. 8. 1993 einen Bescheid der Bundesversicherungsanstalt für Angestellte, wonach ihm eine Erwerbsunfähigkeitsrente auf Zeit vom 1. 3. 1993 bis zum 31. 10. 1993 zugebilligt wird. Er erhebt weder Widerspruch noch Klage.
>
> **Ergebnis:**

Ende der Rechtsbehelfsfrist:	10. 9. 1993	
Ablauf des Monats der endgültigen Entscheidung:	30. 9. 1993	(grds. Ende der Mitgliedschaft)
aber		
Wegfall der Rente:	31. 10. 1993	= tatsächliches Ende der Mitgliedschaft

Für den Fall, daß Rechtsbehelfe eingelegt werden, endet die Mitgliedschaft mit dem Ablauf des Monats, in dem der Bescheid der Bundesversicherungsanstalt für Angestellte, ggf. durch Urteil der Sozialgerichtsbarkeit, unanfechtbar geworden ist, d.h. kein Rechtsmittel mehr eingelegt werden kann.

– **Zuständige Krankenkasse**

Rentenantragsteller und Rentner werden Mitglied der Krankenkasse, der sie zuletzt angehört haben, entweder als Pflichtmitglied oder als Familienangehöriger. Ist die Bundesknappschaft für die Feststellung der Rente zuständig, so ist in der Regel die Bundesknappschaft für die Mitgliedschaft zuständig. Sollte nach diesen Grundsätzen keine Krankenkasse zuständig sein, was selten vorkommen dürfte, werden diese Personen bei der AOK ihres Wohnortes versichert.

Es kann für den Rentenantragsteller/Rentner genügend triftige Gründe geben, nicht bei seiner zeitlich letzten Krankenkasse versichert sein zu wollen, z.B. wegen großer Entfernung zu seinem Wohnort. Deshalb hat das Gesetz ihm ein Wahlrecht eingeräumt, jedoch erst mit Ablauf des Monats, in dem ihm der Rentenbescheid bekanntgegeben worden ist. Es bestehen folgende Wahlmöglichkeiten:

- Der Rentner kann die Mitgliedschaft bei der AOK des Wohnortes beantragen.
- Verheiratete Rentner, die nicht bereits kraft Gesetzes bei der Krankenkasse des Ehegatten im Rahmen der Familienversicherung versichert sind, können die Krankenkasse des Ehegatten wählen.
- Hätte ein Rentner während seiner Erwerbstätigkeit Mitglied einer Ersatzkasse sein können, kann er bestimmen, daß eine solche seiner Wahl die Mitgliedschaft durchführen soll.
- Hinterbliebene können Mitglied der Krankenkasse werden, bei der der Verstorbene zuletzt Mitglied war.

Ungeachtet der Feststellung, daß Rentner, die ihre Rente von der Bundesknappschaft beziehen, auch in der Regel bei dieser krankenversichert sind, ergibt sich auch für diese Rentner die Möglichkeit, die Mitgliedschaft bei

- der Krankenkasse zu wählen, bei der sie oder der Verstorbene zuletzt vor der Rentenantragstellung versichert waren, wenn sie in den letzten 10 Jahren – in den neuen Bundesländern frühestens vom 1. 1. 1991 an – zu keinem Zeitpunkt Mitglied bei der knappschaftlichen Krankenversicherung gewesen sind,

- der Krankenkasse wählen, bei der der Ehegatte versichert ist.

– Vorversicherungszeit

Unverzichtbare Voraussetzung für eine Mitgliedschaft in der Krankenversicherung der Rentner ist eine Vorversicherungszeit in der gesetzlichen Krankenversicherung während des Erwerbslebens. Gerade auch in diesem Bereich hat der Gesetzgeber mit dem Gesundheits-Strukturgesetz erreichen wollen, daß nur solche Personen im Alter eine günstige Versicherung erhalten sollen, die auch während des Erwerbslebens als **Pflicht**mitglied der Solidargemeinschaft angehörten.

Vorweg sei erwähnt, daß das Gesundheits-Strukturgesetz jedoch zugunsten der Versicherten eine Übergangsregelung enthält, auf die in diesem Zusammenhang auch eingegangen werden soll.

Nach der neuen Gesetzesfassung vom 1. 1. 1993 ist die Vorversicherungszeit erfüllt, wenn der Rentenantragsteller

- seit der erstmaligen Aufnahme einer Erwerbstätigkeit bis zur Stellung des Rentenantrages mindestens 9/10 der 2. Hälfte des Zeitraumes
- aufgrund einer Pflichtversicherung Mitglied einer gesetzlichen Krankenkasse war oder
- aufgrund der Familienversicherung versichert war.

Diese Vorversicherungszeit muß also innerhalb einer sog. Rahmenfrist, nämlich von der erstmaligen Aufnahme einer Erwerbstätigkeit bis zum Rentenantrag, zurückgelegt sein. Was unter Erwerbstätigkeit in diesem Sinne zu verstehen ist, wird im Gesetz selbst nicht definiert. Jedoch nach allgemeiner Rechtsauffassung gilt als solche jede auf Erwerb gerichtete oder zur Berufsausbildung ausgeübte Beschäftigung als Arbeitnehmer oder selbständige Tätigkeit, soweit diese nicht wegen Geringfügigkeit krankenversicherungsfrei waren.

Wurde eine Erwerbstätigkeit nicht aufgenommen, so beginnt die Rahmenfrist

- mit dem Tag der Eheschließung oder, wenn eine Ehe nicht bestand, mit der Vollendung des 18. Lebensjahres,
- bei minderjährigen Waisenrentnern mit dem Tag der Geburt.

Diese Günstigkeitsklausel gilt in erster Linie für Hinterbliebenenrentner(innen).

> Anmerkung: Bis zum 31. 12. 1990 bei der Sozialversicherung in der ehemaligen DDR zurückgelegte Versicherungszeiten gelten als Zeiten der Pflichtversicherung in der gesetzlichen Krankenversicherung. Das gilt auch für Zeiten der freiwilligen Krankheitskostenversicherung oder in einem Sonderversorgungssystem.

Als Vorversicherungszeiten gelten nicht Zeiten der freiwilligen Mitgliedschaft sowie Zeiten der Familienversicherung, die auf einer freiwilligen Mitgliedschaft des Stammversicherten beruhen, wenn der Rentenantrag nach dem 31. 12. 1992 gestellt wird.

Erinnern wir uns an den Angestellten A. Er trat am 1. 7. 1942 in das Berufsleben ein und stellte am 21. 1. 1993 einen Antrag auf Altersruhegeld. Für ihn gilt zwar auch die später noch einzugehende Übergangsregelung, jedoch soll hier exemplarisch und zum besseren Verständnis das neue Recht herangezogen werden.

Schaubild

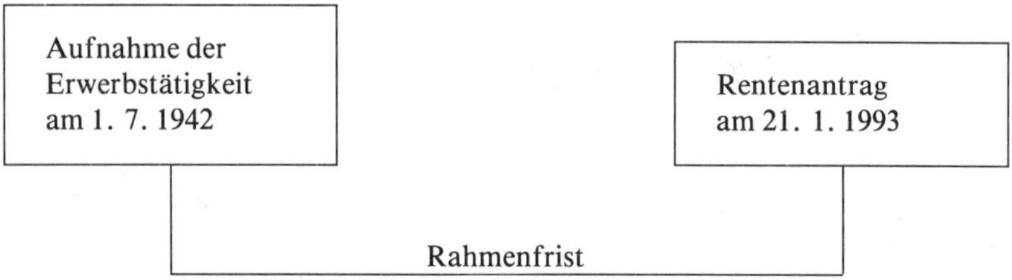

Für die Prüfung der Vorversicherungszeit ist die 2. Hälfte der Rahmenfrist zu bilden. Dieser Zeitraum ist in Jahre, Monate und Tage umzurechnen. Volle Kalendermonate werden mit 30 Tagen angesetzt. Innerhalb dieser 2. Hälfte der Rahmenfrist muß A. mindestens 9/10 dieser Zeit entweder als Pflichtmitglied oder Familienmitglied bei einer gesetzlichen Krankenkasse versichert gewesen sein.

Im vorgenannten Beispiel umfaßt der Zeitraum vom 1. 7. 1942 bis 21. 1. 1993

50 Jahre, 6 Monate, 21 Tage. Die Hälfte dieser Zeit beträgt 25 Jahre, 3 Monate, 11 Tage. Die 2. Hälfte der Rahmenfrist beginnt demnach am 12. 10. 1967 und endet am 21. 1. 1993. 9/10 dieser Zeit betragen 22 Jahre, 9 Monate, 4 Tage.

Rentner oder Rentenantragsteller, die die Vorversicherungszeiten in der KVdR nicht erfüllen, können sich grundsätzlich freiwillig versichern, wenn sie in den letzten 5 Jahren mindestens 24 Monate oder unmittelbar vor dem Ausscheiden, z.B. aus der Beschäftigung, ununterbrochen mindestens 12 Monate versichert waren. Die Anzeige zur freiwilligen Versicherung muß der Krankenkasse innerhalb von 3 Monaten nach dem Ausscheiden angezeigt werden.

Ein Ausscheiden aus der Mitgliedschaft als Rentenantragsteller wegen Ablehnung des Rentenantrages berechtigt allerdings nicht ohne weiteres zum freiwilligen Beitritt. Das Recht zur freiwilligen Versicherung besteht nur dann, wenn bis zum Beginn der Mitgliedschaft als Rentenantragsteller in den letzten 5 Jahren vorher mindestens 24 Monate oder unmittelbar vorher ununterbrochen mindestens 12 Monate eine Versicherung bestanden hat. Die Versicherungszeit als Rentenantragsteller wird nicht berücksichtigt.

Übergangsregelung
Bei Rentenanträgen, die bis zum 31. 12. 1993 gestellt werden, liegen die Vorversicherungszeiten auch dann vor, wenn der Versicherte – bei Hinterbliebenenrenten der Verstorbene oder Hinterbliebene – seit der erstmaligen Aufnahme einer Erwerbstätigkeit, jedoch frühestens seit dem 1. 1. 1950, bis zur Rentenantragstellung mindestens die Hälfte der Zeit bei einer gesetzlichen Krankenkasse pflichtversichert war.

Wer am 31. 12. 1992 wegen eines Rentenantrages oder des Bezuges einer Rente aus der gesetzlichen Rentenversicherung versicherungspflichtig war, bleibt auch dann versicherungspflichtig, wenn er die Voraussetzungen für die Versicherungspflicht nach dem ab 1. 1. 1993 geltenden Recht nicht erfüllt.

Sonderregelung für Hinterbliebene

Für Empfänger von Hinterbliebenenrente gelten die Vorversicherungszeiten als erfüllt, wenn der Verstorbene bereits eine Rente bezog und in der gesetzlichen Krankenversicherung versichert war, so daß hier eine Prüfung der Vorversicherungszeiten entfällt.

Familienversicherung für Rentenantragsteller

Es kommt häufig vor, daß gerade Ehefrauen einige Zeit vor dem Antrag auf Rente aus eigener Versicherung aus dem Berufsleben ausgeschieden sind und deswegen aufgrund der Versicherung ihres Ehegatten familienversichert sind. Besteht eine solche Familienversicherung bei einer gesetzlichen Krankenkasse und erfüllt die Ehefrau als Rentenantragstellerin die geforderten Vorversicherungszeiten für die KVdR, beginnt die Versicherung in der KVdR mit der Rentenantragstellung. Die KVdR verdrängt als Pflichtversicherung die Familienversicherung.

2 Familienangehörige

Wenn bis Ende 1988 Versicherte grundsätzlich für ihren unterhaltsberechtigten Ehegatten und die unterhaltsberechtigten Kinder einen Anspruch auf Leistungen im gleichen Umfange wie für sie selbst hatten, so wollte man dem in aller Regel zum Unterhalt verpflichteten Ernährer (vgl. §§ 1360, 1601 ff. BGB) einen Teil dieser Verpflichtung abnehmen. Dieses geschah in der Form der Leistungen aus der gesetzlichen Krankenversicherung für die Angehörigen. Die früheren „Familienhilfeleistungen“ waren von diesem Grundsatz geprägt und wurden systemgerecht dann nicht erbracht, wenn der Ehegatte, bzw. die Kinder einen eigenen Versicherungsschutz nachweisen konnten. Dieses Grundprinzip ist mit dem Gesundheits-Reformgesetz mit Wirkung zum 1. 1. 1989 teilweise aufgeweicht worden. So kommt es nicht mehr auf die bürgerlichrechtliche Wechselwirkung von Unterhaltsberechtigung und Unterhaltsverpflichtung an, sondern einzig und allein auf die im § 10 SGB V geforderten Voraussetzungen für diese Leistungen. Beibehalten wurde auch nach dem Gesundheits-Reformgesetz die Kostenfreiheit dieser Versicherung. Unabhängig von der Zahl der mitzuversichernden Angehörigen wird der Beitrag nach wie vor nur nach den Maßstäben bemessen, die für den Stammversicherten gelten. Dieses oft von den gesetzlichen Krankenkassen gebrauchte Argument der „kostenfreien Familienversicherung“ ist zwar im Ergebnis richtig, aber bei genauer Betrachtung eben nur im Ergebnis. Das gesamte von den Krankenkassen zu tragende Risiko muß natürlich durch den Beitrag abgedeckt werden. Nur geschieht dieses nicht innerhalb kleiner Solidargemeinschaften wie in der PKV, sondern das Risiko wird auf die große Solidargemeinschaft aller Versicherten derselben Krankenkasse umgelegt. Das heißt, daß der Versicherte mit mehreren Angehörigen immer der Begünstigte ist und die Leistungsausgaben für seine Angehörigen letztlich auch von den Versicherten ohne Angehörigen mitfinanziert werden. Darin liegt aber andererseits auch die Stärke der sozialen Krankenversicherung. Damit aber nicht genug. Der Gesetzgeber fordert zu noch mehr Solidarität auf, und zwar vom Jahre 1994 an. Dann nämlich sollen sogar die Krankenkassen mit einer im Verhältnis zu anderen Krankenkassen ungünstigen Risikostruktur einen finanziellen Ausgleich von den traditionell günstiger strukturierten Krankenkassen erhalten. Ein Kriterium dabei ist die von der jeweiligen Krankenkasse zu verkraftende Familienlastquote.

Familienangehörige gehören nunmehr rechtsdogmatisch, soweit die geforderten Voraussetzungen erfüllt sind, zu den Pflichtversicherten mit eigener Versicherung. Nach wie vor wird diese Versicherung jedoch abgeleitet aus der Versicherung des Stammversicherten und teilt auch in der Regel ihr rechtliches Schicksal. Was das im einzelnen bedeutet, soll anhand der Systematik des § 10 SGB V erläutert werden.

Diese Systematik ist nach folgendem Schema aufgebaut (siehe nächste Seite).

2.1 Ehegatten

Als anspruchsbegünstigten Personenkreis nennt das Gesetz zunächst die Ehegatten. Verlobte, geschiedene Ehegatten oder in einem eheähnlichen Verhältnis lebende Partner sind in diesem Sinne nicht gemeint und werden von der Familienversicherung nicht erfaßt.

2.2 Kinder

Neben den ehelichen Kindern des Stammversicherten gelten als Kinder auch seine Stiefkinder und Enkel, wenn sie von ihm bisher überwiegend unterhalten worden sind und Pflegekinder. Pflegekinder sind solche Personen, die mit dem Versicherten durch ein auf längere Dauer ange-

Schaubild

Familienversichert sind – der Ehegatte und – die Kinder, wenn bei ihnen folgende Voraussetzungen erfüllt sind:	Wohnsitz oder gewöhnlicher Aufenthalt in der BR Deutschland
	keine anderweitige Pflicht- oder freiwillige Versicherung, ausg. Studenten-KV
	keine Versicherungsfreiheit, ausgenommen bei geringfügiger Beschäftigung
	keine hauptberufliche selbständige Erwerbstätigkeit
	das mtl. Gesamteinkommen eine bestimmte Grenze nicht überschreitet
Für Kinder gelten folgende weitere Voraussetzungen:	Altersgrenze, es sei denn körperliche, geistige oder seelische Behinderung
	Einkommensgrenze für einen nicht bei einer Krankenkasse versicherten Elternteil

legtes Pflegeverhältnis mit häuslicher Gemeinschaft wie Kinder mit Eltern verbunden sind. Daneben nennt das Gesetz auch Kinder, die mit dem Ziel der Annahme als Kind in die Obhut des Annehmenden aufgenommen sind und für die die zur Annahme erforderliche Einwilligung der leiblichen Eltern erteilt ist (Adoptionspflegekinder).

Das Gesetz nennt zwar die für ehelich erklärten Kinder und die nichtehelichen Kinder nicht ausdrücklich, nach allgemein herrschender Rechtsauffassung gehören diese jedoch auch als Kinder der Familienversicherung an.

2.3 Gemeinsame Voraussetzungen für Ehegatten und Kinder

– Wohnsitz oder gewöhnlicher Aufenthalt im Inland

In der Familienversicherung sind nur solche Ehegatten und Kinder versichert, die ihren Wohnsitz oder gewöhnlichen Aufenthalt in der Bundesrepublik Deutschland haben. Einen Wohnsitz hat jemand dort, wo er eine Wohnung unter solchen Umständen innehat, die darauf schließen lassen, daß er die Wohnung beibehalten und benutzen wird. Als gewöhnlicher Aufenthalt wird der Ort bezeichnet, wo sich der Angehörige unter solchen Umständen aufhält, die erkennen lassen, daß der Aufenthalt nicht nur vorübergehend ist. Ein vorübergehender Aufenthalt im Ausland steht dem nicht entgegen, wenn nach den gesamten Umständen des Einzelfalles zu vermuten ist, daß der „gewöhnliche Inlandsaufenthalt" nicht aufgegeben wird.

– Keine anderweitige Versicherung oder Versicherungsfreiheit

Die Familienversicherung ist grundsätzlich gegenüber einer Pflicht- oder freiwilligen Versicherung in der gesetzlichen Krankenversicherung nachrangig. Auf die Ausnahme im Verhältnis zur Studenten-Krankenversicherung wurde bereits hingewiesen. Ehegatten und Kinder sind also nicht familienversichert, wenn sie selbst versicherungspflichtig oder freiwillig versichert sind.

Versicherungsfreie oder auf Antrag von der Versicherungspflicht befreite Angehörige werden von der Familienversicherung nicht erfaßt, es sei denn, sie sind wegen einer geringfügigen Beschäftigung versicherungsfrei.

– Keine Ausübung einer hauptberuflichen selbständigen Erwerbstätigkeit

Grundsätzlich werden selbständig Tätige nicht von der Pflichtversicherung erfaßt. Ihnen wird zugemutet, aufgrund eigenen Entschlusses ihre

Eigenvorsorge zu treffen. Das kann jedoch auch in der Form einer freiwilligen Versicherung in der gesetzlichen Krankenversicherung geschehen, soweit hierfür die Voraussetzungen vorliegen (vgl. Abschn. 3).

Insoweit ist es systemgerecht und verständlich, wenn solche Personen nicht über den Umweg einer für sie kostenfreien Familienversicherung in den Schutz der gesetzlichen Krankenversicherung einbezogen werden sollen.

Wann eine Tätigkeit als hauptberuflich selbständig anzusehen ist, mag von der Interessenlage her abhängig und damit unterschiedlich beurteilt werden. Auch hierbei sind bei der Beurteilung stets die gesamten Umstände des Einzelfalles zu berücksichtigen. Allgemein kann jedoch dann davon ausgegangen werden, wenn diese Tätigkeit von der wirtschaftlichen Bedeutung und dem zeitlichen Aufwand her den Mittelpunkt der Erwerbstätigkeit darstellt.

In der Regel wird man von einer hauptberuflichen selbständigen Tätigkeit dann ausgehen können, wenn der zeitliche Umfang dieser Tätigkeit und der mit ihr zusammenhängenden Arbeiten mindestens 18 Stunden in der Woche umfaßt oder die daraus erzielten Einnahmen die Hauptquelle zur Bestreitung des Lebensunterhaltes bilden.

– Höhe des Gesamteinkommens

Die Familienversicherung besteht nur dann, wenn der Angehörige kein Gesamteinkommen hat, das regelmäßig im Monat 530 DM, im Beitrittsgebiet 390 DM (Werte für 1993) überschreitet. Diese Beträge sind von einer monatlichen Bezugsgröße abhängig und werden für jedes Jahr neu festgesetzt.

Bei der Ermittlung des Gesamteinkommens ist von der Summe der Einkünfte nach dem Einkommensteuergesetz auszugehen. Im wesentlichen gehören hierzu

- Einkünfte aus nichtselbständiger Arbeit,
- Einkünfte aus Kapitalvermögen,
- Einkünfte aus Vermietung und Verpachtung sowie
- Einkünfte aus selbständiger Tätigkeit.

Der Überschuß der Einnahmen vermindert sich um die Werbungskosten, soweit das Steuerrecht dieses vorsieht. Das hat wiederum Auswirkungen auf die Höhe des Gesamteinkommens.

Gelegentliche Überschreitungen dieser Einkommensgrenzen sind für den Bestand der Familienversicherung unschädlich. Zeichnet sich jedoch ab, daß an mehr als 2 Monaten in der Folge diese Grenzen überschritten werden, ist der Schutz der Familienversicherung in Gefahr.

Diese Voraussetzungen gelten im Einzelfall sowohl für den Ehegatten als auch für die Kinder.

Zusätzlich gelten für Kinder weitere Bedingungen:

2.4 Altersgrenzen

Die Familienversicherung besteht für Kinder bis zur

- Vollendung des 18. Lebensjahres,
- Vollendung des 23. Lebensjahres, wenn sie nicht erwerbstätig sind,
- Vollendung des 25. Lebensjahres, wenn sie sich in Schul- oder Berufsausbildung befinden oder ein freiwilliges soziales Jahr im Sinne des Gesetzes zur Förderung eines freiwilligen sozialen Jahres leisten. Wird die Schul- oder Berufsausbildung durch Erfüllung einer gesetzlichen Dienstpflicht unterbrochen oder verzögert, besteht die Familienversicherung auch für einen der Dauer dieses Dienstes entsprechenden Zeitraum über das 25. Lebensjahr hinaus.

Außerdem sind Kinder ohne Altersgrenze familienversichert, wenn sie wegen körperlicher, geistiger oder seelischer Behinderung auf nicht absehbare Zeit außerstande sind, für ihren Lebensunterhalt zu sorgen.

2.5 Einkommensgrenze für den Ehegatten des Mitglieds

Kinder sind generell von der Familienversicherung ausgenommen, wenn der mit den Kindern verwandte Ehegatte des Mitglieds nicht Mitglied einer Krankenkasse ist und sein Gesamteinkommen regelmäßig im Monat 5.400 DM, im Beitrittsgebiet 3.975 DM (Werte für 1993) übersteigt **und** regelmäßig höher als das Gesamteinkommen des Mitglieds ist.

Diese vom Gesetzgeber gewählte Formulierung drückt exakt die von ihm beabsichtigte Zweckbestimmung dieser Vorschrift aus, ist aber für den juristisch interessierten Laien nicht so schnell problemlos nachzuvollziehen.

Deshalb sollen die nachstehende Entscheidungshilfe und ein Beispiel zur Sachaufklärung beitragen:

Schaubild

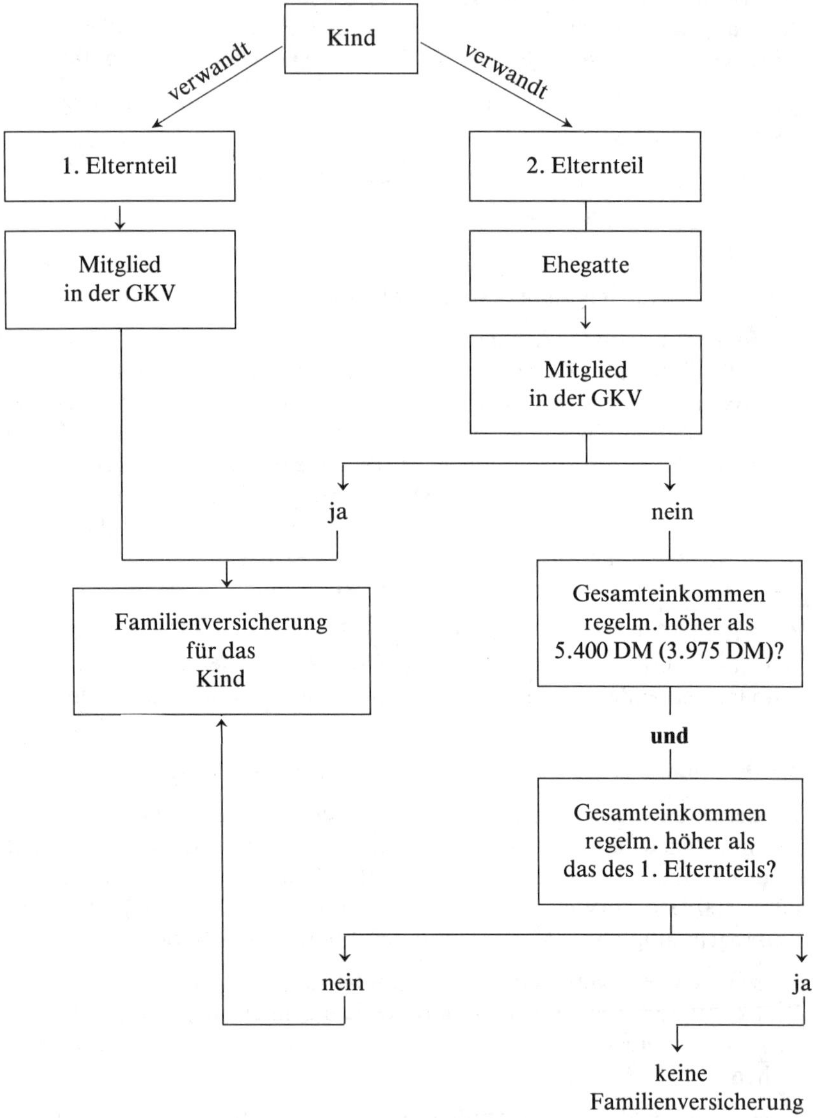

Kind
verwandt
verwandt
1. Elternteil
2. Elternteil
Mitglied in der GKV
Ehegatte
Mitglied in der GKV
ja
nein
Familienversicherung für das Kind
Gesamteinkommen regelm. höher als 5.400 DM (3.975 DM)?
und
Gesamteinkommen regelm. höher als das des 1. Elternteils?
nein
ja
keine Familienversicherung

Beispiel
A. ist freiwilliges Mitglied in der GKV und hat ein monatliches Gesamteinkommen von 7.000 DM. Seine Ehefrau arbeitet als Abteilungsleiterin und hat ein monatliches Gesamteinkommen von 6.000 DM. Sie ist privat krankenversichert. Ihr gemeinsames Kind (16 Jahre) befindet sich in Schulausbildung.

Ergebnis
Obwohl die Ehefrau nicht Mitglied in der GKV ist und ihr monatliches Gesamteinkommen 5.400 DM übersteigt, besteht für das Kind eine Familienversicherung bei der Krankenkasse des Vaters, da das Gesamteinkommen der Mutter nicht regelmäßig höher ist als das des Vaters.

2.6 Dauer der Familienversicherung

Die Familienversicherung ist grundsätzlich mit der Mitgliedschaft desjenigen verbunden, aus der sie abgeleitet wird. Sobald die Voraussetzung der Zugehörigkeit zum Personenkreis (Ehegatte, Kind) vorliegt, wird die Familienversicherung begründet, soweit kein anderweitiger Ausschließungsgrund vorliegt (z.B. eigene Vorrangversicherung).

Achtung:
Der Stammversicherte hat zwecks Durchführung der Familienversicherung die Familienangehörigen mit den nötigen Angaben seiner Krankenkasse zu melden. Diese stellt fest, ob die Versicherung besteht.
Änderungen in den persönlichen oder Einkommensverhältnissen der Angehörigen müssen ebenfalls der Krankenkasse gemeldet werden.

Entfällt eine die Familienversicherung begründende Voraussetzung, endet diese Versicherung ebenso, wie wenn die Mitgliedschaft des Stammversicherten endet.
Hierbei muß jedoch folgendes bedacht werden:

Der Schutz der Familienversicherung erfüllt seinen Sinn und Zweck in den Versicherungsleistungen. Endet aber die Mitgliedschaft des Stammversicherten zu seiner Krankenkasse, so ist die Dauer der Leistungen abhängig von dem Beendigungstatbestand. Erlischt die Familienversicherung wegen der Beendigung der Mitgliedschaft eines **Versicherungspflichtigen**, besteht ein Leistungsanspruch für den Familienangehörigen für längstens 1 Monat nach dem Ende der Familienversicherung. Das gilt sowohl für solche Versicherungsfälle, die während der Mitgliedschaft als auch für solche, die innerhalb dieses Monats eingetreten sind. Der Leistungsanspruch endet in beiden Fällen spätestens mit Ablauf des 1. Monats nach dem Ende der Mitgliedschaft.

Entfallen die Voraussetzungen für die Familienversicherung, ohne daß die Mitgliedschaft des Stammversicherten endet (z.B. Ehescheidung, Eintritt einer Vorrangversicherung, Überschreiten der Altersgrenze), so entfallen damit auch gleichzeitig die Leistungsansprüche des Angehörigen.

Diese Leistungsansprüche aus der Familienversicherung enden auch sofort, wenn ein **freiwillig** Versicherter aus der Mitgliedschaft ausscheidet.

Schaubild

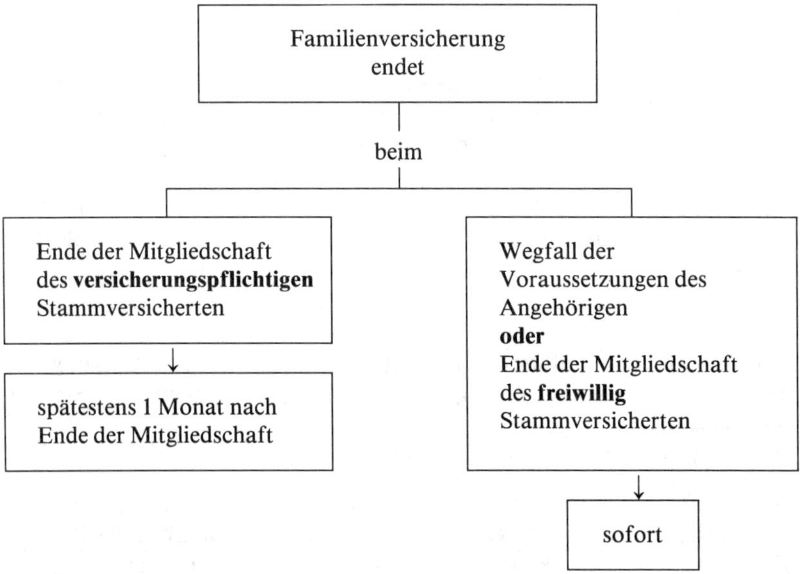

Hinweis: Erlischt die Familienversicherung wegen vorgenannter Tatbestände oder besteht sie für Kinder nur deswegen nicht, weil die unter Abschn. 2.5 dargelegten Gründe vorliegen, können diese Personen der Krankenkasse freiwillig, allerdings mit eigener Beitragszahlung, beitreten. Der Beitritt ist der Krankenkasse innerhalb von 3 Monaten nach Beendigung der Versicherung oder nach der Geburt des Kindes anzuzeigen. Die freiwillige Mitgliedschaft beginnt mit dem Tag nach dem Ende der Familienversicherung, soweit eine solche nicht bestand, mit dem Tag des Beitritts. Vorversicherungszeiten sind nicht nachzuweisen.

2.7 Zuständige Krankenkasse

Für die Durchführung der Familienversicherung ist die Krankenkasse zuständig, bei der der Stammversicherte Mitglied ist.

Ist die Familienversicherung für ein Kind durchzuführen, hat die Krankenkasse auch festzustellen, ob der andere Ehegatte ebenfalls Mitglied einer Krankenkasse ist und für ein Kind die Kassenzuständigkeit mehrfach erfüllt ist. Kann die Familienversicherung ggf. mehrfach begründet werden, haben die Eltern zu entscheiden, welche Krankenkasse die Versicherung durchführen soll. Diese Entscheidung wird immer dann erforderlich sein, wenn die Ehegatten unterschiedlichen Krankenkassen angehören. Das Kind selbst kann die Krankenkasse nicht rechtswirksam ihr gegenüber bestimmen.

Das Wahlrecht besteht zu dem Zeitpunkt, in dem die Anspruchsvoraussetzungen für die Familienversicherung erfüllt sind. Die einmal getroffene Entscheidung bleibt solange wirksam, wie das Mitglied bei der gewählten Krankenkasse versichert ist. Das Wahlrecht kann also nicht bei jedem Leistungsantrag erneut ausgeübt werden. Wird die Mitgliedschaft des Stammversicherten beendet und entfallen damit die Voraussetzungen der Familienversicherung, wird diese ggf. von der Krankenkasse des anderen Ehegatten fortgeführt.

Ein erneutes Wahlrecht kann dann in Betracht kommen, wenn durch eine neue Mitgliedschaft bei einer Krankenkasse grundsätzlich wieder zwei verschiedene Krankenkassen zuständig wären.

3 Freiwillige Mitglieder

Seit dem Gesundheits-Reformgesetz aus dem Jahre 1989 erhalten grundsätzlich nur noch solche Personen ein Recht zur freiwilligen Versicherung, bei denen die Voraussetzungen für die pflichtmäßige Zugehörigkeit zur gesetzlichen Krankenversicherung weggefallen sind oder die als Berufsanfänger wegen der Höhe ihres Arbeitsverdienstes von der Versicherungspflicht nicht erfaßt werden.

Nach altem Recht konnten daneben auch selbständige Gewerbetreibende und andere Betriebsunternehmer, die in ihrem Betrieb nicht mehr als 2 Arbeitnehmer beschäftigten und eine bestimmte Einkommensgrenze nicht überschritten, der Gesetzlichen unter bestimmten weiteren Voraussetzungen als freiwillige Mitglieder beitreten. Diese sog. Kleinunternehmer fanden bei ihrer Krankenkasse, meistens als Handwerksmeister, den von ihnen gewünschten Krankenversicherungsschutz, auch ohne entsprechende Vorversicherungszeiten.

In der Begründung zum Regierungsentwurf zum Gesundheits-Reformgesetz 1989 heißt es bezogen auf diesen Personenkreis:

„Soweit das geltende Recht auch für andere Personen ein Beitrittsrecht vorsieht, wird es nicht übernommen, weil es im Hinblick auf das Solidaritätsprinzip nicht gerechtfertigt ist, von der Versicherungspflicht nicht erfaßten Personen den Beitritt zu einem Zeitpunkt zu ermöglichen, der ihnen günstig erscheint, und dann die Solidargemeinschaft eintreten zu lassen."

Dabei sind neben den versicherungspflichtigen Mitgliedern insbesondere die freiwillig Versicherten für die Krankenkassen von besonderer Bedeutung, handelt es sich doch hierbei meistens um solide Beitragszahler. Außerdem tragen sie zur Vergrößerung des Versichertenbestandes und damit auch zur Leistungsfähigkeit einer Krankenkasse bei. Dennoch bleibt auch den Selbständigen (Freiberuflern) der Weg zur Gesetzlichen nicht unbedingt versperrt. Das gilt vor allem zum Zeitpunkt des Übergangs zur Selbständigkeit, wie noch zu sehen sein wird.

In der gesamten Bundesrepublik Deutschland sind zur Zeit ca. 5,1 Mio. Personen freiwillig bei einer Krankenkasse versichert.

Das entspricht einem Anteil von ca. 7,25 v.H. aller Versicherten einschließlich ihrer Angehörigen. Der überwiegende Teil dieser freiwillig

Versicherten gehört zur umworbenen Klientel aller Krankenkassenarten, insbesondere aber der privaten Krankenversicherungsunternehmen.

Warum dieses so ist, soll an der Aufzählung der Personenkreise und den Voraussetzungen, die zum freiwilligen Beitritt berechtigen, deutlich werden:

3.1 Versicherungsfreie Beschäftigte mit höherem Einkommen

– bei Beendigung der Versicherungspflicht

Arbeiter und Angestellte sind krankenversicherungsfrei, wenn ihr regelmäßiges Jahresarbeitsentgelt 75 v.H. der Beitragsbemessungsgrenze in der Rentenversicherung (1993 = 64.800 DM, mtl. = 5.400 DM, neue Bundesländer = 47.700 DM, mtl. 3.975 DM) übersteigt. Dabei werden allerdings Zuschläge, die mit Rücksicht auf den Familienstand gezahlt werden, nicht berücksichtigt. Die Versicherungspflicht endet mit Ablauf des Kalenderjahres, in dem die Jahresarbeitsentgeltgrenze überschritten wird. Ausnahmen hiervon werden im Kapitel C erläutert. Solche höherverdienenden Arbeiter und Angestellten können der Krankenkasse freiwillig beitreten, wenn sie in den letzten 5 Jahren vor dem Ausscheiden mindestens 24 Monate oder alternativ unmittelbar vor dem Ausscheiden ununterbrochen mindestens 12 Monate versichert waren.

> **Achtung:**
> Die Krankenkassen sind verpflichtet, die höherverdienenden Arbeiter und Angestellten über die Beendigung der Versicherungspflicht und die Austrittsmöglichkeit zu unterrichten. Wird der Austritt nicht innerhalb von 2 Wochen nach diesem Hinweis durch die Krankenkasse erklärt, setzt sich die Mitgliedschaft als freiwillige Mitgliedschaft fort, wenn die Vorversicherungszeit erfüllt ist. Schweigen bedeutet also hier „freiwillige Fortsetzung" der vorher bestandenen Pflichtmitgliedschaft.

– bei Aufnahme einer Beschäftigung

Gelegentlich kommt es vor, daß Personen, die erstmals eine Beschäftigung in einem Arbeitsverhältnis aufnehmen, wegen der Höhe ihres Entgelts (vgl. 3.1) von Anfang an nicht der Versicherungspflicht unterliegen. Die Umstände, die dazu führen, sind versicherungsrechtlich ohne Bedeutung. Auch scheiden diese Personen nicht erst mit Ablauf des Jahres aus der Versicherung aus; denn sie ge hörten ja gar nicht erst zu den pflichtversicherten Personen.

Ihnen wird die Möglichkeit eröffnet, einer gesetzlichen Krankenkasse beizutreten, wenn sie ihren Beitritt innerhalb von 3 Monaten nach der Aufnahme der Beschäftigung der Krankenkasse schriftlich anzeigen.

Die freiwillige Mitgliedschaft beginnt dann mit dem Beitritt.

3.2 Familienangehörige

Hierzu vgl. die Ausführungen zu Pkt. 2.6, insbesondere den „Hinweis".

3.3 Arbeitnehmer nach der Rückkehr aus dem Ausland

Der Versicherung können solche Arbeitnehmer beitreten, deren Mitgliedschaft durch Beschäftigung im Ausland endete, wenn sie innerhalb von 2 Monaten nach Rückkehr in die Bundesrepublik Deutschland wieder eine Beschäftigung aufnehmen. Diese Beschäftigung darf allerdings keine Versicherungspflicht begründen. Auf die Erfüllung einer Vorversicherungszeit wird hier verzichtet. Der Beitritt zur Krankenkasse ist innerhalb von 3 Monaten nach der Rückkehr anzuzeigen. Die freiwillige Versicherung beginnt mit dem Beitritt.

3.4 Schwerbehinderte

Soweit Schwerbehinderte mit einer Minderung der Erwerbsfähigkeit von mindestens 50 v.H. nicht anderweitig pflichtversichert sind, können sie der Versicherung freiwillig beitreten, wenn sie selbst, ihr Ehegatte oder ein Elternteil in den letzten 5 Jahren vor dem Beitritt mindestens 3 Jahre gesetzlich krankenversichert waren. Wenn sie ausschließlich wegen ihrer Behinderung diese Vorversicherungszeiten nicht erfüllen konnten, gilt diese Voraussetzung nicht. Die Satzung der Krankenkasse kann das Recht zum Beitritt von einer Altersgrenze abhängig machen.

Der Beitritt ist der Krankenkasse innerhalb von 3 Monaten nach Feststellung der Behinderung anzuzeigen.

3.5 Sonstige Personen

Das SGB V nennt in § 9 zwar ausdrücklich einige Personenkreise, die das Recht zur freiwilligen Versicherung haben. Darüber hinaus ist in dieser Vorschrift aber gleichwohl eine Generalklausel enthalten, die allen Personen, die als Mitglieder aus der Versicherungspflicht ausgeschieden sind, die Möglichkeit der freiwilligen Fortsetzung ihrer bisherigen Mitgliedschaft einräumt. Dieses ist dann möglich, wenn sie in den letzten 5 Jahren vor dem Ausscheiden mindestens 24 Monate oder unmittelbar vorher ununterbrochen mindestens 12 Monate versichert waren. Der Beitritt ist der Krankenkasse innerhalb von 3 Monaten schriftlich anzuzeigen mit der Folge, daß sich die bisherige Pflichtmitgliedschaft lückenlos nunmehr freiwillig fortsetzt.

Ende der freiwilligen Mitgliedschaft

Die freiwillige Mitgliedschaft endet

1. mit dem Tod des Mitgliedes,
2. mit Beginn einer Pflichtmitgliedschaft,
3. wenn für 2 Monate die fälligen Beiträge nicht entrichtet wurden, obwohl die Krankenkasse auf die Folgen hingewiesen hat,
4. mit Ablauf des übernächsten Kalendermonats, gerechnet von dem Monat, in dem das Mitglied den Austritt erklärt. Die Satzung der Krankenkasse kann einen früheren Zeitpunkt bestimmen.

Wahl der Krankenkasse

Während bei den Pflichtmitgliedern die für die Durchführung der Versicherung zuständige Krankenkasse bis zum 31. 12. 1996 vom Gesetz vorgeschrieben ist, haben freiwillige Mitglieder hingegen bereits ein eingeschränktes Wahlrecht unter den Krankenkassen. Sie können Mitglied der Krankenkasse bleiben, der sie vor dem Ausscheiden aus der Versicherungspflicht angehört haben.

Ein Wahlrecht besteht aber auch zu der Krankenkasse, der sie angehören würden, wenn sie versicherungspflichtig wären. Das kann z.B. dann zutreffen, wenn die letzte Krankenkasse nicht in der Region ihren Sitz hat, in der der Versicherte wohnt, er aber wegen der besonderen Zuständigkeit versichert sein mußte. Er kann insoweit die Krankenkasse wählen, die für ihn zuständig wäre, würde er an seinem Wohnort beschäftigt sein (z.B. als Handwerker kann er Mitglied der Innungskrankenkasse sein).

Ungeachtet der bisher zuständigen Krankenkasse können freiwillige Mitglieder immer die AOK ihres Wohnortes wählen.

Geschiedene Ehegatten, für die bisher eine Familienversicherung als Ehegatte bestand, und die sich nach der Ehescheidung freiwillig versi-

Neues Recht ab 1996:

1. Versicherungsberechtigte (freiwillige Mitglieder) sind Mitglied der von ihnen gewählten Krankenkasse.
2. Versicherungsberechtigte können wählen
   - die AOK des Beschäftigungs- oder Wohnorts,
   - jede Ersatzkasse, deren Zuständigkeit sich nach der Satzung auf den Beschäftigungs- oder Wohnort erstreckt,
   - die Betriebs- oder Innungskrankenkasse, wenn sie in dem Betrieb beschäftigt sind, für den die Betriebs- oder die Innungskrankenkasse besteht,
   - die Betriebs- oder Innungskrankenkasse, wenn die Satzung der Betriebs- oder Innungskrankenkasse dies vorsieht,
   - die Krankenkasse, bei der vor Beginn der Versicherungsberechtigung zuletzt eine Familienversicherung bestand,
   - die Krankenkasse, bei der der Ehegatte versichert ist.

Ausübung des Wahlrechts:

1. Die Ausübung des Wahlrechts ist gegenüber der gewählten Krankenkasse zu erklären. Diese darf die Mitgliedschaft nicht ablehnen.
2. Die gewählte Krankenkasse hat nach Ausübung des Wahlrechts unverzüglich eine Mitgliedsbescheinigung auszustellen. Die Mitgliedsbescheinigung ist der zur Meldung verpflichteten Stelle (in der Regel dem Arbeitgeber) umgehend vorzulegen.

Das Wahlrecht kann vom 1. 1. 1996 an ausgeübt werden. Die Kündigungsfrist bei der bisherigen Kasse richtet sich nach deren Satzung.

chern, können die Mitgliedschaft bei der Krankenkasse wählen, bei der die Familienversicherung bestand. Kinder, die aus der Familienversicherung ausscheiden, haben ebenfalls das Recht, die Krankenkasse ihrer vorangegangenen Familienversicherung zu wählen. Zudem ist durch das Gesundheits-Reformgesetz 1989 eine Regelung über das Wahlrecht für Kinder getroffen worden, die der Versicherung freiwillig beitreten können, wenn eine Familienversicherung deshalb nicht besteht, weil ein Elternteil nicht Mitglied der gesetzlichen Krankenversicherung ist, ein Gesamteinkommen über der Jahresarbeitsentgeltgrenze hat und dessen Gesamteinkommen höher als das des Mitglieds ist. Für diese Kinder soll ein Beitrittsrecht zu der Krankenkasse bestehen, bei der der Elternteil versichert ist, aus dessen Mitgliedschaft eine Familienversicherung ohne die Ausschlußgründe bestanden hätte.

Als weitere Möglichkeit kommt ein Wahlrecht zu einer Ersatzkasse in Betracht, wenn das betreffende Mitglied zu dem Mitgliederkreis gehört, den die gewählte Ersatzkasse aufnehmen darf. Das ist nicht immer ganz unproblematisch. So hat jede Ersatzkasse in ihrer Satzung bestimmt, welchen Mitgliederkreis sie versichern darf.

Hat sich ein freiwilliges Mitglied für eine Krankenkasse seiner Wahl entschieden und widerspricht diese Wahl nicht den gesetzlichen Vorschriften, darf die gewählte Krankenkasse die Mitgliedschaft nicht ablehnen.

II Meldungen, Kassenzuständigkeit, Wahlrechte für Versicherungspflichtige

1 Meldungen

Die Versicherungspflicht und damit auch die Mitgliedschaft zur Krankenkasse beginnen kraft Gesetzes. Für ihr Zustandekommen ist es unerheblich, ob Meldungen hierfür erstattet werden. Dennoch muß die Krankenkasse wissen, welche Personen ihre Mitglieder sind, welchen Personen sie ihr Leistungen erbringt und von wem sie Beiträge erhält. Dazu benötigt sie Meldungen, die ihr ein umfassendes Bild, aber auch die notwendigen Informationen geben, damit sie ihre übertragenen Aufgaben im Interesse der Versicherten und Arbeitgeber wahrnehmen können. Aber auch das Beziehungsgeflecht der Träger der Sozialversicherung zueinander erfordert es, daß die Träger der Rentenversicherung und die Bundesanstalt für Arbeit ihre Aufgaben nur dann erfüllen können, wenn sie die hierfür notwendigen Angaben zuverlässig und rechtzeitig erhalten.

Meldungen sind grundsätzlich nur einmal zu erstatten, und zwar an die zuständige Krankenkasse. Das gilt auch dann, wenn die Daten des Versicherten vom Träger der Rentenversicherung und der Bundesanstalt für Arbeit benötigt werden. Die Krankenkassen leiten die Daten an den jeweils zuständigen Rentenversicherungsträger weiter, der seinerseits die Bundesanstalt für Arbeit informiert.

Da es sich hierbei um persönliche und damit grundsätzlich sensible Daten handelt, werden diese Daten aufgrund der 2. Datenerfassungsverordnung (2. DEVO) und der verschiedenen datenschutzrechtlichen Bestimmungen ebenso behandelt.

Aus der 2. DEVO ist auch zu entnehmen, welche Vordrucke für die einzelnen Meldungen zu erstatten sind. Für Arbeitgeber, die die versicherungspflichtigen Beschäftigten (Arbeitnehmer) zu melden haben, besteht die Möglichkeit, die Daten auf maschinell verwertbaren Datenträgern, wie z.B. Disketten oder Magnetbändern, der Krankenkasse zu melden, was für beide Teile eine Erleichterung dieses verwaltungsmäßigen Vorgangs bedeutet. Allerdings muß für dieses Verfahren der Datenübermittlung der Arbeitgeber die Zulassung von der zuständigen Krankenkasse erhalten haben.

Dieses Meldeverfahren gilt in erster Linie für Arbeitnehmer. weil ihre Daten am ehesten auch für die Träger der Rentenversicherung und die Bundesanstalt für Arbeit bedeutsam sind. Das betrifft z.B. die Führung des Versicherungskontos für die Berechnung der Rente oder auch Analysen und Planungen der Bundesanstalt für Arbeit.

1.1 Sozialversicherungsnachweisheft

Die amtlichen Vordrucke für die Meldungen enthält das Sozialversicherungsnachweisheft, das jeder Versicherte von seinem Rentenversicherungsträger erhält. Diese Vordrucke sind als

– Anmeldung,

- Abmeldung,
- Unterbrechungsmeldung und
- Jahresmeldung

zu verwenden. Das Original erhält die Krankenkasse, die 1. Durchschrift der Beschäftigte und die 2. Durchschrift verbleibt beim Arbeitgeber.

– Anmeldung

Die Anmeldung ist jeweils beim Beginn einer Beschäftigung vom Arbeitgeber der Krankenkasse einzureichen. Neben den persönlichen Daten des Beschäftigten benötigt die Krankenkasse noch weitere Angaben, die für die Durchführung der Versicherung unerläßlich sind, so z.B. den Beginn der Beschäftigung, ob eine Rente bezogen wird oder beantragt ist, Angaben zur Tätigkeit usw.

Achtung:

Der Arbeitgeber hat auch geringfügig Beschäftigte, die nicht der Versicherungspflicht unterliegen, der Krankenkasse zu melden. Hat der Beschäftigte nämlich mehrere solcher Beschäftigungen nebeneinander oder in zeitlichem Zusammenhang hintereinander, so kann gleichwohl Versicherungspflicht eintreten (vgl. Kapitel C).

– Abmeldung

Ebensowenig wie die Anmeldung bei versicherungspflichtigen Beschäftigten keine Rechtswirkung für den Beginn der Versicherung hat (deklaratorische Wirkung), hängt auch das Ende der Versicherung für diesen Personenkreis nicht von der Abmeldung ab. Für die Krankenkasse ist es aber wichtig zu erfahren, daß eine Versicherung endet, weil zu diesem Zeitpunkt auch grundsätzlich der Leistungsanspruch nicht mehr besteht und Beiträge nicht mehr zu entrichten sind. Die Rentenversicherung benötigt diese Daten für die Berechnung der Rente.

Als Abmeldung ist der gleiche Vordruck zu verwenden wie für die Anmeldung.

– Unterbrechungsmeldung

Eine Unterbrechungsmeldung ist zu erstellen, wenn die Beschäftigung ohne Fortzahlung des Arbeitsentgelts für mindestens einen Kalendermonat, in der Regel wegen des Bezuges von Kranken- oder Mutterschaftsgeld, unterbrochen wird. In der Krankenversicherung hat eine solche Unterbrechung zwar keine Auswirkungen auf den Leistungsanspruch, in der Rentenversicherung werden aber Zeiten der Unterbrechung der Beschäftigung anders bewertet als Zeiten, in denen Arbeitsentgelt erzielt wurde.

Der Arbeitgeber hat auch alle Veränderungen zu melden, die die Versicherungspflicht in den einzelnen Versicherungszweigen berühren oder für die Zuständigkeit des Versicherungsträgers bedeutsam sind. So kann z.B. eine Verminderung der Arbeitszeit oder des Entgelts Auswirkungen auf die Versicherungspflicht haben oder ein Wechsel vom Arbeiter zum Angestellten nunmehr die Zuständigkeit von der Landesversicherungsanstalt zur Bundesversicherungsanstalt für Angestellte zur Folge haben.

Fast alle Veränderungen, die das Beschäftigungsverhältnis betreffen, haben meist auch Auswirkungen auf das Versicherungsverhältnis, sei es entweder in der Krankenversicherung, der Rentenversicherung oder auch der Arbeitslosenversicherung. So ist es zu erklären, daß die bisher genannten Meldungen mehr als nur formale Bedeutung für die Versicherungsträger haben. Im Gegenteil, sie dienen in erster Linie dem Versicherten und sind für seine Ansprüche gegen alle Versicherungsträger früher oder später von großer Wichtigkeit.

– Jahresmeldung

Das gilt in gleicher Weise für die Jahresmeldungen. Die hier zu meldenden Daten sind u.a. für die Rentenberechnung unverzichtbarer Bestandteil. Der Arbeitgeber hat für alle Arbeitnehmer, die bis zum 31. Dezember des Jahres beitragspflichtiges Entgelt erhalten haben, eine Jahresmeldung bei der Krankenkasse zu erstatten. Hat der Beschäftigte nicht bis zum 31. Dezember beitragspflichtiges Entgelt erzielt, z.B. weil er Krankengeld bis zu diesem Zeitpunkt bezog, ist keine Jahresmeldung, sondern eine Unterbrechungsmeldung zu erstellen.

– Zusammenfassung

Das gesamte Melderecht für die versicherungspflichtig Beschäftigten berührt diese Personen in der praktischen Abwicklung so gut wie gar nicht. Es betrifft vielmehr den Arbeitgeber, der gesetzlich hierzu verpflichtet ist. Kommt er dieser Verpflichtung schuldhaft nicht nach, so begeht er eine Ordnungswidrigkeit, die nach den gesamten Umständen des Einzelfalles als äußerstes Mittel mit einem Bußgeld belegt werden kann. Zu einer solchen Maßnahme greifen die Krankenkassen aber nur in den seltensten Fällen, weil ihnen an einem partnerschaftlichen Verhältnis mit den Arbeitgebern gelegen ist und derartige Störungen in aller Regel gütlich beigelegt werden.

1.2 Sozialversicherungsausweis

Das Gesetz zur Einführung eines Sozialversicherungsausweises aus dem Jahre 1989 soll zur Bekämpfung der illegalen Beschäftigung, des Leistungsmißbrauchs von Sozialleistungen und der mißbräuchlichen Ausnutzung der versicherungsfreien geringfügigen Beschäftigung beitragen. Nach diesem Gesetz erhält jeder Beschäftigte einen Sozialversicherungsausweis. Die Rentenversicherungsträger haben für alle Beschäftigten, die durch das Sozialversicherungsnachweisheft im Besitz einer Versicherungsnummer sind, spätestens bis zum 31. 12. 1995 einen Sozialversicherungsausweis in Form einer Checkkarte auszustellen. Bei Beschäftigungsverhältnissen, die am 30. 6. 1991 bestanden haben, gilt bis zur Ausstellung des Sozialversicherungsausweises der Ausweis über die Versicherungsnummer aus dem Sozialversicherungsnachweisheft als Sozialversicherungsausweis.

Der Ausweis ist dem Arbeitgeber bei Beginn der Beschäftigung vorzulegen. Ist der Arbeitnehmer im Baugewerbe, Schaustellergewerbe, Gebäudereinigungsgewerbe oder in einem Unternehmen beschäftigt, das sich am Auf- und Abbau von Messen und Ausstellungen beteiligt, hat er den Ausweis mitzuführen und auf Verlangen den dazu berechtigten Vertretern bestimmter Behörden vorzulegen. Diese Behörden sind insbesondere die Bundesanstalt für Arbeit, Sozialversicherungsträger, Ausländerbehörden, Finanzbehörden, Arbeitsschutzbehörden und Hauptzollämter.

Bei einer Verletzung dieser Mitführungspflicht kann der Arbeitnehmer mit einem Bußgeld von bis zu 1.000 DM belegt werden.

Erhält der Arbeitnehmer Sozialleistungen, sei es Arbeitslosengeld, Arbeitslosenhilfe, Unterhaltsgeld, Übergangsgeld oder laufende Hilfe zum Lebensunterhalt, soll der Ausweis bei der Bundesanstalt für Arbeit bzw. beim Sozialhilfeträger hinterlegt werden. Hiervon darf nur in Ausnahmefällen abgesehen werden. Soweit die Krankenkasse Krankengeld oder Verletztengeld zahlt, kann auch sie für die Dauer dieser Leistungen den Ausweis einbehalten. Das gleiche Recht hat der Arbeitgeber für die Zeit der Lohn- oder Gehaltsfortzahlung wegen Arbeitsunfähigkeit.

Kommt der Arbeitnehmer bzw. Versicherte der Aufforderung zur Hinterlegung aus von ihm zu vertretenden Gründen nicht nach, kann ihm die Leistung ganz oder teilweise versagt werden.

2 Kassenzuständigkeit

Im 1. Kapitel wurde bereits dargelegt, daß die gesetzliche Krankenversicherung als gegliedertes System organisiert ist. Nicht eine Einheitskasse, sondern mehrere Krankenkassenarten haben die Aufgaben wahrzunehmen.

Die 1.221 Krankenkassen im gesamten Bundesgebiet (Stand: Januar 1993) verteilen sich zahlenmäßig in 269 Allgemeine Ortskrankenkassen, 744 Betriebskrankenkassen, 169 Innungskrankenkassen, 22 landwirtschaftliche Krankenkassen, 1 See-Krankenkasse, 1 Bundesknappschaft, 7 Ersatzkassen für Angestellte und 8 Ersatzkassen für Arbeiter.

Was ursprünglich als regionale, betriebliche und berufsbezogene Organisationseinheiten mit berufsständischem Charakter eingerichtet wurde, hat sich in den letzten Jahren immer mehr zu wettbewerbsorientierten Dienstleistungsunternehmen entwickelt und das mit künftig zunehmender Tendenz.

Den einzelnen Krankenkassenarten waren vom Gesetz die bei ihnen jeweils zu versichernden Mitglieder nach regionalen und branchenspezifischen Gesichtspunkten zugeteilt. Von daher wurde die Risikoverteilung auf die Krankenkassen größtenteils vom Gesetzgeber selbst vorgenommen. Das führte ungewollt zu Verwerfungen mit der Folge teilweise recht unterschiedlich hoher Beitragssätze bei den einzelnen Krankenkassen.

Eine genauere Betrachtung der noch bis zum 31.12.1995 geltenden Kassenzuständigkeit macht diese beschriebenen Verwerfungen deutlich.

2.1 Allgemeine Ortskrankenkassen

Sie bestehen für abgegrenzte Regionen, bislang in der Regel für Landkreise oder kreisfreie Städte. Für die ehemaligen Bezirke in den neuen Bundesländern wurden zum 1. 1. 1991 Allgemeine Ortskrankenkassen kraft Gesetzes eingerichtet. Die AOK Berlin wurde für Gesamt-Berlin und die AOK Brandenburg für das Land Brandenburg zuständig.

Allgemeine Ortskrankenkassen haben eine flächendeckende Basisfunktion im Verhältnis zu den anderen Kassenarten, welches durch folgende Formulierung des § 173 SGB V untermauert wird: „Versicherungspflichtige sind Mitglieder der Ortskrankenkasse, wenn in den folgenden Vorschriften, im AFG oder im KVLG 1989 nichts Abweichendes bestimmt ist. Für versicherungspflichtig Beschäftigte ist die Ortskrankenkasse des Beschäftigungsortes, für andere Versicherungspflichtige die Ortskrankenkasse des Wohnortes zuständig.“ Ist durch das Gesetz eine andere Kassenart bestimmt, wird die Mitgliedschaft folglich nicht bei ihr durchgeführt.

In allen Ländern der Bundesrepublik wird auf der AOK-Ebene nach neuen sinnvollen regionalen Einheiten gesucht. Dabei gehen die Überlegungen von einem Zusammenschluß innerhalb eines Bundeslandes aus. Aber auch andere Lösungen sind denkbar. Bis zum Ende des Jahres 1993 werden, trotz vorsichtiger Einschätzung, in der überwiegenden Zahl die Entscheidungen in der Selbstverwaltung gefallen sein. Von größeren Gebilden verspricht man sich mehr Leistungsfähigkeit und damit auch größere Wettbewerbsfähigkeit. Außerdem entsprechen größere AOK-Einheiten durchaus den Vorstellungen der Politik.

2.2 Betriebskrankenkassen

Ein Arbeitgeber kann für einen oder mehrere Betriebe eine Betriebskrankenkasse errichten, wenn in diesen Betrieben regelmäßig mindestens 1.000 Versicherungspflichtige beschäftigt werden. Die Errichtung einer Betriebskrankenkasse bedarf der Genehmigung der zuständigen Aufsichtsbehörde. Außerdem muß in einem schriftlichen Abstimmungsverfahren unter Leitung der Aufsichtsbehörde die Mehrheit der im Betrieb Beschäftigten der Errichtung zustimmen. Die Abstimmung selbst ist geheim.

Das Initiativrecht für die Errichtung liegt hier beim Arbeitgeber. Seine betriebswirtschaftlichen Kalkulationen sowie mögliche andere Gründe werden vor allem dann den Ausschlag geben, wenn die Beschäftigten überdurchschnittliche Löhne und Gehälter erzielen, darüber hinaus die Krankheitsanfälligkeit der Beschäftigten im Durchschnitt nicht übermäßig hoch ist. Der für eine Betriebskrankenkasse kalkulierte Beitragssatz liegt dann natürlich regelmäßig unter dem Beitragssatz der für ihn noch zuständigen AOK, was dem Arbeitgeber dann häufig die Wahl erleichtert, vorausgesetzt, die Beschäftigten stimmen zu.

Versicherungspflichtige, die in einem Betrieb beschäftigt sind, für den eine Be triebskrankenkasse besteht, sind Mitglieder dieser Betriebskrankenkasse.

2.3 Innungskrankenkassen

Eine oder mehrere Handwerksinnungen können für die Handwerksbetriebe ihrer Mitglieder, die in die Handwerksrolle eingetragen sind, eine Innungskrankenkasse errichten, wenn in den Handwerksbetrieben der Mitglieder der Handwerksinnung regelmäßig mindestens 1.000 versicherungspflichtige Arbeitnehmer beschäftigt werden. Auch hier bedarf die Errichtung der Genehmigung der zuständigen Aufsichtsbehörde sowie der Zustimmung der Innungsversammlung der betreffenden Handwerksmeister und des Gesellenausschusses der Handwerksinnung.

Anders als bei den Allgemeinen Ortskrankenkassen ergeben sich für Innungskrankenkassen keine unmittelbaren regionalen Abgrenzungszuständigkeiten, z.B. Landkreis oder kreisfreie Stadt. Oft erstreckt sich der Kassenbezirk einer Innungskrankenkasse auf den Zuständigkeitsbezirk einer Kreishandwerkerschaft oder einzelner Innungen.

Versicherungspflichtige, die in einem Handwerksbetrieb eines Mitglieds einer Handwerksinnung beschäftigt sind, für die eine Innungskrankenkasse besteht, sind Mitglieder dieser Innungskrankenkasse. Tritt ein Handwerker einer Handwerksinnung bei, für die eine Innungskrankenkasse besteht, beginnt die Mitgliedschaft der in seinem Handwerksbetrieb versicherungspflichtig Beschäftigten bei dieser Innungskrankenkasse mit dem Tag des Beitritts zur Handwerksinnung. Scheidet ein

Handwerker aus der Handwerksinnung aus oder verlegt er seinen Handwerksbetrieb aus dem Innungsbezirk, endet die Mitgliedschaft der Beschäftigten bei der Innungskrankenkasse.

2.4 See-Krankenkasse

Die See-Krankenversicherung wird von der Seekasse in einer besonderen Abteilung unter dem Namen See-Krankenkasse durchgeführt. Die See-Krankenkasse ist folglich als einzige Krankenkassenart keine Körperschaft des öffentlichen Rechts, sondern der Seekasse angeschlossen, welche auch die Rentenversicherung durchführt. Erwähnenswert ist, daß die Versicherten der See-Krankenkasse, also die Seeleute deutscher Seeschiffe, die ihnen zustehenden Leistungen im Auftrag und für Rechnung der See-Krankenkasse von der AOK des Beschäftigungs- oder Wohnorts erhalten, soweit sie nicht durch die See-Krankenkasse selbst gewährt werden.

2.5 Landwirtschaftliche Krankenkassen

Vgl. Ausführungen zu Abschnitt I, Punkt 1.3.

2.6 Bundesknappschaft

Die Bundesknappschaft als Träger der Krankenversicherung ist zuständig für die Beschäftigten in einem knappschaftlichen Betrieb oder der Bundesknappschaft. Desweiteren ist sie zuständig für Versicherte, wenn sie ausschließlich oder überwiegend knappschaftliche Arbeiten verrichten oder bei Arbeitnehmer- oder Arbeitgeberorganisationen, die berufsständische Interessen des Bergbaus wahrnehmen oder bei den Bergämtern, Oberbergämtern oder bergmännischen Prüfstellen, Forschungsstellen oder Rettungsstellen beschäftigt sind und für die vor Aufnahme dieser Beschäftigung für 5 Jahre Beiträge zur knappschaftlichen Rentenversicherung gezahlt worden sind.

2.7 Ersatzkassen

Ersatzkassen haben keinen vom Gesetz zugewiesenen Mitgliederkreis. Sie sind Krankenkassen, bei denen Versicherte die Mitgliedschaft durch Ausübung des Wahlrechts erlangen können. Eine Ersatzkasse darf nur solche Personen aufnehmen, die im Zeitpunkt der Aufnahme zu dem Mitgliederkreis gehören, den die Satzung festgeschrieben hat.

3 Wahlrechte

Das Gesundheits-Strukturgesetz hat die bis zum 31. 12. 1992 geltende Pflichtzugehörigkeit zu den genannten Krankenkassenarten teilweise aufgehoben. Vom 1. 1. 1993 an gilt die eingeschränkte Wahlfreiheit, die am 1. 1. 1996 mit Wirkung zum 1. 1. 1997 in eine nahezu völlige Wahlfreiheit übergeleitet wird.

Vom 1. 1. 1993 an gelten folgende Regelungen:

Versicherungspflichtig Beschäftigte, für die eine Allgemeine Orts-, Betriebs- oder eine Innungskrankenkasse zuständig ist, können die Mitgliedschaft bei einer Ersatzkasse wählen, wenn sie zu dem Mitgliederkreis gehören, den die gewählte Ersatzkasse aufnehmen darf. Mitglied der Ersatzkasse kann bleiben, wer nach dem Beitritt die Zugehörigkeit zu diesem Mitgliederkreis verliert, z.B. durch eine Änderung der Berufsbezeichnung, die nicht von der Satzung der gewählten Ersatzkasse als Mitgliederkreis erfaßt wird. Die Wahl ist gegenüber der Ersatzkasse zu erklären. Diese darf die Mitgliedschaft nicht ablehnen, z.B. wegen eines zu hohen Krankheitsrisikos.

Der Beschäftigte hat dem Arbeitgeber ohne schuldhafte Verzögerung die Wahl der Ersatzkasse mitzuteilen. Die Ersatzkasse hat dem Arbeitgeber den Beginn der Mitgliedschaft sofort und kostenlos zu bescheinigen.

Sind versicherungspflichtig Beschäftigte aufgrund ihres früheren Wahlrechts bereits Mitglied einer Ersatzkasse, so ist ihnen ein Wechsel zu der Allgemeinen Orts-, Betriebs- oder Innungskrankenkasse möglich, bei der sie versichert wären, wenn sie seinerzeit von ihrem Wahlrecht keinen Gebrauch gemacht hätten.

Errichtet ein Arbeitgeber eine Betriebskrankenkasse oder tritt er einer Innungskrankenkasse bei, werden die versicherungspflichtig Beschäftigten grundsätzlich Mitglieder der Betriebs- oder Innungskrankenkasse.

Sie können die Mitgliedschaft bei der bisherigen Krankenkasse fortsetzen. Von ganz seltenen Fällen abgesehen, wird die bisherige Krankenkasse die Allgemeine Ortskrankenkasse des Beschäftigungsortes sein. Die Mitgliedschaft ist gegenüber der bisherigen Krankenkasse zu erklären.

3.1 Verfahren bei der Ausübung des Wahlrechts

Ist innerhalb des Wahlrechts ein Kassenwechsel beabsichtigt, sollte dieses Wahlrecht innerhalb von zwei Wochen nach Beginn der Beschäftigung ausgeübt werden. Wird dies innerhalb dieser Frist dem Arbeitgeber mitgeteilt, beginnt nämlich die Mitgliedschaft bei der gewählten Krankenkasse mit dem Beginn der Beschäftigung. Andernfalls beginnt die Mitgliedschaft bei der gewählten Krankenkasse mit Ablauf des auf die Ausübung des Wahlrechts folgenden übernächsten Monats.

Beispiel:
Beginn der Beschäftigung:
a) 1. 4. 1993 b) 1. 4. 1993

Ausübung des Wahlrechts:
a) 13. 4. 1993 b) 15. 6. 1993

Beginn der Mitgliedschaft bei der gewählten Krankenkasse:
a) 1. 4. 1993 b) 1. 9. 1993

Scheidet ein versicherungspflichtig Beschäftigter aus einer Krankenkasse aus, hat diese dem Arbeitgeber innerhalb von zwei Wochen das Ende der Mitgliedschaft schriftlich mitzuteilen.

Die Ausübung des Wahlrechts ist zunächst an eine Willenserklärung des Beschäftigten gegenüber der für ihn neuen Krankenkasse gebunden. Für die Erklärung ist zwar keine bestimmte Form vorgeschrieben, jedoch ist es für alle Beteiligten aus Gründen der Beweissicherung ratsam, diese schriftlich vorzunehmen. Voraussetzung für das Wahlrecht ist auch, daß der Beschäftigte fähig sein muß, Erklärungen mit rechtlicher Wirksamkeit abgeben zu können. Das setzt Geschäftsfähigkeit voraus. Minderjährige bedürfen daher der vorherigen Zustimmung ihres gesetzlichen Vertreters. Ohne diese Zustimmung ist die Erklärung unwirksam.

Was das Wahlrecht zu einer Ersatzkasse betrifft, sei auf eine Besonderheit hingewiesen. Wie bereits dargelegt, können Mitglieder bei der Ersatzkasse versichert bleiben, auch wenn sie nach dem Beitritt die Zugehörigkeit zu dem Mitgliederkreis verlieren (z.B. Berufswechsel). Ein Ersatzkassenmitglied, das nach beendetem Beschäftigungsverhältnis eine Beschäftigung bei einem anderen Arbeitgeber aufnimmt und nicht mehr zum Mitgliederkreis der Ersatzkasse gehört, kann nach Auffassung der Allgemeinen Orts-, Betriebs- und Innungskrankenkassen nur dann ein Wahlrecht ausüben und Mitglied der Ersatzkasse bleiben, wenn sich das neue Beschäftigungsverhältnis lückenlos an das vorherige anschließt und der Beschäftigte innerhalb von zwei Wochen erneut seine Wahl erklärt. Dieser Standpunkt wird von den Ersatzkassen nicht geteilt. Ihrer Meinung nach ändert sich an der einmal getroffenen Wahlentscheidung auch für die Zukunft nichts, es sei denn, das Mitglied wünscht, nicht mehr bei der Ersatzkasse versichert zu sein.

– Kriterien für die Wahl

Wenn auch der Gesetzgeber durch das Gesundheits-Strukturgesetz seit dem 1. 1. 1993 zunächst eingeschränkte Wahlrechtsmöglichkeiten eröffnet hat, die vom 1. 1. 1996 an mit Wirkung vom 1. 1. 1997 noch weiter ausgedehnt werden, so ist nach allgemeiner Auffassung ein längst überfälliger Akt vollzogen worden, der im Wettbewerbsverhalten der Krankenkassen seine Bestätigung findet. Das Wahlrecht kann für die eine oder andere Krankenkasse, nicht unbedingt Krankenkassenart, zukünftig fatale Folgen haben. Es wird auf Dauer nur die Krankenkasse Bestand haben können, die sich dem Wettbewerb erfolgreich stellt.

Alle Krankenkassen wissen das. Die Frage ist nur, welche Marketinginstrumente sie bewußt einsetzen und welchen Erfolg sie damit haben. Es genügt nicht mehr allein, sich auf den Auftrag des Gesetzes zu beziehen und Leistungen nach Gesetz und Satzung zu erbringen sowie Beiträge zu erheben. Der Bürger in unserer Gesellschaft, und damit auch der Versicherte, ist anspruchsvoller geworden und erwartet mehr als nur das Minimum. Dafür zahlt er einen ordentlichen Preis. Worauf soll er aber bei seiner Wahl achten? Was könnte und sollte seine Wahl beeinflussen? Fragen, die nur im Einzelfall entschieden werden können. Dennoch gibt es allgemeine Kriterien, die eine Orientierungshilfe sein können.

1. Zunächst gilt, daß kein Zwang zur Ausübung des Wahlrechts besteht, weder zur Zeit noch vom 1. 1. 1996 an. Wird keine andere Krankenkasse als die bisherige gewünscht, bleibt die bisherige Mitgliedschaft erhalten.
2. Es gibt nicht die gute oder die schlechte Krankenkasse schlechthin. Eigene Erfahrungen sollten die Wahl beeinflussen.
   Die Leistungen der Krankenkassen sind zu mindestens 95 v.H. vom Gesetz vorgeschrieben. Sie gehören also nicht zum freiwilligen Inhalt des Leistungskatalogs und können demzufolge auch nicht der einzelnen Krankenkasse zugeschrieben werden.
3. Wie war ich bisher mit meiner Krankenkasse zufrieden?
   Diese Frage ist eigentlich zu pauschal, um aus deren Beantwortung Schlüsse für eine Wahl ziehen zu können. Deshalb sollte dieser Frage eine tiefergehende Betrachtung folgen.
4. Bietet meine bisherige oder eine andere Krankenkasse in ihrem Leistungskatalog zusätzliche Leistungen, ggf. ohne Aufpreis, an?
   Solche Leistungen könnten im Bereich der Gesundheitsförderung liegen. Denkbar wären z.B. Bewegungskurse, Ernährungsberatung, Streßbewältigung, Raucherentwöhnung, um nur einige der Möglichkeiten zu nennen.
5. Wie werde ich bei einem persönlichen (telefonischen) Gespräch zum Zwecke der Beratung behandelt?
   Alle Angestellten einer Krankenkasse werden in besonderen Schulungsmaßnahmen auf kundenorientiertes Verhalten vorbereitet.
6. Habe ich den Eindruck, daß mein Beratungswunsch ernst genommen wird und man auf meine Bedürfnisse eingeht?
   Das sollte eigentlich selbstverständlich sein.
7. Habe ich den Eindruck, daß der/die Angestellte sachlich und fachlich kompetent ist und mich umfassend berät?
   Das kann nur der Fall sein, wenn die Krankenkasse ihre Mitarbeiter/innen gut ausbildet. Für den Versicherten ist das sehr wichtig, damit auch Alternativen zur Problemlösung aufgezeigt werden können.
8. Habe ich bei meinen bisherigen Anliegen stets das Bemühen erkennen können, mir zu helfen?
   Oft befindet sich der Versicherte in einer persönlich schwierigen Situation, in der er Rat, Auskunft oder ein Handeln seiner Kranken-

kasse benötigt. Dabei ist er auf Hilfe angewiesen, die er von niemand sonst erhalten kann, vor allem dann nicht, wenn es um die Einleitung medizinischer, teils rehabilitativer Maßnahmen geht, z.B. Kuraufenthalt, Arbeitsplatzumbesetzung, Aufnahme in eine Spezialklinik usw.

9. Wie ist meine Krankenkasse für mich erreichbar und wie schnell entscheidet sie, auch in schwierigen Fällen? Die Ortsnähe und die Flexibilität einer Krankenkasse spielen oft eine große Rolle, um möglichst schnell eine Entscheidung zu erhalten. Sollen lange Briefe geschrieben werden, mit ausführlicher Darlegung des gesamten Sachverhalts, oder kann ich „mal eben vorbeigehen" und die Sache klären? Dieser Frage kommt immer mehr Bedeutung zu, da die Zeit ein immer knapperes Gut wird.
10. Welche Beiträge muß ich für meine Krankenversicherung bezahlen? Diese Frage steht bewußt am Ende dieses Kataloges. Ein Vergleich der Beitragssätze zeigt, daß diese recht unterschiedlich hoch sein können. Sicher spielt der Beitrag eine Rolle. Es kommt nur auf das Preis-Leistungsverhältnis an. Wie bei jedem anderen Produkt kommt es auch bei der Krankenkasse darauf an, welchen Gegenwert ich erhalte. Ist der Preis überproportional hoch und erhalte ich keine entsprechende qualitative Gegenleistung, werde ich mich für das Produkt eines anderen Unternehmens entscheiden. Die persönliche Präferenz wird hier entscheidend sein.

Diese Kriterien können und sollen nicht allgemeinverbindlich sein. Jeder Wahlberechtigte wird jetzt und später seine eigene Wahl treffen. Fest steht jedoch, daß jede einzelne Krankenkasse vor Ort in diesem oder ähnlichem Sinne an ihrer Qualität gemessen wird. Vor diesem Hintergrund soll eine Entscheidungshilfe für eine Wahl gegeben werden.

Neues Recht ab 1996:

Grundsatz:
Zum 1. 1. 1996 wird es hinsichtlich der Wahlmöglichkeiten entscheidende Veränderungen geben. Von diesem Zeitpunkt an steht allen Mitgliedern der Allgemeinen Orts-, Betriebs- und Innungskrankenkassen die Wahl ihrer Krankenkasse frei. Die Wahl ist gegenüber der gewählten Krankenkasse zu erklären. Diese darf die Mitgliedschaft nicht ablehnen.

Im einzelnen gilt folgendes:

Versicherungspflichtige und Versicherungsberechtigte können wählen

a) die Allgemeine Ortskrankenkasse des Beschäftigungs- oder Wohnorts,
b) jede Ersatzkasse, deren Zuständigkeit sich nach der Satzung auf den Beschäftigungs- oder Wohnort erstreckt,
c) die Betriebs- oder Innungskrankenkasse, wenn sie in dem Betrieb beschäftigt sind, für den die Betriebs- oder die Innungskrankenkasse besteht,
d) die Betriebs- oder Innungskrankenkasse, wenn die Satzung eine entsprechende Öffnungsklausel für ihre Region enthält,
e) die Krankenkasse, bei der vor Beginn der Versicherungspflicht oder Versicherungsberechtigung zuletzt eine Mitgliedschaft oder eine Familienversicherung bestanden hat,
f) die Krankenkasse, bei der der Ehegatte versichert ist.

Studenten können zusätzlich die Allgemeine Ortskrankenkasse oder jede Ersatzkasse an dem Ort wählen, an dem die Hochschule ihren Sitz hat.

Versicherte Rentner können auch die Krankenkasse wählen, bei der ein Elternteil versichert ist. Diese Möglichkeit ist insbesondere für Waisenrentner geschaffen worden. Außerdem können Rentner die Betriebs- oder Innungskrankenkasse wählen, wenn sie in dem Betrieb beschäftigt gewesen sind, für den die Betriebs- oder Innungskrankenkasse besteht.

Bei Familienversicherten gilt die Wahlentscheidung des Mitglieds.

Für versicherte Rentner, bei denen die Bundesknappschaft für die Feststellung der Rente zuständig ist, gilt das Wahlrecht nur, wenn sie in den letzten 10 Jahren vor der Rentenantragstellung zu keinem Zeitpunkt Mitglied der knappschaftlichen Krankenversicherung gewesen sind.

Verfahren bei der Wahl

Das Wahlrecht kann vom 1. 1. 1996 an ausgeübt werden. Eine Kündigung der Mitgliedschaft bei der bisherigen Krankenkasse ist mit einer Frist von 3 Monaten zum Ende des Kalenderjahres möglich, also frühestens zum 31. 12. 1996. Ist ein Wechsel zum 1. 1. 1997 beabsichtigt, so mußte die bisherige Mitgliedschaft spätestens am 30. 9. 1996 gekündigt werden, damit die Mitgliedschaft bei der gewählten Krankenkasse am 1. 1. 1997 wirksam wird.

Die Entscheidung für eine andere Krankenkasse gilt für mindestens 12 Monate. Auch hier ist eine Kündigung mit einer Frist von 3 Monaten zum Ende des Kalenderjahres möglich.

III Die Private Krankenversicherung

1 Allgemeines

Im 1. Kapitel sind die Unterschiedlichkeiten der beiden Systeme dargestellt worden. Die GKV ist grundsätzlich vom Prinzip der Pflichtversicherung geprägt, wenn auch der freiwillige Beitritt unter den genannten Bedingungen durchaus möglich ist. Dagegen darf nicht verkannt werden, daß die PKV neben der GKV eine der tragenden Säulen des gegliederten Krankenversicherungssystems ist.

Der PKV fallen dabei im Rahmen der Daseinsvorsorge folgende Aufgaben zu:

- Übernahme des vollen Versicherungsschutzes für solche Personen, die nicht gesetzlich versichert zu sein brauchen, wie
  - Freiberufler
  - Ärzte und Zahnärzte
  - andere Selbständige
  - Angestellte und Arbeiter über der Versicherungspflichtgrenze
  - Beamte, Beamtenanwärter und beihilfeberechtigte Angestellte im öffentlichen Dienst
  - Studenten
  - freiwillige Mitglieder der gesetzlichen Krankenversicherung.

Aus diesem Potential rekrutieren sich vornehmlich die Mitglieder für eine Vollversicherung. Sie unterliegen, mit Ausnahme der Studenten (aber mit der Möglichkeit der Befreiung in der GKV), nicht der Versicherungspflicht in der GKV und stehen so gewissermaßen für eine private Vollversicherung zur Disposition.

Es ist bekannt, daß auch Privatversicherungen naturgemäß partnerschaftliche Geschäftsbeziehungen zu Banken unterhalten. Das ist auch weiter nicht verwerflich. Bei dem harten Wettbewerb, in dem sich gerade auch die PKV befindet, wird aber vereinzelt versucht, über diese geschäftlichen Beziehungen an das potentielle Klientel mit dem Angebot einer Terminabsprache zu kommen.

Aber auch die Versicherungspflichtigen in der GKV werden von der PKV umworben, und zwar für eine Teilkostenversicherung als private Zusatzversicherung. Das könnte zum Beispiel eine Krankentagegeld- oder Krankenhaustagegeldversicherung sein. Auch andere Zusatzversicherungen stellen oft eine sinnvolle Ergänzung zum gesetzlichen Krankenversicherungsschutz dar. Hier ist vor allem an die schon obligatorische Auslandsreise-Krankenversicherung zu denken, die für die Dauer eines Erholungsurlaubs im Ausland auf Zeit und völlig ohne Verwaltungsaufwand abgeschlossen werden kann.

Das private Krankenversicherungssystem ist so angelegt, daß der Beitritt zu ihm auf der freien persönlichen Entscheidung des Beitrittswilligen beruht. Eine für jedermann allgemeingültige Empfehlung für die Gesetzliche oder Private als Vollversicherung kann indes nicht gegeben werden. Zuviele Einzeltatbestände und individuelle Verhältnisse in der Person sind dabei ausschlaggebend. Das kann nicht oft genug betont werden.

Die private Krankenversicherung als Statussymbol sollte jedoch auf keinen Fall das entscheidende Kriterium sein. Andere Entscheidungsmerkmale könnten da schon eher eine Rolle spielen. Da wäre zunächst der im Verhältnis zur GKV oftmals günstigere Beitrag zu nennen (vgl. Kapitel „Beiträge“). Das gilt aber fast ausschließlich für solche Versicherungsnehmer, die in jungen Jahren der PKV beitreten und keine Angehörigen zu versichern haben; denn die PKV kennt keine kostenlose Familienversicherung.

Das Leistungsspektrum der PKV ist anders strukturiert als das der GKV. Während in der PKV der Versicherungsnehmer seinen „Tarif nach Maß“ abschließen kann, was sich für ihn kostengünstig auswirkt, kauft er in der GKV alles ein, was diese zu bieten hat, ohne daß er die Wahl hat. Was heute gewiß ein Vorteil ist, kann aber morgen im nachhinein die falsche Entscheidung sein, nämlich dann, wenn er unverhofft in eine gesundheitliche Situation gerät, die nicht vorhersehbar war. Unwägbarkeiten bestimmen folglich dann auch die Wahl der Leistungstarife in der PKV. Hierbei zu sparen, kann auf Dauer teuer werden. Deshalb sollte auch in der PKV ein wirklich umfassender Versicherungsschutz die Maxime des Handelns sein.

2 Der Versicherungsvertrag

Der private Krankenversicherungsschutz setzt ein Tätigwerden des Versicherungswilligen in Form eines entsprechenden Antrags auf Abschluß einer Versicherung voraus. Das geschieht aber nicht etwa bei dem Versicherungsunternehmen unmittelbar. Die meisten Versicherungsunternehmen bedienen sich der Hilfe von Versicherungsmaklern. Der Antrag wird mittels eines vom Versicherungsunternehmen vorgegebenen Vordrucks gestellt. Hiervon zu unterscheiden ist das Angebot zur Abgabe einer Willenserklärung. Ein solches Angebot geht oft von den Versicherungsunternehmen als Werbemaßnahme aus, sei es in den Printmedien oder Funk und Fernsehen. Diese Angebote zielen zwar auf den Abschluß eines Versicherungsvertrages hin, erzeugen aber keinerlei rechtliche Bindungswirkung. Sie dienen der Information und sollen den Kunden veranlassen, ein entsprechendes Angebot zu unterbreiten.

Anders verhält es sich mit dem Antrag des vertragswilligen Kunden. Hat er den Antrag gestellt, geht von ihm eine rechtliche Bindungswirkung aus. D.h., daß der Antragsteller seinen Antrag, ist er einmal beim Versicherungsunternehmen eingegangen, nicht ohne weiteres widerrufen kann. Das Bundesaufsichtsamt für das Versicherungswesen hat für die inhaltliche Gestaltung der Antragsvordrucke Richtlinien erstellt, wonach eine Bindungsfrist seitens des Antragstellers von sechs Wochen vorgesehen ist. Läßt das Versicherungsunternehmen diese Frist verstreichen, ohne daß eine Ablehnung des Antrags oder eine Aufnahme des Antragstellers erfolgt, entfällt die Bindung.

Es taucht immer wieder die Frage auf, ob denn auch für den Versicherungsantrag(vertrag) das Gesetz über den Widerruf von Haustürgeschäften gilt, wonach ein Vertragsabschluß erst rechtlich wirksam wird, wenn er nicht innerhalb einer Woche schriftlich widerrufen wird. Diese verbraucherrechtliche Schutznorm gilt so nicht für Versicherungsabschlüsse. Allerdings wurde besagtes Gesetz mit Wirkung vom 1. 1. 1991 an in der Weise geändert, daß auch beim Abschluß von privaten Krankenversicherungsverträgen eine Widerrufsfrist von zehn Tagen besteht. Dies gilt nicht, wenn der Antragsteller sofortigen Versicherungsschutz wünscht, wovon in aller Regel auszugehen ist.

Welche Bedeutung hat die Bindungsfrist von meistens sechs Wochen für das Versicherungsunternehmen? In dieser Zeit wird der Versicherungsantrag geprüft und eine Risikobeurteilung des Antragstellers vorgenommen, welches durchaus eine Ablehnung des Antrages oder Auswirkungen auf die Höhe des Beitrages zur Folge haben kann.

3 Vorvertragliche Anzeigepflichten

Nach § 16 Versicherungsvertragsgesetz (VVG) hat nämlich der Versicherungsnehmer bei der Schließung des Vertrags alle ihm bekannten Umstände, die für die Übernahme der Gefahr durch den Versicherer erheblich sind, anzuzeigen. Erheblich sind die Gefahrumstände, die geeignet sind, auf den Entschluß des Versicherers, den Vertrag überhaupt oder zu dem beantragten Inhalt abzuschließen, einen Einfluß auszuüben. Das gilt für alle solche Tatbestände, nach welchen der Versicherer ausdrücklich und schriftlich in dem Antragsformular gefragt hat.

Diese Fragen beziehen sich auch und insbesondere auf den früheren und derzeitigen Gesundheitszustand des Versicherungsnehmers. Wichtig ist dabei, daß der Versicherungsnehmer auch die Erkrankungen dem Versicherer unverzüglich bekanntgibt, die innerhalb der Bindungsfrist auftreten. Daß diese vorvertraglichen Anzeigepflichten des Versicherungsnehmers nicht als „Kleingedrucktes" abgetan werden dürfen, beweisen die damit verbundenen Rechtsfolgen. Die Versicherer lassen sich auf dem Antragsformular eine Schlußerklärung unterschreiben, die folgenden oder ähnlichen Inhalt haben kann:

„Mir ist bekannt, daß ich die in diesem Antrag gestellten Fragen nach bestem Wissen sorgfältig und vollständig beantworten und dabei auch von mir für unwesentlich gehaltene Erkrankungen oder Beschwerden angeben muß. Bei schuldhafter Verletzung dieser Pflicht können die Versicherer vom Vertrag zurücktreten oder ihn anfechten und gegebenenfalls die Leistung verweigern. Für die Richtigkeit der Angaben bin ich auch dann verantwortlich, wenn ein Dritter (z.B. Vermittler) den Antrag niederschreibt. Der Vermittler ist nicht berechtigt, über die Be-

deutung oder Erheblichkeit der in dem Antrag gestellten Fragen verbindliche Erklärungen für den Versicherer abzugeben.

Die Antragsfragen sind nach bestem Wissen richtig und vollständig beantwortet. Jede bis zur Annahme des Antrags noch eintretende nicht unerhebliche Verschlechterung des Gesundheitszustandes der zu versichernden Personen werde ich unverzüglich dem Versicherer schriftlich anzeigen. Ich weiß, daß der Versicherer bei Verletzung dieser Pflichten vom Vertrag zurücktreten bzw. die Leistung verweigern kann.

Für die Richtigkeit der Angaben bin ich allein verantwortlich, auch wenn ich den Antrag nicht selbst ausgefüllt habe."

Der letzte Satz dieser Schlußerklärung ist gerade für den Versicherungsnehmer von besonderer Tragweite. Mit seiner Unterschrift bestätigt er die Richtigkeit aller Angaben. Nach der ständigen Rechtsprechung der Zivilgerichte haben bei solchen Streitfällen die Versicherer meistens die Oberhand behalten, auch deswegen, weil der Gesetzeswortlaut des VVG eindeutig ist.

So ist der beklagte Versicherer zu Recht von dem mit der verstorbenen Ehefrau des klagenden Versicherungsnehmers abgeschlossenen Versicherungsvertrag zurückgetreten und damit von seiner Pflicht zur Erbringung der vereinbarten Versicherungsleistung frei geworden, weil die Ehefrau des Klägers dem beklagten Versicherer nicht mitgeteilt hat, daß sie wegen Magenbeschwerden behandelt und geröntgt worden ist. Diese ärztliche Behandlung sowie der Umstand, daß der Magen geröntgt worden ist, war ein anzeigepflichtiger Tatbestand i.S. des § 16 VVG (Urteil des LG Düsseldorf vom 23. 3. 1984 – Az. 11 0 667/83 –).

In einem anderen Streitfall war ein Versicherungsnehmer unterlegen, der seinen seit Jahren ärztlich kontrollierten Bluthochdruck, der als Risikofaktor für einen Herzinfarkt in Betracht kommt, der Versicherung nicht angezeigt hat. Die Nichtangabe stellt eine Verletzung der dem Versicherungsnehmer bei Vertragsabschluß auferlegten Anzeigepflicht dar, die den Versicherer berechtigt, vom Vertrag zurückzutreten und sich auf Leistungsfreiheit zu berufen.
(Urteil des OLG Hamm vom 8. 4. 1983 – Az. 20 U 374/82 –)

Welche Bedeutung dem Versicherungsvertreter bei einer Verletzung der vorvertraglichen Anzeigepflicht bei unvollständiger Beantwortung der im Vertragsformular vorgedruckten Frage nach Krankheiten zukommt, hat das OLG Düsseldorf in einem Urteil vom 19. 10. 1982 – Az. 4 U 81/82 – klargestellt:

Die Mitwirkung des Versicherungsvertreters bei der Ausfüllung des Antrags auf Abschluß eines Versicherungsvertrags befreit den Versicherungsnehmer nicht von seiner Pflicht, die ihm gestellten Fragen in eigener Verantwortung wahrheitsgemäß und vollständig zu beantworten.

In der Urteilsbegründung heißt es u.a.:

„Der Kläger will dem Vertreter gesagt haben, daß er einmal von Dr. X. wegen irgendeiner Nierengeschichte behandelt worden sei und daß er auch Erscheinungen einer Hypertonie (Bluthochdruck) gehabt habe. Er räumt jedoch ein, zugleich gesagt zu haben, das sei alles erledigt und vergessen, weshalb der Agent diese Dinge erst gar nicht in den Fragebogen aufgenommen habe. Das habe, so trägt er weiter vor, offenbar daran gelegen, daß der vorgesehene Raum für die Beantwortung der Frage viel zu klein gewesen sei und der Agent keine Lust gehabt habe, auf einem besonderen Blatt als Anlage noch weitere Umstände aufzuzeichnen."

Diese Beispiele lassen sich beliebig fortsetzen, sollen aber ausreichen, um die Tragweite der vorvertraglichen Anzeigepflichten zu verdeutlichen.

Verletzt der Versicherungsnehmer diese Pflichten schuldhaft (einfache Fahrlässigkeit genügt), indem er die Fragen nicht zutreffend oder unvollständig beantwortet, kann der Versicherer auch später noch vom Vertrag zurücktreten. Das bedeutet, daß der Versicherungsvertrag vom Beginn an unwirksam ist und beide Teile die empfangenen Leistungen zu erstatten haben.

Eine Besonderheit gilt jedoch für den Beitrag. Dem Versicherer steht bis zum Schluß des laufenden Versicherungsjahres der Beitrag zu. Das gilt auch beim Rücktritt vom Vertrag seitens des Versicherers wegen Verletzung der vorvertraglichen Anzeigepflichten. Das heißt im Klartext, daß nur der Versicherungsnehmer die empfangenen Leistungen zurückzahlen muß, während hingegen dem Versicherer der Beitrag bis zum Schluß des laufenden Versicherungsjahres zusteht.

Will der Versicherer von dem Vertrag zurücktreten, so kann er dies nur innerhalb eines Monats. Die Frist beginnt mit dem Zeitpunkt, in welchem er von der Verletzung der Anzeigepflicht Kenntnis erlangt. § 20 VVG schreibt in diesem Zusammenhang aber nur vor, innerhalb welcher Frist die Rücktrittserklärung erfolgen muß (1 Monat seit Kenntniserlangung), nicht aber, wielange dem Versicherer das Rücktrittsrecht seit Abschluß des Versicherungsvertrages vorbehalten bleibt. Für den Bereich der Lebensversicherung ist eine absolute Befristung des Rücktrittsrechts vorgeschrieben. Es kann grundsätzlich nur innerhalb von 3 Jahren seit Abschluß des Versicherungsvertrags ausgeübt werden. Für die Krankenversicherung fehlt eine entsprechende Bestimmung. Das Bundesaufsichtsamt für das Versicherungswesen hat bereits vor einigen Jahren den Krankenversicherern die Übernahme einer entsprechenden Klausel in die Versicherungsverträge empfohlen. Danach soll das Rücktrittsrecht des Versicherers ausgeschlossen sein, wenn seit Abschluß des Versicherungsvertrags mehr als 3 Jahre verstrichen sind. Als Begründung führte das Bundesaufsichtsamt an, daß nicht angezeigte Vorerkrankungen, die das Risiko des Versicherers beeinflussen, in der Regel innerhalb der nächsten 3 Jahre erneut auftreten und dem Versicherer bei Vorlage der Arztrechnungen bekannt werden. Andererseits sollen weniger schwere Vorerkrankungen, die zwar anzeigepflichtig sind, nicht noch nach vielen Jahren zum Verlust des Versicherungsschutzes führen können.

Das Rücktrittsrecht des Versicherers ist hingegen ausgeschlossen, wenn er die Vorerkrankungen kannte oder wenn die Anzeige ohne Verschulden des Versicherungsnehmers unterblieben ist. Ist die dem Versicherungsnehmer bei der Schließung des Vertrags obliegende Anzeigepflicht verletzt worden, das Rücktrittsrecht des Versicherers aber mangels Verschulden des Versicherungsnehmers ausgeschlossen, so kann der Versicherer vom Beginn der laufenden Versicherungsperiode an einen höheren Beitrag verlangen. Das gilt auch, wenn dem Versicherungsnehmer bei Vertragsbeginn eine Erkrankung nicht bekannt war, diese aber tatsächlich bestand und erst später zum Ausbruch gekommen ist (z.B. lange Inkubationszeit). Das Rücktrittsrecht des Versicherers ist zwar in einem solchen Falle nicht möglich, gleichwohl aber eine Beitragserhöhung vom Beginn der laufenden Versicherungsperiode an, also ggf. Monate rückwirkend.

Anläßlich einer solchen Beitragserhöhung hat der Versicherungsnehmer kein außerordentliches Kündigungsrecht. Er könnte den Vertrag nur innerhalb der in den Allgemeinen Versicherungsbedingungen genannten ordentlichen Kündigungsfristen beenden.

Erhöht sich das individuelle Risiko des Versicherungsnehmers während der Vertragsdauer, z.B. durch eine schwere Krankheit, ist der Versicherer nicht berechtigt, von dem betreffenden Versicherungsnehmer einen höheren Beitrag zu fordern. Zur ausführlichen Darstellung der Beitragsgestaltung vgl. Kapitel „Beiträge“.

Schaubild

Verletzung der vorvertraglichen Anzeigepflicht

schuldhaft
↓
Folge:
Versicherer kann vom Vertrag zurücktreten (§ 16 Abs. 2 VVG).

Frist:
Innerhalb eines Monats seit Kenntnis der Verletzung der Anzeigepflicht (§ 20 Abs. 1 VVG).
↓
Wirkung:
1. Versicherungsnehmer muß erhaltene Leistungen erstatten (§ 20 Abs. 2 VVG),
2. Beitragszahlung bis zum Ende der Versicherungsperiode (§ 40 VVG).

nicht schuldhaft
↓
Folge:
Versicherer kann nicht vom Vertrag zurücktreten (§ 16 Abs. 3 VVG), aber mit der Wirkung, daß der Versicherer Anspruch auf einen höheren Beitrag vom Beginn der laufenden Versicherungsperiode an hat (§ 41 VVG).

Der Versicherungsnehmer hat kein außerordentliches Kündigungsrecht.

4 Beginn der Versicherung

Nach den Vorschriften des BGB kommt ein Vertrag zustande, wenn der andere Teil den Antrag annimmt. Der Versicherer hat inzwischen in dem beschriebenen Verfahren den Antrag geprüft und das Risiko, das er mit der Annahme des Antrags eingeht, abgewogen. Entspricht das voraussichtliche Risiko seinen Kalkulationen, wird der Versicherer den Antrag des Versicherungsnehmers zu den vereinbarten Bedingungen, wie Höhe der Beiträge und Umfang der Leistungen, annehmen. Übrigens, anders als in der GKV, besteht in der PKV für den Versicherer keine Pflicht zur Annahme des Antrages, z.B. wegen eines zu hohen Versicherungsrisikos. Er kann den Antrag folglich ablehnen.

Häufig nimmt der Versicherer den Antrag zwar an und ist damit bereit, den Versicherungsschutz zu gewähren, aber nicht zu den ursprünglich angebotenen Bedingungen, die dem Versicherungswilligen bekannt waren. Das kann in der Weise geschehen, daß ein Leistungsausschluß für eine oder mehrere bestehende Krankheiten oder zum Tarifbeitrag ein Risikozuschlag vereinbart wird. Dieses hat der Versicherer dem Versicherungswilligen im Versicherungsschein, und zwar in auffälliger Weise, mitzuteilen. Der Versicherungsvertrag kommt dann dennoch zustande, wenn der Versicherungswillige nicht innerhalb eines Monats nach Empfang des Versicherungsscheines schriftlich widerspricht. Wird ein solcher Widerspruch erhoben, kommt der Vertrag nicht zustande.

Geht man davon aus, daß ein Vertrag zu den vereinbarten Bedingungen abgeschlossen wird, ist die Frage, zu welchem Zeitpunkt der Versicherungsschutz beginnt. Nach den Allgemeinen Versicherungsbedingungen (AVB) Teil I beginnt der Versicherungsschutz mit dem im Versicherungsschein bezeichneten Zeitpunkt (Versicherungsbeginn), jedoch nicht vor Abschluß des Versicherungsvertrages und nicht vor Ablauf von Wartezeiten.

Für Versicherungsfälle, die vor Beginn des Versicherungsschutzes eingetreten sind, wird nicht geleistet. Nach Abschluß des Versicherungsvertrages eingetretene Versicherungsfälle sind nur für den Teil von der Leistungspflicht ausgeschlossen, der in die Zeit vor Versicherungsbeginn oder in Wartezeiten fällt.

Bei Neugeborenen beginnt der Versicherungsschutz ohne Wartezeiten unmittelbar nach der Geburt, wenn am Tage der Geburt ein Elternteil mindestens drei Monate beim Versicherer versichert ist und die Anmeldung zur Versicherung spätestens zwei Monate nach dem Tage der Geburt rückwirkend zum Ersten des Geburtsmonats erfolgt. Der Versicherungsschutz darf nicht höher oder umfassender als der eines versicherten Elternteils sein.

4.1 Wartezeiten

Wartezeiten sind leistungsausschließende Karenzzeiten und rechnen vom Versicherungsbeginn an. Die allgemeine Wartezeit beträgt drei Monate. Sie entfällt

- bei Unfällen,
- für den Ehegatten einer mindestens seit drei Monaten versicherten Person, sofern eine gleichartige Versicherung innerhalb zweier Monate nach der Eheschließung beantragt wird.

Für Leistungen bei Entbindung, Psychotherapie, Zahnbehandlung, Zahnersatz und Kieferorthopädie betragen die besonderen Wartezeiten acht Monate.

Sofern der Tarif es vorsieht, können die Wartezeiten aufgrund besonderer Vereinbarung zwischen dem Versicherer und dem Versicherungsnehmer erlassen werden, wenn ein ärztliches Zeugnis über den Gesundheitszustand vorgelegt wird.

Personen, die aus der gesetzlichen Krankenversicherung ausscheiden, wird die dort ununterbrochen zurückgelegte Versicherungszeit auf die Wartezeiten angerechnet. Voraussetzung ist, daß die Versicherung spätestens zwei Monate nach Beendigung der Vorversicherung beantragt wurde und der Versicherungsschutz im unmittelbaren Anschluß beginnen soll.

Schaubild

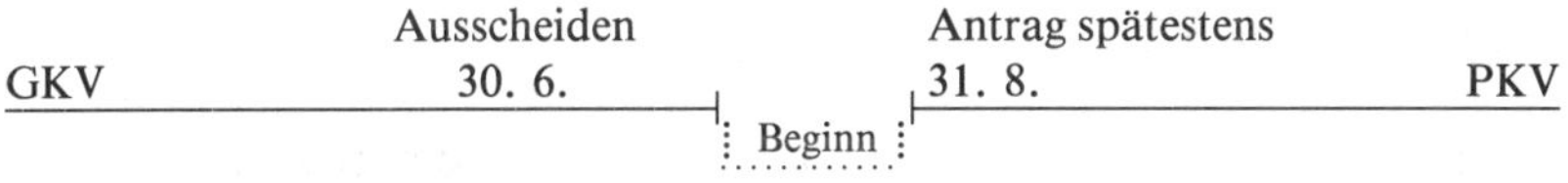

Ununterbrochene Versicherungszeit von mindestens 3 bzw. 8 Monaten

5 Ende der Versicherung

5.1 Kündigung durch den Versicherungsnehmer

Private Krankenversicherungen werden üblicherweise auf unbestimmte Zeit abgeschlossen. Zum Teil ist nach den Allgemeinen Versicherungsbedingungen Teil II der Versicherungsvertrag zunächst für die Dauer von mindestens zwei bis drei Versicherungsjahren abgeschlossen. Darüber hinaus kann der Versicherungsnehmer das Versicherungsverhältnis zum Ende eines jeden Versicherungsjahres, frühestens aber zum Ablauf der vereinbarten Vertragsdauer, mit einer Frist von drei Monaten kündigen.

Eine Besonderheit besteht für solche Personen, die privat krankenversichert sind, aber aufgrund eines Tatbestandes, z.B. durch Erhöhung der Versicherungspflichtgrenze, kraft Gesetzes krankenversicherungspflichtig werden. Sie können eine Krankheitskostenvollversicherung mit Wirkung vom Eintritt der Versicherungspflicht an kündigen. Das gilt entsprechend für privatversicherte Personen, die infolge Versicherungspflicht eines Familienmitgliedes kraft Gesetzes nunmehr familienversichert sind. Eine Krankheitskostenvollversicherung besteht im allgemeinen dann, wenn diese eine Kostenerstattung für ambulante und stationäre Heilbehandlung vorsieht.

Will der Versicherungsnehmer von diesem Kündigungsrecht Gebrauch machen, so hat er spätestens innerhalb zweier Monate nach Eintritt der Versicherungspflicht zu kündigen.

Wegen des Sachzusammenhanges sei bereits an dieser Stelle darauf hingewiesen, daß Personen, bei Überschreitung der Jahresarbeitsentgeltgrenze mit Ablauf des Kalenderjahres der Überschreitung aus der Versicherungspflicht ausscheiden. Sie werden aber dann wieder versicherungspflichtig, wenn später ihr Arbeitsentgelt die dann geltende Jahresarbeitsentgeltgrenze nicht mehr überschreitet. Sind diese Personen dann jedoch privat krankenversichert, können sie sich bei der Krankenkasse von der Versicherungspflicht auf Antrag befreien lassen. Die Frist beträgt drei Monate. Ein Nachweis über die private Krankenversicherung braucht nicht vorgelegt zu werden. Einzelheiten hierzu vgl. Kapitel C.

Erhöht der Versicherer die Beiträge oder vermindert er seine Leistungen wegen Änderung der Allgemeinen Versicherungsbedingungen, so kann der Versicherungsnehmer das Versicherungsverhältnis innerhalb eines Monats vom Zugang der Änderungsmitteilung an zum Zeitpunkt des Wirksamwerdens der Änderung kündigen.

5.2 Kündigung durch den Versicherer

In anderen Versicherungsbereichen, z.B. Sachversicherung, ist es durchaus üblich, daß der Versicherer wegen häufiger Inanspruchnahme einen Versicherungsvertrag von sich aus kündigt. Dieses Recht hat er nach dem VVG. Das gilt aber nicht für die privaten Krankenversicherer und zwar deshalb nicht, weil alle privaten Krankenversicherer auf dieses ordentliche Kündigungsrecht verzichtet haben (vgl. § 14 Abs. 1 AVB). Besteht bei dem Versicherer jedoch lediglich eine Krankenhaustagegeldversicherung, eine Krankheitskosten**teil**versicherung oder beides, so ist er berechtigt, das Versicherungsverhältnis zum Ende eines jeden der ersten drei Versicherungsjahre, frühestens aber zum Ablauf einer vereinbarten Vertragsdauer, mit einer Frist von drei Monaten zu kündigen.

C Versicherungsfreiheit in der gesetzlichen Krankenversicherung

I Versicherungsfreie Personen

Die Versicherungspflicht in der gesetzlichen Krankenversicherung ist eingeführt worden, um den dort genannten Personen die wirtschaftliche Hilfe zuteil werden zu lassen, die sie im Falle der Krankheit, Mutterschaft usw. benötigen. Bei einigen Personen ist dieser Schutz jedoch nicht unbedingt erforderlich, entweder weil sie anderweitig abgesichert sind oder als Beschäftigte nur geringfügige Einkünfte haben, die allgemeinwirtschaftlich nicht ins Gewicht fallen. Anderen Personen ist es wiederum freigestellt, selbst für ihren Versicherungsschutz zu sorgen.

1 Höherverdienende Angestellte und Arbeiter

Angestellte und Arbeiter, deren regelmäßiges Jahresarbeitsentgelt 75 v.H. der Beitragsbemessungsgrenze in der Rentenversicherung übersteigt, sind versicherungsfrei. Dies gilt nicht für Seeleute. Zuschläge, die mit Rücksicht auf den Familienstand gezahlt werden, z.B. Verheiratetenzuschläge, Kindergeld usw., bleiben bei der Ermittlung des Jahresarbeitsentgelts unberücksichtigt. Diese Grenze beträgt für 1993 64.800 DM (mtl. 5.400 DM), im Beitrittsgebiet 47.700 DM (mtl. 3.975 DM).

Wird die Jahresarbeitsentgeltgrenze überschritten, endet die Versicherungspflicht mit Ablauf des Kalenderjahres, in dem sie überschritten wird. Die Versicherungspflicht endet jedoch nicht, wenn das Entgelt die vom Beginn des nächsten Kalenderjahres an geltende Jahresarbeitsentgeltgrenze nicht übersteigt.

Diese zusammenfassenden Grundsätze bedürfen einer begrifflichen Erläuterung:

1.1 Jahresarbeitsentgelt

Für die Beurteilung der Krankenversicherungspflicht bzw. -freiheit von Angestellten und Arbeitern ist das **regelmäßige** Jahresarbeitsentgelt maßgebend. Hierzu gehören neben dem regelmäßig gewährten laufenden Arbeitsentgelt, wie Lohn und Gehalt, auch Sonderzuwendungen, die mit an Sicherheit grenzender Wahrscheinlichkeit mindestens einmal jährlich gezahlt werden (z.B. vertragliches Weihnachtsgeld, Urlaubsgeld). Vergütungen für Überstunden gehören nicht hierzu, es sei denn, daß sie als Abgeltung in Form von festen Pauschbeträgen regelmäßig zum laufenden Arbeitsentgelt gezahlt werden.

Das regelmäßige Jahresarbeitsentgelt wird ermittelt, indem die erzielten Monatsbezüge mit 12 multipliziert werden. Dabei werden die regelmäßig gewährten Sonderzuwendungen hinzugerechnet. Die Beurteilung wird für die Zukunft vorgenommen. Deshalb wird bei schwankenden Bezügen das regelmäßige Jahresarbeitsentgelt durch Schätzung ermittelt. Stellt sich im nachhinein heraus, daß diese Schätzung unzutreffend war, ändert sich an der getroffenen Entscheidung über die Versicherungspflicht oder -freiheit für die Vergangenheit nichts. Eine Korrektur für die Zukunft ist jedoch möglich.

Die Berechnung des regelmäßigen Jahresarbeitsentgelts wird nach folgender Formel vorgenommen:

	alle Einkünfte aus der Beschäftigung
./.	alle Einkünfte, die kein Entgelt sind
=	alle Arbeitsentgelte
./.	unregelmäßige Arbeitsentgelte
=	regelmäßige Arbeitsentgelte
./.	Familienzuschläge
=	regelmäßiges Jahresarbeitsentgelt

Diese Beurteilung wird jeweils zu Beginn des Beschäftigungsverhältnisses vorgenommen; eine erneute Prüfung ist bei jeder Änderung des Arbeitsentgelts erforderlich. Erhöhungen des Arbeitsentgelts dürfen erst von dem Zeitpunkt an berücksichtigt werden, von dem an der Anspruch auf das erhöhte Arbeitsentgelt besteht, und zwar auch dann, wenn der Beginn und die Höhe bereits vorher feststehen.

Beispiel

Beginn des Beschäftigungsverhältnisses: 1. 2.1993	
Vereinbartes Entgelt: monatlich 5.250 DM × 12 =	63.000 DM
Vereinbartes Weihnachtsgeld:	1.500 DM
	64.500 DM
Fahrkosten werden im Einzelfall erstattet	–
Familienzuschläge (z.B. Kindergeld) 50 DM = 600 DM	–
	64.500 DM

Es besteht Versicherungspflicht, da das regelmäßige Jahresarbeitsentgelt (1993) 64.800 DM nicht überschreitet.

Fortsetzung des Beispiels:
Nach Ablauf der Probezeit (31. 7. 1993) wird das monatliche Entgelt auf 5.500 DM erhöht. Das Weihnachtsgeld bleibt unverändert hoch. Die Beurteilung der Versicherungspflicht bzw. -freiheit wird erneut vorgenommen:

Monatliches Entgelt: 5.500 DM × 12 =	66.000 DM
Vereinbartes Weihnachtsgeld	1.500 DM
Regelmäßiges Jahresarbeitsentgelt	67.500 DM

Vom 1. 1. 1994 an besteht Versicherungsfreiheit, vorausgesetzt, die Jahresarbeitsentgeltgrenze im Jahre 1994 übersteigt den Betrag von 67.500 DM nicht. Andernfalls besteht weiter Versicherungspflicht.

Überschreitet hingegen das Entgelt bei Beginn der Beschäftigung bereits die geltende Jahresarbeitsentgeltgrenze, so besteht vom Beginn der Beschäftigung an Versicherungsfreiheit. Aber auch hier wird jeweils zu Beginn des neuen Kalenderjahres die Versicherungsfreiheit erneut geprüft.

1.2 Mehrere Beschäftigungen

Ist ein Arbeitnehmer in mehreren Arbeitsverhältnissen beschäftigt, werden für die Beurteilung die Arbeitsentgelte aus allen Beschäftigungen zusammengerechnet. Das gilt sowohl für Beschäftigungen in einer Angestellten-, als auch in einer Arbeiterbeschäftigung. Nicht angerechnet werden Arbeitsentgelte aus versicherungsfreien (geringfügigen) Beschäftigungen.

1.3 Renten- und Arbeitslosenversicherung

Die Jahresarbeitsentgeltgrenze mit den damit verbundenen Rechtsfolgen gilt nur für den Zweig der gesetzlichen Krankenversicherung. In der Renten- und Arbeitslosenversicherung sind Angestellte und Arbeiter ohne Rücksicht auf die Höhe ihres Arbeitsentgelts versicherungspflichtig.

2 Beamte, Richter und Soldaten

Der Grund für die Versicherungsfreiheit dieser Personen liegt darin, daß für sie im Falle der Krankheit anderweitig Regelungen für ihre wirtschaftliche Sicherung getroffen worden sind. Vor dem Hintergrund einer umfassenden Vorsorge durch den Staat hat der Gesetzgeber darauf verzichtet, sie in den gesetzlichen Krankenversicherungsschutz einzubeziehen. Je nach Berufsgruppe erhalten sie entweder freie Heilfürsorge oder Beihilfen in Krankheits-, Geburts- und Todesfällen, die augenscheinlich einen gesetzlichen Krankenversicherungsschutz überflüssig machen. Die Versicherungsfreiheit besteht kraft Gesetzes und ohne Antrag.

Diese Motive entsprechen jedoch bei weitem nicht mehr der gegenwärtigen Realität. In den letzten Jahren ist bei immer knapper werdenden Staatsfinanzen (Steuermittel) ein erheblicher Abbau der Beihilfen zu verzeichnen. Gerade in den letzten Monaten ist ein nochmaliger drastischer Einschnitt in Form von Kürzungen der beihilfefähigen Aufwendungen und prozentualen Beteiligung des Staates vorgenommen worden. Die freiwillige Eigenvorsorge in der gesetzlichen Krankenversicherung, was aufgrund der fehlenden Voraussetzungen meist nicht mehr möglich ist, oder bei einem privaten Krankenversicherungsunternehmen bleibt den Beamten als Alternative. Zu den entstehenden Beitragsaufwendungen zahlt der Staat keinen Zuschuß.

Bei der Beurteilung der Versicherungsfreiheit ist nicht von dem Begriff des Beamten im staatsrechtlichen Sinne auszugehen, also von den Personen, die eine Ernennungsurkunde erhalten haben, welche die obligatorischen Worte enthält „unter Berufung in das Beamtenverhältnis“. Auch sonstige Beschäftigte des Bundes, der Länder, der Kommunalverwaltungen, von öffentlich-rechtlichen Körperschaften, Anstalten und Stiftungen oder deren Verbände sind versicherungsfrei, wenn sie nach beamtenrechtlichen Vorschriften bei Krankheit Anspruch auf Fortzahlung der Bezüge und auf Beihilfe haben.

Die Versicherungsfreiheit gilt auch für neben dem „aktiven Dienst“ ausgeübte Nebenbeschäftigungen sowie für Beschäftigungen als Ruhegehaltsbezieher. Bezieher von Hinterbliebenenversorgung werden von den Vorschriften über die Versicherungsfreiheit nicht erfaßt.

3 Geistliche und hauptberufliche Lehrer an privaten genehmigten Ersatzschulen

Sie genießen zwar gegenüber den Beamten einen rechtlichen Sonderstatus, werden aber hinsichtlich der versicherungsrechtlichen Beurteilung diesen gleichgestellt. Das heißt, daß sie ebenfalls versicherungsfrei sind, sobald sie bei Krankheit einen Anspruch auf Fortzahlung der Bezüge und auf Beihilfe haben.

Unter die Personengruppe der Geistlichen fallen nur die, welche bei einer der als öffentlich-rechtlichen Körperschaften anerkannten Religionsgemeinschaften ein Dienstverhältnis haben.

4 Studenten während einer Beschäftigung

Versicherungsfrei sind Studenten, die während der Dauer ihres Studiums gegen Arbeitsentgelt beschäftigt sind. Diese grundsätzliche Aussage ist bei der Vielzahl der Fälle meistens richtig und heißt soviel, daß ein Student, der während seiner wissenschaftlichen Ausbildung einem „Nebenjob“ nachgeht, nicht als Arbeitnehmer anzusehen ist. Aus welchem Grunde die Beschäftigung übernommen wird, spielt dabei keine Rolle. Versicherungsfreiheit besteht sowohl, wenn die Beschäftigung mit der wissenschaftlichen oder fachlichen Ausbildung im Zusammenhang steht, als auch dann, wenn die Arbeit ausbildungsfremd ist und durch sie die Mittel zur Bestreitung des Lebensunterhalts, ggf. des Studiums, sichergestellt werden sollen.

Dabei wird immer vorausgesetzt und gefordert, daß das Studium nicht nur formell ausgeübt wird, sondern den Studenten in einer nahezu voll in Anspruch nehmenden Weise beschäftigt. Das wäre nicht der Fall, wenn ein Arbeitsverhältnis den Mittelpunkt der zeitlichen Inanspruchnahme darstellt und das Studium nur nebenher ausgeübt würde. Geht der Student während der Semesterferien einer Vollzeitbeschäftigung nach, ist dieser Tatbestand für die Versicherungsfreiheit in der Regel unschädlich. Er ist kein berufsmäßiger Arbeitnehmer, so daß in diesem Falle die Arbeitszeit und die Höhe des Entgelts versicherungsrechtlich keine Rolle spielen.

Werden außerhalb der Semesterferien Beschäftigungen mit einer durchschnittlichen wöchentlichen Arbeitszeit von mehr als 20 Stunden ausgeübt, muß die Beurteilung jeweils im Einzelfall vorgenommen werden. Vieles spricht dann allerdings dafür, daß aufgrund der Beschäftigung Versicherungspflicht besteht.

Verrichtet der Student ein Praktikum, so ist dabei zu unterscheiden, ob es als Bedingung für die Zulassung zum Studium vorher abgeleistet werden muß (Vorpraktikum), während des Studiums zu absolvieren ist (Zwischenpraktikum) oder nach beendetem Studium als Abschluß der Berufsausbildung durchgeführt wird (Nachpraktikum). Hier gilt der Grundsatz, daß nur während des Studiums ausgeübte Praktika nicht der Krankenversicherungspflicht unterliegen.

5 Geringfügig Beschäftigte

Personen, die ihrem Status nach nicht Arbeitnehmer sind, gelegentlich aber eine auf kurze Zeit begrenzte oder vom Zeitaufwand geringfügige Beschäftigung aufnehmen, sind im Prinzip krankenversicherungsfrei. Durch eine solche Beschäftigung wird ihre wirtschaftliche Lage nicht grundlegend beeinflußt. Es wäre daher wenig sinnvoll, in solchen Fällen mit einer Beschäftigung die sonst gesetzlich vorgeschriebene Krankenversicherung zu verknüpfen. Zudem verfügen diese Personen zumeist über eine ihrer normalen Lebenssituation angepaßte Sicherung für den Fall der Krankheit, z.B. Familienversicherung.

In den Vorschriften über die gesetzliche Krankenversicherung (§ 7 SGB V) heißt es kurz und knapp:
„Wer eine geringfügige Beschäftigung nach § 8 SGB IV ausübt, ist in dieser Beschäftigung versicherungsfrei; . . .“

Der Begriff der geringfügigen Beschäftigung wird in § 8 SGB IV wie folgt definiert:
„Eine geringfügige Beschäftigung liegt vor, wenn

1. *die Beschäftigung regelmäßig weniger als 15 Stunden in der Woche ausgeübt wird* ***und*** *das Arbeitsentgelt regelmäßig im Monat 1/7 der monatlichen Bezugsgröße (1993 = 530 DM, im Beitrittsgebiet = 390 DM), bei höherem Arbeitsentgelt 1/6 des Gesamteinkommens nicht übersteigt,*
2. *die Beschäftigung innerhalb eines Jahres seit ihrem Beginn auf längstens 2 Monate oder 50 Arbeitstage nach ihrer Eigenart begrenzt zu sein pflegt oder im voraus vertraglich begrenzt ist, es sei denn, daß die Beschäftigung berufsmäßig ausgeübt wird und ihr Entgelt die in Nummer 1 genannten Grenzen übersteigt.“*

Mehrere geringfügige Beschäftigungen sind zusammenzurechnen.

Diese Vorschriften, insbesondere die des § 8 SGB IV, stellen den Rechtsanwender im Einzelfall häufig vor Probleme, auch wenn der oben zitierte Wortlaut dieses auf den ersten Blick kaum vermuten läßt. Wegen der ständigen Aktualität und des regelmäßig vorgebrachten Interesses an der Auslegung des § 8 SGB IV soll nachfolgend eine gründliche Aufarbeitung dieser Thematik vorgenommen werden. Diese beruht im wesentlichen auf der Grundlage der „Richtlinien 1993 für die versicherungsrechtliche Beurteilung von geringfügigen Beschäftigungen“ der Spitzenverbände der Krankenkassen, des Verbandes Deutscher Rentenversicherungsträger und der Bundesanstalt für Arbeit.

Eine Beschäftigung kann sowohl wegen der geringen wöchentlichen Arbeitszeit und der Höhe des Arbeitsentgelts als auch wegen ihrer kurzen Dauer geringfügig sein. Es ist deshalb zu unterscheiden, ob es sich um eine geringfügig entlohnte Beschäftigung oder um eine kurzfristige Beschäftigung handelt. Eine geringfügig entlohnte Beschäftigung liegt vor, wenn diese regelmäßig weniger als 15 Stunden in der Woche ausgeübt wird und das Arbeitsentgelt (1993) regelmäßig im Monat entweder 530

DM (im Beitrittsgebiet 390 DM) oder bei höherem Arbeitsentgelt 1/6 des Gesamteinkommens nicht überschreitet.

Die Voraussetzungen einer geringfügigen Beschäftigung sind also nur erfüllt, wenn sowohl die wöchentliche Arbeitszeit weniger als 15 Stunden beträgt als auch das Arbeitsentgelt die genannten Grenzen nicht überschreitet. Wird die Beschäftigung regelmäßig 15 Stunden wöchentlich oder länger ausgeübt, so liegt keine geringfügige Beschäftigung vor, auch wenn das Arbeitsentgelt nicht mehr als 530 DM oder 1/6 des Gesamteinkommens beträgt. Also führt diese Beschäftigung zur Versicherungspflicht in der Kranken- und Rentenversicherung. Zur Arbeitslosenversicherung besteht erst dann Versicherungspflicht, wenn die Beschäftigung 18 Stunden wöchentlich oder mehr beträgt.

Bei der Beurteilung der wöchentlichen Arbeitszeit kommt es auf die regelmäßige Stundenzahl an. Diese kann sich aus dem Arbeitsvertrag oder aber auch aus der Art der Beschäftigung ergeben. Ist die Arbeitszeit von Woche zu Woche unterschiedlich, so ist die regelmäßige wöchentliche Arbeitszeit durch Schätzung zu ermitteln. Hierfür sind die voraussichtlich in den 3 folgenden Kalendermonaten (13 Wochen) anfallenden Arbeitsstunden zu dividieren. Berücksichtigt werden nur die Arbeitsstunden, für die auch Arbeitsentgelt gezahlt wird.

Die Arbeitsentgeltgrenze von 1/7 der monatlichen Bezugsgröße (530 DM) wird jährlich vom Bundesminister für Arbeit und Sozialordnung durch Rechtsverordnung mit Zustimmung des Bundesrates festgesetzt und bekanntgegeben. Für das Jahr 1993 liegt diese bei 530 DM.

Überschreitet das Arbeitsentgelt diese Grenzen, so ist in jedem Fall 1/6 des Gesamteinkommens des Beschäftigten zu errechnen. Unter Gesamteinkommen ist die Summe der Einkünfte im Sinne des Einkommensteuerrechts zu verstehen. Zum Gesamteinkommen gehören Einkünfte aus selbständiger und nichtselbständiger Arbeit einschließlich des Arbeitsentgelts aus der zu beurteilenden Beschäftigung, ferner Einkünfte aus Land- und Forstwirtschaft, Gewerbebetrieb, Kapitalvermögen, Vermietung und Verpachtung und sonstige Einkünfte im Sinne des § 22 Einkommensteuergesetz. Betriebsausgaben und Werbungskosten sind abzusetzen. Werbungskosten, die im Zusammenhang mit der Ausübung einer Beschäftigung entstehen, sind hierbei jedoch nicht abzusetzen. Sonderausgaben und ausschließlich für die Berechnung der Lohn- und Einkommensteuer geltende Freibeträge wie Altersentlastungsbetrag,

Kinderfreibetrag, Haushaltsfreibetrag, Sparerfreibetrag und sonstige vom Einkommen abzuziehende Beträge, z.B. für außergewöhnliche Belastungen, dürfen ebenfalls nicht abgezogen werden.

Renten aus der gesetzlichen Rentenversicherung oder einem privaten Lebensversicherungsvertrag sind sonstige Einkünfte im Sinne des § 22 Einkommensteuergesetz. Sie gehören nicht in vollem Umfang, sondern nur hinsichtlich ihres Ertragsanteils zum Gesamteinkommen. Dies bedeutet, daß bei der Beurteilung der Frage, ob das Arbeitsentgelt 1/6 des

Bei Beginn der Rente vollendetes Lebensjahr des Renten-berechtigten	Ertrags-anteil in v.H.	Bei Beginn der Rente vollendetes Lebensjahr des Renten-berechtigten	Ertrags-anteil in v.H.	Bei Beginn der Rente vollendetes Lebensjahr des Renten-berechtigten	Ertrags-anteil in v.H.
0 bis 3	73	44	49	68	23
4 bis 5	72	45	48	69	22
6 bis 8	71	46	47	70	21
9 bis 11	70	47	46	71	20
12 bis 13	69	48	45	72	19
14 bis 15	68	49	44	73	18
16 bis 17	67	50	43	74	17
18 bis 19	66	51	42	75	16
20 bis 21	65	52	41	76	15
22 bis 23	64	53	40	77	14
24 bis 25	63	54	39	78	13
26 bis 27	62	55	38	79	12
28	61	56	37	80 bis 81	11
29 bis 30	60	57	36	82	10
31	59	58	35	83	9
32 bis 33	58	59	34	84 bis 85	8
34	57	60	32	86 bis 87	7
35	56	61	31	88	6
36 bis 37	55	62	30	89 bis 91	5
38	54	63	29	92 bis 93	4
39	53	64	28	94 bis 96	3
40	52	65	27	ab 97	2
41 bis 42	51	66	26		
43	50	67	25		

Gesamteinkommens übersteigt, Renten aus der gesetzlichen Rentenversicherung oder einem privaten Lebensversicherungsvertrag nur mit dem sich aus nachstehender Tabelle ergebenden Ertragsanteil berücksichtigt werden können. Dabei gilt die Tabelle zu § 22 Nr. 1 Satz 3 Buchst. a Einkommensteuergesetz für sogenannte lebenslängliche Leibrenten (z.B. Altersrenten, Witwenrenten).

Bei den sog. abgekürzten Leibrenten (z.B. Berufsunfähigkeits-, Erwerbsunfähigkeits- und Waisenrenten) ist der Ertragsanteil der Tabelle zu § 55 Abs. 2 Einkommensteuer-Durchführungsverordnung (EStDV) zu entnehmen. Der ggf. in der Rente enthaltene Kinderzuschuß ist steuerfrei und deshalb vor Berechnung des Ertragsanteils vom Rentenzahlbetrag abzuziehen. Daneben ist der aus der Tabelle zu berechnende Ertragsanteil um den Werbungskostenpauschbetrag von 200 DM jährlich (16,67 DM monatlich) zu vermindern.

Tabelle zu § 55 Abs. 2 EStDV

Beschränkung der Laufzeit der Rente auf ... Jahre ab Beginn des Rentenbezugs (ab 1. 1. 1955, falls die Rente vor diesem Zeitpunkt zu laufen begonnen hat)	Der Ertragsanteil beträgt, vorbehaltlich der Spalte 3, ... v. H.	Der Ertragsanteil ist der Tabelle in § 22 Nr. 1 (Satz 3) Buchst. a EStG zu entnehmen, wenn der Rentenberechtigte zu Beginn des Rentenbezugs (vor dem 1. 1. 1955, fall die Rente vor diesem Zeitpunkt zu laufen begonnen hat) das ... te Lebensjahr vollendet hatte
1	2	3
1	0	entfällt
2	2	97
3	5	90
4	7	86
5	9	83
6	10	81
7	12	79
8	14	76
9	16	74
10	17	73
11	19	71
12	21	69
13	22	68
14	24	66
15	25	65
16	26	64

(Fortsetzung umseitig)

Fortsetzung der Tabelle zu § 55 Abs. 2 EStDV

17	28	62
18	29	61
19	30	60
20	31	60
21	33	58
22	34	57
23	35	56
24	36	55
25	37	54
26	38	53
27	39	52
28	40	51
29	41	51
30	42	50
31	43	49
32	44	48
33	45	47
34	46	46
35	47	45
36	48	43
37 bis 38	49	42
39	50	41
40	51	40
41 bis 42	52	39
43	53	38
44	54	36
45 bis 46	55	35
47 bis 48	56	34
49	57	33
50 bis 51	58	31
52 bis 53	59	30
54 bis 55	60	28
56 bis 57	61	27
58 bis 59	62	25
60 bis 62	63	23
63 bis 64	64	21
65 bis 67	65	19
68 bis 70	66	17
71 bis 74	67	15
75 bis 77	68	13
78 bis 82	69	11
83 bis 87	70	9
88 bis 93	71	6
mehr als 93	Der Ertragsanteil ist immer der Tabelle in § 22 Nr. 1 (Satz 3) Buchst. a EStG zu entnehmen.	

Die Einkünfte des Ehegatten und der Kinder sind bei der Ermittlung des Gesamteinkommens nicht zu berücksichtigen, auch wenn eine Zusammenveranlagung der Ehegatten zur Einkommensteuer vorgenommen wird.

Beispiele zur Ermittlung des Gesamteinkommens:

Eine Beamtenwitwe arbeitet regelmäßig wöchentlich 14 Stunden und erhält ein Arbeitsentgelt von 540 DM im Monat. Ihr monatliches Gesamteinkommen setzt sich wie folgt zusammen:

Arbeitsentgelt aus der Beschäftigung		540 DM
Witwenpension		1.560 DM
Einkünfte aus Vermietung		1.200 DM
	zusammen	3.300 DM
	1/6 hiervon	550 DM

Die wöchentliche Arbeitszeit beträgt weniger als 15 Stunden. Das Arbeitsentgelt überschreitet zwar 1/7 der monatlichen Bezugsgröße (530 DM), ist jedoch niedriger als 1/6 des Gesamteinkommens (550 DM). Die Witwe ist folglich in ihrer Beschäftigung versicherungsfrei.

Ein Rentner (64 Jahre) bezieht seit der Vollendung des 63. Lebensjahres ein Altersruhegeld von monatlich 2000 DM. Seine regelmäßige wöchentliche Arbeitszeit beträgt 14 Stunden, sein Arbeitsentgelt monatlich 540 DM. Das monatliche Gesamteinkommen setzt sich wie folgt zusammen:

Ertragsanteil der Rente (26 v.H. des Rentenzahlbetrages = 520 DM) ./. Werbungskostenpauschbetrag = 16,67 DM		503,33 DM
Arbeitsentgelt		540,– DM
	zusammen	1.043,33 DM
	1/6 hiervon	173,89 DM

Die wöchentliche Arbeitszeit beträgt weniger als 15 Stunden, jedoch übersteigt das monatliche Arbeitsentgelt sowohl 1/7 der monatlichen Bezugsgröße (530 DM) als auch 1/6 des Gesamteinkommens (173,89 DM). Folglich besteht Versicherungspflicht zur Krankenversicherung.

Bei der Ermittlung der Grenzwerte von 1/7 der monatlichen Bezugsgröße bzw. 1/6 des Gesamteinkommens ist vom regelmäßigen Arbeitsentgelt aus der zu beurteilenden Beschäftigung auszugehen. Einmalige Einnahmen, die mit hinreichender Sicherheit aufgrund eines Vertrages oder fester Zusage usw. zu erwarten sind, werden bei der Ermittlung des regelmäßigen Arbeitsentgelts berücksichtigt. Ist von vornherein absehbar oder stellt sich im nachhinein heraus, daß jeweils unterschiedlich hohe Arbeitsentgelte erzielt werden, muß die Krankenkasse eine gewissenhafte Schätzung des zu erwartenden Arbeitsentgelts für die Zukunft vornehmen. Stellt sich später heraus, daß die Schätzung fehlerhaft war, bleibt die Beurteilung für die Vergangenheit maßgebend. Eine Korrektur kann nur für die Zukunft vorgenommen werden.

Es kommt häufig vor, daß gerade solche geringfügig entlohnten Beschäftigungen bei verschiedenen Arbeitgebern nebeneinander ausgeübt werden. In diesen Fällen sind die wöchentlichen Arbeitszeiten und Arbeitsentgelte jeweils zusammenzurechnen.

Beispiel

Eine Verkäuferin arbeitet
8 Stunden wöchentlich beim Arbeitgeber A.
Monatliches Entgelt 280 DM

6 Stunden wöchentlich beim Arbeitgeber B.
Monatliches Entgelt 240 DM

Die wöchentliche Arbeitszeit beträgt in beiden Beschäftigungen zusammen weniger als 15 Stunden, und auch das Arbeitsentgelt aus beiden Beschäftigungen überschreitet zusammen nicht die Geringfügigkeitsgrenze von 1/7 der monatlichen Bezugsgröße (530 DM). Es besteht in beiden Beschäftigungen Versicherungsfreiheit.

Beispiel

Eine Verkäuferin arbeitet
8 Stunden wöchentlich beim Arbeitgeber A.
Monatliches Entgelt 280 DM

7 Stunden wöchentlich beim Arbeitgeber B.
Monatliches Entgelt 250 DM

Die wöchentliche Arbeitszeit beträgt in beiden Beschäftigungen zusammen 15 Stunden. Auch wenn das Entgelt geringfügig ist, besteht dennoch Versicherungspflicht zur Kranken- und Rentenversicherung, weil die beiden Beschäftigungen zusammen an mindestens 15 Stunden ausgeübt werden. Auf die Höhe des Arbeitsentgelts kommt es hier nicht mehr an. Ergänzend sei jedoch bemerkt, daß Beitragsfreiheit in der Arbeitslosenversicherung besteht, da die wöchentliche Arbeitszeit 18 Stunden nicht erreicht.

Darüber hinaus können andere Beschäftigungen versicherungsfrei sein, auch wenn das Arbeitsentgelt die Geringfügigkeitsgrenzen überschreitet. Voraussetzung ist jedoch, daß diese Beschäftigungen kurzfristig sind, nicht aber berufsmäßig ausgeübt werden. Wird eine Beschäftigung berufsmäßig ausgeübt, kann gleichwohl Versicherungsfreiheit bestehen, wenn die entgeltlichen Geringfügigkeitsgrenzen nicht überschritten werden.

Nach dem Wortlaut des § 8 SGB IV liegt eine kurzfristige Beschäftigung vor, wenn diese für eine Zeitdauer ausgeübt wird, die im Laufe eines Jahres (nicht Kalenderjahr) seit ihrem Beginn für nicht mehr als 2 Monate oder insgesamt 50 Arbeitstage begrenzt ist. Diese zeitliche Begrenzung kann im voraus vertraglich vereinbart sein oder sich aus der Natur der Sache heraus ergeben. Eine kurzfristige Beschäftigung liegt auch vor, wenn innerhalb eines Dauerarbeitsverhältnisses die Zeitdauer von 50 Arbeitstagen im Laufe eines Jahres nicht überschritten wird.

Die Frage ist, in welchen Fällen der 2-Monatszeitraum und wann 50 Arbeitstage für die versicherungsrechtliche Beurteilung zugrunde zu legen sind. Von dem 2-Monatszeitraum ist nur dann auszugehen, wenn die Beschäftigung sich über mindestens 5 Tage in der Woche erstreckt. Bei Beschäftigungen von regelmäßig weniger als 5 Tagen in der Woche ist bei der Beurteilung auf den Zeitraum von 50 Arbeitstagen abzustellen.

Beispiel

Ein Arbeitgeber stellt in seinem Betrieb für vorübergehende Arbeiten mehrere Hausfrauen mit einer regelmäßigen Arbeitszeit an

a) 6 Tagen
b) 5 Tagen
c) 4 Tagen

in der Woche ein.

Die Beschäftigungen zu a) und b) erstrecken sich über mindestens 5 Tage wöchentlich, so daß bei der Feststellung, ob die Zeitdauer überschritten wird, von der 2-Monatsfrist auszugehen ist.

Im Falle c) hingegen ist auf den Zeitraum von 50 Arbeitstagen abzustellen, weil die Beschäftigung weniger als 5 Tage in der Woche in Anspruch nimmt.

Eine kurzfristige und damit versicherungsfreie Beschäftigung ist dann nicht mehr geringfügig, wenn die Beschäftigung berufsmäßig ausgeübt wird und damit für den Beschäftigten nicht von untergeordneter wirtschaftlicher Bedeutung ist. Berufsmäßigkeit liegt jedoch dann nie vor, wenn die wöchentliche Arbeitszeit in der zu beurteilenden Beschäftigung weniger als 15 Stunden beträgt und das monatliche Entgelt aus dieser Beschäftigung 1/7 der monatlichen Bezugsgröße (530 DM) oder 1/6 des Gesamteinkommens nicht überschreitet.

Zwei in der Praxis häufig vorkommende Fallgruppen sollen hinsichtlich der Prüfung der Berufsmäßigkeit dargestellt werden:

Eine Arbeitnehmerin hatte ihre bisherige Vollzeitbeschäftigung wegen Heirat zum 31.3. aufgegeben. Sie beabsichtigt nicht, auf absehbare Zeit berufstätig zu sein. Am 1.9. nimmt sie eine Beschäftigung als Aushilfe auf, die von vornherein bis zum 31.10. befristet ist.

Bei der Prüfung der Berufsmäßigkeit bleibt die bis zum 31.3. ausgeübte Vollzeitbeschäftigung außer Betracht. Die am 1.9. aufgenommene Beschäftigung ist nicht als berufsmäßig anzusehen und bleibt mithin versicherungsfrei.

Ein Arbeitnehmer ist bei dem Arbeitgeber A in einem Dauerarbeitsverhältnis gegen ein monatliches Arbeitsentgelt von 3.500 DM beschäftigt. Vom 1.7. bis zum 31.8. nimmt er zusätzlich in den Abendstunden eine Aushilfsbeschäftigung als Kellner beim Arbeitgeber B auf. In dieser Beschäftigung erzielt er ein monatliches Arbeitsentgelt von 1.200 DM.

Die Beschäftigung beim Arbeitgeber A ist versicherungspflichtig, weil es sich nicht um eine geringfügige Beschäftigung handelt. Dagegen ist die Zweitbeschäftigung beim Arbeitgeber B versicherungsfrei, weil sie von vornherein auf nicht mehr als 2 Monate befristet ist und auch nicht berufsmäßig ausgeübt wird.

Liegen die Voraussetzungen einer geringfügig entlohnten bzw. kurzfristigen Beschäftigung nicht mehr vor, weil die Entgelt- oder Zeitgrenzen überschritten werden, so tritt vom Tage des Erreichens bzw. Überschreitens dieser Grenzen an Versicherungspflicht ein. Stellt sich bei einer kurzfristigen Beschäftigung im Laufe der Beschäftigung heraus, daß sie länger als 2 Monate oder 50 Arbeitstage dauern wird, so beginnt die Versicherungspflicht bereits mit dem Tage, an dem das Überschreiten der Zeitdauer erkennbar wird, z.B. bei einer neuen entsprechenden Vereinbarung.

Zusammenfassung

Die wichtigsten Grundsätze der geringfügigen Beschäftigung sind:

Geringfügige Beschäftigungen sind grundsätzlich versicherungsfrei, wenn sie regelmäßig weniger als 15 Stunden in der Woche ausgeübt werden und das regelmäßige monatliche Arbeitsentgelt 1993 nicht höher liegt als 530 DM (alte Bundesländer) bzw. 390 DM (neue Bundesländer).

Eine Beschäftigung ist auch dann sozialversicherungsfrei, wenn zwar mehr als 530 DM bzw. 390 DM verdient werden, dieses Entgelt jedoch ein Sechstel des individuellen Gesamteinkommens nicht übersteigt. Unabhängig vom Einkommen ist eine Beschäftigung dann versicherungsfrei, wenn sie innerhalb eines Jahres auf maximal zwei Monate oder 50 Arbeitstage beschränkt ist.

Bestehen mehrere geringfügige Beschäftigungen gleichzeitig nebeneinander, so werden die Beschäftigungszeiten und die Arbeitsentgelte zusammengerechnet. Wird dabei die Arbeitszeit- oder Entgeltgrenze überschritten, so werden alle Beschäftigungsverhältnisse versicherungs- und beitragspflichtig. Soweit anstelle einer Beschäftigung eine selbständige Tätigkeit ausgeübt wird, gelten diese Regelungen entsprechend.

Die geringfügigen Beschäftigungen und die damit verbundene Versicherungs- und Beitragsfreiheit erfreuen sich großer Beliebtheit. Einerseits sind die daraus erzielten Arbeitsentgelte für die Beschäftigten eine zusätzliche Einkommensquelle, andererseits werden die Arbeitgeber dadurch nicht mit den Lohnnebenkosten belastet, von steuerlichen Abgaben einmal abgesehen.

Wenn beide Parteien bewußt ein solches Rechtsverhältnis miteinander eingehen, so wird dieses ebenso bewußt und gewollt vom Gesetzgeber getragen. Dennoch sollte der Beschäftigte sich darüber im klaren sein, daß er sich zwar für die Dauer dieses Arbeitsverhältnisses einen momentanen wirtschaftlichen Vorteil verschafft, zu seiner Zukunftssicherung trägt dieser nicht bei. Gemeint ist hiermit, daß ein Beschäftigungsverhältnis und das daraus erzielte Arbeitsentgelt im allgemeinen die Grundlage für spätere Rentenansprüche darstellen. Das gilt aber nur dann, wenn aus dem erzielten Arbeitsentgelt auch Beiträge zur gesetzlichen Rentenversicherung abgeführt werden. Diese werden jedoch nur dann erhoben, wenn Versicherungs- und damit Beitragspflicht zur gesetzlichen Rentenversicherung besteht.

Geringfügige Beschäftigungen sind aber nicht nur zur gesetzlichen Krankenversicherung versicherungsfrei, sondern ebenfalls zur gesetzlichen Rentenversicherung.

II Befreiung von der Versicherungspflicht auf Antrag

Die in dem vorangegangenen Abschnitt geschilderten Tatbestände führen zur Versicherungsfreiheit kraft Gesetzes. Es bedarf folglich, wie beim Eintreten von Versicherungspflicht, keinerlei Mitwirkung des Beschäftigten. Andererseits eröffnet § 8 SGB V Personen, die an sich versicherungspflichtig werden, die Möglichkeit, sich auf ihren Antrag von der Versicherungspflicht befreien zu lassen. Entgegen früherem Recht braucht für eine Befreiung auf Antrag nicht mehr der Nachweis über einen anderweitigen Versicherungsschutz erbracht zu werden.

Die in erster Linie für eine Befreiung von der Versicherungspflicht in Betracht kommenden Personen sind

1 Angestellte und Arbeiter

die **wegen Erhöhung** der Jahresarbeitsentgeltgrenze versicherungspflichtig werden. Unter Punkt I 1 dieses Kapitels wurde dargelegt, daß Angestellte und Arbeiter, deren regelmäßiges Jahresarbeitsentgelt 75 v.H. der Beitragsbemessungsgrenze übersteigt, mit Ablauf des Kalenderjahres der Überschreitung versicherungsfrei werden. Diese Versicherungsfreiheit ist aber stets an die Voraussetzung gebunden, daß das regelmäßige Jahresarbeitsentgelt auch in den Folgejahren die jeweils geltende Beitragsbemessungsgrenze überschreitet. Ansonsten tritt mit Beginn des Jahres wieder Versicherungspflicht ein.

Beispiel

Ein Arbeitnehmer ist zum 31. 12. 1992 wegen Überschreitung der Jahresarbeitsentgeltgrenze aus der Versicherungspflicht ausgeschieden. Für das Jahr 1993 besteht also Versicherungsfreiheit. Zum 1. 1. 1994 wird die Jahresarbeitsentgeltgrenze dergestalt angehoben, daß das Entgelt von diesem Zeitpunkt an nicht mehr über dieser Grenze liegt und folglich Versicherungspflicht eintritt.

Auf Antrag des Arbeitnehmers kann er sich auch ohne den Nachweis eines privaten Krankenversicherungsschutzes von der Krankenversicherungspflicht befreien lassen.

2 Empfänger von Erziehungsgeld während des Erziehungsurlaubs

Eine von mehreren Voraussetzungen für den Bezug von Erziehungsgeld ist, daß die Berechtigten keine oder keine volle Erwerbstätigkeit ausüben. Beträgt die wöchentliche Arbeitszeit während des Erziehungsurlaubs nicht mehr als 19 Stunden, liegt keine volle Erwerbstätigkeit i.S. des 2 BErzGG vor. Wenngleich eine solche Beschäftigung dem Grunde nach krankenversicherungspflichtig ist, kann ein Antrag auf Befreiung für die Zeit des Erziehungsurlaubs gestellt werden.

3 Sonstige Personen

Weitere Möglichkeiten der Befreiung von der Versicherungspflicht auf Antrag eröffnet das Gesetz folgenden an sich sonst versicherungspflichtigen Personengruppen (vgl. Kapitel B).

- Rentenantragsteller und Rentenbezieher
- Teilnehmer an einer berufsfördernden Maßnahme
- Studenten
- Ärzte im Praktikum
- Behinderte in anerkannten Werkstätten für Behinderte oder anerkannten Blindenwerkstätten.

Der Antrag auf Befreiung von der Versicherungspflicht ist innerhalb von 3 Monaten nach Beginn der Versicherungspflicht bei der zuständigen Krankenkasse zu stellen. Die Befreiung wirkt vom Beginn der Versicherungspflicht an, wenn seit diesem Zeitpunkt noch keine Leistungen in Anspruch genommen wurden. Hat der Befreiungsberechtigte bereits Leistungen in Anspruch genommen, wirkt die Befreiung vom Beginn des Kalendermonats an, der auf die Antragstellung folgt. Die Befreiung kann nicht widerrufen werden.

D Beiträge

I Beitragsgestaltung in der Gesetzlichen Krankenversicherung

1 Allgemeines

Die Sozialversicherung finanziert sich annähernd zu 100% aus den Beiträgen der Versicherten und der Arbeitgeber. Zur ergänzenden Finanzierung der Aufgaben der Sozialversicherung gewährt der Bund in einzelnen Versicherungszweigen aus seinem Haushalt Zuschüsse in unterschiedlicher Höhe nach unterschiedlichen Gesichtspunkten.

Hauptsächlich handelt es sich dabei um Zuschüsse für solche Aufgaben, die den Sozialversicherungsträgern anstelle des Staates übertragen worden sind und mit deren Finanzierung die Solidargemeinschaft der Versicherten nicht (allein) belastet werden soll, weil diese Aufgaben nicht unter die eigentlichen Zwecke der Versicherung fallen. In erster Linie gehört zu dieser Art der Bundeszuschüsse der jeweilige pauschale Bundeszuschuß in der Rentenversicherung der Arbeiter und Angestellten. Die gesetzliche Krankenversicherung kennt einen solchen Bundeszuschuß in laufender Form zur Finanzierung ihrer vielfältigen Aufgaben allerdings nicht. Lediglich im Zusammenhang mit der Gewährung von Mutterschaftshilfeleistungen erhält sie vom Bund einen Zuschuß zum und Erstattung von Mutterschaftsgeld.

Hingegen sind die Zuschüsse des Bundes für die knappschaftliche Rentenversicherung, die Altershilfe für Landwirte und die Künstlersozialversicherung als „echte" Beteiligung des Bundes an der Versicherung selbst und mithin als Entlastung der Versicherten („Subventionierung") anzusehen.

Während in der Renten- und Arbeitslosenversicherung die Höhe der Beiträge durch den Gesetzgeber festgelegt wird, setzt jede Krankenkasse die Höhe der Krankenversicherungsbeiträge im Rahmen ihrer Finanzhoheit für sich selber fest; dabei hat sie zu beachten, daß sich Einnahmen und Ausgaben ausgleichen. Dieser Bereich zählt zum autonomen Satzungs- und Selbstverwaltungsrecht der Krankenkassen.

Die Höhe der Beiträge zur Kranken-, Renten- und Arbeitslosenversicherung richtet sich hauptsächlich nach zwei Faktoren: nach dem Beitragssatz und dem Arbeitsentgelt. Andere, persönliche Kriterien des Versicherten, wie zum Beispiel Alter, Geschlecht, Gesundheitszustand, haben für die Beitragshöhe in der Sozialversicherung keine Bedeutung, ganz im Gegensatz zum Versicherungsschutz auf privater Basis. Eine unmittelbare Beziehung zwischen dem vom einzelnen Versicherten zu zahlenden Beitrag und seinem Leistungsanspruch in der gesetzlichen Krankenversicherung ist also im allgemeinen nicht gegeben; die Leistungen stehen nämlich grundsätzlich allen Versicherten gleichermaßen zur Verfügung (Solidaritätsprinzip). Das Prinzip des Gleichgewichts von Leistung und Gegenleistung (Äquivalenzprinzip), wie es in der Privatversicherung gilt, wird in der gesetzlichen Krankenversicherung nicht im Einzelfall, sondern nur für die Versi chertengemeinschaft insgesamt angewendet. Allgemein besteht aber schon ein Zusammenhang zwischen der Höhe der Leistungen und der Höhe der Beiträge. Sind nämlich bei einer Krankenkasse die Leistungsausgaben so hoch, daß sie durch die Beitragseinnahmen nicht mehr gedeckt sind, hat die Krankenkasse die Beitragseinnahmen durch eine Erhöhung der Beitragssätze entsprechend anzupassen. Geringere Leistungsausgaben ermöglichen Beitragssatzsenkungen.

Die Krankenkassen haben den Beitrag so zu bemessen, daß die gesetzlich vorgeschriebenen und zugelassenen Ausgaben gedeckt sind. Je höher also die der Beitragsberechnung zugrunde liegenden Arbeitsentgelte sind, desto niedriger ist der zur Deckung der Ausgaben erforderliche Beitragssatz. Solange die Ausgaben- und Arbeitsentgeltentwicklung also parallel verläuft, bleibt der Beitragssatz unverändert. Höhere Arbeitsentgelte bei gleichen Leistungsausgaben führen dementsprechend zur Senkung des Beitragssatzes. Umgekehrt führen höhere Ausgaben bei gleichen Entgelten in der Regel zu einer Anhebung des Beitragssatzes.

Die Berechnung der Beiträge hat der Gesetzgeber den Arbeitgebern übertragen. Eine der vielen Aufgaben, die die Unternehmen erledigen und so das Funktionieren der Sozialversicherung sichern.

Zu beachten sind bei der Höhe des Beitrags für das einzelne Mitglied unterschiedliche Berechnungsarten bei laufendem und einmalig gezahltem Arbeitsentgelt. Zu unterscheiden ist bei sog. „Geringverdienern", ob für sie der Arbeitgeber ihren Beitragsanteil zu übernehmen hat.

Wie dann die zu zahlenden Beiträge ermittelt werden, bleibt jedem Arbeitgeber überlassen: Ob er sie aus der Beitragstabelle der zuständigen Krankenkasse abliest oder per EDV berechnen läßt, ist seine Entscheidung. Mit der Berechnung ist es aber nicht getan. Die Arbeitgeber weisen die Beiträge gegenüber den Krankenkassen nach und zahlen sie ein, und zwar fristgerecht, damit das komplexe Sozialversicherungssystem funktionsfähig bleibt und die ordnungsgemäße Erledigung der den Krankenkassen übertragenen Aufgaben nicht gestört ist. Darüber hinaus ist es notwendig, die Ermittlung der Beiträge nachvollziehbar zu dokumentieren.

2 Beitragspflichtige Einnahmen der Mitglieder

2.1 Einnahmen versicherungspflichtig Beschäftigter

Die Beiträge für versicherungspflichtig Beschäftigte errechnen sich aus dem Arbeitsentgelt, das in der Beschäftigung erzielt wird. In der Regel ermittelt der Arbeitgeber die Höhe der zu zahlenden Gesamtsozialversicherungsbeiträge, das sind die Beiträge zur Kranken-, Renten- und Arbeitslosenversicherung, aus der von seiner zuständigen Krankenkasse herausgegebenen Beitragstabelle, d.h., er liest – wie bei der Lohnsteuerberechnung – die Gesamthöhe der Beiträge aus der Beitragstabelle ab. Selbstverständlich informiert und berät die Krankenkasse den Arbeitgeber natürlich auch über die Höhe der zu entrichtenden Beiträge im Einzelfall. Üblicherweise werden die Beiträge jedoch unmittelbar über die EDV-Anlage des Arbeitgebers berechnet.

Für die Berechnung der Beiträge ist Ausgangswert das vom Versicherten erzielte Arbeitsentgelt. Es handelt sich hierbei um alle laufenden (z.B. Lohn bzw. Gehalt) und einmaligen Einnahmen (z.B. Urlaubsgeld, Weihnachtsgeld) aus der versicherungspflichtigen Beschäftigung. Es ist dabei unerheblich, ob ein Rechts anspruch auf die Einnahmen besteht oder nicht. Außerdem spielen Bezeichnung und Form (Geld-, Sachleistungen) keine Rolle. Es sind alle unmittelbar aus der Beschäftigung oder damit im Zusammenhang stehenden Einnahmen als Berechnungsgrundlage mit heranzuziehen. Arbeitsentgelt kann danach auch von einem Dritten gezahlt werden; dies ist u.a. im Gaststätten- und im Beförderungsgewerbe üblich. Gemeint sind z.B. Trinkgelder, die von Gästen oder Auftraggebern, nicht jedoch vom Arbeitgeber, gezahlt werden.

Arbeitsentgelt wird also unter den verschiedensten Bezeichnungen gezahlt. Arbeitsentgelt kann allerdings nicht nur in Form von Geld bezogen, sondern auch in Form von Sachbezügen zur Verfügung gestellt werden. Als Sachbezüge kommen insbesondere Kost, Wohnung, Beleuchtung, Mahlzeiten im Betrieb u.ä. in Betracht. Da Arbeitsentgelt im Sinne der Sozialversicherung nur in Geldbeträgen berücksichtigt werden kann, muß auch der Wert der Sachbezüge in Geld ausgedrückt werden. Die Bundesregierung erläßt hierzu für jedes Kalenderjahr eine Rechtsverordnung, die den Wert der Sachbezüge nach dem tatsächlichen Verkehrswert im voraus festsetzt. Dabei gelten unterschiedliche Sätze für Beschäftigte sowie Jugendliche – bis zum 18. Lebensjahr – und Auszubildende. Zusätzlich erfolgt eine Unterteilung nach Ländergruppen.

Unabhängig vom Zeitraum der Auszahlung ist laufendes Arbeitsentgelt grundsätzlich in dem Lohnabrechnungszeitraum zu berücksichtigen, in dem es erzielt, d.h. die entsprechende Arbeit ausgeübt worden ist. Das gilt z.B. auch für Mehrarbeits- bzw. Überstundenvergütung. Als zeitbezogenes Arbeitsentgelt ist sie dem Lohnabrechnungszeitraum hinzuzurechnen, in dem sie geleistet worden ist. Wird Arbeitsentgelt nachgezahlt, so ist es auf die Lohnabrechnungszeiträume zu verteilen, für die es bestimmt ist, z.B. bei rückwirkender Lohn- und Gehaltserhöhung.

Vom Arbeitsentgelt (maßgebend ist das Bruttoarbeitsentgelt) hat der Arbeitgeber Steuern und Sozialversicherungsbeiträge zu berechnen und abzuführen. Der dem Arbeitnehmer verbleibende Betrag wird als Nettoarbeitsentgelt bezeichnet. Beim Arbeitsentgelt stimmen die Begriffe des Steuer- und Sozialversicherungsrechts weitgehend überein. Grundsätzlich unterliegen nur die Bezüge der Sozialversicherungspflicht, soweit sie auch der Steuerpflicht unterliegen. Daraus ergibt sich auch, daß Änderungen auf der steuerrechtlichen Seite auch Auswirkungen auf die sozialversicherungsrechtliche Beurteilung des Arbeitsentgelts haben.

Wie sind nun lohnsteuerfreie Beträge zu behandeln? Stellen sie Arbeitsentgelt im Sinne der Sozialversicherung dar oder nicht? Eine Antwort auf diese Frage gibt die von der Bundesregierung erlassene Arbeitsentgeltverordnung (ArEV). Sie besagt nämlich, daß grundsätzlich alle neben dem Lohn oder Gehalt gezahlten lohnsteuer**freien** Einnahmen nicht dem Arbeitsentgelt zuzurechnen sind. Welche Beträge zu den lohnsteuerfreien Einnahmen zählen, ergibt sich aus dem Einkommensteuergesetz (EStG), der Lohnsteuer-Durchführungsverordnung (LStDV) und ggf. den Lohnsteuer-Richtlinien (LStR).

Beispiel:

Ein Arbeitnehmer erhält aus Anlaß seines 10jährigen Arbeitnehmerjubiläums eine Zuwendung von 1 000 DM.

Bei 10jähriger Betriebszugehörigkeit sind Jubiläumszuwendungen bis zur Höhe von 600 DM lohnsteuerfrei.

Von der Zuwendung in Höhe von 1 000 DM sind 600 DM lohnsteuerfrei und damit kein Arbeitsentgelt im Sinne der Sozialversicherung; 400 DM unterliegen der Lohnsteuerpflicht und gehören somit zum Arbeitsentgelt.

Allerdings gibt es einige Ausnahmen, bei denen eine Übertragung der steuerrechtlichen Grundsätze auf den sozialversicherungsrechtlichen Entgeltbegriff nicht möglich ist. Häufig haben Versicherte auf der Lohnsteuerkarte Freibeträge eingetragen. Diese Freibeträge, z. B. für Werbungskosten, führen nicht zu einer Minderung des beitragspflichtigen Entgeltes. Freibeträge, die vom grundsätzlich steuerpflichtigen Arbeitsentgelt abgezogen werden, gelten nicht für die Sozialversicherung.

Das laufende Arbeitsentgelt ist jedoch nicht immer in vollem Umfang für die Beitragsberechnung zu berücksichtigen, sondern nur bis zu einer bestimmten Höchstgrenze, der sogenannten Beitragsbemessungsgrenze (BBG). Ausgangspunkt aller Beitragsbemessungsgrenzen ist dabei die Jahres-BBG der Rentenversicherung. Sie wird alljährlich der allgemeinen Entwicklung der Löhne und Gehälter angepaßt. Aus der zunächst als Jahresbetrag angegebenen BBG werden die Grenzen für einen Monat, für einen Kalendertag bzw. für eine Woche ermittelt.

Die BBG für die Arbeitslosenversicherung entspricht der der Rentenversicherung. Die Grenzen der Krankenversicherung betragen generell 75 % hiervon; die einzelnen Krankenkassen haben hierauf keinen Einfluß. Beträge oberhalb dieser Grenzen bleiben beitragsfrei und werden auch bei der Bemessung von Leistungen (z. B. Krankengeld) nicht berücksichtigt.

Die Beitragsbemessungsgrenzen (BBGn) sind für den jeweiligen Lohnzahlungs- bzw. Lohnabrechnungszeitraum individuell zu ermitteln. Hierzu werden alle Zeiten der versicherungspflichtigen Beschäftigung angerechnet. Dazu zählen also auch Zeiten, in denen z. B. Schlechtwet-

Beitragsbemessungsgrenzen 1993

Zeitraum	Renten- und Arbeitslosenversicherung	Krankenversicherung
Jahr	86400 DM	64800 DM
Monat	7200 DM	5400 DM
Woche	1680 DM	1260 DM
Kalendertag	240 DM	180 DM

Beispiel:

Monatliches Arbeitsentgelt im Jahre 1993	7500 DM
KV-Beiträge	von 5400 DM
RV-/ALV-Beiträge	von 7200 DM

ter- oder Kurzarbeitergeld gezahlt wird. Zeiten des unbezahlten Urlaubs oder unentschuldigten Fernbleibens von der Arbeit bis zu einem Monat werden hierbei als normale Beitragszeiten berücksichtigt. Die Zeit eines rechtmäßigen Arbeitskampfes (Streik) wird ebenfalls komplett als Beitragszeit berücksichtigt.

In den sog. „beitragsfreien" Zeiten sind allerdings keine Sozialversicherungsbeiträge zu entrichten; trotzdem besteht die Mitgliedschaft bei der Krankenkasse weiter. Beitragsfrei ist, wer einen Anspruch auf Krankengeld, Verletztengeld, Übergangsgeld aus der Renten- oder Unfallversicherung oder auf Mutterschaftsgeld (6 Wochen vor und bis zu 12 Wochen nach der Entbindung) hat und während des Erziehungsurlaubs. Beitragsfreiheit besteht allerdings nicht, wenn der Anspruch auf die genannte Geldleistung ruht, weil der Arbeitnehmer sein volles Arbeitsentgelt weiter erhält. Zuschüsse des Arbeitgebers z. B. zum Krankengeld gelten bis zu einer bestimmten Höhe nicht als beitragspflichtiges Arbeitsentgelt. Weitergezahlte vermögenswirksame Leistungen sind ebenfalls beitragsfrei.

Besteht nicht für den gesamten Entgeltabrechnungszeitraum Beitragspflicht (z. B. bei Beginn oder Ende des Beschäftigungsverhältnisses oder wegen Beitragsfreiheit), so sind die Beiträge nur für die auf den Teil-Lohnzahlungszeitraum entfallenden Kalendertage (max. bis zu der für diesen Teil-Lohnzahlungszeitraum geltenden BBGn) zu ermitteln.

Beispiel:

Beitragspflicht		9. 1. 1993 bis 31. 1. oder 6. 2. 1993 bis 28. 2.
Arbeitsentgelt für diese Zeit		4200
Beitragsbemessungsgrenzen		
KV	23 Tage × 180 DM	4140
RV/ALV	23 Tage × 240 DM	5520
KV-Beiträge		von 4140
RV-/ALV-Beitrage		von 4200

2.2 Einmalig gezahltes Arbeitsentgelt

Für das einmalig gezahlte Arbeitsentgelt werden in der Arbeitgeberpraxis auch die Begriffe „Einmalzahlung“ und „Sonderzahlung“ verwendet. Für diese Einmalzahlungen gibt es besondere Bestimmungen zur Beitragsberechnung. Es handelt sich um Arbeitsentgelt, das nicht für die Arbeit in einem einzelnen Entgeltabrechnungszeitraum gezahlt wird. Also um solche Einnahmen, die in größeren Zeitabständen als monatlich gewährt werden und die kein **laufendes** Arbeitsentgelt sind (z.B. Urlaubsgeld, Weihnachtsgeld, Jubiläumszuwendungen, zusätzliche Gehälter, Gewinnbeteiligungen o.ä.). Diese Einmalzahlungen sind beitragspflichtig; sie unterliegen allerdings nicht immer in vollem Umfang der Beitragspflicht. Da sie nicht nur in einem Monat „verdient“ worden sind, sondern in der gesamten Beschäftigungszeit des Kalenderjahres, sollen sie auch auf diesen Zeitraum verteilt werden. Deshalb verteilt sich auch die Beitragsberechnung auf das Kalenderjahr und somit beitragsrechtlich auf einen längeren Zeitraum als einen Monat. Um dies zu erreichen, weicht man in den Fällen, in denen das einmalig gezahlte Arbeitsentgelt im Monat der Auszahlung wegen der monatlichen Beitragsbemessungsgrenze (ggf. unter Anrechnung von laufendem Arbeitsentgelt) nicht in voller Höhe bei der Beitragsberechnung berücksichtigt werden kann, vom Prinzip der monatlichen Beitragsbemessungsgrenze ab und bildet eine anteilige Jahres-Beitragsbemessungsgrenze. Ziel ist einerseits die verstärkte Einbeziehung der Einmalzahlungen in die Beitragsberechnung und andererseits die daraus resultierenden Beitragsmehreinnahmen.

Für die Ermittlung der anteiligen Jahres-Beitragsbemessungsgrenzen (Jahres-BBGn) sind alle beitragspflichtigen Zeiten der Beschäftigung zu addieren. Angerechnet werden die beitragspflichtigen Zeiten bei dem Arbeitgeber, der die Einmalzahlung leistet. Dabei sind alle Zeiten im bisherigen Verlauf des Kalenderjahres bei demselben Arbeitgeber zu berücksichtigen, und zwar auch dann, wenn der Arbeitnehmer zwischenzeitlich bei einem anderen Arbeitgeber beschäftigt war. Endzeitpunkt ist der Abrechnungszeitraum, dem die Einmalzahlung zugeordnet wird. In diesem Zusammenhang wird von Sozialversicherungstagen (SV-Tage) gesprochen. Im übrigen werden nicht nur die Zeiten der tatsächlichen Beschäftigung berücksichtigt. Auch Zeiten des unbezahlten Urlaubs und des unentschuldigten Fehlens von der Arbeit bis zu jeweils einem Monat, Zeiten des rechtmäßigen Arbeitskampfes und Zeiten des Bezuges von Kurzarbeiter- und Schlechtwettergeld werden ebenfalls angerechnet. Ganz anders verhält es sich dagegen mit den sog. beitragsfreien Zeiten, also den bereits angesprochenen Zeiten, in denen der Versicherte Geldleistungen aus der Sozialversicherung (z. B. Krankengeld, Mutterschaftsgeld etc.) bezieht. Sie bleiben beitragsfrei und werden folglich bei der Ermittlung der beitragspflichtigen SV-Tage ausgeklammert.

Nach der Ermittlung der anteiligen Jahres-BBG ist festzustellen, in welcher Höhe die Einmalzahlung tatsächlich der Beitragspflicht unterliegt. Dabei ist der anteiligen Jahres-BBG das bisher erzielte beitragspflichtige Arbeitsentgelt für den entsprechenden Zeitraum (allerdings ohne die zu beurteilende Einmalzahlung) gegenüberzustellen. Die entsprechende Differenz bildet den beitragspflichtigen Rahmen für die Einmalzahlung. Ist die Differenz größer als die Einmalzahlung, so unterliegt die Einmalzahlung in voller Höhe der Beitragspflicht- bzw. Beitragsberechnung. Ist die Differenz hingegen niedriger als die Einmalzahlung, dann besteht Beitragspflicht für die Einmalzahlung nur in Höhe des Differenzbetrages.

Beispiel:

Laufendes monatliches Arbeitsentgelt		5075,00 DM
Gewinnbeteiligung im August 1992		300,00 DM
Anteilige Jahres-BBG KV	(5100 × 8 =)	40800,00 DM
Anteilige Jahres-BBG RV/ALV	(6800 × 8 =)	54400,00 DM
Beitragspflichtiges Arbeitsentgelt vom 1. 1. bis 31. 8. 1992	(5075 × 8 =)	40600,00 DM

Vergleichsberechnung:	KV	RV/ALV
Anteilige Jahres-BBG bis August 1992	40800,00 DM	54400,00 DM
Beitragspflichtiges Arbeitsentgelt bis August 1992	40600,00 DM	40600,00 DM
Differenz	200,00 DM	13800,00 DM
Beitragspflicht der Gewinnbeteiligung	200,00 DM	300,00 DM

Da in unserem Beispiel die Gewinnbeteiligung in der Krankenversicherung nur in Höhe von 200 DM der Beitragsberechnung unterliegt, darf es auch bei einer späteren Beitragsberechnung (z. B. bei Zahlung von Weihnachtsgeld) nur in dieser Höhe für die Krankenversicherung als beitragspflichtiges Arbeitsentgelt angerechnet werden.

Wird die Einmalzahlung in der Zeit vom 1. 1. bis zum 31. 3. des laufenden Kalenderjahres gezahlt und ist sie in diesem (neuen) Kalenderjahr nicht in **voller** Höhe beitragspflichtig, muß ein Transfer ins alte Kalenderjahr durchgeführt werden. D. h., die Einmalzahlung wird beitragsrechtlich dem letzten Lohnabrechnungszeitraum des vorangegangenen Kalenderjahres (i. d. R. der Monat Dezember) bei dem Arbeitgeber, der die Einmalzahlung auszahlt, zugeordnet (sog. „März-Klausel“). Auch in bezug auf die Berechnung der Renten- und Arbeitslosenversicherungsbeiträge erfolgt diese Zuordnung, also immer für alle Versicherungszweige einheitlich; dadurch soll eine getrennte Beitragserhebung für die verschiedenen Versicherungszweige vermieden werden.

Beispiel:

Beschäftigung seit Jahren	
Beitragspflichtiges Arbeitsentgelt	3000 DM
Einmalzahlung am 23. März 1992	2000 DM

Vergleichsberechnung:	KV	RV
Anteilige Jahres-BBG bis März 1992	15300 DM	20400 DM
Beitragspflichtiges Arbeitsentgelt ohne Einmalzahlung	9000 DM	9000 DM
Differenz	6300 DM	11400 DM
Beitragspflichtige Einmalzahlung	2000 DM	2000 DM

Da die Einmalzahlung im Zuordnungsmonat (März 1992) voll beitragspflichtig ist, kommt die Märzklausel nicht zur Anwendung, so daß die Zuordnung zum Vorjahr nicht erfolgt.

Beispiel:

Beschäftigung seit Jahren		
Beitragspflichtiges Entgelt		4775 DM
Einmalzahlung am 23. März 1992		4000 DM
Vergleichsberechnung:	KV	RV/ALV
Anteilige Jahres-BBG bis März 1992	15300 DM	20400 DM
Beitragspflichtiges Arbeitsentgelt ohne Einmalzahlung	14325 DM	14325 DM
Differenz	975 DM	6075 DM
Beitragspflicht der Einmalzahlung	975 DM	4000 DM

Die Differenz ist in der Krankenversicherung also niedriger als die Einmalzahlung in Höhe von 4000 DM. Die Einmalzahlung ist bei der Beitragsberechnung zur Kranken-, Renten- und Arbeitslosenversicherung dem letzten Entgeltabrechnungszeitraum des Vorjahres zuzuordnen und zur Ermittlung der Höhe der Beitragspflicht der Einmalzahlung die entsprechende Vergleichsberechnung für das Vorjahr durchzuführen.

Es kann vorkommen, daß die Einmalzahlung durch den Rückbezug auf das Vorjahr in einem geringeren Umfange mit Beiträgen belegt wird als bei Berücksichtigung im laufenden Jahr. Dies wird zugunsten einer einheitlichen Abrechnungsregel in Kauf genommen – auch um die Abrechnungspraxis der Arbeitgeber nicht noch weiter zu erschweren. In diesen Fällen findet also kein Günstigkeitsvergleich zwischen altem und neuem Jahr statt.

2.3 Rentner und Rentenantragsteller

– Rentenantragsteller

Da zum Zeitpunkt der Rentenantragstellung im allgemeinen noch nicht bekannt ist, ob und von welchem Zeitpunkt an ein Rentenanspruch besteht, muß der Rentenantragsteller grundsätzlich Beiträge für seine Krankenversicherung, der Krankenversicherung der Rentner (KVdR), zunächst selbst zahlen. Sobald seinem Rentenantrag stattgegeben wird, erhält er von der zuständigen Krankenkasse die Beiträge zurück, die er ab Rentenbeginn (frühestens ab Rentenantragstellung) verauslagt hat. Dies gilt nicht für Beiträge, die der Rentenantragsteller ggf. von den einer Rente vergleichbaren Einnahmen (Versorgungsbezüge) oder vom Arbeitseinkommen aus einer selbständigen Tätigkeit gezahlt hat. Eine Beitragserstattung ist in allen anderen Fällen deshalb gerechtfertigt, weil die Krankenkasse vom Rentner mit Rentenanspruch aus seiner Rente entsprechende Krankenversicherungsbeiträge erhält.

Die Beiträge zur Krankenversicherung der Rentner vor dem Rentenbeginn, d.h. ab Beginn der Mitgliedschaft als Rentenantragsteller bis zum Beginn der Rente, werden nicht zurückgezahlt. Sie verbleiben der Krankenkasse für das von ihr getragene Versicherungsrisiko.

Beispiel:

Mitgliedschaft als Rentenantragsteller:	9. 1.
Zustellung des Rentenbescheides am:	12. 5.
Rückwirkende Rentenzubilligung ab:	1. 3.
Beiträge tatsächlich gezahlt bis zum:	30. 4.

Die für die Zeit vom 1. 3. bis zum 30. 4. gezahlten Beiträge als Rentenantragsteller sind zu erstatten.

An den Rentenantragsteller werden aber keine Beiträge zurückgezahlt, wenn der Rentenanspruch abgelehnt oder der Rentenantrag zurückgenommen wird. Das bisherige Versicherungsverhältnis als Rentenantragsteller bleibt hiervon unberührt.

Von der Beitragszahlung für die Dauer des Rentenantragsverfahrens sind Witwen, Witwer und unter 18 Jahre alte Waisen von Rentnern, die bereits in der Krankenversicherung der Rentner versichert waren, befreit. Das gleiche gilt für die Rentenantragsteller, bei denen **ohne** die Krankenversicherung als Rentenantragsteller eine Familienversicherung bestände, für die, wenn sie durchgeführt würde, ja auch keine zusätzlichen Beiträge bezahlt zu werden brauchten.

Für Rentenantragsteller ist die Beitragsbemessung, d.h. die Höhe der zu zahlenden Krankenversicherungsbeiträge, in der Satzung der zuständigen Krankenkasse geregelt. Bei der Beitragserhebung ist die gesamte wirtschaftliche Leistungsfähigkeit des Rentenantragstellers zu berücksichtigen. Es sind daher grundsätzlich **alle** Einnahmen, die das Mitglied zum Lebensunterhalt verbraucht oder verbrauchen könnte, zugrunde zu legen. Hierzu gehören z. B. Arbeitsentgelt aus einer ggf. noch ausgeübten versicherungs**freien** Beschäftigung sowie alle **steuerpflichtigen Einkünfte,** über die der Rentenantragsteller verfügt, so z. B. Einkünfte aus Kapitalvermögen, aus Vermietung und Verpachtung, aus einer selbständigen Tätigkeit o. ä.

Rentenantragsteller dürfen jedoch beitragsmäßig nicht stärker belastet werden, als vergleichbare versicherungspflichtige Beschäftigte. Die Satzung der Krankenkasse muß infolgedessen mindestens die Einnahmen berücksichtigen, die bei einem vergleichbaren versicherungspflichtigen Beschäftigten heranzuziehen sind.

Als beitragspflichtige Einnahmen für Rentenantragsteller sehen die Satzungen aller Krankenkassen aber eine Mindestbemessungsgrundlage von zur Zeit (1993) monatlich 1 236,60 DM vor, auch wenn die tatsächlichen Einkünfte des Rentenantragstellers geringer sein sollten oder er über keinerlei Einkünfte verfügt. Dieser Betrag entspricht dem 90. Teil des durchschnittlichen Arbeitsentgelts aller Versicherten. Bei einem angenommenen durchschnittlichen Krankenversicherungs-Beitragssatz von 13 v. H. würde der Rentenantragsteller also rd. 160 DM Beitrag zahlen.

Grundsätzlich zahlt der Rentenbewerber für jeden Tag seiner Mitgliedschaft bei der Krankenkasse Beiträge.

– Rente als beitragspflichtige Einnahme

Wie bereits erläutert, sind während einer Mitgliedschaft als Rentenantragsteller von dem Rentenantragsteller grunsätzlich Beiträge zu entrichten. Vom Beginn der Rentenzuerkennung an besteht eine Versicherung als Rentenbezieher. Diese Versicherung ist beitragspflichtig. Pflichtversicherte Rentner haben also aus ihrer Rente Krankenversicherungsbeiträge zu zahlen. Bei der Beitragsberechnung von Rentenbeziehern ist zwischen Personen zu unterscheiden, die

- als Rentenbezieher in der Krankenversicherung der Rentner versicherungspflichtig sind,
- nach anderen Vorschriften krankenversicherungspflichtig sind (z. B. als Arbeitnehmer)
  oder
- freiwillig krankenversichert sind.

Bei der Ermittlung der beitragspflichtigen Einnahmen im Rahmen der Krankenversicherung der Rentner und damit zugleich im Hinblick auf die Errechnung der von den Rentenversicherungsträgern für die Rentner an die Krankenkasse zu zahlenden Beiträge ist insbesondere von der Rente der gesetzlichen Rentenversicherung auszugehen. Bei der Beitragsberechnung von Rentenbeziehern wird der Zahlbetrag der Rente der gesetzlichen Rentenversicherung zugrunde gelegt. Unter Zahlbetrag der Rente ist der zur Auszahlung errechnete bzw. gelangende Betrag zu verstehen.

Die Beiträge aus der Rente bestimmen sich also nach der Höhe der monatlichen Rente, wobei etwaige in der Rente enthaltene Kinderzuschüsse außer Betracht bleiben. Zum maßgebenden Rentenzahlbetrag gehören dagegen auch Leistungen aufgrund von Höherversicherungsbeiträgen. Beträge, die wegen einer Aufrechnung, Verrechnung, Abtretung oder Pfändung von der Rente an Dritte gezahlt werden, vermindern den eigentlichen Rentenzahlbetrag, d. h. die Rente in ihrer ursprünglichen Höhe, nicht. Bezieht ein Berechtigter mehrere Renten aus der gesetzlichen Rentenversicherung (z. B. eine eigene Versichertenrente und eine Witwenrente), sind alle Renten beitragspflichtig. Neben der Rente gezahlte Leistungen für Kindererziehung sind für die Beitragsberechnung nicht mit heranzuziehen. Verletztenrenten aus der gesetzlichen Unfallversicherung sowie Ausgleichsrenten nach dem Bundesversorgungsgesetz (BVG) gelten in diesem Sinne als nicht beitragspflichtige Renten.

– Versorgungsbezüge als beitragspflichtige Einnahmen

Hat der Rentner neben seiner Rente der Rente vergleichbare Einnahmen (Versorgungsbezüge) oder Arbeitseinkommen als Selbständiger, so sind auch diese Einnahmen beitragspflichtig. Unter Versorgungsbezügen sind Bezüge zu verstehen, die wegen einer Einschränkung der Erwerbsfähigkeit oder zur Alters- oder Hinterbliebenenversorgung gezahlt werden. Zu diesen der gesetzlichen Rente vergleichbaren Einnahmen (Versorgungsbezüge), die der Beitragspflicht zur Krankenversicherung unterliegen, gehören u. a.:

- Renten aus der betrieblichen Altersversorgung (Betriebsrenten),
- Renten aus Versicherungs- und Versorgungseinrichtungen für bestimmte Berufsgruppen,

- Versorgungsbezüge aus einem öffentlich-rechtlichen Dienstverhältnis (z. B. Beamten-, Richter-, Soldatenversorgung),
- Versorgungsbezüge aus einem Arbeitsverhältnis mit Anspruch auf Versorgung nach beamtenrechtlichen Vorschriften und Grundsätzen,
- laufende Geldleistungen nach dem Gesetz über die Altershilfe für Landwirte.

Diese Aufzählung gibt nur beispielhaft die unterschiedlichen Arten von Versorgungsbezügen wieder. Ferner sind, wie schon gesagt, Arbeitseinkommen aus einem Gewerbebetrieb sowie aus selbständiger oder freiberuflicher Tätigkeit beitragspflichtig.

Beiträge zur Krankenversicherung aus Versorgungsbezügen und Arbeitseinkommen sind aber immer nur dann zu zahlen, wenn diese beiden Einkünfte zusammen eine gesetzlich festgelegte Grenze übersteigen. Krankenversicherungsbeiträge fallen nämlich aus Versorgungsbezügen und Arbeitseinkommen nur dann an, wenn diese beiden Einkünfte insgesamt 1/20 der monatlichen Bezugsgröße übersteigen. Dieser Betrag beläuft sich z. B. im Jahre 1993 auf monatlich 185,50 DM. Überschreitet der Zahlbetrag der Versorgungsbezüge bzw. das anzurechnende Arbeitseinkommen – ggf. zusammengerechnet – den genannten Betrag also nicht, werden von diesen Einkünften auch keine Krankenversicherungsbeiträge berechnet. Zweck dieser Regelung ist es, einen unvertretbar hohen Verwaltungsaufwand zu vermeiden.

Beispiel (1993):

Betriebsrente monatlich	100 DM
Gewinn aus selbst. Tätigkeit	50 DM

Ergebnis:
Aus Versorgungsbezügen und Arbeitseinkommen sind **keine** Beiträge zu berechnen.

Beispiel (1993):

Betriebsrente monatlich	150 DM
Gewinn aus selbst. Tätigkeit	50 DM

Ergebnis:
Sowohl aus der Betriebsrente als auch aus dem Arbeitseinkommen sind Beiträge zu berechnen.

Hat der in der Krankenversicherung der Rentner **pflicht**versicherte Rentner neben seiner Rente aus der gesetzlichen Rentenversicherung noch andere der zuvor genannten Einkünfte, so sind auch hiervon Krankenversicherungsbeiträge zu erheben. Die verschiedenen Einkünfte werden in der Reihenfolge Rente, Versorgungsbezüge, Arbeitseinkommen bis zur Beitragsbemessungsgrenze in der Krankenversicherung berücksichtigt. Sonstige Einnahmen (z. B. Mieteinnahmen und Zinseinkünfte) werden für die Beitragsberechnung versicherungspflichtiger Rentenbezieher nicht herangezogen.

Überschreiten Rente und Versorgungsbezüge zusammen die Beitragsbemessungsgrenze (BBG), so werden die Versorgungsbezüge für die Beitragsberechnung entsprechend gekürzt. Ein evtl. Arbeitseinkommen ist nur insoweit beitragspflichtig, als die Beitragsbemessungsgrenze (BBG) durch die Rente und die Versorgungsbezüge noch nicht ausgeschöpft ist.

Beispiel:

a) Erwerbsunfähigkeitsrente	3 400 DM
b) Betriebsrente	1 000 DM
c) Gewinn aus selbst. Gewerbebetrieb	1 200 DM
Insgesamt:	5 600 DM

Für die Beitragsberechnung sind die genannten Einkünfte in folgender Reihenfolge beitragspflichtig (Kalenderjahr 1993):

a) Rente(n)	3 400 DM
b) Versorgungsbezüge	1 000 DM
c) Arbeitseinkommen	1 000 DM
BBG-KV 1993	5 400 DM

(200 DM aus dem Arbeitseinkommen bleiben wegen der BBG beitragsfrei!)

Für die landwirtschaftliche Krankenversicherung gilt eine abweichende Regelung.

Für Rentenbezieher, die noch eine Beschäftigung ausüben und deshalb als Arbeitnehmer krankenversicherungspflichtig sind, werden sowohl aus dem Arbeitsentgelt aus der Beschäftigung als auch aus dem Zahlbetrag der Rente Krankenversicherungsbeiträge berechnet. Dies gilt auch für den Fall, daß diese Personen nebenher noch Versorgungsbezüge und/oder Arbeitseinkommen erhalten.

Allerdings gibt es bei den krankenversicherungpflichtig beschäftigten Rentnern eine wichtige Besonderheit bei der Beitragsbemessung. Bei ihnen sind sowohl das Arbeitsentgelt aus der Beschäftigung als auch die Rente jeweils bis zur Beitragsbemessungsgrenze (BBG) in der gesetzlichen Krankenversicherung für die Beitragsbemessung heranzuziehen, d.h., es ist also nicht die einfache, sondern eine sog. „doppelte" Beitragsbemessungsgrenze zu beachten. Einerseits werden aus der Rente der gesetzlichen Rentenversicherung für sich allein betrachtet bis zur Beitragsbemessungsgrenze Beiträge berechnet, andererseits werden aus dem Arbeitsentgelt, ggf. aus Versorgungsbezügen und Arbeitseinkommen des Mitglieds in dieser Reihenfolge Beiträge zur Krankenversicherung berechnet.

Trotz dieser „doppelten" Beitragsbemessungsgrenze braucht das Mitglied letztlich nur bis zur einfachen Beitragsbemessungsgrenze Beiträge zu zahlen, denn alle Beiträge aus den Bemessungsgrundlagen oberhalb der Beitragsbemessungsgrenze werden dem Mitglied auf Antrag von der zuständigen Krankenkasse erstattet.

Beispiel:

Ein beschäftigter Rentner hat im August 1993 folgende Bezüge:

– Altersrente von der LVA Rheinland:	1700 DM
– Arbeitsentgelt aus priv. Beschäftigung:	4000 DM
Zusammen:	5700 DM

Die Beitragsbemessungsgrenze in der gesetzlichen Krankenversicherung beträgt im Jahre 1993
monatlich 5400 DM

Lösung:
Da die Bezüge – jeweils für sich allein gesehen – die Beitragsbemessungsgrenze nicht übersteigen, sind sie voll zur Beitragsberechnung herangezogen worden.

Der Erstattungsbetrag berechnet sich wie folgt:

Die Summe der Bezüge	5700 DM
übersteigt die monatliche BBG	5400 DM
um	300 DM

Aus dem Rententeilbetrag von	300 DM
ist die Eigenbeteiligung des Rentners an	
seinem Krankenversicherungsbeitrag zu erstatten	
1993 = 6,25 v. H.	
also	18,75 DM.

– Künstler und Publizisten

Das am 1. Januar 1983 in Kraft getretene Künstlersozialversicherungsgesetz (KSVG) bietet, wie bereits an anderer Stelle beschrieben, selbständigen Künstlern und Publizisten im wesentlichen den gleichen sozialen Schutz wie Arbeitnehmern. Wie diese werden sie kranken- und rentenversichert und zahlen nur die Hälfte der Versicherungsbeiträge. Die andere Hälfte wird etwa zu gleichen Teilen aus einer Abgabe der Unternehmen, die künstlerische und publizistische Leistungen verwerten (Künstlersozialabgabe), und einem Zuschuß des Bundes finanziert.

Berechnungsgrundlage für die monatlichen Beiträge zur gesetzlichen Kranken- (und Renten-)versicherung der selbständigen Künstler und Publizisten ist ihr voraussichtliches Jahresarbeitseinkommen. Wegen der schwankenden Einkommensverhältnisse im künstlerischen und publizistischen Bereich hat der Gesetzgeber zur Ermittlung der Beitragspflicht auf ein Jahresarbeitseinkommen abgestellt. Damit die entsprechende Beitragsberechnung von der Künstlersozialkasse (KSK), die die Künstlersozialversicherung durchführt, vorgenommen werden kann, haben die Versicherten der KSK bis zum 1. 12. eines Jahres das voraussichtliche Arbeitseinkommen für das folgende Kalenderjahr zu melden, maximal bis zur Beitragsbemessungsgrenze.

Als Schätzungsgrundlage kann hilfsweise auf den im letzten Einkommensteuerbescheid bzw. in der letzten Einkommensteuererklärung oder den im letzten Jahresabschluß (Bilanz, Gewinn- und Verlustrechnung) ausgewiesenen Gewinn zurückgegriffen werden. Hierbei sind jedoch zu erwartende Veränderungen (z. B. Verbesserung oder Verschlechterung der Geschäftslage oder des Geschäftsumfanges) zu berücksichtigen.

Eine solche im voraus abzugebende Einkommensschätzung wird häufig auf Auftragserwartungen beruhen, die sich entweder im laufenden Kalenderjahr nicht verwirklichen lassen oder von den tatsächlichen Verhältnissen übertroffen werden. Es besteht deshalb die Möglichkeit, das eingeschätzte Jahresarbeitseinkommen den geänderten Verhältnissen anzupassen. Dies ist der KSK zu melden. Eine solche Änderung wirkt sich jedoch nur für die Zukunft aus. Ändern sich die Verhältnisse, die für die Ermittlung des voraussichtlichen Jahresarbeitseinkommens maßgebend waren, während des laufenden Jahres, ist auf Antrag des Versicherten die Änderung erst mit Wirkung vom 1. des Folgemonats an zu berücksichtigen. Dies hängt damit zusammen, daß das gemeldete Jahresarbeitseinkommen als Berechnungsgrundlage für die Beitragsanteile zur Kranken- und Rentenversicherung zu verbindlichen Monatsbeiträgen führt, die rückwirkend nicht mehr korrigiert werden können. Die Schätzung des voraussichtlichen Jahresarbeitseinkommens sollte daher besonders sorgfältig erfolgen.

Als Arbeitseinkommen von den Künstlern und Publizisten zu melden ist der nach den allgemeinen Gewinnermittlungsvorschriften des Einkommensteuerrechts ermittelte voraussichtliche Gewinn aus der selbständigen künstlerischen/publizistischen Tätigkeit, also die Differenz zwischen Betriebseinnahmen und Betriebsausgaben. Betriebseinnahmen sind alle Einnahmen in Geld oder Geldeswert, die unmittelbar mit der künstlerischen oder publizistischen Tätigkeit zusammenhängen (z.B. Honorare, Tantiemen, Gagen etc.), aber auch alle urheberrechtlichen Vergütungen, auch solche, die über Verwertungsgesellschaften bezogen werden, z.B. GEMA, GVL, Verwertungsgesellschaft Wort, Bild-Kunst usw. Betriebsausgaben sind alle Ausgaben (Kosten), die mit der selbständigen künstlerischen oder publizistischen Tätigkeit zusammenhängen. Nicht abzugsfähig sind Sonderausgaben nach dem EStG.

Die Beiträge zur Krankenversicherung werden

- mindestens nach einem Sechstel der Bezugsgröße (z.B. 1993 = 618,33 DM monatlich) und
- höchstens nach der Versicherungspflichtgrenze der gesetzlichen Krankenversicherung (z.B. 1993 = 5400 DM monatlich) berechnet.

Bei der Abwicklung der Beitragszahlung ist eine Besonderheit zu beachten: Der Versicherte hat an die Künstlersozialkasse (KSK) und nicht an die für ihn zuständige Krankenkasse seine Krankenversicherungsbeiträge zur Hälfte zu entrichten. Damit ist die Künstlersozialkasse (KSK) eine Art „Zwischenstation“ für die Beiträge.

Für die Berechnung des Krankenversicherungsbeitrages ist aber der tatsächliche Beitragssatz der Krankenkasse maßgebend, bei der der Künstler oder Publizist versichert ist. In der Regel wird dies der sog. „allgemeine Beitragssatz“ sein, d.h., hierbei wird ein Krankengeldanspruch ab Beginn der 7. Woche der Arbeitsunfähigkeit zugrunde gelegt. Selbständige Künstler und Publizisten, die in der gesetzlichen Krankenversicherung versichert sind, haben aber auch die Möglichkeit, gegenüber der KSK zu erklären, daß das Krankengeld nicht erst mit Beginn der 7. Woche der Arbeitsunfähigkeit, sondern bereits zu einem früheren Zeitpunkt beginnen soll. Dieser Zeitpunkt wird durch die Satzung der jeweiligen Krankenkasse, bei der der Künstler oder Publizist versichert ist, festgesetzt und ist spätestens der 15. Tag der Arbeitsunfähigkeit. Die Differenz zwischen dem „normalen Beitragssatz“ und dem „erhöhten Beitragssatz“ für den vorzeitigen Beginn des Krankengeldbezuges hat der Versicherte dann allerdings auch allein zu tragen. Der Erhöhungsbetrag für den früheren Krankengeldbezug ist als Gesamtbeitrag an die KSK zu entrichten.

Die Künstlersozialkasse (KSK) leitet die Krankenversicherungsbeiträge dann an die jeweils für den Künstler oder Publizisten zuständige Krankenkasse weiter. Diese Zahlungspflicht ist aber grundsätzlich losgelöst von der Beitragszahlung des Versicherten an die Künstlersozialkasse. Kommt der Künstler oder Publizist seinen Zahlungsverpflichtungen trotz Mahnung nicht nach, entfällt der Anspruch auf Leistungen (z.B. Arzneimittel, ärztliche Behandlung, Krankengeld usw.). In diesem Fall erteilt die KSK einen Bescheid über das Ruhen der Leistungen, der erst dann aufgehoben wird, wenn alle rückständigen und auf die Zeit des Ruhens entfallenden Beitragsanteile zur Krankenversicherung gezahlt worden sind.

Kommt der Versicherte seinen Zahlungsverpflichtungen nur zum Teil nach, werden die Zahlungen im übrigen vorrangig zur Begleichung der Krankenversicherungsbeiträge verwendet.

– Rehabilitanden, Jugendliche in Einrichtungen der Jugendhilfe, Behinderte in geschützten Einrichtungen

Rehabilitanden

Bei krankenversicherten Personen, die an sog. berufsfördernden Rehabilitationsmaßnahmen (z.B. Umschulungen) der Rentenversicherung, der Unfallversicherung u.a. teilnehmen, handelt es sich in der Regel um Personen, die bereits im Erwerbsleben standen, diese Erwerbstätigkeit allerdings wegen Krankheit aufgeben mußten und durch geeignete Rehabilitationsmaßnahmen wieder für eine Berufstätigkeit befähigt werden.

Berufsfördernde Maßnahmen durchzuführen, entspricht auch dem Grundsatz „Rehabilitation vor Rente“. Es wird der Wunsch eines jeden Betroffenen sein, möglichst schnell wieder in Arbeit und Beruf eingegliedert zu werden. Dies hat nicht nur Auswirkungen auf den Betroffenen und sein persönliches Umfeld, sondern auch Konsequenzen für die Krankenversicherung. Würde der Betroffene keine berufliche Rehabilitationsmaßnahme erhalten, so könnte er nur bis zum Ablauf des Leistungsanspruchs Krankengeld erhalten und müßte danach Rente beziehen. Bei Durchführung der beruflichen Rehabilitationsmaßnahme entfällt vom Beginn der Umschulung an die Krankengeldzahlung und damit auch die Beitragspflicht der Krankenkasse für Beiträge aus dem Krankengeldbezug. Anstelle des Krankengeldes erhält der Betroffene i.d.R. Übergangsgeld, was z.B. auch bewirkt, daß die Krankenkasse – bedingt durch die damit verbundene Krankenversicherungspflicht des Rehabilitanden – vom Rehabilitationsträger nunmehr Krankenversicherungsbeiträge erhält.

Die Träger der Rehabilitation haben die Krankenversicherungsbeiträge für krankenversicherungspflichtige Teilnehmer an berufsfördernden Maßnahmen zur Rehabilitation allein zu tragen und an die zuständige Krankenkasse zu entrichten. Der Rehabilitand wird also selbst nicht mit den Beiträgen belastet.

Für die Berechnung der Krankenversicherungsbeiträge wird das Arbeitsentgelt zugrundegelegt, aus dem auch das Übergangsgeld des Rehabilitanden als seine Lohnersatzleistung errechnet wurde.

Jugendliche in Einrichtungen der Jugendhilfe

Krankenversicherungspflichtig sind Jugendliche, die in Einrichtungen der Jugendhilfe für eine spätere Erwerbstätigkeit auf dem allgemeinen Arbeitsmarkt befähigt werden sollen. Es handelt sich dabei um Einrichtungen, in denen Aufgaben nach dem Jugendwohlfahrtsgesetz (JWG) wahrgenommen werden. Dies sind insbesondere Heime, in denen Jugendliche an berufsvorbereitenden Maßnahmen teilnehmen, die den Einstieg in das Erwerbsleben erleichtern sollen.

Die Krankenversicherungsbeiträge für diese krankenversicherten Personen sind von den Trägern der Einrichtungen zu berechnen und an die zuständige Krankenkasse abzuführen. Eine Beteiligung des Betreffenden an der Beitragsaufbringung findet nicht statt.

Die Krankenversicherungsbeiträge werden aus einem Betrag errechnet, der sich aus dem Wert der Sachbezüge für Kost und Wohnung aus der amtlichen Sachbezugs-Verordnung der Bundesregierung ergibt.

Diese Bemessungsgrundlage ist deshalb gewählt worden, weil der Träger der Einrichtung den Jugendlichen im Zusammenhang mit der überwiegend internatsmäßigen Unterbringung auch Kost und Logis zur Verfügung stellt.

Die Sachbezugswerte sind in den einzelnen Bundesländern unterschiedlich und werden im allgemeinen für das Kalenderjahr im voraus festgesetzt. Maßgebend ist der geltende Sachbezugswert des Bundeslandes, in dem die Maßnahme stattfindet.

Behinderte in geschützten Einrichtungen

Kranken- und rentenversicherungspflichtig sind körperlich, geistig und seelisch Behinderte, die in anerkannten Werkstätten oder Blindenwerkstätten (geschützte Einrichtungen) tätig sind. Diese Personen gelten als Beschäftigte im Sinne der Sozialversicherung. Die Werkstatt für Behinderte ist eine Einrichtung zur Eingliederung Behinderter in das Arbeitsleben. Sie bietet den Personen, die wegen Behinderung nicht, noch nicht oder noch nicht wieder auf dem allgemeinen Arbeitsmarkt tätig sein können, einen Arbeitsplatz oder Gelegenheit zur Ausübung einer geeigneten Tätigkeit. Art, Dauer und Entgeltlichkeit der Beschäftigung sowie die Dauer der Behinderung spielen bei der versicherungsrechtlichen Beurteilung keine Rolle.

Die Krankenversicherungsbeiträge für versicherungspflichtige Behinderte sind von den Trägern der Einrichtung – wie für die versicherungspflichtig Beschäftigten – zu berechnen und an die zuständige Krankenkasse zu entrichten. Ausgangswert für die Berechnung der Beiträge ist folglich grundsätzlich das tatsächlich erzielte Arbeitsentgelt. Abweichend hiervon werden die Beiträge zur Krankenversicherung aber nach einem gesetzlich festgelegten Mindestarbeitsentgelt ermittelt, und zwar immer dann, wenn dieses Mindestarbeitsentgelt **höher** als das tatsächliche Arbeitsentgelt ist. Da Behinderte in geschützten Einrichtungen in der Regel kein Entgelt oder nur ein geringes Entgelt mit Taschengeldcharakter erhalten, wird der Berechnung der Krankenversicherungsbeiträge überwiegend dieses Mindestarbeitsentgelt zugrunde gelegt, weil es entsprechend höher ist.

Das Mindestarbeitsentgelt beträgt in der Krankenversicherung 20 v.H. der monatlichen Bezugsgröße (1993 z.B. = 742 DM).

Die Beiträge zur Krankenversicherung sind von dem Behinderten und dem Träger der geschützten Einrichtung je zur Hälfte aufzubringen. Übersteigt allerdings das tatsächliche Arbeitsentgelt das für die Krankenversicherung festgesetzte Mindestarbeitsentgelt nicht, zahlt der Träger der Einrichtung die Krankenversicherungsbeiträge allein.

– Studenten und Praktikanten

Die (in der Krankenversicherung der Studenten versicherten) Studenten zahlen Krankenversicherungsbeiträge von einem Betrag, der seine Grundlage im BAföG hat. Zugrundegelegt wird der Betrag, der als monatlicher Bedarf nach § 13 Abs. 1 und 2 BAföG für Studenten an Hochschulen festgesetzt ist, die nicht bei ihren Eltern wohnen. Dieser monatliche Bedarf beträgt z.Z. (1993) 795 DM (in den neuen Bundesländern 650 DM). Dieser Betrag ist also der Ausgangswert für die Berechnung der Krankenversicherungsbeiträge für Studenten. Die tatsächlich vom Studenten bezogene Förderung nach dem BAföG hat auf die Beitragshöhe keine Auswirkungen. Im übrigen ist der genannte Ausgangswert auch für die Berechnung der Krankenversicherungsbeiträge von studentenähnlichen Personen, d.h. für Praktikanten, maßgebend; sie sind selbst krankenversichert, solange sie eine in einer Studien- oder Prüfungsordnung vorgeschriebene berufspraktische Tätigkeit verrichten und keine Familienversicherung für sie infrage kommt.

– Einnahmen freiwilliger Mitglieder

Auch für freiwillige Mitglieder, die bei einer gesetzlichen Krankenkasse versichert sind, richtet sich die Beitragshöhe nach ihren beitragspflichtigen Einnahmen.

Die Beitragsbemessung wird durch die Satzung der für das freiwillige Mitglied zuständigen Krankenkasse geregelt und soll die gesamte wirtschaftliche Leistungsfähigkeit des Mitglieds berücksichtigen. Dadurch wird es den Krankenkassen ermöglicht, sachgerechte Sonderregelungen, bezogen auf die individuellen Einkommensverhältnisse, insbesondere für selbständig Tätige, für Bezieher von Sozialhilfe und freiwillig versicherte Ehegatten zu treffen.

Wie bereits angesprochen, hat die Satzung der jeweiligen Krankenkasse bei der Beitragsbemessung für freiwillige Mitglieder die gesamte wirtschaftliche Leistungsfähigkeit des Mitglieds zu berücksichtigen, d.h., alle Einnahmen und Geldmittel, die das Mitglied zum Lebensunterhalt verbraucht oder verbrauchen könnte, sind ohne Rücksicht auf ihre steuerliche Behandlung für die Beitragsbemessung zugrundezulegen. Dazu gehören u.a. auch Miet- und Zinseinnahmen.

Vor allem bei Selbständigen soll eine sachgerechte Beitragsbemessung erreicht werden, die nicht an deren steuerliche Behandlung gekoppelt ist. Deshalb wirken sich bei der Beitragseinstufung dieser freiwilligen Mitglieder z.B. Abschreibungen nicht mehr gewinnmindernd aus. Auch Privatentnahmen sind in voller Höhe – ohne Rücksicht auf die einkommensteuerrechtliche Gewinnermittlung – zu berücksichtigen.

Bisweilen, vornehmlich in den ersten Jahren, wird mit der selbständigen Erwerbstätigkeit nur ein geringer Gewinn erzielt oder gar ein Verlust gemacht. Dann kann nicht ein fiktiver Betrag, etwa einer, der die Aufwendungen für den Unterhalt darstellen soll, oder das zu diesem Zwecke verbrauchte Vermögen als beitragspflichtige Einnahmen behandelt werden. Beitragspflichtig sind nur Einnahmen, nicht aber das Vermögen. Vom Verlust bzw. vom Vermögensverzehr braucht z.B. ja auch keine Einkommensteuer gezahlt zu werden. In diesen Fällen setzen die Krankenkassen den Beitrag für Selbständige nach bestimmten Mindestbeträgen fest.

Trotzdem liefern die steuerrechtlichen Regelungen des Einkommensteuerrechts (EStG) für die Beurteilung der wirtschaftlichen Leistungsfähigkeit der freiwilligen Mitglieder in bezug auf ihre Belastbarkeit mit Beiträgen wichtige Analogien.

Beispiel:

Selbständiger

– Einkünfte aus selbständiger Arbeit 5000 DM mtl.

– Betriebsausgaben 1000 DM mtl.
– Einkünfte aus Vermietung 1200 DM mtl.
– Werbungskosten (für Instandhaltung und Renovierung) 400 DM mtl.
– Einkünfte aus Kapitalvermögen 500 DM mtl.
– Werbungskosten (Depotgebühren) 50 DM mtl.

Für die Beitragseinstufung als freiwilliges Mitglied zu berücksichtigendes Einkommen:
– Einkünfte aus selbständiger Arbeit 4000 DM mtl.
(abzüglich Betriebsausgaben)
– Einkünfte aus Vermietung 800 DM mtl.
(abzügl. tatsächlicher Werbungskosten)
– Einkünfte aus Kapitalvermögen 400 DM mtl.
(abzüglich Werbungskosten-Pauschbetrag von 100 DM mtl.)
Insgesamt: 5200 DM mtl.

Der Gesetzgeber hat auch die Möglichkeit vorgesehen, die Beiträge für freiwillige Mitglieder nach ähnlichen Kriterien wie für pflichtversicherte Arbeitnehmer zu bemessen. Deshalb muß die Satzungsregelung der jeweiligen Krankenkasse zur Beitragseinstufung freiwillig Versicherter so gestaltet sein, daß mindestens die Einnahmen des freiwilligen Mitglieds berücksichtigt werden, die auch bei einem vergleichbaren versicherungspflichtigen Beschäftigten der Beitragsbemessung zugrundegelegt würden.

Deshalb werden auch bei freiwillig versicherten Arbeitnehmern Einkünfte in Form von Arbeitsentgelt, Renten, Versorgungsbezügen und Arbeitseinkommen (aus selbständiger Tätigkeit) in der Satzung als beitragspflichtige Einnahmen bezeichnet werden, und zwar mit den Beträgen, wie sie sonst auch bei den versicherungspflichtigen Arbeitnehmern berücksichtigt würden.

Die meisten freiwillig versicherten Arbeitnehmer sind wegen der Höhe ihres Arbeitsentgelts (Überschreiten der sog. „Versicherungspflichtgrenze“) in der Krankenversicherung versicherungsfrei. Bei ihnen überschreitet das Arbeitsentgelt schon für sich allein die Beitragsbemessungsgrenze (BBG) der Krankenversicherung, so daß es bei ihnen nicht weiter interessiert, ob sie neben dem Arbeitsentgelt noch andere beitragspflichtige Einnahmen haben. Diese übrigen Einnahmen wären ohnehin beitragsfrei. Eine Ausnahmeregelung gibt es jedoch dann, wenn es sich bei diesen anderen Einnahmen um eine Rente aus der Rentenversicherung handelt.

Für freiwillige Mitglieder, die neben dem Arbeitsentgelt noch eine Rente beziehen, ist der Zahlbetrag der Rente getrennt von den übrigen Einnahmen bis zur Beitragsbemessungsgrenze (BBG) in der Krankenversicherung zu berücksichtigen, d.h., auch hier ist also nicht die „einfache“, sondern eine „doppelte“ Beitragsbemessungsgrenze zu beachten. Um in diesen Fällen aber Beitragsüberzahlungen durch das freiwillige Mitglied von vornherein auszuschließen, zahlt das Mitglied aus **der Rente** keine Beiträge mehr, wohl aber von den übrigen Einnahmen.

Freiwillig Versicherte, die ab dem 1. 1. 1993 in den Ruhestand getreten sind und deshalb Rente beziehen, können nicht in die Krankenversicherung der Rentner (KVdR) überwechseln, da die freiwillige Versicherung als Vorversicherungszeit nicht (mehr) anzurechnen ist. Für diese Personen bleibt die freiwillige Krankenversicherung aber bestehen. Allerdings müssen sie, und das ist der gravierende Unterschied zu den in der KVdR pflichtversicherten Rentnern, für alle anderen Einnahmen außer ihrer Rente den vollen Beitragssatz entrichten. Das gilt z.B. für Versorgungsbezüge, Arbeitseinkommen und Mieteinnahmen sowie für Zinseinkünfte. Alle diese Einkünfte werden in einer bestimmten Reihenfolge maximal bis zur Beitragsbemessungsgrenze berücksichtigt.

Verfügt das freiwillige Mitglied nur über geringe oder gar keine Einkünfte, so wird von der Krankenkasse ein gesetzlich vorgeschriebener Mindestbeitrag festgesetzt, und zwar der 90. Teil der Bezugsgröße der Sozialversicherung. Im Kalenderjahr 1993 z.B. müssen freiwillige Mitglieder hiernach von mindestens 1236,67 DM Krankenversicherungsbeiträge zahlen. Daraus ergibt sich bei einem durchschnittlichen Beitragssatz von 13 v.H. ein monatlicher Betrag von ca. 160 DM.

Dieser Mindestbetrag darf durch die Krankenkasse auch dann nicht unterschritten werden, wenn die tatsächlichen Einnahmen des Versicherten wesentlich unter dieser Grenze liegen oder Einkommen überhaupt nicht vorhanden ist. Bei dem Mindestbetrag handelt es sich nämlich um die unterste Grenze der für den Lebensunterhalt notwendigen Einnahmen.

Für die freiwilligen Mitglieder ist grundsätzlch der gleiche Beitrag wie für Pflichtmitglieder (s. Pkt. 3ff.) maßgebend. Unter besonderen Bedingungen ist es jedoch möglich, daß die Satzung der jeweiligen Krankenkasse andere Beitragssätze festlegt.

Dies kommt dann in Frage, wenn das freiwillige Mitglied seine Versicherung z. B. mit oder ohne Krankengeldanspruch, gewählt hat. Die Satzungen der meisten Krankenkassen sehen nämlich vor, daß bestimmte freiwillige Mitglieder auf die Versicherung mit Krankengeldanspruch ganz verzichten können oder wählen können, daß die Krankengeldzahlung erst zu einem späteren Zeitpunkt beginnt. Dies kann beispielsweise für freiwillig versicherte Selbständige interessant sein, die zwischen einem sofortigen Krankengeldanspruch und einem späteren Beginn des Krankengeldes wählen können. Soweit solche Leistungsausschlüsse für das freiwillige Mitglied gelten, führt dies zu einer Ermäßigung des eigentlich maßgeblichen Beitragssatzes.

Die Krankenkassen haben die Möglichkeit, die Beiträge für freiwillig Versicherte nach den tatsächlichen Einnahmen (pfenniggenauer Betrag) zu berechnen. Die meisten Krankenkassen haben jedoch auch für freiwillig Versicherte Beitragstabellen (Beitragsklassen) mit entsprechenden Einkommensstufen erstellt, nach denen die Beitragseinstufung erfolgt.

Die Beiträge zur Krankenversicherung sind von den freiwilligen Mitgliedern allein zu tragen.

3 Beitragssätze

Eine entscheidende Rolle für die Beitragshöhe spielt der Beitragssatz. Hierzu gibt es differenzierte Regelungen für die einzelnen Versicherungszweige. Die Beitragssätze in der Renten- und in der Arbeitslosenversicherung werden durch Gesetz bzw. durch Rechtsverordnung bestimmt.

In der Krankenversicherung gibt es eine Vielzahl unterschiedlicher Beitragssätze. Das hängt schon damit zusammen, daß jede Krankenkasse zum internen Ausgleich von Einnahmen und Ausgaben verpflichtet ist und die Risikostrukturen unterschiedlich sind.

Der Beitragssatz der jeweiligen Krankenkasse wird in der Satzung festgelegt, und zwar nach intensiven Beratungen in der Selbstverwaltung. Die Vertreter der Versicherten und der Arbeitgeber beschließen über den Beitragssatz. Dabei ist eine gewissenhafte vorausschauende Planung erforderlich. Die Entwicklung des Beitragssatzes ist nämlich mit der auf dem Leistungssektor, d. h. mit der Ausgabenentwicklung, eng verknüpft. Dabei ist ein wichtiger Einflußfaktor die Risikostruktur der Versicherten. Aber auch die Höhe der Arbeitsentgelte spielt eine maßgebende Rolle (Grundlohnsumme).

Aus diesen Komponenten ergeben sich unterschiedliche Beitragssätze bei den einzelnen Krankenkassen.

Wenn die Kalkulation der voraussichtlichen Kosten abgeschlossen ist, ist die Ermittlung des Beitragssatzes im Prinzip nur noch ein Rechenvorgang: Das voraussichtliche beitragspflichtige Arbeitsentgelt der Versicherten wird ins Verhältnis gesetzt zu den veranschlagten Aufwendungen. So ergibt sich ein Beitragssatz, d. h. der Prozentsatz des Arbeitsentgelts bzw. der Einkünfte, der als Beitrag zu erheben ist.

Die Satzung einer Krankenkasse sieht dann noch weitere Abstufungen beim Beitragssatz vor. Dabei ist der Umfang des Anspruchs auf Krankengeld des Versicherten entscheidend.

3.1 Allgemeiner Beitragssatz

Für alle Arbeitnehmer (Arbeiter, Angestellte, Auszubildende) gilt grundsätzlich der „allgemeine" Beitragssatz. Er ist dann zu zahlen, wenn bei Arbeitsunfähigkeit wegen Krankheit ein Anspruch auf Entgeltfortzahlung für mindestens 6 Wochen besteht. Anschließend wird dann von der Krankenkasse Krankengeld gezahlt.

3.2 Erhöhter Beitragssatz

Der erhöhte Beitragssatz gilt, wenn Arbeitnehmer bei Arbeitsunfähigkeit wegen Krankheit einen Anspruch auf Entgeltfortzahlung für weniger als 6 Wochen haben, bei denen also die Krankengeldzahlung durch die Krankenkasse entsprechend früher einsetzt. So zum Beispiel für Arbeitnehmer, die überhaupt keinen Anspruch auf Entgeltfortzahlung im Krankheitsfall besitzen, weil das Arbeitsverhältnis bis zu 4 Wochen befristet ist (ausgenommen sind hierbei Probearbeitsverhältnisse) oder Heimarbeit geleistet wird.

3.3 Ermäßigter Beitragssatz

Hat die Krankenkasse kein Krankengeld als Entgeltersatz zu erbringen, so ist der ermäßigte Beitragssatz heranzuziehen. Der ermäßigte Beitragssatz ist insbesondere für beschäftigte Vorruhestandsgeldbezieher, Bezieher einer Altersvollrente, Bezieher einer Erwerbsunfähigkeitsrente zugrundezulegen. Die genannten Personen haben laut Gesetz keinen Anspruch auf Krankengeld. Der Entgeltfortzahlungsanspruch bei Krankheit gegenüber dem Arbeitgeber wird davon allerdings nicht berührt.

3.4 Studenten und Praktikanten

Als Beitragssatz in der Krankenversicherung der Studenten und Praktikanten gelten 7/10 des durchschnittlichen Beitragssatzes aller gesetzlichen Krankenkassen. Der Bundesminister für Gesundheit stellt diesen maßgeblichen Beitragssatz jeweils zum 1. 1. eines Jahres fest. Dieser Beitragssatz ist dann vom Beginn des darauf folgenden Wintersemesters an zu berücksichtigen.

Der Beitragssatz für Studenten an Hoch- und Fachhochschulen bzw. für studentenähnliche Personen (Praktikanten) beträgt z. B. für das Wintersemester 1993/1994 und das Sommersemester 1994 in den alten Bundesländern 9,4 v. H. (= 7/10 vom durchschnittlichen allgemeinen Beitragssatz der Krankenkassen am 1. 1. 1993 in Höhe von 13,4 v. H.). In den neuen Bundesländern beträgt dieser Beitragssatz 8,8 v. H.

Danach betragen die monatlichen Beiträge für Studenten vom Wintersemester 1993/1994 bzw. für Praktikanten vom 1. 10. 1993 an in den alten Bundesländern 74,73 DM und in den neuen Bundesländern 57,20 DM. Dieser Beitrag gilt für versicherungspflichtige Studenten bis zum Wintersemester 1994/1995 und für Praktikanten bis zum 30. 9. 1994, d. h. im ganzen gesehen immer für ein Jahr. (Der für versicherungspflichtige Studenten und Praktikanten in den neuen Bundesländern maßgebende Beitragssatz-Ost beträgt also auch immer 7/10 des am 1. 1. eines Jahres dort maßgeblichen durchschnittlichen allgemeinen Beitragssatzes der Krankenkassen-Ost.)

3.5 Beitragssatz aus der Rente

Bei der Beitragsberechnung von Rentenbeziehern wird in der Krankenversicherung der Rentner (KVdR) – wie bereits beschrieben – der Zahlbetrag der Rente der gesetzlichen Rentenversicherung zugrunde gelegt. Unter Zahlbetrag der Rente ist der zur Auszahlung gelangende Betrag ohne evtl. enthaltene Kinderzuschüsse zu verstehen.

Als Beitragssatz für die von der Rente zu entrichtenden Beiträge zur Krankenversicherung gilt der durchschnittliche allgemeine Beitragssatz der Krankenkassen, den der Bundesminister für Gesundheit jeweils zum 1. 1. eines Kalenderjahres feststellt. Dieser Beitragssatz gilt jeweils vom 1. 7. des laufenden Kalenderjahres und beträgt z. B. für die Zeit vom 1. 7. 1993 bis zum 30. 6. 1994 in den alten Bundesländern 13,4 v. H. (in den neuen Bundesländern 12,5 v. H.). Der vom Rentenbezieher aufzubringende sog. „Eigenanteil" beträgt die Hälfte dieses Beitragssatzes, d. h. 6,7 v. H. (bzw. 6,25 v. H.). Konkret bedeutet das, daß der Rentner, der eine Rente aus der gesetzlichen Rentenversicherung bezieht, die aus seiner Rente zu berechnenden Krankenversicherungsbeiträge zur Hälfte trägt. Die andere Hälfte, d. h. die anderen 6,7 v. H. (bzw. 6,25 v. H.), steuert der Rentenversicherungsträger (z. B. BfA, LVA) bei.

3.6 Beitragssatz aus Versorgungsbezügen und Arbeitseinkommen

Die Bemessung der Beiträge aus Versorgungsbezügen und Arbeitseinkommen richtet sich nach der Hälfte des für die zuständige Krankenkasse maßgebenden durchschnittlichen allgemeinen Beitragssatzes, der zum 1. Juli festgestellt wird und für das folgende Kalenderjahr gilt. Bei Krankenkassen, die einem Landesverband angehören, gilt als Beitragssatz die Hälfte des durchschnittlichen allgemeinen Beitragssatzes der Krankenkassen im Landesverband. Aus diesem Grunde sind die Beitragssätze aus Versorgungsbezügen und Arbeitseinkommen, die die Krankenkassen erheben, regional, d. h. von Landesteil zu Landesteil bzw. von Kassenart zu Kassenart unterschiedlich.

3.7 Beitragssatz für Rentenantragsteller

Für Rentenantragsteller ist kein besonderer Beitragssatz im Gesetz vorgesehen. Die Beiträge für diesen Personenkreis sind daher in der Regel nach dem allgemeinen Beitragssatz zu berechnen, dessen Höhe sich aus der Satzung der jeweiligen Krankenkasse ergibt. Der erhöhte bzw. ermäßigte Beitragssatz käme bei Rentenantragstellern nur in den beschriebenen Ausnahmefällen in Betracht.

4 Tragung und Zahlung der Beiträge

4.1 Versicherungspflichtig Beschäftigte

Dem Arbeitgeber kommt bei der Bewältigung der sozialversicherungsrechtlichen Aufgaben eine besondere Bedeutung zu. Er beurteilt u. a. die Versicherungspflicht seiner Arbeitnehmer und erstellt die entsprechenden An- und Abmeldungen für die Krankenkasse. In der Anmeldung wird u. a. die Beitragsgruppe des Arbeitnehmers angegeben. Die Krankenkasse erfährt dadurch, ob für den Arbeitnehmer Kranken-, Renten- und Arbeitslosenversicherungspflicht und damit auch Beitragspflicht besteht.

Die Beitragspflicht entsteht also, sobald der Arbeitnehmer die Auszahlung des Arbeitsentgelts verlangen kann. Daraus folgt, daß Beitragspflicht auch dann besteht, wenn – aus welchen Gründen auch immer – fälliges Arbeitsentgelt noch nicht ausgezahlt ist. Nur für die Fälligkeit der Beiträge aus Einmalzahlungen kommt es allein auf den Auszahlungsmonat an.

Arbeitnehmer und Arbeitgeber tragen die Sozialversicherungsbeiträge – unabhängig von der Höhe des Arbeitsentgelts – **grundsätzlich** je zur Hälfte.

Eine Ausnahme von diesem Grundsatz besteht für sogenannte Geringverdiener. Bei ihnen ist der Arbeitgeber gesetzlich verpflichtet, die vollen Beiträge zur Kranken-, Renten- und Arbeitslosenversicherung zu tragen. (Hierdurch erhöht sich das steuer- und beitragspflichtige Arbeitsentgelt nicht.) Als Geringverdiener in diesem Sinne gelten Arbeitnehmer und Auszubildende dann, wenn das monatliche Arbeitsentgelt 610 DM nicht übersteigt. Ob diese Grenze überschritten wird, ist in jedem Monat erneut festzustellen. Liegt das Arbeitsentgelt darunter, dürfen also keine Beiträge vom Arbeitsentgelt des Arbeitnehmers abgezogen werden.

Eine Besonderheit ist zu beachten, wenn Geringverdiener eine Einmalzahlung erhalten. Beträgt das Arbeitsentgelt z. B. durch Zahlung von Weihnachtsgeld bzw. Urlaubsgeld o. ä. mehr als 610 DM, so ist bis zum Arbeitsentgelt von 610 DM der Beitrag allein vom Betrieb zu zahlen. Nur vom die 610 DM übersteigenden Entgelt teilen sich Arbeitnehmer und Arbeitgeber die Beiträge.

Beispiel:

Laufendes Entgelt	600 DM
Urlaubsgeld	300 DM
Beitragsverteilung	**Beiträge**
Arbeitgeber allein von	610 DM
Arbeitgeber und Arbeitnehmer je 1/2 von	290 DM

Beitragsschuldner gegenüber der Krankenkasse ist der Arbeitgeber; er behält den Beitragsanteil des Arbeitnehmers von dessen Bruttoentgelt ein und führt beide Beitragsanteile an die Krankenkasse ab. Zahlungspflichtig ist also für den gesamten Beitrag der Arbeitgeber.

4.2 Versicherungspflichtige mit Rentenbezug

Pflichtversicherte Rentner haben aus ihrer Rente Krankenversicherungsbeiträge zu zahlen. Dies gilt nicht nur für Mitglieder der Krankenversicherung der Rentner (KVdR), sondern auch, wenn Krankenversicherungspflicht nach anderen Vorschriften (z.B. aufgrund einer Beschäftigung) besteht. Hat ein Rentner neben seiner Rente der Rente vergleichbare Einnahmen (Versorgungsbezüge) oder Arbeitseinkommen als Selbständiger, so sind auch diese Einnahmen beitragspflichtig.

Krankenversicherungspflichtige Personen, die eine Rente aus der gesetzlichen Rentenversicherung beziehen, und die Träger der Rentenversicherung tragen den auf die Rente entfallenden Beitrag jeweis zur Hälfte; also in 1993 jeweils 6,7 v.H.

Die Rentenversicherungsträger halten bei der Zahlung der Rente (auch für den Zeitraum von Rentennachzahlungen) die darauf entfallenden Beiträge des Rentners für seine Krankenversicherung direkt vom Rentenzahlbetrag (ohne den Kinderzuschuß) ein, d.h., von der Rente werden 6,7 v.H. Krankenversicherungsbeitrag einbehalten. Diese Beiträge werden zusammen mit den von den Trägern der Rentenversicherung zu tragenden Beiträgen an die Bundesversicherungsanstalt für Angestellte (BfA Berlin) überwiesen. Von dort aus erfolgt nach einem festgelegten Berechnungsmodus die Verteilung aller Krankenversicherungsbeiträge an die Krankenkassen.

4.3 Versorgungsbezüge und Arbeitseinkommen

Im allgemeinen werden die Krankenversicherungsbeiträge aus Versorgungsbezügen grundsätzlich von den Zahlstellen der Versorgungsbezüge einbehalten und an die zuständige Krankenkasse abgeführt. Deshalb haben die Empfänger von Versorgungsbezügen den Zahlstellen der Versorgungsbezüge ihre Krankenkasse mitzuteilen. In bestimmten Fällen werden jedoch diese Beiträge unmittelbar vom Empfänger der Versorgungsbezüge (Rentner) eingezogen.

4.4 Rentenantragsteller

Sofern Rentenantragsteller Beiträge zur Krankenversicherung zahlen müssen (s. Pkt. 2.3.1), tragen sie ihre Beiträge allein und zahlen sie an die für sie zuständige Krankenkasse.

Rentenantragsteller, die ihren notwendigen Lebensunterhalt nicht oder nicht ausreichend aus eigenen Mitteln bestreiten können, haben jedoch die Möglichkeit, daß ihre Beiträge vom Sozialamt übernommen werden.

4.5 Studenten

Die Krankenversicherungsbeiträge für Studenten, die in der Krankenversicherung der Studenten pflichtversichert sind, sind grundsätzlich von ihnen allein zu tragen. Da Studenten über eigene Einkünfte meist nicht verfügen, erhöhen sich aber unter gewissen Voraussetzungen ihre Leistungen nach dem BAföG. Der monatliche Erhöhungsbetrag beläuft sich z. Z. auf 70 DM. Dieser Erhöhungsbetrag wird allgemein auch als „Zuschuß" zu den Krankenversicherungsbeiträgen für Studenten bezeichnet.

Die Studenten haben vor der Semestereinschreibung oder -rückmeldung an der Hochschule grundsätzlich die Beiträge für das ganze Semester (6 Monate) im voraus an die zuständige Krankenkasse zu zahlen. Die meisten Krankenkassen nehmen aber auf die Einkommensverhältnisse von Studenten Rücksicht und haben in ihren Satzungen andere Zahlungsweisen (z. B. monatlich) vorgesehen. Die Beitragszahlung soll dadurch für den Studenten finanziell erträglich gestaltet und der Beitragszahlung der übrigen Versicherten angepaßt werden.

Zur Zeit (1993) zahlen Studenten für ihre gesetzliche Krankenversicherung in den alten Bundesländern einen Monatsbeitrag von (9,4 v. H. von 795 DM) 74,73 DM. Dieser Betrag ist also nur geringfügig höher als der „Zuschuß“ nach dem BAföG in Höhe von 70 DM.

II Beitragsgestaltung in der Privaten Krankenversicherung

1 Beitragskalkulation nach dem Äquivalenzprinzip

Für den Bereich der gesetzlichen Krankenversicherung wurde ausführlich dargelegt, daß die Beitragsgestaltung nach einem Umlageprinzip vorgenommen wird. Die Ausgaben eines Haushaltsjahres müssen auf die Versicherten umgelegt werden, und zwar so, daß deren Arbeitsentgelt grundsätzlich jeweils mit demselben Vomhundertsatz zur Ausgabendeckung herangezogen wird. Einnahmen und Ausgaben aller Versicherten sind im Ergebnis die bestimmenden Faktoren für den Beitragssatz.

Zum Solidaritätsprinzip der GKV gehört es demnach, daß die jüngeren Versicherten zum Lastenausgleich der naturgemäß höheren Krankheitskosten der älteren Versicherten beitragen, damit diese nicht über Gebühr belastet werden müssen. Das ist zwar nur ein Teil des insgesamt stattfindenden solidarischen Ausgleichs, aber ein sehr wichtiger. Er wird um so schwieriger, je größer die altersbedingten Unterschiede in der Krankheitskostenbelastung sind und je größer der Anteil der älteren Versicherten ist. Folglich müssen immer weniger jüngere Versicherte für immer mehr ältere Versicherte immer größere altersbedingte Differenzkosten tragen. Darüber hinaus wird der Solidarbeitrag so kalkuliert, daß alle Leistungen in die Berechnung einfließen, auch solche, die man vermutlich nie in Anspruch nehmen wird. Als klassisches Beispiel seien die Mutterschaftshilfeleistungen genannt, die von den männlichen Versicherten durch das Umlageverfahren mitfinanziert werden. Insgesamt ist der Leistungskatalog der GKV allumfassend, ohne daß eine Wahl bestimmter Leistungsarten stattfindet. „Man kauft praktisch alles ein.“

Die private Krankenversicherung kennt dieses Problem nicht. Sie versichert das Risiko „Krankheit“. Um den Versicherungsbeitrag genau berechnen zu können, müssen die Höhe und die Verteilung des Risikos bekannt sein. Dazu werden statistische Erhebungen durchgeführt. Jede zu versichernde Person wird einer Gefahrklasse zugeordnet. Die Gefahrklasse setzt sich aus dem Alter, Geschlecht und Tarif (Leistungsart) zusammen. Je geringer das Risiko für den Versicherer ist, desto günstiger fällt der Beitrag für den Versicherungsnehmer aus. Der Versicherungsnehmer kann sich die im Bedarfsfall gewünschten Leistungen selbst zusammenstellen. Das kann sich, wie im 2. Kapitel beschrieben, im Einzelfall als Vorteil, später jedoch als Nachteil erweisen. Es kann also nur dringend geraten werden, den Leistungstarif möglichst großzügig zu bemessen, damit es später kein böses Erwachen gibt.

Die Höhe des Beitrages wird in der PKV nach einer Beitragsformel versicherungsmathematisch errechnet. Diese Berechnung unterliegt der Genehmigung durch das Bundesaufsichtsamt für das Versicherungswesen. Der Tarif, der die Leistung beschreibt und den Beitrag bestimmt, ist Teil der Allgemeinen Versicherungsbedingungen.

Als Berechnungsgrundlagen werden die Erfahrungen des jeweiligen Versicherungsunternehmens zugrunde gelegt. Darin ist auch, bei oft gleichen Leistungen, der unterschiedliche Beitrag der einzelnen Versicherungsunternehmen begründet. Für die Beitragskalkulation gelten die Krankheitshäufigkeit, deren Dauer und Kosten sowie die allgemeinen Sterblichkeitsziffern zu den Berechnungsfaktoren. Der daraus berechnete Beitrag gilt für ein durchschnittliches Risiko. In diesem Zusammenhang sei noch einmal erwähnt, daß bei Abschluß eines Versicherungsvertrages bereits bestehende Krankheiten vom Versicherungsschutz ausgeschlossen oder nur gegen einen Risikozuschlag mitversichert sind. Die Berechnung des Risikozuschlages wird je nach Art der Krankheit oder des Gebrechens individuell im Einzelfall vom Versicherer bestimmt und auch Bestandteil des Vertrages. Dieses entspricht auch dem Äquivalenzprinzip.

2 Bemessung des Risikos nach Alter, Geschlecht und Leistungstarif

In die Berechnung des Beitrages gehen die Leistungsaufwendungen aus der Vergangenheit ein. Dem Versicherungsmathematiker liegen nach Alter, Geschlecht und Leistungstarif getrennte Erfahrungen über die Krankheitshäufigkeit und Sterblichkeitsziffer sowie die durchschnittliche Lebensdauer vor. Aus diesen Daten werden getrennt nach Altersgruppen (meist 5 Jahres-Zeiträume), Geschlechtern und Leistungsarten die durchschnittlichen Beiträge je Versicherten ermittelt.

Ältere Menschen sind häufiger krank und benötigen demzufolge mehr Leistungen. Sie gehören zu den Gruppen mit höherer Leistungserwartung und zahlen folgerichtig einen entsprechend höheren Beitrag als das Durchschnittsrisiko aller Altersgruppen zusammen. Damit wird sichergestellt, daß neu hinzukommende ältere Versicherte die Gemeinschaft aller Versicherungsnehmer nicht überproportional belasten. Für die Bemessung des Beitrages ist daher das Eintrittsalter entscheidend. Hingegen haben später eintretende individuelle Risikoveränderungen keinen Einfluß auf die Höhe des Beitrages. Der Beitrag kann dann nur wegen einer Erweiterung des individuellen Leistungstarifs oder einer allgemeinen Erhöhung der Ausgaben der entsprechenden Altersgruppe erhöht werden.

2.1 Beitragsbemessung nach dem Alter

Obwohl mit zunehmendem Alter die Krankheitshäufigkeit zunimmt, wird der Beitrag so berechnet, daß er trotz des wachsenden Risikos nicht geändert werden sollte. Dafür muß der Versicherungsnehmer in jungen Jahren einen höheren Beitrag bezahlen als es seinem durchschnittlichen Risiko entspricht. Der Teil des über dem durchschnittlichen Risiko liegenden Beitrages wird der sogenannten Alterungsrückstellung zugeführt und verzinslich angesammelt. Aus diesem angesparten Vermögen sollen die vermehrten Aufwendungen der Versicherungsunternehmen aufgefangen werden.

Anders als die GKV führt die PKV nicht einen zeitgleichen Ausgleich zwischen den altersbedingt hohen Krankheitskosten ihrer Versicherten durch, sondern sie gleicht diese unterschiedlichen Kosten nach versicherungsmathematischen Prinzipien auf der Basis des Äquivalenzprinzips soweit aus, daß die einzelnen Versicherungsbeiträge nicht wegen des Alters steigen dürfen. Dieses wird beabsichtigt durch die Alterungsrückstellung. Versicherungstechnisch funktioniert das Verfahren wie folgt:

Der Nettobeitrag für das jeweilige Altersrisiko (Eintrittsalter), ohne sonstige Kosten, zerfällt in einen altersgerechten Risikobeitrag und einen Sparbeitrag. Dabei ist der Risikobeitrag genau der Beitrag, der benötigt

Schaubild

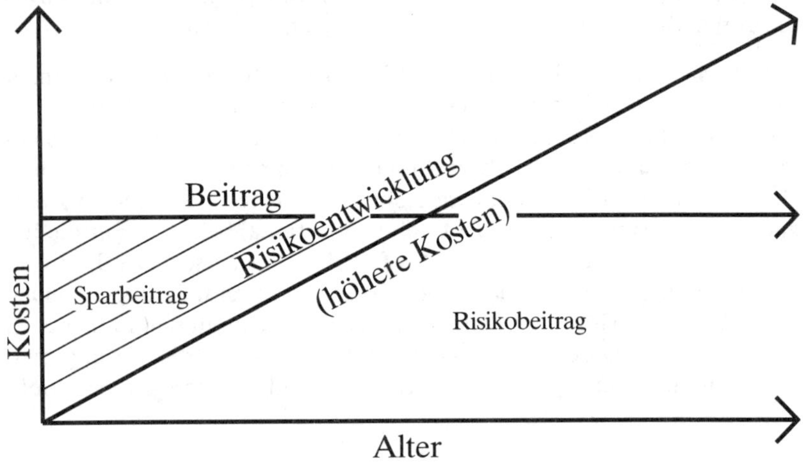

wird, um die laufenden augenblicklichen Leistungen abzudecken. Der Sparbeitrag wird über die voraussichtliche Dauer des Vertrages kalkuliert. Zur Zeit gehen die Versicherungsunternehmen noch von einer allgemeinen Lebensdauer von 84 Jahren aus. Der Risikobeitrag steigt wegen der zunehmenden Inanspruchnahme der Versicherungsleistungen im Alter kontinuierlich an, während der gesamte Nettobetrag kalkulationsmäßig während der Vertragsdauer gleichbleibt. Das wird dadurch möglich, daß in der ersten Phase des Vertrages zusätzlich zum normalen Risikobeitrag ein Sparbeitrag gezahlt und zugunsten des Versicherten reserviert wird. So wie der Risikobeitrag kontinuierlich steigt, nimmt der Sparbeitrag von Jahr zu Jahr ab und wird an der Grenze zur zweiten Phase des Vertrages gleich Null. In dieser zweiten Phase wird dann der für die geschätzten Leistungen kalkulierte Risikobeitrag höher als der gezahlte Nettobeitrag. Damit wird der Sparbeitrag als für das Altersrisiko gebildete Reserve nach und nach abgebaut.

Dieses Auf- und Abbauen der Reserve mit Hilfe des Sparbeitrages entspricht dem Modell der Alterungsrückstellung. Dabei muß beachtet werden, daß bei der Bildung der Alterungsrückstellung die Sparbeiträge um die rechnungsmäßigen Zinsen auf die Rückstellung (3,5 v.H.) von vorzeitig aus der Gefahrgemeinschaft ausscheidenden Versicherten erhöht werden. Ein vorzeitiges Ausscheiden einzelner Versicherter ist dabei also versicherungsmathematisch einkalkuliert. Und genau darin liegt das Problem der Zukunft für die PKV-Unternehmen.

Bislang konnten Privatversicherte, sobald sie eine Rente aus der gesetzlichen Rentenversicherung beantragt hatten, Mitglied in der Krankenversicherung der Rentner werden und damit einen preiswerten gesetzlichen Krankenversicherungsschutz erhalten. Damit wurde jedoch ein wesentlicher Teil der Alterungsrückstellung zwar angesammelt, aber dann nicht mehr abgebaut. Die Lasten hatte die GKV zu tragen. Zukünftig, wenn für Privatversicherte der Weg zurück in die Krankenversicherung der Rentner endgültig versperrt bleibt, scheinen Beitragserhöhungen unausweichlich.

Es dürfte nach den vorstehenden Aussagen zur Alterungsrückstellung einleuchtend sein, daß der Beitrag nicht wegen des Älterwerdens des Versicherten steigen darf. Praktisch sieht es aber so aus, daß seit geraumer Zeit die private Krankenversicherung in einer Vielzahl von Veröffentlichungen in den Medien wegen ihrer Beitragsgestaltung für ältere Versicherte angegriffen wurde. Danach sollen die Beiträge für die jüngeren Versicherten zu niedrig und für die älteren zu hoch kalkuliert worden sein.

In einer Stellungnahme zu diesem Vorwurf gab der Verband der PKV sinngemäß folgende grundsätzliche Erläuterungen:

1. Die Alterungsrückstellungen reichen im allgemeinen aus, dem Versicherten lebenslang einen unveränderten Beitrag zu garantieren, solange die Kosten im Gesundheitswesen gleichbleiben. Da dieses aber nicht so ist, muß nachträglich ein Zusatzbeitrag kalkuliert werden, der im Alter neu zu bemessen ist.
2. Beitragserhöhungen beruhen auf Kostensteigerungen. Diese betrifft aber nicht nur die GKV, sondern eben auch die PKV. Die Leistungsausgaben der PKV sind von 1991 bis 1993 um etwa 47 v.H. je Versicherten angestiegen, die der GKV um 43 v.H., also ziemlich gleich stark.
3. Mit einer so starken Erhöhung der Lebenserwartung konnte nicht gerechnet werden, wie sie tatsächlich eingetreten ist. Eine solche Erhöhung der Lebenserwartung verursacht natürlich auch steigende Krankheitskosten.

Um die Beitragsbelastung der älteren Versicherten nicht noch mehr wachsen zu lassen, haben die PKV-Unternehmen inzwischen folgende Maßnahmen getroffen:

1. Die Sterblichkeitsziffer als Kalkulationsgröße wird nicht mehr aus vergangenheitsbezogenen Statistiken herangezogen, sondern orientiert sich an der zukunftsbezogenen Sterbetafel 87 R, was sich natürlich beitragserhöhend auf alle Tarife auswirkt.
2. Während der aktiven Zeit werden der Alterungsrückstellung zusätzlich Mittel zugeführt.
3. Die Berechnung der Verwaltungskosten wird unabhängig von der Beitragshöhe vorgenommen und damit auf die jungen und älteren Versicherten gleichermaßen verteilt.

2.2 Beitragsbemessung nach dem Geschlecht

Es ist bekannt, daß Frauen im Durchschnitt höhere Leistungen verursachen als Männer. Dieses gilt zumindest in jungen Jahren, was sich dann im Alter umkehrt. Wie das nachfolgende Schaubild beispielhaft verdeutlicht, schlägt sich dieses aber in jedem Leistungsbereich anders nieder.

Die aus dem unterschiedlichen Risiko resultierenden Beiträge bei Männern und Frauen waren Anfang 1993 Gegenstand einer „Kleinen Anfrage" der SPD-Fraktion im Deutschen Bundestag (Drucksache 12/4139). Das Ziel der Anfrage ging in die Richtung, die Risiken der Schwangerschaft und Geburt aus der getrennten Prämienkalkulation herauszunehmen. Die Kleine Anfrage enthält 27 Einzelfragen.

Wegen des vermutlich starken Interesses in der Öffentlichkeit und der weiteren Entwicklung bzw. Lösung dieses Problems sind der Wortlaut des einleitenden Absatzes, 9 allgemein interessierende Fragen sowie deren Beantwortung durch die Bundesregierung (Drucksache 12/4667) wiedergegeben:

„Frauen zahlen, anders als in der gesetzlichen Krankenversicherung, nach der Tarifgestaltung der privaten Krankenversicherungen unter sonst gleichen Bedingungen eine erheblich höhere Krankenversicherungsprämie als Männer. Zum Teil liegt die Frauenprämie um 80 v.H. über der Männerprämie. Zur Begründung wird immer wieder auf ein allgemein höheres Krankheitsrisiko, eine statistisch höhere Lebenserwartung und nicht zuletzt auf das sog. Schwangerschaftsrisiko, das Frauen

Schaubild

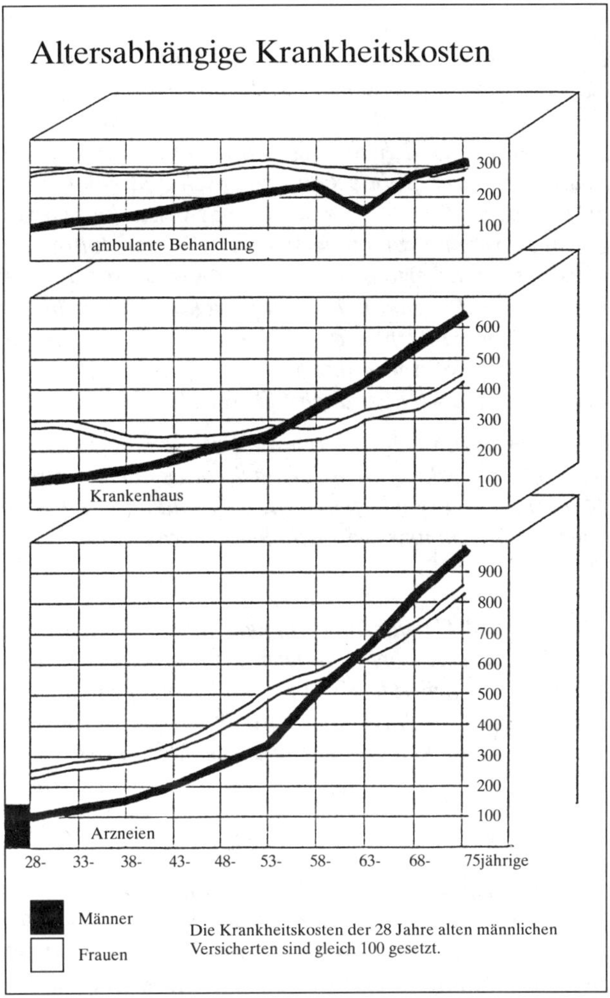

allein verursachen, hingewiesen. Dies entspricht den nach wie vor angewendeten, 1951 vom Zonenamt des Reichsaufsichtsamtes für das Versicherungswesen erlassenen Richtlinien für die Aufstellung technischer Geschäftspläne in der Krankenversicherung, die ausdrücklich die Wagnisverschiebung von Teilen des Frauenwagnisses auf die Männerprämie untersagen.

...

Die Frage der Einbeziehung von Schwangerschaft und Geburt, die nicht als Krankheiten angesehen werden können, in die privaten Krankenversicherungen ist von Beginn an diskutiert worden, nicht zuletzt unter den Aspekten der Gleichstellung von Männern und Frauen und der gesellschaftlichen und politischen Erwünschtheit von Geburten. Das Bundesaufsichtsamt für das Versicherungswesen hat außerdem vor kurzem einem privaten Krankenversicherer die Genehmigung für einen Krankheitskostentarif erteilt, bei dem die Geburtskosten bei der geschlechtsspezifischen Prämienkalkulation nicht berücksichtigt werden. Insofern ist vor dem Hintergrund der Bemühungen um die tatsächliche Gleichstellung von Männern und Frauen in der Gesellschaft der Bundesrepublik Deutschland, aber auch EG-weit, die Frage neu zu diskutieren.

Soweit es darum geht, durch die Prämienkalkulation das „individuelle" Risiko abzudecken, ist nicht nachvollziehbar, warum dazu ein einziges Merkmal herausgegriffen wird, während andere Risikofaktoren wie Gewicht, Rauchen usw. vernachlässigt werden."

Frage:
Mit welcher Gewichtung fließen welche statistisch unterschiedlichen Krankheitsrisiken bei Männern und Frauen in die Berechnung der Prämien bei den privaten Krankenversicherungen ein, wenn die Risiken bei Frauen (einschließlich eines Anteils von 10 % für Schwangerschaft und Geburt) um 40 % höher liegen als bei Männern?

Antwort der Bundesregierung:
Die Beitragskalkulation in der privaten Krankenversicherung erfolgt risikobezogen aufgrund statistischer Erfahrungswerte. Grundlage bilden die Leistungstarife der letzten Jahre, aufgeteilt nach Geschlecht und Alter. Frauen und Männern werden jeweils die Kosten zugerechnet, die durch ihre Inanspruchnahme von Leistungen entstehen. Bei der Prämienberechnung erfolgt eine statistische Trennung der einzelnen Krankheitsrisiken bei Männern und Frauen nicht. Sie ist auch nicht erforderlich, da die Kosten entsprechend der Leistungsinanspruchnahme den Geschlechtern zugeordnet werden und eine Trennung nach Krankheitsrisiken zu keinem anderen kakulatorischen Ergebnis führen würde.

Frage:
In welcher Weise werden in den Berechnungen der Krankheitsrisiken für

Männer und Frauen Arzt- und Krankenhausbesuche, die der Krankheitsvorsorge dienen, berücksichtigt?

Antwort der Bundesregierung:
Die Kosten der Krankheitsvorsorge werden nicht gesondert statistisch erfaßt. Sie fließen wie die übrigen Leistungsaufwendungen der Versicherer in die Gesamtleistungen pro Tarif, Geschlecht und Alter ein.

Frage:
Welche Maßnahmen gesetzlicher oder finanzieller Art plant die Bundesregierung, um die Kosten der gesellschaftlich erwünschten Geburt von Kindern nicht weiterhin einseitig den Frauen aufzubürden?

Antwort der Bundesregierung:
Die Bundesregierung plant z.Z. keine Maßnahmen gesetzlicher oder finanzieller Art im Hinblick auf die private Krankenversicherung.

Frage:
Wie beurteilt die Bundesregierung die Tatsache, daß die Mehrfachbelastungen durch Berufstätigkeit, Haushaltsführung und Kinderbetreuung in der Regel von Frauen getragen werden und mit höheren Krankheitsrisiken verbunden sind, die nicht allein den Frauen angelastet werden können?

Antwort der Bundesregierung:
Nach Auffassung der Bundesregierung müssen Frauen von der Mehrfachbelastung durch geeignete Rahmenbedingungen und durch private Partnerschaft entlastet werden.

Zur Vereinbarkeit von Familie und Beruf sind in den letzten Jahren eine Vielzahl von Maßnahmen verwirklicht worden, die die Mehrfachbelastungen verringern. Hier sind insbesondere der Erziehungsurlaub, das Erziehungsgeld, das Krankengeld bei Erkrankung des Kindes, der Kindergartenrechtsanspruch und die Regelungen zur Teilzeitbeschäftigung zu nennen. Auch die Tarifparteien haben hierzu einen Beitrag zu leisten.

Frage:
Beabsichtigt die Bundesregierung, für privat krankenversicherte Frauen für die Dauer eines Erziehungsurlaubes bezüglich der Beitragsfreiheit eine ähnliche Regelung wie bei den gesetzlichen Krankenversicherungen vorzuschreiben?

Antwort der Bundesregierung:
Die Bundesregierung beabsichtigt nicht, den privaten Krankenversicherern vorzuschreiben, während des Erziehungsurlaubs Beitragsfreiheit zu gewähren. Eine solche Verpflichtung würde zu entsprechenden Beitragsmehrbelastungen der übrigen Versicherten führen. Der privaten Krankenversicherung würde damit ein systemfremdes Element aus dem Bereich der Sozialversicherung eingefügt werden, das einen Personenkreis begünstigen würde, der sich aus freiem Willen privat krankenversichert hat und in der Regel nicht zu den sozial schwachen Bevölkerungsgruppen zählt. Die Versicherer haben jedoch die Möglichkeit, auf freiwilliger Basis entsprechende Versicherungsverträge anzubieten.

Frage:
Welche Konsequenzen ergeben sich für die geschlechtsspezifische Prämienkalkulation insgesamt aus der Genehmigung eines PKV-Tarifs ohne Berücksichtigung der Geburtsrisiken durch das Bundesaufsichtsamt für das Versicherungswesen?

Antwort der Bundesregierung:
Allgemein gültige Angaben über die Auswirkungen auf die Frauenprämien bei Nichtberücksichtigung der Geburtsrisiken können nicht gemacht werden. Die Auswirkungen wären abhängig insbesondere vom Leistungsversprechen des jeweiligen Tarifs, vom Eintrittsalter und der bereits zurückgelegten Versicherungsdauer.

Bei einem einzelnen Tarif, der die Erstattung von Wahlleistungen bei Krankenhausaufenthalt vorsieht, wurde festgestellt, daß die in dem Beitrag für neu zugehende Frauen eingerechneten Schwangerschafts- und Geburtskosten für 22jährige rd. 11 % und für 32jährige Frauen rd. 8 % des Bruttobeitrages betrugen; dabei wurden bei den Männerbeiträgen keine der genannten Kosten berücksichtigt.

Frage:
Ist eine Prämienberechnung, die das Schwangerschafts- und Geburtenrisiko als Menschenwagnis Männern und Frauen gleichermaßen anlastet, nach Auffassung der Bundesregierung mit dem derzeit geltenden Recht vereinbar?

Antwort der Bundesregierung:
Die Bundesregierung sieht in der Verteilung der Geburtskosten auf die

Prämien von Männern und Frauen eine noch vertretbare Wagnisverschiebung, die mit dem geltenden Recht vereinbar ist.

Frage:
Wie ist die Praxis der Prämienberechnung bei den privaten Krankenversicherungen der übrigen Mitgliedstaaten der Europäischen Gemeinschaft?

Antwort der Bundesregierung:
In den übrigen EG-Staaten hat die private Krankenversicherung – mit Ausnahme der Niederlande – nur die Funktion einer Zusatzdeckung zur gesetzlichen Krankenversicherung. Da somit kein Bedarf an grundsätzlich lebenslänglich kalkulierten, unkündbaren Verträgen besteht, wird die private Krankenversicherung überwiegend im Umlageverfahren finanziert. Dementsprechend gibt es in Dänemark, Frankreich, Spanien und dem Vereinigten Königreich keine unterschiedlichen Prämien für Männer und Frauen. In den Niederlanden findet ebenfalls das Umlageverfahren Anwendung, verbunden mit einem gesetzlich vorgegebenen Finanzierungsausgleich. In Belgien und Italien sowie – außerhalb der EG – Österreich und der Schweiz erfolgt die Kalkulation der Beiträge nach versicherungsmathematischen Grundsätzen. Hier werden geschlechtsdifferenzierte Beiträge erhoben. In der Schweiz ist sogar in der gesetzlichen Krankenversicherung ein höherer Beitrag für Frauen möglich, allerdings begrenzt auf 10 % der Männerprämie.

Frage:
Sind differenzierte Prämien zur privaten Krankenversicherung für Männer und Frauen mit dem geltenden EG-Recht vereinbar?

Antwort der Bundesregierung:
Differenzierte Prämien für Männer und Frauen sind mit geltendem EG-Recht vereinbar.
Das Diskriminierungsverbot des Artikels 7 EWG-Vertrag bezieht sich nur auf die Staatsangehörigkeit. Danach ist jede Diskriminierung aus Gründen der Staatsangehörigkeit verboten. Ein solcher Fall liegt hier nicht vor.

Artikel 119 EWG-Vertrag enthält ebenfalls ein Diskriminierungsverbot. Der Anwendungsbereich ist aber auf die arbeitsrechtliche Gleichbehandlung beschränkt:

Männer und Frauen müssen bei gleicher Arbeit gleiches Entgelt erhalten. Auch diese Bestimmung erfaßt nicht den Bereich der Prämienberechnung für Männer und Frauen in der privaten Krankenversicherung.

Fazit

Aus den Antworten der Bundesregierung auf die insgesamt 27 Einzelfragen folgt, daß gesetzgeberische Maßnahmen zur Beseitigung der unterschiedlichen Prämienkalkulation für Männer und Frauen vorerst nicht zu erwarten sind. Dennoch hat die Bundesregierung ein wissenschaftliches Gutachten in Auftrag gegeben, das eine Antwort auf die Frage der Zulässigkeit dieser unterschiedlichen Kalkulationen geben soll. Das Ergebnis der Untersuchung soll in der 1. Hälfte des Jahres 1994 vorgestellt werden.

2.3 Beitragsbemessung nach der Leistungsart

Der einzige vom Versicherungsnehmer direkt beeinflußbare Faktor der Beitragskalkulation ist die Leistungserwartung im Krankheitsfalle. Auch hier gilt der Grundsatz, je geringer das Versicherungsrisiko für den Versicherer, desto günstiger ist der Beitrag für den Versicherungsnehmer. Anders als in der GKV kann der Versicherungsnehmer seinen „maßgeschneiderten" Tarif wählen, ggf. auch mehrere Tarife zu einem Paket zusammenstellen. Auf die Gefahr, aus Kostengründen eine „Unterversicherung" in Kauf zu nehmen, wurde in diesem Zusammenhang bereits mehrfach hingewiesen.

In Erinnerung gerufen werden muß hier noch einmal die Tatsache, daß die PKV keine Familienversicherung kennt und jede einzelne Person als Versicherter gilt, und zwar mit eigenem Tarif und eigenem Beitrag. Das ist insbesondere dann von Bedeutung, wenn beispielsweise die Ehefrau und Kinder nicht anderweitig gesetzlich versichert sind.

Der jeweilige Tarif in Verbindung mit dem Versicherungsschein und den Versicherungsbedingungen enthält das gesamte Leistungsspektrum der zu erwartenden Leistungen. Ein direkter Vergleich der einzelnen Leistungsangebote verschiedener PKV-Unternehmen ist nur schwerlich möglich. Zu unterschiedlich sind deren Leistungen und folglich auch die Beiträge. Um einen auch nur annähernd gültigen Vergleich zu erhalten, empfiehlt sich ein echter und konkreter Preis-, Leistungsvergleich im individuellen Einzelfall, auch im Verhältnis zur gesetzlichen Krankenversicherung. Deshalb sollte folgender Ratschlag befolgt werden:

> Vor Abschluß eines privaten Versicherungsvertrages ist es sinnvoll, ein verbindliches Angebot über Art, Umfang und Höhe der Leistungen sowie die Höhe des Beitrages einzuholen, und zwar unter besonderer Berücksichtigung der individuell persönlichen Verhältnisse. Vertreter der PKV und der GKV sollten dabei möglichst an einen Tisch geholt werden.

– **Tarifarten**

Es gehört zweifellos zu den Vorteilen der PKV, das Leistungsangebot in Form von Tarifen nach einem Baukastensystem frei wählen zu können. Diese Tarife enthalten jedoch nicht nur Art und Umfang der Leistungen, sondern auch den zu zahlenden Beitrag und werden entweder als Einzeltarife oder auch in Kombination untereinander angeboten.

Allgemein üblich sind folgende Tarifarten:

- Ambulante Krankheitskosten-Tarife,
- Zahnkosten-Tarife für zahnärztliche Behandlung und Zahnersatz,
- Stationäre Krankheitskosten-Tarife,
- Krankenhaustagegeld-Tarife,
- Krankentagegeld-Tarife,
- Kurkosten-Tarife,
- Pflegekosten-Tarife.

Entschließt sich ein bisher gesetzlich Krankenversicherter, der PKV beizutreten, wird er im Normalfall mindestens die Leistungen erwarten, die er im Falle der gesetzlichen Krankenversicherung beanspruchen könnte. Auch hier dürfte es sehr schwierig sein, einen echten Preis-Leistungs-Vergleich vorzunehmen, weil eben diese beiden Krankenversicherungssysteme zu unterschiedlich sind. Dennoch soll nachfolgend für den Fall der privaten Krankenversicherung der Versuch unternommen werden, ein annähernd gültiges Beispiel aufzuzeigen.

Beispiel:

Ein 32jähriger Versicherter möchte in der PKV **mindestens** folgende Leistungen erhalten:

Leistung	**mtl. Beitrag** (unverbindlich)
amb. ärztliche Behandlung (100 v.H.)	135,60 DM
amb. zahnärztl. Beh. (100 v.H.)/Zahnersatz (50 v.H.)	41,00 DM
stat. Beh. (Mehrbettz. o. privatärztl. Beh.)	41,60 DM
Kuren lt. Tarif	14,80 DM
Krankentagegeld (nach Ablauf der Gehaltszahlung)	40,00 DM
	273,00 DM

Je nach Alter (Eintrittsdatum) vermindert oder erhöht sich der Beitrag entsprechend.
Als Privatversicherter müßte er noch ggf. den Versicherungsschutz der Ehefrau und Kinder sicherstellen. Ist die Ehefrau gesetzlich krankenversichert, käme auf jeden Fall der Beitrag für Kinder hinzu, da in diesem Falle für Kinder keine Familienversicherung bei der Ehefrau bestehen kann (vgl. Abschnitt Familienversicherung im 2. Kapitel).

Im vorgenannten Beispiel wird es darüber hinaus auch wesentlich darauf ankommen, welchen Umfang die Leistungen haben und für welche Zeitdauer diese gewährt werden. Was den Umfang betrifft, so sei insbesondere an die Heil- und Hilfsmittel (vgl. AVB MB/KK76 -Teil II- zu § 4 Abs. 3) sowie alle anderen Sachleistungen gedacht.

Selbstbeteiligungstarife
Eine häufig genutzte Möglichkeit, die Beiträge möglichst gering zu halten, bietet eine Eigenbeteiligung an den Krankheitskosten, entweder nach festen Beträgen oder nach Prozentsätzen (Quotentarif).

Die Höhe der Eigenbeteiligung richtet sich nach den Vorgaben des Versicherers, z.B. 400 DM, 800 DM jährlich usw. Die Beitragshöhe ist deshalb entsprechend gestaffelt.

Ergänzungstarife
Neben verschiedenen Arten von Zusatzversicherungen, wie z.B. Krankentagegeld-, Krankenhaustagegeld- und Auslandsreisekrankenversicherungen, bieten die privaten Krankenversicherer ergänzende Leistungen an, um die durch das Gesundheitsreformgesetz eingeführten Leistungseinschränkungen, z.B. beim Zahnersatz und bei Brillen, auszugleichen. Erstattungsfähig sind deshalb die Kosten, die verbleiben, nachdem die

Krankenkasse ihre Leistungen erbracht hat. Der Abschluß einer solchen Versicherung setzt deshalb voraus, daß eine gesetzliche Krankenversicherung besteht.

Auch diese Tarife sind bei den einzelnen Versicherern nicht einheitlich, sowohl was den Umfang als auch die Höhe der Leistungen betrifft.

Standardtarife für Rentner

Nach dem Gesundheitsstruktur-Gesetz wird vom 1. 7. 1994 an die Einführung eines Standardtarifs für Rentner vorgeschrieben.

Von diesem Termin an brauchen Arbeitgeber Zuschüsse zum Beitrag (vgl. Abschnitt Beitragszuschuß) nur dann zu zahlen, wenn der Versicherer des Arbeitnehmers einen solchen Standardtarif anbietet.

Der Tarif wird vom 1. 7. 1994 an allen Privatversicherten, die älter als 65 Jahre sind und mindestens über eine Versicherungszeit von zehn Jahren verfügen, angeboten. Dieser Tarif stellt sicher, daß privat krankenversicherte Rentner, die einen solchen Tarif wählen, keine höheren Beiträge als den durchschnittlichen Höchstbeitrag der gesetzlichen Krankenversicherung zahlen müssen.

Die Leistungen dieses Tarifs entsprechen im wesentlichen denen der gesetzlichen Krankenversicherung. Im einzelnen sind folgende Leistungen vorgesehen:

- Übernahme der Kosten für die Behandlung aller niedergelassenen Ärzte und Zahnärzte, auch wenn diese keine Kassenärzte sind.
- Für die ambulante Behandlung und Kosten für Arzneien, Heil- und Hilfsmittel beträgt die Selbstbeteiligung 20 v.H., höchstens aber 600 DM jährlich.
- Für technische Leistungen der Zahnärzte und für Laborarbeiten und -materialien übernehmen die privaten Versicherer, wie die gesetzlichen Krankenversicherungen, einen Anteil von 60 v.H.
- Die Krankenhausbehandlung ist, ebenso wie in der gesetzlichen Krankenversicherung, eine Pflichtleistung und umfaßt die Unterbringung in einem Mehrbettzimmer. Es ist ein Eigenanteil von 11 DM täglich, höchstens für 14 Tage pro Jahr, vorgesehen.

Welche weiteren Leistungen in diesem Tarif noch angeboten werden, entscheidet sich nach der Genehmigung dieses Tarifs durch das Bundesaufsichtsamt für das Versicherungswesen.

Gruppentarife
Bei den vielfältigen Möglichkeiten, die die PKV bietet, nimmt der Gruppentarif (Gruppenversicherung) eine Art Sonderstellung ein. Hier schließt nicht der einzelne Versicherungsnehmer mit dem Versicherer einen Einzelvertrag ab, sondern der Arbeitgeber für einen exakt beschriebenen Personenkreis seines Betriebes, z.B. „die Mitarbeiter des Arbeitgebers XY“ oder „die versicherungsfreien Mitarbeiter ... “. Die Beteiligung des Arbeitgebers an den Beiträgen muß mindestens 20 v.H. betragen, und zwar ohne den obligatorischen Beitragszuschuß. Dem Arbeitgeber erwachsen hieraus zusätzliche steuerliche Vorteile. Zusätzlich müssen 90 v.H. des vereinbarten Personenkreises, mindestens aber 10 Mitarbeiter, versichert sein.

3 Beitragsänderung und Vergreisung von Tarifen

3.1 Beitragsänderung

Im allgemeinen gilt der Grundsatz, daß neben den Faktoren Geschlecht und Leistungsart die Höhe des PKV-Beitrages vom Eintrittsalter abhängig ist. Womit werden aber dann die teilweise recht erheblichen Beitragserhöhungen gerade im Alter begründet? Trotz aller vorsichtigen Kalkulationen können Entwicklungen eintreten, die entweder nicht vorhersehbar waren oder deren Auswirkungen statistisch nicht kalkulierbar sind. Dieses gilt in erster Linie für den medizinischen Fortschritt, der, bei aller positiven Betrachtung an sich, Kosten in stets steigender Höhe verursacht. Da gerade ältere Menschen im allgemeinen von neuen und damit meist auch besseren Heilmethoden wegen der vermehrten Inanspruchnahme zahlenmäßig häufiger einen Nutzen haben, werden die kostenmäßigen Auswirkungen besonders im Alter spürbar.
Im Rahmen der vertraglichen Leistungszusage können sich also die Leistungen des Versicherers wegen steigender Heilbehandlungskosten oder einer häufigeren Inanspruchnahme medizinischer Leistungen ändern. Dementsprechend vergleicht der Versicherer zumindest jährlich die erforderlichen mit den kalkulierten Versicherungsleistungen. Ergibt diese der Aufsichtsbehörde vorzulegende Gegenüberstellung eine Veränderung von mehr als 10 v.H., so werden alle Tarifbeiträge vom Versicherer überprüft und, soweit erforderlich, nach aufsichtsbehördlicher Genehmigung angepaßt (Beitragsanpassungsklausel).

Eine Erhöhung der Beiträge wegen des Älterwerdens der versicherten Person ist jedoch während der Dauer des Versicherungsverhältnisses ausgeschlossen, soweit nach dem Geschäftsplan eine Alterungsrückstellung zu bilden ist.

3.2 Vergreisung von Tarifen

Von Zeit zu Zeit eröffnen die privaten Versicherungsunternehmen neue Tarife mit einem zeitgemäßen und damit veränderten Leistungsangebot. Das ist durchaus legitim und entspricht der gängigen Praxis. Was wird nun aus den Alttarifen? Sie werden in aller Regel geschlossen und sind für Neuzugänge nicht mehr offen. Es fehlt in der Folge diesen Alttarifen das „frische Blut", was im Laufe der Zeit naturgemäß zu ständigen Kostensteigerungen und damit auch zu Beitragserhöhungen führt.

Die Versicherungsunternehmen haben bei der sog. „Vergreisung von Tarifen" allen im Alttarif versicherten Personen ein entsprechendes Angebot und ohne erneute Risikoprüfung zu den Bedingungen des neuen Tarifs zu unterbreiten.

Ein Verbleiben im Alttarif kann auf Dauer teuer werden!

4 Beitragserstattungen

Die Versicherungsunternehmen sehen für den Fall der Nichtinanspruchnahme von Leistungen über einen längeren Zeitraum (z.B. ein Jahr) Beitragserstattungen vor. Welche Tarife oder Tarifkombinationen an der Beitragserstattung teilnehmen und in welcher Höhe, wird vom Versicherer jährlich mit Zustimmung der Aufsichtsbehörde entschieden. Der Versicherer kann außer der Auszahlung auch erzielte Überschüsse zur Beitragssenkung oder zur Abwendung bzw. Milderung von Beitragserhöhungen wählen.

In den letzten zwei Jahren haben sich die Versicherungsunternehmen allerdings mit Beitragserstattungen sehr zurückgehalten oder auch gar nicht mehr gewährt. Zu groß waren die Verluste im Leistungsbereich, so daß das Bundesaufsichtsamt für das Versicherungswesen schon vor längerer Zeit die Unternehmen aufgefordert hat, ihre Tarife spätestens bis Ende 1993 neu zu kalkulieren.

5 Zusammensetzung des Beitrags

Der auf Dauer kalkulierte konstant bleibende, vom Eintrittsalter abhängige Jahresnettobeitrag ist so zu bemessen, daß die über die zu erwartende Vertragsdauer zu erwartende Gesamtnettobeitragseinnahme gleich dem Erwartungswert der Aufwendungen für Versicherungsleistungen ist.

Wenn hier von den „zugehörigen Aufwendungen für Versicherungsleistungen" die Rede ist, wird schon deutlich, daß die Beiträge nicht nur die Leistungsausgaben decken sollen, sondern eben die Aufwendungen für sämtliche Versicherungsleistungen.

Diese setzen sich wie folgt zusammen:

	Risikobeitrag setzt sich zusammen aus Eintrittsalter, Geschlecht, gewähltem Tarif und ggf. Risikozuschlag.
+	**Alterungsrückstellung**
=	**Jahresnettobeitrag**
+	**Kosten für die laufende Verwaltung**
+	**Schadenregulierungskosten** für den Aufwand, der für die Abwicklung von Leistungsanträgen entsteht
+	**Abschlußkosten** als Prämie für den Vermittler
+	**Sicherheitszuschlag** als Ausgleich für vorübergehende Schwankungen bei den Leistungsausgaben
+	**Zuschlag für Beitragserstattungen** für die Nichtinanspruchnahme von Leistungen
=	**Bruttojahresbeitrag**

6 Zahlung der Beiträge

Der Beitrag wird vom Versicherungsbeginn an berechnet, auch wenn Wartezeiten bestehen. Er ist zu Beginn eines jeden Versicherungsjahres zu entrichten, kann aber auch, was allgemein üblich ist, in gleichen monatlichen Beitragsraten gezahlt werden. Die Beitragsraten sind am Ersten eines jeden Monats fällig. Der erste Beitrag bzw. die erste Beitragsrate ist spätestens unverzüglich nach Aushändigung des Versicherungsscheines zu zahlen.

Kommt der Versicherungsnehmer mit der Zahlung einer Beitragsrate in Verzug, so wird der Restbeitrag für das laufende Versicherungsjahr in einer Summe fällig. Ist ein Beitrag nicht rechtzeitig gezahlt und wird der Versicherungsnehmer schriftlich gemahnt, so ist er außerdem zur Zahlung der Mahnkosten verpflichtet, deren Höhe sich aus dem Tarif ergibt. Die Beiträge sind bis zum Ablauf des Monats zu zahlen, in dem das Versicherungsverhältnis endet.

7 Beiträge bei Arbeitsunfähigkeit

Bekanntlich ist in der gesetzlichen Krankenversicherung ein Mitglied für die Dauer des Anspruchs auf Krankengeld beitragsfrei. Die Beitragsfreiheit besteht bis zur gesetzlichen Höchstanspruchsdauer dieser Leistung.

Die private Krankenversicherung kennt keine Beitragsfreiheit. Ein privat versicherter Arbeitnehmer, der im Falle der Arbeitsunfähigkeit einen Anspruch auf Entgeltfortzahlung hat, wird seinen Versicherungsschutz auf eine Krankentagegeldversicherung erweitern, damit er auch ggf. nach Ablauf des Entgeltfortzahlungsanspruchs wirtschaftlich abgesichert ist. Für die Dauer des Krankentagegeldbezuges sind dann aber die Beiträge sowohl für die Krankheitskostenversicherung als auch für die Krankentagegeldversicherung in voller Höhe zu zahlen. Desweiteren entfällt nach Ablauf des Entgeltfortzahlungsanspruches der vom Arbeitgeber zu zahlende Beitragszuschuß (vgl. Pkt. 8). Es ist deshalb ratsam, Vorsorge dahingehend zu treffen, indem der Krankentagegeldbetrag nicht nur den Entgeltausfall, sondern auch den weiterzuzahlenden Beitrag abdecken sollte.

7.1 Auswirkungen in der gesetzlichen Rentenversicherung

In der gesetzlichen Rentenversicherung werden u.a. sogenannte Anrechnungszeiten für die Ermittlung der Wartezeit und Berechnung der Rente berücksichtigt. Anrechnungszeiten sind auch Zeiten der Arbeitsunfähigkeit. Diese Zeiten finden für nicht in der gesetzlichen Krankenversicherung Versicherte jedoch nur dann Beachtung, wenn für die Dauer der Arbeitsunfähigkeit, längstens jedoch für 18 Kalendermonate, Beiträge nach mindestens 70 v.H., für die Zeit vom 1. 1. 1995 an 80 v.H. des zuletzt für einen vollen Kalendermonat versicherten Arbeitsentgelts gezahlt worden sind.

Während für Krankengeldbezieher in der gesetzlichen Krankenversicherung die Krankenkasse die Beiträge nach einem besonderen Verfahren berechnet und an den zuständigen Rentenversicherungsträger überweist, müssen die Beiträge im Falle der länger als die Entgeltfortzahlung dauernden Arbeitsunfähigkeit von dem privat Krankenversicherten allein getragen werden, und zwar auch der Arbeitgeberanteil.

7.2 Beiträge zur Arbeitslosenversicherung

Wer einen Anspruch auf Arbeitslosengeld geltend machen will, muß innerhalb einer bestimmten Rahmenfrist 360 Kalendertage in einer zur Arbeitslosenversicherung beitragspflichtigen Beschäftigung gestanden haben (Anwartschaftszeit). Einer solchen beitragspflichtigen Beschäftigungszeit stehen Zeiten gleich, für die wegen Bezuges von Krankentagegeld von einem privaten Krankenversicherungsunternehmen Beiträge zu zahlen waren. Nach dem Arbeitsförderungsgesetz (AFG) sind die privaten Krankenversicherungsunternehmen verpflichtet, für die Bezieher von Krankentagegeld Beiträge an die Bundesanstalt für Arbeit zu entrichten, wenn die Versicherungsnehmer unmittelbar vor dem Bezug von Krankentagegeld in einer beitragspflichtigen Beschäftigung gestanden haben.

Zusammengefaßt heißt das, daß der in der PKV versicherte Beschäftigte, anders als der GKV-Versicherte, im Falle der Arbeitsunfähigkeit nach Ablauf des Entgeltfortzahlungsanspruchs weiterhin die vollen Beiträge zu seiner Krankenversicherung und zur gesetzlichen Rentenversicherung zahlen muß.

Hinsichtlich der Arbeitslosenversicherung ergeben sich keine finanziellen Nachteile.

8 Beitragszuschuß

– für freiwillig in der GKV versicherte Beschäftigte

Freiwillig in der gesetzlichen Krankenversicherung versicherte Beschäftigte, die nur wegen Überschreitens der Jahresarbeitsentgeltgrenze versicherungsfrei sind, erhalten von ihrem Arbeitgeber einen Beitragszuschuß. Dieser beträgt die Hälfte des Beitrages, der im Falle der Versicherungspflicht bei der Krankenkasse zu zahlen wäre, bei der die Mitgliedschaft besteht, höchstens jedoch die Hälfte des tatsächlichen Betrages.

Von dieser Regelung werden nur diejenigen Angestellten und Arbeiter erfaßt, deren regelmäßiges Jahresarbeitsentgelt 75 v.H. der Beitragsbemessungsgrenze in der Rentenversicherung übersteigt und deshalb versicherungsfrei sind. So haben z.B. Beamte, deren Dienstbezüge diesen Betrag übersteigen, keinen Anspruch auf den Beitragszuschuß, weil sie auch wegen ihres Beamtenstatus versicherungsfrei sind.

Maßgebend für die Höhe des Beitragszuschusses für freiwillig krankenversicherte Arbeitnehmer ist der Beitrag, der bei Versicherungspflicht an die Krankenkasse zu zahlen wäre, welche die freiwillige Versicherung durchführt. Besteht eine freiwillige Versicherung bei einer Ersatzkasse und ist deren Beitrag niedriger als der bei der an und für sich zuständigen Pflichtkrankenkasse, z.B. AOK, IKK, BKK, so ist für die Bemessung des Beitragszuschusses des Arbeitgebers der Beitrag der jeweiligen Ersatzkasse maßgebend. Umgekehrt kann durchaus der Beitrag der Pflichtkrankenkasse niedriger als der in Betracht kommenden Ersatzkasse sein. Besteht jedoch die freiwillige Versicherung bei der Ersatzkasse, ist der Zuschuß von dem ggf. höheren Beitrag der Ersatzkasse zu berechnen.

– für privatversicherte Beschäftigte

Einen Beitragszuschuß erhalten auch Beschäftigte, die nur wegen Überschreitens der Jahresarbeitsentgeltgrenze versicherungsfrei oder die von der Versicherungspflicht befreit sind und in der privaten Krankenversicherung für sich und ggf. für ihre Angehörigen Vertragsleistungen beanspruchen können, die der Art nach den Leistungen der GKV entsprechen. Für die Angehörigen wird nur dann ein privater Krankenversicherungsschutz gefordert, wenn diese im Falle der Versicherungspflicht des Beschäftigten familienversichert wären.

Wie bei den freiwillig in der GKV Versicherten, beträgt der Zuschuß die Hälfte des Beitrags, den der Beschäftigte bei der Krankenkasse zu zahlen hätte, die bei Versicherungspflicht zuständig wäre. Auch hier gilt die Begrenzung bis zur Hälfte, allerdings des tatsächlich zu zahlenden PKV-

Beitrages. Anders als in der GKV kann sich die Berechnung des Zuschusses hier etwas komplizierter gestalten. Dieses liegt an der unterschiedlichen Beitragsgestaltung der PKV.

Der Beitragszuschuß kann nur dann beansprucht werden, wenn die Leistungen in der PKV der Art nach denen der GKV entsprechen. Dagegen spielen der Umfang und die Höhe der Leistungen eine untergeordnete Rolle. So hat das Bundessozialgericht mit Urteil vom 5. 10. 1977 -Az 3 RK 62/75- festgestellt, daß Beschäftigte einen Anspruch auf den Beitragszuschuß des Arbeitgebers haben, wenn der private Krankenversicherungsvertrag im Kern dem Leistungsumfang der gesetzlichen Krankenversicherung entspricht. Demnach bleibt es dem Beschäftigten überlassen, welche Leistungen er im einzelnen absichern will. Der Arbeitgeber ist also auch dann zur Zahlung des Beitragszuschusses verpflichtet, wenn die Leistungen der GKV nur teilweise abgedeckt sind. Im äußersten Falle würde es also genügen, wenn durch den privaten Versicherungsvertrag nur die ambulante ärztliche oder Krankenhausbehandlung durch die PKV erbracht würden. Dieses dürfte jedoch in der Praxis kaum vorkommen.

Da es sich hier um einen Zuschuß für die Krankenversicherung handelt, soll der Vollständigkeit halber darauf hingewiesen werden, daß Sterbegeld- und Lebensversicherungen keine Verpflichtung zum Beitragszuschuß zur Krankenversicherung auslösen.

Etwas anderes gilt in diesem Zusammenhang für Angestellte, die von der Versicherungspflicht in der Rentenversicherung befreit worden sind. In näher bestimmten Fällen hat der Arbeitgeber für von der Rentenversicherungspflicht befreite Mitglieder öffentlich-rechtlicher Versicherungs- oder Versorgungseinrichtungen seit dem 1. 1. 1992 nach § 172 Abs. 2 SGB VI die Hälfte des Beitrags der Versorgungseinrichtung als Beitragszuschuß zu zahlen.

Nach dem Gesetzeswortlaut des § 257 Abs. 2 SGB V heißt es u.a., daß ein Beitragszuschuß zu zahlen ist, „... höchstens jedoch die Hälfte des Betrages, den er für seine Krankenversicherung zu zahlen hat“. Diese Formulierung entspricht nicht unbedingt der Zweckbestimmung des Gesetzes. Auch nach allgemeiner Rechtsauffassung und der Praxisübung gehören zu den Aufwendungen des Beschäftigten auch die Aufwendungen (Beiträge) für die Krankenversicherung seiner Angehörigen. Dabei ist es unerheblich, ob die Angehörigen bei einem privaten Krankenversicherungsunternehmen oder in der gesetzlichen Krankenversicherung freiwillig versichert sind. Vorausgesetzt wird lediglich, daß die Angehörigen, bei unterstellter Mitgliedschaft in der GKV, familienversichert wären. So betrachtet, ergibt diese Vorschrift auch einen Sinn.

Es gehören auch die Beiträge für krankenversicherungspflichtige Studenten zu den zuschußfähigen Aufwendungen, wenn bei angenommener gesetzlicher Krankenversicherung des Stammversicherten der Student familienversichert wäre.

Neues Recht ab 1. 7. 1994

Der Beitragszuschuß für eine private Krankenversicherung wird ab 1. 7. 1994 nur gezahlt, wenn das Versicherungsunternehmen

a) die Krankenversicherung nach Art der Lebensversicherung betreibt,
b) sich verpflichtet, für versicherte Personen, die das 65. Lebensjahr vollendet haben und über eine Vorversicherungszeit von mindestens 10 Jahren in einem zuschußberechtigten Versicherungsschutz verfügen, einen brancheneinheitlichen Standardtarif anzubieten, dessen Vertragsleistungen den Leistungen der GKV bei Krankheit jeweils vergleichbar sind und dessen Beitrag den durchschnittlichen Höchstbeitrag der gesetzlichen Krankenversicherung nicht übersteigt,
c) sich verpflichtet, den überwiegenden Teil der Überschüsse, die sich aus dem selbst abgeschlossenen Versicherungsgeschäft ergeben, zugunsten der Versicherten zu verwenden,
d) vertraglich auf das ordentliche Kündigungsrecht verzichtet
und
e) die Krankenversicherung nicht zusammen mit anderen Versicherungssparten betreibt.

Erläuterung:

Der eigentliche Kern dieser ab 1. 7. 1994 geltenden Neuregelung liegt in der Absicht, auch im Alter das Leistungsangebot der PKV hinsichtlich bestimmter struktureller Kriterien mit der Qualität des gesetzlichen Krankenversicherungsschutzes vergleichbar zu halten. Dabei soll in erster Linie die ausreichende Vorsorge für ältere Versicherte zu einem annehmbaren Beitrag sichergestellt werden. Das setzt eine angemessene Rückstellung für das Alter voraus, wie es in der Lebensversicherung der Fall ist. Hierzu sind die privaten Krankenversicherungsunternehmen zwar bislang auch schon verpflichtet gewesen, aber offensichtlich reichte die Alterungsrückstellung nicht aus, um Beitragsstabilität im Alter zu gewährleisten.

Mit der Einführung eines brancheneinheitlichen Standardtarifs betritt die PKV ziemliches Neuland. Ihr wird vom Gesetzgeber vorgeschrieben, daß sie für Personen nach vollendetem 65. Lebensjahr einen Tarif anbieten muß, dessen Vertragsleistungen den Leistungen der GKV jeweils vergleichbar sind, und das alles zum durchschnittlichen Höchstbeitrag der GKV oder weniger. Im einzelnen läßt das Gesetz den Versicherungsunternehmen in Abstimmung mit dem Bundesaufsichtsamt für das Versicherungswesen weitestgehend Gestaltungsfreiheit, wie es auch sonst in der Privatversicherungswirtschaft üblich ist. Es muß lediglich ein Vollversicherungsschutz angeboten werden, der im Kernbereich den Leistungen der GKV entspricht.

Bislang enthalten die Allgemeinen Versicherungsbedingungen eine Sozialschutzklausel dergestalt, als die privaten Krankenversicherer einheitlich auf das ordentliche Kündigungsrecht, z.B. bei steigendem Risiko eines Versicherungsnehmers, freiwillig verzichtet haben. Nunmehr werden sie verpflichtet, auf das ordentliche Kündigungsrecht vertraglich zu verzichten, soll der Beitragszuschuß weiterhin gezahlt werden.

Die Verpflichtung zur Versicherungsspartentrennung liegt im Interesse des Arbeitgebers. Beim Zuschuß muß sichergestellt werden, daß in dem zuschußfähigen Versicherungsbeitrag keine krankenversicherungsfremden Elemente enthalten sind.

Für die praktische Abwicklung gilt folgendes:

Der Versicherungsnehmer hat dem Arbeitgeber eine Bescheinigung des Versicherungsunternehmens darüber vorzulegen, daß die Aufsichtsbehörde dem Versicherungsunternehmen bestätigt hat, daß es die Versicherung, die Grundlage des Versicherungsvertrages ist, nach den genannten Voraussetzungen betreibt.

Die Versicherungsunternehmen werden spätestens zum 1. 7. 1994 alle gesetzlichen Anforderungen erfüllen. Tun sie dies nicht, kann der Versicherungsvertrag ab 1. 7. 1994 mit sofortiger Wirkung gekündigt werden.

Neues Recht ab 1. 1. 1996

Von diesem Zeitpunkt an beträgt der Zuschuß des Arbeitgebers die Hälfte des durchschnittlichen Höchstbeitrages der gesetzlichen Krankenversicherung, höchstens jedoch die Hälfte des Betrages, den der Beschäftigte für seine Krankenversicherung zu zahlen hat. Damit entfällt künftig der ständige Beitragsvergleich mit den örtlichen Pflichtkassen.

– für Teilnehmer an einer berufsfördernden Maßnahme zur Rehabilitation

Bezieher von Übergangsgeld, die sich von der Versicherungspflicht befreien lassen, erhalten vom zuständigen Leistungsträger einen Zuschuß zu ihrem Krankenversicherungsbeitrag. Als Zuschuß ist der Betrag zu zahlen, der von dem Leistungsträger als Beitrag bei Krankenversicherungspflicht zu zahlen wäre, höchstens jedoch der Betrag, der an das private Krankenversicherungsunternehmen zu zahlen ist.

– für Rentenbezieher

Rentenbezieher, die nicht der Versicherungspflicht in der Krankenversicherung der Rentner unterliegen, jedoch freiwillig in der gesetzlichen Krankenversicherung **oder** bei einem privaten Krankenversicherungsunternehmen versichert sind, erhalten zu ihrer Rente einen Zuschuß zu den Aufwendungen für die Krankenversicherung.

Der monatliche Zuschuß wird in Höhe des Beitrages geleistet, den der Träger der Rentenversicherung als Krankenversicherungsbeitrag für Rentenbezieher zu tragen hat, die in der gesetzlichen Krankenversicherung pflichtversichert sind. Er wird auf die Hälfte der tatsächlichen Aufwendungen für die Krankenversicherung begrenzt. Beziehen Rentner mehrere Renten, wird ein begrenzter Zuschuß von den Rentenversicherungsträgern anteilig nach dem Verhältnis der Höhen der Renten geleistet. Er kann auch in einer Summe zu einer dieser Renten geleistet werden.

E Das Leistungswesen

I Die Leistungen der Gesetzlichen Krankenversicherung

1 Die Leistungen allgemein

Das Sozialrecht der Bundesrepublik Deutschland beruht auf dem sozialstaatlichen Prinzip. Dieses Recht ist im wesentlichen im Sozialgesetzbuch verankert und findet in ihm seine konkrete Ausgestaltung. Es soll zur Verwirklichung sozialer Gerechtigkeit und sozialer Sicherheit mit dazu beitragen, ein menschenwürdiges Dasein zu sichern, gleiche Voraussetzungen für die Entfaltung der Persönlichkeit, insbesondere auch für junge Menschen, zu schaffen, die Familie zu schützen und zu fördern, den Erwerb des Lebensunterhalts durch eine frei gewählte Tätigkeit zu ermöglichen und besondere Belastungen des Lebens, auch durch Hilfe zur Selbsthilfe, abzuwenden oder auszugleichen.

Die zuständigen Leistungsträger sind verpflichtet, darauf hinzuwirken, daß jeder Berechtigte die ihm zustehenden Sozialleistungen in zeitgemäßer Weise, umfassend und schnell erhält, die zur Ausführung von Sozialleistungen erforderlichen sozialen Dienste und Einrichtungen rechtzeitig und ausreichend zur Verfügung stehen und der Zugang zu den Sozialleistungen möglichst einfach gestaltet wird, insbesondere durch Verwendung allgemein verständlicher Antragsvordrucke.

Innerhalb dieses Sozialleistungssystems nehmen die gesetzlichen Krankenkassen eine besondere Stellung ein, weil sie als Solidargemeinschaft die Aufgabe haben, die Gesundheit der bei ihnen Versicherten zu erhalten, wiederherzustellen oder ihren Gesundheitszustand zu bessern. Dabei sind die Versicherten für ihre Gesundheit mit verantwortlich. Sie sollen durch eine gesundheitsbewußte Lebensführung, durch frühzeitige Beteiligung an gesundheitlichen Vorsorgemaßnahmen sowie durch aktive Mitwirkung an Krankenbehandlung und Rehabilitation dazu beitragen, den Eintritt von Krankheit und Behinderung zu vermeiden oder ihre Folgen zu überwinden. Die Krankenkassen haben den Versicherten durch Aufklärung, Beratung und Leistungen zu helfen und auf gesunde Lebensverhältnisse hinzuwirken. Sie stellen den Versicherten die später zu beschreibenden Leistungen zur Verfügung, soweit diese nicht der Eigenverantwortung der Versicherten zugerechnet werden.

1.1 Grundsätze für die Leistungsgewährung

Die Versicherten erhalten die Leistungen als Geld- und Naturalleistungen. Geldleistungen haben zumeist den Charakter von Lohnersatzleistungen, wie z.B. das Kranken- oder Mutterschaftsgeld. Naturalleistungen werden entweder in der Sache selbst (z.B. als Arzneimittel) oder auch als Dienstleistung (z.B. als ärztliche Behandlung) zur Verfügung gestellt.

– Wirtschaftlichkeitsgebot

Die Leistungen müssen ausreichend, zweckmäßig und wirtschaftlich sein. Sie dürfen das Maß des Notwendigen nicht überschreiten. Leistungen, die nicht notwendig oder unwirtschaftlich sind, können Versicherte nicht beanspruchen, dürfen die Leistungserbringer nicht bewirken und die Krankenkassen nicht bewilligen. Deshalb haben Krankenkassen, Leistungserbringer und Versicherte stets darauf zu achten, daß die Leistungen wirksam und wirtschaftlich erbracht und nur im notwendigen Umfang in Anspruch genommen werden.

Daß der Gesetzgeber es mit den Sparsamkeitsgrundsätzen ernst meint, hat er noch einmal ausdrücklich bekräftigt, indem er die Geschäftsführer der Krankenkassen verstärkt in die Verantwortung nimmt. Wörtlich heißt es im § 12 Abs. 3 SGB V:

„Hat die Krankenkasse Leistungen ohne Rechtsgrundlage oder entgegen geltendem Recht erbracht und hat der Geschäftsführer hiervon gewußt oder hätte er hiervon wissen müssen, hat die zuständige Aufsichtsbehörde nach Anhörung des Geschäftsführers den Vorstand zu veranlassen, den Geschäftsführer auf Ersatz des aus der Pflichtverletzung entstandenen Schadens in Anspruch zu nehmen, falls der Vorstand das Regreßverfahren nicht bereits von sich aus eingeleitet hat."

Aus der Verpflichtung zum gesetzlichen und auch wirtschaftlichen Handeln darf nun keinesfalls der Schluß gezogen werden, daß für die in der GKV Versicherten das billigste gerade gut genug sei. Dieses Vorurteil hat aber seinen realistischen und authentischen Hintergrund. Immer mehr Berufsgruppen partizipieren an den Ausgaben der gesetzlichen Krankenversicherung. So ist an den Bilanzen der Krankenkassen eindeutig abzulesen, daß die Ausgaben für diejenigen Leistungen, die nicht von der Krankenkasse selbst, sondern durch Vertragspartner erbracht werden, von Jahr zu Jahr um ca. 10 v.H. gegenüber dem Vorjahr steigen. Die Ursachen hierfür sind vielfältig und bedürfen einer genauen Analyse. Die vorliegenden Ergebnisuntersuchungen auf den verschiedensten Gebieten sprechen dabei eine eindeutige Sprache. Kostensteigerungen allein sind nicht die Ursache. Hinzu kommen Mengenausweitungen, um nur zwei Gründe zu nennen. Tatsache ist jedenfalls, daß ganze Industrien und Berufsgruppen in der gesetzlichen Krankenversicherung ihre Märkte, Existenzgrundlagen, aber auch Gewinnmöglichkeiten sehen. Zum Teil ist das so gewollt und entspricht durchaus dem legalen Prinzip unserer sozialen Marktwirtschaft. Es geht aber nicht an, daß der Grundsatz einer sozialen, auf der Gemeinschaftsidee basierenden Versicherung dazu benutzt wird, den Wohlstand einiger zu vermehren. Dann ist es Aufgabe der Regierung, mit ihren Möglichkeiten staatlicher Lenkungsmechanismen dem Einhalt zu gebieten, damit die Belastungen der Beitragszahler in einem vernünftigen und finanzierbaren Rahmen bleiben. Das führt andererseits jedoch verständlicherweise zu Unmutsäußerungen derjenigen, die ihre Gewinne geschmälert sehen und die sich deshalb unter dem Vorwand mangelnder Leistungsversorgung an die Öffentlichkeit wenden. Die Schlagzeilen in den Medien geben ein Bild von der teils massiven, in der Sache aber oft unbegründeten Vorgehensweise einiger Interessengruppen.

Tatsache ist, daß durch die Gesundheitsreform 1989, zuletzt auch durch das Gesundheits-Strukturgesetz von 1993, Leistungsbegrenzungen vorgenommen wurden, die aber keineswegs den substantiellen Wert der gesetzlichen Krankenversicherung in Frage stellen. Vielmehr rückt der Gedanke der Prävention in den Vordergrund. Diese präventiven Leistungen sind in den letzten Jahren kontinuierlich ausgeweitet worden, verlangen aber auch die Mithilfe der Versicherten.

Tatsache ist auch, daß der Leistungskatalog der GKV beinahe schier unerschöpflich ist und entgegen mancher in Unkenntnis der Sache abgegebener Äußerungen bei weitem nicht nur den Grundbedarf an Leistungen sicherstellt. So beweist beispielsweise ein Blick in den Hilfsmittelkatalog der GKV diese Tatsache nachdrücklich. Aber auch die anderen Leistungen geben Zeugnis von der Richtigkeit dieser Aussage.

– Aufklärung, Beratung, Auskunft

Die materiellen Leistungen der Krankenkassen haben im allgemeinen bei den Versicherten Vorrang. Die Frage ist dabei, was beim Eintritt eines entschädigungspflichtigen Tatbestandes, wie Krankheit, Mutterschaft, Tod usw., an Leistungen zu erwarten ist. Solche Überlegungen gehen in die Richtung der Daseinsvorsorge und berühren unmittelbar. Qualitative Wertmaßstäbe sollten aber auch dort angelegt werden, wenn es darum geht, wie die Krankenkassen ihren Klientel diese Leistungen erbringen. Dazu gehören auch die Leistungen im immateriellen Bereich, wie Aufklärung, Beratung und Auskunft.

Nach dem Gesetz sind die Krankenkassen hierzu verpflichtet, denn Dienstleistungen nehmen in unserer Gesellschaft einen zunehmend breiten Raum ein. Das gilt auch für die öffentliche Verwaltung. Die Krankenkassen sind verpflichtet, im Rahmen ihrer Zuständigkeit die Bevölkerung über die Rechte und Pflichten nach dem Sozialgesetzbuch aufzuklären. Diese Aufklärung bezieht sich vornehmlich auf Informationen in den Medien über die Möglichkeit der Inanspruchnahme von Leistungen (z.B. Früherkennungsuntersuchungen) und deren Bedeutung. Diese Informationen sind meistens allgemein gehalten und wenden sich an die breite Öffentlichkeit.

Darüber hinaus hat jeder Versicherte einen Anspruch auf Beratung über seine Rechte und Pflichten nach dem Sozialgesetzbuch. Zuständig für diese Beratung sind die Leistungsträger, denen gegenüber die Rechte geltend zu machen oder die Pflichten zu erfüllen sind. Gerade der Bereich der Beratung stellt sehr hohe Anforderungen an die Qualität des Personals einer Krankenkasse. Hier beweist sich auch die Qualität der Aus-, Fort- und Weiterbildung, die Gradmesser für ein erfolgreiches Bestehen auf dem Krankenversicherungsmarkt ist.

Die gesetzlichen Krankenkassen sind auch verpflichtet, über alle sozialen Angelegenheiten Auskünfte zu erteilen. Diese Auskunftspflicht kann naturgemäß nicht so weit gehen, daß die Angestellten einer Krankenkasse über alle Details der sozialen Sicherung erschöpfend beraten. Dem trägt das Gesetz insoweit Rechnung, daß aber zumindest die Auskunftspflicht sich auf die Benennung der zuständigen Sozialleistungsträger erstreckt, die in allen Sach- und Rechtsfragen beraten können, die für die Auskunftssuchenden von Bedeutung sind. Dabei sind die Auskunftsstellen verpflichtet, untereinander und mit den anderen Leistungsträgern mit dem Ziel zusammenzuarbeiten, eine möglichst umfassende Auskunftserteilung sicherzustellen.

Die Wichtigkeit dieser Dienste war in der Vergangenheit mehrfach Streitobjekt in der Sozialgerichtsbarkeit, was die Bedeutung dieses Rechtsinstituts hervorhebt. Das Bundessozialgericht hat in seiner ständigen Rechtsprechung im Rahmen gelungener richterlicher Rechtsfortbildung das Rechtsinstitut des „sozialrechtlichen Herstellungsanspruchs“ geprägt. Das Gesetz selbst hat über die Wirkungen und Folgen fehlerhafter Beratungen und Auskünfte nichts gesagt. Gleichwohl können dem Versicherten hierdurch persönliche und dauerhafte wirtschaftliche Nachteile entstehen.

Wenn auch immer bei einer solchen Betrachtung auf die individuellen Verhältnisse des Einzelfalles abzustellen ist, hat das Bundessozialgericht im Ergebnis folgenden Leitsatz geprägt: „Stelle den Versicherten so, wie wenn ihm die Beratung richtig erteilt worden wäre.“

– **Kostenerstattung für freiwillige Mitglieder**

Das Sachleistungsprinzip gehört zu den Merkmalen der gesetzlichen Krankenversicherung. Neben den Geldleistungen mit Lohnersatzfunktion werden fast alle anderen Leistungen als Sach- oder Dienstleistungen zur Verfügung gestellt. Das hat den Sinn, daß der Versicherte nicht vorzuleisten und sich den verauslag ten Betrag erstatten zu lassen braucht, wie es größtenteils in der privaten Krankenversicherung vorgesehen ist. Die Krankenkasse darf anstelle der Sach- oder Dienstleistung Kosten nur erstatten, soweit es das Sozialgesetzbuch vorsieht.

Seit dem 1. 1. 1993 können freiwillige Mitglieder aller Krankenkassen sowie ihre familienversicherten Angehörigen anstelle der Sach- oder Dienstleistung Kostenerstattung wählen. Der Anspruch auf Erstattung besteht höchstens in Höhe der Vergütung, die die Krankenkasse bei Erbringung als Sachleistung zu tragen hätte. Die Satzung der Krankenkasse hat das Verfahren der Kostenerstattung zu regeln. Sie hat dabei ausreichende Abschläge vom Erstattungsbetrag für Verwaltungskosten und fehlende Wirtschaftlichkeitsprüfungen vorzusehen.

Was auf den ersten Blick für manch einen attraktiv aussieht, erweist sich bei näherem Hinsehen als Verlustgeschäft, es sei denn, man ist gewillt, finanzielle Einbußen in Kauf zu nehmen. Geht der Versicherte als Kassenpatient zum Arzt, rechnet der Arzt seine erbrachten Leistungen in Höhe der vereinbarten Gebührensätze mit der Kassenärztlichen Vereinigung ab. Der Versicherte bleibt von dem Abrechnungsverfahren unbehelligt. Außerdem muß der Arzt damit rechnen, daß seine Behandlungsweise durch die Kassenärztliche Vereinigung und Vertreter der Krankenkassen nach den Grundsätzen der Wirtschaftlichkeit überprüft wird. Läßt der Versicherte sich hingegen als Privatpatient behandeln, rechnet der Arzt eben privat mit ihm ab, zwar auch nach einer Gebührenordnung, aber meistens mit den höchstzulässigen Gebührensätzen. Der Versicherte erhält aber in diesem Falle nur die Kassensätze abzüglich eines Abschlages als Ausgleich für fehlende Wirtschaftlichkeitsprüfungen und für Verwaltungskosten als Bearbeitungsgebühr erstattet. Die Differenz kann, je nach Behandlungsfall, mehr als 50 v.H. betragen. Wer dennoch dieses Recht für sich in Anspruch nehmen möchte, muß wissen, daß er sich als „freiwillig versicherter Privatpatient“ dennoch nur durch zugelassene Kassenärzte behandeln lassen darf, will er einen Teil der Kosten von seiner Krankenkasse ersetzt bekommen.

– Ruhen des Anspruchs auf Leistungen

Trotz bestehender Mitgliedschaft zur Krankenkasse brauchen in bestimmten Fällen Leistungen nicht erbracht zu werden. Das Gesetz nennt diese Fälle im einzelnen und führt dazu folgendes aus:

Der Anspruch auf Leistungen ruht, solange Versicherte

- sich im Ausland aufhalten, und zwar auch dann, wenn sie dort während eines vorübergehenden Aufenthalts erkranken, soweit nichts Abweichendes bestimmt ist,
- Dienst aufgrund einer gesetzlichen Dienstpflicht leisten,
- nach dienstrechtlichen Vorschriften Anspruch auf Heilfürsorge haben oder als Entwicklungshelfer Entwicklungsdienst leisten,
- sich in Untersuchungshaft befinden oder gegen sie eine Freiheitsstrafe vollzogen wird.

Beim vorübergehenden Auslandsaufenthalt besteht zwar dem Grunde nach aufgrund zwischenstaatlicher Krankenversicherungsabkommen mit einer Reihe von Staaten Versicherungsschutz, jedoch zeigt die Erfahrung, daß dieser wegen mangelnder Zuverlässigkeit durch einen privaten Krankenversicherungsschutz ergänzt werden sollte.

– Leistungen bei Beschäftigung im Ausland

Versicherte, die im Ausland beschäftigt sind und während dieser Beschäftigung erkranken, erhalten die ihnen zustehenden Krankenversicherungsleistungen von ihrem Arbeitgeber. Dieses gilt auch für die familienversicherten Angehörigen, soweit sie den Versicherten für die Zeit der Beschäftigung begleiten oder besuchen.

Die Krankenkasse hat dem Arbeitgeber die ihm entstandenen Kosten bis zu der Höhe zu erstatten, in der sie ihr im Inland entstanden wären.

– Kostenübernahme bei Behandlung im Ausland

Ist nach dem Stand der medizinischen Erkenntnisse die Behandlung einer Krankheit nur im Ausland möglich, kann die Krankenkasse die Kosten der erforderlichen Behandlung ganz oder teilweise übernehmen. Der Anspruch auf Krankengeld ruht in einem solchen Fall nicht. Desweiteren kann die Krankenkasse neben der Behandlung noch weitere Kosten sowohl für den Versicherten als auch für eine erforderliche Begleitperson ganz oder teilweise übernehmen, z.B. Reisekosten.

Es kann vorkommen, daß Versicherten wegen einer Vorerkrankung oder wegen ihres Lebensalters für einen vorübergehenden Auslandsaufenthalt kein ausreichender privater Versicherungsschutz zur Verfügung gestellt wird. Ist während eines solchen vorübergehenden Auslandsaufenthaltes, z.B. bei Urlaubs- oder Besuchsreisen, eine Behandlung unverzüglich erforderlich, hat die Krankenkasse die Kosten der erforderlichen Behandlung zu übernehmen. Die Krankenkasse muß vor Beginn des Auslandsaufenthaltes festgestellt haben, daß ein privater Versicherungsschutz nicht möglich war. Die Kosten dürfen nur bis zu der Höhe, in der sie im Inland entstanden wären, und nur für längstens sechs Wochen im Kalenderjahr übernommen werden. Daneben ist stets zu prüfen, ob ein zwischenstaatliches Krankenversicherungsabkommen mit dem Reiseland besteht. Es ist dann davon auszugehen, daß die Behandlung als Kassenpatient erfolgt.

– Beginn und Ende des Leistungsanspruchs

Was den Beginn und das Ende der Leistungen betrifft, so gilt der Grundsatz, daß diese für die Dauer der Mitgliedschaft erbracht werden.

Dennoch sind Ausnahmen möglich. Endet nämlich die Mitgliedschaft Versicherungspflichtiger, besteht der Anspruch auf Leistungen längstens für einen Monat nach dem Ende der Mitgliedschaft, solange keine Erwerbstätigkeit ausgeübt wird. Unter Erwerbstätigkeit ist sowohl eine unselbständige Beschäftigung bei einem Arbeitgeber als auch eine selbständige Tätigkeit zu verstehen. Nur wenn insoweit der aus der Mitgliedschaft ausgeschiedene Versicherte allein auf den Schutz der gesetzlichen Krankenversicherung angewiesen ist, greift diese Ausnahmeregelung. Ist der Ausgeschiedene hingegen aufgrund eines Tatbestandes anderweitig Mitglied geworden, so besteht der Leistungsanspruch wegen der neuen Mitgliedschaft von deren Beginn an.

Bei freiwillig Versicherten endet der Leistungsanspruch zugleich mit dem Ende der Mitgliedschaft.

Endet die Mitgliedschaft durch Tod, erhalten die familienversicherten Angehörigen Leistungen längstens für einen Monat nach dem Tode des Mitglieds. Dabei ist es gleichgültig, ob der leistungsauslösende Tatbestand bereits vor dem Tode oder danach eingetreten ist. Diese Regelung gilt auch, wenn der Verstorbene freiwillig versichert war.

1.2 Die Leistungsarten

Bevor die einzelnen Leistungen nach Art, Umfang, Höhe und Dauer eingehend beschrieben werden, erscheint es angebracht, diese strukturell zu ordnen. Aus der Bezeichnung der jeweiligen Leistungsart ergibt sich somit bereits ein Überblick nach ihrer Zweckbestimmung. Es besteht ein Anspruch auf Leistungen

a) zur Förderung der Gesundheit und zur Verhütung sowie Früherkennung von Krankheiten,
b) zur Empfängnisregelung, bei Schwangerschaftsabbruch und Sterilisation,
c) zur Behandlung einer Krankheit,
d) bei Arbeitsunfähigkeit auf Krankengeld,
e) bei Schwangerschaft und Mutterschaft,
f) bei Schwerpflegebedürftigkeit und
g) auf Fahrkosten,

ferner besteht ein Anspruch auf Sterbegeld.

Auf Leistungen besteht kein Anspruch, wenn sie als Folge eines Arbeitsunfalles oder einer Berufskrankheit im Sinne der gesetzlichen Unfallversicherung zu erbringen sind.

2 Leistungen zur Förderung der Gesundheit und zur Verhütung von Krankheiten

Seit einigen Jahren hat sich in unserer Gesellschaft ein Wertewandel vollzogen, dessen Auswirkungen auch in den Leistungskatalog der gesetzlichen Krankenversicherung hineinreichen. Mehr Freizeit, verbunden mit mehr Lebensqualität, haben zu Verhaltensänderungen bei den Menschen geführt, das im besonderen Maße auch hinsichtlich gesundheitlicher Vorsorge. So kann es nicht mehr ausreichen, nur noch Fragen zu beantworten, die die Behandlung eingetretener Krankheiten zum Inhalt haben. Vielmehr werden immer mehr Maßnahmen der Gesundheitsförderung und der Krankheitsverhütung nachgefragt, was die Inanspruchnahme der auf diesem Gebiet angebotenen Leistungen der Krankenkassen bestätigt. Aber erst ein Zusammenwirken aller hierzu berufenen Institutionen, von den Sportvereinen über soziale und kommunale Einrichtungen bis hin zu den Krankenkassen, kann die vorhandenen Rahmenbedingungen positiv ausgestalten.

Den Krankenkassen obliegt die Aufgabe, ihre Versicherten allgemein über Gesundheitsgefährdungen und über die Verhütung von Krankheiten aufzuklären und darüber zu beraten, wie Gefährdungen vermieden und Krankheiten verhütet werden können. Sie sollen den Ursachen von Gesundheitsgefährdungen und Gesundheitsschäden nachgehen und auf ihre Beseitigung hinwirken.

2.1 Handlungsfelder zur Gesundheitsförderung und Krankheitsverhütung

Neben dieser allgemein formulierten Aufgabenstellung schreiben die gesetzlichen Vorschriften zunächst keine Handlungsfelder für konkrete Maßnahmen vor. Vielmehr bleibt es dem Ermessen der Krankenkassen vorbehalten, welche Leistungen sie anbieten und welchen Umfang diese haben sollen.

Je nach Situation, Bedarf und personellen sowie sachlichen Voraussetzungen können Maßnahmen dauerhaft oder zeitbezogen angeboten werden. Vielfach sehen die Krankenkassen in der Angebotspalette auch ein Wettbewerbsinstrument untereinander, was dazu führt, daß die Leistungen quantitativ und qualitativ meistens sehr hochwertig sind. Eigens hierfür beschäftigtes Personal verschafft den Versicherten optimale Möglichkeiten zur Gesunderhaltung in Form von Beratungen und besonderen Kursangeboten. Zu den Gesundheitsprogrammen gehören insbesondere Beratungen und Kurse auf folgenden Gebieten:

- Ernährung,
- Bewegung,
- Raucherentwöhnung,
- Streßbewältigung,
- Freizeitgestaltung,

wobei Inhalt, Art und Umfang der Durchführung innerhalb dieser Bereiche Variationen ermöglichen. Oft werden diese aktiven Maßnahmen durch aufklärendes Schriftenmaterial wirksam unterstützt. Weitergehende Leistungen sind ebenfalls durchaus denkbar. Dabei kann die Satzung auch Leistungen in Form von Zuschüssen vorsehen, z.B. dann, wenn die Krankenkasse nicht selbst die Leistung anbietet, sondern sich an Maßnahmen anderer Stellen beteiligt. So können Selbsthilfegruppen und Selbsthilfekontaktstellen mit gesundheitsfördernder oder rehabilitativer Zielsetzung durch Zuschüsse gefördert werden. Weitere Kostenbeteiligungen können die Satzungen der jeweiligen Krankenkassen vorsehen. Das gilt auch für Schutzimpfungen.

Die Krankenkassen sollen bei der Durchführung von Maßnahmen zur Gesundheitsförderung und Krankheitsverhütung mit den Kassenärztlichen Vereinigungen und mit auf diesem Gebiet bereits tätigen und erfahrenen Ärzten sowie anderen zuständigen Stellen eng zusammenarbeiten. Über die gemeinsame und einheitliche Durchführung von Maßnahmen können auf Landesebene zwischen den Beteiligten Rahmenvereinbarungen abgeschlossen werden.

2.2 Verhütung von Zahnerkrankungen

Die in den letzten Jahren sprunghaft gestiegenen Ausgaben für Zahnbehandlung und Zahnersatz haben den Gesetzgeber veranlaßt, die Vorbeugungsmaßnahmen auf dem Gebiet der Zahngesundheitspflege zu erweitern. Die Krankenkassen wären jedoch überfordert, wollten sie diese Aufgabe allein bewältigen. Kosten für Gesundheitspflege und Zahngesundheitspflege können nicht allein der Versichertengemeinschaft angelastet werden. Volksgesundheit ist ein Gut, das alle angeht, auch den Staat mit allen seinen zuständigen Stellen. Deshalb haben die Krankenkassen im Zusammenwirken mit den Zahnärzten und den für die Zahngesundheitspflege in den Ländern zuständigen Stellen (u.a. Gesundheitsämter) gemeinsam und einheitlich Maßnahmen zur Erkennung und Verhütung von Zahnerkrankungen ihrer Versicherten, die das 12. Lebensjahr noch nicht vollendet haben, zu fördern und sich an den Kosten zu beteiligen. Diese Maßnahmen sollen vorrangig in Gruppen, insbesondere in Kindergärten und Schulen, durchgeführt werden.

Ergänzend zur vorstehenden Regelung der sogenannten Gruppenprophylaxe wird vorgeschrieben, daß sich Versicherte, die das 6., aber noch nicht das 20. Lebensjahr vollendet haben, zur Verhütung von Zahnerkrankungen einmal in jedem Kalenderhalbjahr zahnärztlich untersuchen lassen können (Individualprophylaxe). Der Bundesausschuß der Zahnärzte und Krankenkassen bestimmt in Richtlinien das Nähere über Art, Umfang und Nachweis der Untersuchungen. Die Untersuchungen erstrecken sich auf das Zahnfleisch, die Aufklärung über Krankheitsursachen, Mundhygiene und Karieserkrankungen sowie auf Maßnahmen zur Schmelzhärtung der Zähne.

2.3 Medizinische Vorsorgeleistungen

Zum Zwecke präventiver Medizin werden ärztliche Behandlung, Arznei-, Verband-, Heil- und Hilfsmittel erbracht, wenn diese notwendig sind,

1. eine Schwächung der Gesundheit, die in absehbarer Zeit voraussichtlich zu einer Krankheit führen würde, zu beseitigen,
2. einer Gefährdung der gesundheitlichen Entwicklung eines Kindes entgegenzuwirken oder
3. Pflegebedürftigkeit zu vermeiden.

Unter Berücksichtigung des Wirtschaftlichkeitsgebotes muß zunächst davon ausgegangen werden, daß diese Leistungen als ambulante Vorsorgeleistungen am Wohnort zur Verfügung zu stellen sind. Stellt sich heraus oder ist von vornherein absehbar, daß ambulante am Wohnort zu erbringende Leistungen nicht ausreichen, kann die Krankenkasse aus medizinischen Gründen erforderliche Maßnahmen in Form einer ambulanten Vorsorgekur erbringen. Die Satzung der Krankenkasse kann zu den übrigen Kosten der Kur einen Zuschuß von bis zu 15 DM täglich vorsehen. Hierzu zählen die Kosten für die Unterkunft und Verpflegung sowie die Kosten der An- und Abreise und die Kurtaxe.

Bei einer solchen ambulanten Vorsorgekur handelt es sich um Maßnahmen zur Krankheitsverhütung, die sich aufgrund der medizinischen und heiltherapeutischen Möglichkeiten des in Frage kommenden Kurortes positiv auswirken können. Hierzu gehören auch spezielle Bäder, Heilwässer, Heilpackungen und die klimatischen Bedingungen. Oftmals stellt sich erst im Zusammenwirken mehrerer Anwendungen ein medizinisicher Erfolg ein. Neben rein medizinischen Maßnahmen können verhaltenstherapeutische Angebote wie Ernährungsberatung usw. einen dauerhaften Erfolg bringen. Auch diese Leistungen sind Bestandteil der ambulanten Vorsorgekur und werden, ebenso wie die ärztlich verordneten Anwendungen, unter Berücksichtigung einer Eigenbeteiligung des Versicherten durch die Krankenkassen übernommen.

Solche ambulanten Vorsorgekuren können grundsätzlich nur in staatlich anerkannten Heilbädern und Kurorten erbracht werden, in denen eine badeärztliche Betreuung und entsprechende Heilmittelanwendungen sichergestellt sind.

Läßt sich nach ärztlichem Gutachten ein Behandlungserfolg weder durch eine ambulante Vorsorgeleistung am Wohnort noch durch eine ambulante Vorsorgekur erreichen, kann die Krankenkasse stationäre Behandlung mit Unterkunft und Verpflegung in einer Vorsorgeeinrichtung erbringen. Da mit einer solchen Vorsorgeeinrichtung ein Vertrag bestehen muß, sind die Wünsche des Versicherten bei der Wahl dieser Einrichtung nicht immer zu erfüllen.

Die Leistungsdauer soll bei ambulanten Vorsorgekuren und stationärer Behandlung in einer Vorsorgeeinrichtung längstens vier Wochen betragen und nicht vor Ablauf von drei Jahren erneut erbracht werden. Eine Verlängerung ist im Einzelfall möglich, wenn sie ausreichend medizinisch begründet ist.

– Antragstellung und Kostenbeteiligung des Versicherten

Ob und ggf. in welcher Höhe die Krankenkasse sich an den Kosten einer ambulanten Vorsorgekur beteiligt, ist in ihr Ermessen gestellt. Das heißt, sie muß aufgrund der vorliegenden Befunde unter Zugrundelegung eines ärztlichen Behandlungsplanes durch den Medizinischen Dienst der Krankenversicherung die Notwendigkeit dieser Vorsorgeleistung prüfen lassen. Diese Prüfpflicht durch den Medizinischen Dienst soll sicherstellen, daß alle Krankenkassen solche Kurmaßnahmen nach gleichen Bewertungsmaßstäben beurteilen. Nur in seltenen Fällen kann von der Begutachtung durch den Medizinischen Dienst abgesehen werden, so z.B., wenn die Indikation eine Begutachtung nicht notwendig erscheinen läßt. Wird die Durchführung einer Kur befürwortet, hat die Krankenkasse sich nach einheitlichen Maßstäben für alle ihre Versicherten an den Kosten zu beteiligen.

Aus alledem wird verständlich, daß der Versicherte vor dem Beginn einer Kur diese mit einer eingehenden ärztlichen Begründung bei seiner Krankenkasse beantragen muß.

Die entstehenden Kosten lassen sich nicht einheitlich quantifizieren. Sie hängen von dem Umfang der ärztlich verordneten Kurmittel, den Unterbringungs- und Verpflegungskosten, der Kurtaxe, den Reisekosten und dem Zuschuß der Krankenkasse ab. Es empfiehlt sich also, die nötigen Auskünfte vorher bei der Krankenkasse einzuholen.

Anders verhält es sich bei der stationären Behandlung in einer Vorsorgeeinrichtung. Der Medizinische Dienst wird zwar auch hier vorher sein Gutachten abgeben, die Kosten werden aber allesamt von der Krankenkasse getragen, mit Ausnahme einer Zuzahlung durch den Versicherten. Für die Dauer der stationären Behandlung in der Vorsorgeeinrichtung haben Versicherte, die das 18. Lebensjahr vollendet haben, eine Zuzahlung in Höhe von 11 DM je Kalendertag zu leisten (im Beitrittsgebiet 8 DM). Vom 1. 1. 1994 an beträgt die Zuzahlung 12 DM (im Beitrittsgebiet 9 DM). Der Gesamtbetrag ist von der Vorsorgeeinrichtung einzuziehen und an die Krankenkasse weiterzuleiten. Unter Berücksichtigung der wirtschaftlichen Verhältnisse ist eine Befreiung von der Zuzahlung möglich.

2.4 Vorsorgekuren für Mütter

Die Krankenkasse kann unter den bereits genannten Voraussetzungen aus medizinischen Gründen erforderliche Maßnahmen in Form einer Vorsorgekur in einer Einrichtung des Müttergenesungswerkes oder einer gleichartigen Einrichtung erbringen. Die Satzung der Krankenkasse kann vorsehen, daß die Kosten der Kur übernommen werden oder dazu ein Zuschuß gezahlt wird. Werden die Kosten voll übernommen, ist ein Eigenanteil in Höhe von 11 DM je Kalendertag zu leisten (im Beitrittsgebiet 8 DM). Vom 1. 1. 1994 an beträgt die Zuzahlung 12 DM (im Beitrittsgebiet 9 DM). Auch hier ist unter Berücksichtigung der wirtschaftlichen Verhältnisse eine Befreiung von der Zuzahlung möglich.

2.5 Leistungen zur Früherkennung von Krankheiten

Diese Leistungsart nimmt seit vielen Jahren einen besonderen Stellenwert im Leistungskatalog der gesetzlichen Krankenkassen ein. Mit ihr verbindet sich der Gedanke der Vorsorge schlechthin.

Sie ist der eigentliche Vorläufer aller späteren Vorsorgemaßnahmen. Mit ihr begannen vor ca. 20 Jahren die großen Aufklärungsmaßnahmen, zunächst der Allgemeinen Ortskrankenkassen, später aber auch aller anderen Kassenarten.

Welcher Zweck mit diesen Maßnahmen verfolgt wird, erklärt sich aus ihrer Bezeichnung. Sie dienen der möglichst frühen Erkennung von Krankheiten. Bestimmend hierfür ist die Einsicht, daß die Behandlung einer Krankheit am ehesten Erfolg verspricht, wenn sie möglichst schon im Anfangsstadium beginnt. Ganz abgesehen davon, wird sie dann in den meisten Fällen auch die geringsten Kosten verursachen. Neben dem Zweck der Früherkennung steht als Hauptzweck die Frühbehandlung der Krankheit.

Auch diese Leistungsart ist im Laufe der Jahre entsprechend der medizinischen Erkenntnisse und des medizinischen Fortschritts ihrem Inhalt nach stets weiter ausgedehnt worden. Trotz ihrer jedermann bekannten absoluten Bedeutung erfreuen sich diese so wichtigen Untersuchungen nicht gerade großer Beliebtheit in der Bevölkerung, was die Untersuchungszahlen leider unwiderlegbar beweisen. Das mag einerseits daran liegen, daß die Untersuchungen zur Krebsfrüherkennung sowohl bei Frauen als auch bei Männern unangenehme momentane Wirkungen erzeugt haben, andererseits aber auch auf Bequemlichkeit beruhen. Solange keine wahrnehmbaren Beschwerden auftreten, ist das verständlich. Andererseits sei an dieser Stelle mit Hinblick auf mögliche Folgen eindringlichst an die Notwendigkeit solcher Untersuchungen appelliert.

– **Voraussetzungen und Art der Untersuchungen**

Versicherte ab vollendetem 35. Lebensjahr haben jedes zweite Jahr Anspruch auf eine ärztliche Gesundheitsuntersuchung zur Früherkennung von Krankheiten, insbesondere zur Früherkennung von Herz-, Kreislauf- und Nierenerkrankungen sowie der Zuckerkrankheit. Dagegen können Untersuchungen zur Früherkennung von Krebserkrankungen einmal jährlich durchgeführt werden, und zwar bei Frauen vom Beginn des 20. und bei Männern vom Beginn des 45. Lebensjahres an.

Die Krankenkassen haben nach wie vor ein besonderes Interesse daran, diese Untersuchungen ihren Versicherten nahezubringen, und unterstützen die Inanspruchnahme, indem sie vielfach jedem Versicherten zu Beginn des Kalenderjahres einen entsprechenden Berechtigungsschein dem Krankenscheinheft beilegen.

Versicherte Kinder haben bis zur Vollendung des 6. Lebensjahres Anspruch auf Untersuchungen zur Früherkennung von Krankheiten, die ihre körperliche oder geistige Entwicklung in nicht geringfügigem Maße gefährden. Diese Früherkennungsmaßnahmen umfassen insgesamt 9 Untersuchungen in den ersten 6 Lebensjahren. Die Untersuchungen können nur in den jeweils angegebenen Zeiträumen unter Berücksichtigung folgender Toleranzgrenzen in Anspruch genommen werden:

Untersuchungsstufe		Toleranzgrenze
U 1	unmittelbar nach der Geburt	– –
U 2	3. – 10. Lebenstag	3. – 14. Lebenstag
U 3	4. – 6. Lebenswoche	3. – 8. Lebenswoche
U 4	3. – 4. Lebensmonat	2. – 4 1/2 Lebensmonat
U 5	6. – 7. Lebensmonat	5. – 8. Lebensmonat
U 6	10. – 12. Lebensmonat	9. – 13. Lebensmonat
U 7	21. – 24. Lebensmonat	20. – 27. Lebensmonat
U 8	43. – 48. Lebensmonat	43. – 50. Lebensmonat
U 9	60. – 64. Lebensmonat	58. – 66. Lebensmonat

3 Empfängnisregelung, Schwangerschaftsabbruch und Sterilisation

3.1 Empfängnisregelung

Der Leistungsanspruch gegenüber den Krankenkassen erstreckt sich auf ärztliche Beratung über Fragen der Empfängnisregelung. Zur ärztlichen

Beratung gehören auch die erforderliche Untersuchung und die Verordnung von empfängnisregelnden Mitteln. Versicherte bis zum vollendeten 20. Lebensjahr haben Anspruch auf Versorgung mit empfängnisverhütenden Mitteln, soweit sie ärztlich verordnet werden. Dagegen trägt die Krankenkasse für Versicherte nach vollendetem 20. Lebensjahr nur die Kosten der ärztlichen Beratung einschließlich der Untersuchung und der Verordnung, nicht jedoch das Mittel selbst.

Die Motive für die Inanspruchnahme einer Beratung über Fragen der Empfängnisregelung sind unerheblich. Anspruch auf diese Leistung haben weibliche und männliche Versicherte. Findet eine gemeinsame Beratung der Partner statt, von denen einer nicht versichert ist, gehen nur die Leistungen für den versicherten Partner zu Lasten der Krankenkasse.

Die ärztliche Beratung kann sowohl die Empfängnisverhütung als auch die Herbeiführung einer Schwangerschaft zum Inhalt haben. Sie umfaßt medizinische, auf den Beratungssuchenden bezogene Informationen über Sexualaufklärung, Verhütung und Familienplanung. Empfängnisregelnde Mittel sind sowohl Mittel zur Empfängnisverhütung als auch zur Empfängnisermöglichung. Zu den empfängnisverhütenden Mitteln gehört in erster Linie die „Antibabypille“. Welches Mittel der Arzt verordnet, muß er nach der erforderlichen Untersuchung in Abstimmung mit der Patientin entscheiden.

Kosten für Verhütungsmittel, zu deren Abgabe eine ärztliche Verordnung nicht erforderlich ist, können grundsätzlich nicht erstattet werden. Für die verordneten Mittel gilt die später noch ausführlich zu erläuternde Zuzahlungsregelung für Arzneimittel. Das heißt, daß Versicherte, die das 18. Lebensjahr vollendet haben, eine Zuzahlung an die abgebende Stelle (Apotheke) zu leisten haben, im all gemeinen je nach Packungsgröße 3 DM, 5 DM oder 7 DM.

3.2 Schwangerschaftsabbruch

Die Übernahme der Kosten für die medizinischen Leistungen eines Schwangerschaftsabbruchs müssen vor dem Hintergrund des Strafrechts gesehen werden. Nur eine weitergehende Betrachtung erlaubt es, die neue Rechtsentwicklung zu verstehen, von der auch das Leistungsrecht der gesetzlichen Krankenversicherung betroffen ist. Es soll hier der Versuch unternommen werden, diese überaus komplexe Rechtsmaterie in der gebotenen Kürze allgemeinverständlich darzulegen. Dazu gehört auch eine Erläuterung der bisherigen Rechtslage.

Durch die in den 70er Jahren vermehrt ausgelöste Diskussion über die Strafbarkeit eines Schwangerschaftsabbruchs (§§ 218ff Strafgesetzbuch) wurde der Gesetzgeber letztendlich veranlaßt, diese Vorschriften neu zu fassen bzw. zu ergänzen. Als Folge verschiedener hierzu ergangener Strafrechts-Ergänzungsgesetze wurde als flankierende Maßnahme die Übernahme der Kosten der gesetzlichen Krankenversicherung übertragen. Auf der Basis eines nichtrechtswidrigen Schwangerschaftsabbruchs gingen fortan die Kosten für den Eingriff und andere diesbezügliche Folgekosten (z.B. Krankenhausbehandlung, wirtschaftliche Absicherung) zu Lasten der Krankenkassen, soweit eine Mitgliedschaft bestand. Der Zweck für die Übernahme der Leistungen war, die Ziele der damals neuen Gesetzgebung durch medizinische und wirtschaftliche Maßnahmen wirksam zu unterstützen.

Demnach hatten die Krankenkassen die Kosten grundsätzlich zu übernehmen, wenn der Schwangerschaftsabbruch nicht rechtswidrig und damit straffrei war.

Diese Indikationen lagen in folgenden Fällen vor:

a) Die Schwangere mußte dem Schwangerschaftsabbruch einwilligen.
b) Der Abbruch der Schwangerschaft mußte unter Berücksichtigung der gegenwärtigen und zukünftigen Lebensverhältnisse der Schwangeren nach ärztlicher Erkenntnis die einzige Möglichkeit sein, um eine Gefahr für das Leben oder die Gefahr einer schwerwiegenden Beeinträchtigung des körperlichen oder seelischen Gesundheitszustandes der Schwangeren abzuwenden (medizinisch-soziale Indikation). Eine zeitliche Begrenzung für den Abbruch war nicht vorgesehen.
c) Nach ärztlicher Erkenntnis mußten dringende Gründe für die Annahme sprechen, daß das Kind infolge einer Erbanlage oder schädlicher Einflüsse vor der Geburt an einer nicht behebbaren Schädigung seines Gesundheitszustandes leiden würde, die so schwer wiegt, daß von der Schwangeren die Fortsetzung der Schwangerschaft nicht verlangt werden konnte (eugenische-kindliche-Indikation). Die Befristung für den Abbruch galt bis zum Ende der 22. Woche der Schwangerschaft.
d) An der Schwangeren wurde eine rechtswidrige Tat (Vergewaltigung) begangen, wobei dringende Gründe für die Annahme sprachen, daß

die Schwangerschaft auf der Tat beruhte (kriminologische Indikation). Die Befristung galt bis zum Ende der 12. Woche.

e) Der Abbruch der Schwangerschaft mußte angezeigt sein, um von der Schwangeren die Gefahr einer Notlage abzuwenden, die
   – so schwer war, daß von der Schwangeren die Fortsetzung der Schwangerschaft nicht verlangt werden konnte und
   – nicht auf eine andere, für die Schwangere zumutbare Weise abgewendet werden konnte (Notlagenindikation). Hier galt ebenfalls die Befristung bis zum Ende der 12. Woche.

Ohne auf die Einzelheiten des Strafrechts eingehen zu wollen, ist im Ergebnis festzustellen, daß die Schwangere sich mindestens 3 Tage vor dem Eingriff wegen der Frage des Abbruchs ihrer Schwangerschaft an einen Berater (Beratungsstelle) wenden mußte, um dort über die zur Verfügung stehenden öffentlichen und privaten Hilfen beraten zu werden, z.B. „Pro familia", Caritas, Diakonisches Werk, Humangenetische Beratungsstellen usw.

In der Folge hat sich das Bundesverfassungsgericht mehrfach mit der Frage eines nichtrechtswidrigen Schwangerschaftsabbruchs befaßt, zuletzt mit Urteil vom 28. 5. 1993. Danach ergibt sich teilweise eine neue Rechtslage, von der wiederum auch die gesetzliche Krankenversicherung betroffen ist. Die in den Medien pauschal veröffentlichte These „Abtreibung auf Krankenschein unzulässig" ist juristisch so nicht haltbar und bedarf einer differenzierteren Betrachtung. Das Bundesverfassungsgericht hat zwar die Fristenregelung mit Beratungspflicht teilweise für verfassungswidrig erklärt, bis zur nunmehr notwendigen Neuregelung aber eine Übergangsregelung festgesetzt, die am 16. 6. 1993 in Kraft trat. Hiernach sind Schwangerschaftsabbrüche rechtswidrig, bleiben aber in den ersten drei Monaten nach dem Eingriff straflos, wenn sie auf Verlangen der Frau von einem Arzt vorgenommen werden. Die Frau muß dem Arzt durch eine Bescheinigung nachweisen, daß sie sich mindestens drei Tage vor dem Eingriff von einer anerkannten Beratungsstelle hat beraten lassen.

Krankenkassen dürfen fortan nur noch Leistungen erbringen, wenn eine

– durch Vergewaltigung herbeigeführte Schwangerschaft,
– eine Schwangerschaft, die mit der Gefahr für Leib und Leben der Schwangeren verbunden ist, oder
– die Gefahr einer nicht behebbaren Schädigung des Kindes

vorliegt. Folglich ist ein Abbruch der Schwangerschaft, der bisher die persönlichen und sozialen Beweggründe der Frau berücksichtigte, nicht mehr zulässig und löst Leistungen der gesetzlichen Krankenversicherung nicht mehr aus.

3.3 Sterilisation

Ebenso wie beim Schwangerschaftsabbruch dürfen Krankenkassen auch bei Sterilisation nur dann Leistungen erbringen, wenn diese nicht rechtswidrig ist. Bei einer Sterilisation wird immer davon ausgegangen werden können, daß sie nicht rechtswidrig ist, wenn sie auf eigenem freien Entschluß der Person beruht. Die Leistungen beziehen sich selbstverständlich sowohl auf männliche als auch auf weibliche Versicherte. Medizinische Leistungen, die vor dem Eingriff erbracht worden sind, muß die Krankenkasse auch dann übernehmen, wenn es nicht zu einer Sterilisation kommt.

4 Leistungen bei Krankheit

Die wohl am häufigsten von den Versicherten benötigten Leistungen der gesetzlichen Krankenversicherung sind diejenigen, welche die Beseitigung einer Krankheit zum Ziele haben, nämlich die Krankenbehandlung. Diese Leistungen erhält der Versicherte, wenn sie notwendig sind, um eine Krankheit zu erkennen, zu heilen, ihre Verschlimmerung zu verhüten oder Krankheitsbeschwerden zu lindern. Die Krankenbehandlung umfaßt

- ärztliche Behandlung,
- zahnärztliche Behandlung einschließlich der Versorgung mit Zahnersatz,
- Versorgung mit Arznei-, Verband-, Heil- und Hilfsmitteln,
- häusliche Krankenpflege und Haushaltshilfe,
- Krankenhausbehandlung,
- medizinische und ergänzende Leistungen zur Rehabilitation sowie Belastungserprobung und Arbeitstherapie.

Zur Krankenbehandlung gehören auch Leistungen zur Herstellung der Zeugungs- oder Empfängnisfähigkeit, wenn diese Fähigkeit nicht vorhanden war oder durch Krankheit verlorengegangen ist.

Der leistungsauslösende Tatbestand für die genannten Leistungen ist also immer eine Krankheit, wobei dieser Begriff im unterschiedlichen Sinne definiert wird. Unter Krankheit im medizinischen Sinne ist bereits jedes Abweichen vom Leitbild des gesunden Menschen zu verstehen, unabhängig davon, ob diese Krankheit ärztliche Behandlung erfordert. Krankheit im versicherungsrechtlichen Sinne hingegen liegt dann vor, wenn die Abweichung vom gesunden körperlichen, geistigen oder seelischen Zustand ärztliche Behandlung erforderlich macht. Erst im letzteren Falle werden damit zugleich Ansprüche gegen die Krankenkasse ausgelöst. Vom Zustand der Krankheit zu unterscheiden ist das Gebrechen. Zwar liegt auch gewiß ein regelwidriger nicht normaler Zustand vor, der aber an und für sich nicht behandelt zu werden braucht. Erst wenn dieses Gebrechen weitergehende Beschwerden verursacht und ärztliche Hilfe zur Behebung derselben angezeigt erscheint, ist dieser Teil der Verschlimmerung als Krankheit im versicherungsrechtlichen Sinne zu bezeichnen.

Beispiel
Eine Beinverkürzung bereitet im allgemeinen keine Beschwerden. Die damit einhergehenden besonderen, ggf. vorübergehenden Belastungen für die Hüfte verursachen Schmerzen, so daß nun eine behandlungsbedürftige Krankheit vorliegt.

4.1 Ärztliche Behandlung

Sie umfaßt die Tätigkeit des Arztes, die zur Verhütung, Früherkennung und Behandlung von Krankheiten nach den Regeln der ärztlichen Kunst und den Erkenntnissen der medizinischen Wissenschaft ausreichend und zweckmäßig ist. Zur ärztlichen Behandlung gehört auch die Hilfeleistung anderer Personen, die von dem Arzt angeordnet und von ihm zu verantworten ist, also in seinem Einflußbereich liegt und unter seiner Aufsicht steht.

Der Arzt spielt in unserem Gesundheitswesen die zentrale Rolle, da er fast ausnahmslos die erste Anlaufstelle ist, wenn es um die Behandlung einer Krankheit geht. Von seiner Diagnose und der von ihm für richtig befundenen Therapie hängt nicht nur oft der Heilungsprozeß und weitere Verlauf der Krankheit ab, sondern auch die weitere Kostenentwicklung. Es wäre sachlich nicht gerechtfertigt, die Ärzteschaft für die negative kostenmäßige Entwicklung im Gesundheitswesen verantwortlich zu machen. Das ist auch nicht gewollt, denn zu viele andere Faktoren sind hierfür mitbestimmend. Mit dieser Feststellung sollte lediglich verdeutlicht werden, daß dem Arzt neben seiner medizinischen Aufgabe auch im System der gesetzlichen wie auch privaten Krankenversicherung große Verantwortung übertragen worden ist. Seine Rechtsstellung innerhalb dieser Systeme wird im folgenden Kapitel beschrieben.

4.2 Arznei- und Verbandmittel

Zu den absolut ausgabeträchtigen Posten gehören die Arznei- und Verbandmittel. Einmal ganz abgesehen von ihrem unbestreitbaren therapeutischen Nutzen war der Arzneimittelbereich sowohl bei den Vorbereitungen zum Gesundheitsreform-Gesetz 1989 als auch zum Gesundheits-Strukturgesetz 1993 ständiger Zankapfel zwischen der Pharmaindustrie und den gesetzesvorbereitenden Ministerien. So heißt es in der amtlichen Begründung zum Gesetzentwurf des Gesundheits-Strukturgesetzes wörtlich:

„Die Ausgaben der GKV für Arzneimittel sind von 20,2 Mrd. DM im Jahr 1989 auf 24,5 Mrd. DM im Jahr 1991 gestiegen. Gegenüber 1990 lagen die Leistungsausgaben je Mitglied mit 9,9 % und auch im 1. Halbjahr 1992 mit 8,9 % noch doppelt so hoch wie der Anstieg der jeweiligen beitragspflichtigen Einnahmen der Versicherten. Nach einem Rückgang im Jahr 1989 hat sich die expansive Ausgabenentwicklung wie vor Inkrafttreten des GRG fortgesetzt. Dazu haben vor allem die steigende Zahl von Verordnungen durch niedergelassene Ärzte, die Veränderung des Wertes je Verordnung, die Zunahme von verordneten Großpackungen, aber auch die unzureichende Umsetzung der Vorschriften des GRG beigetragen.

...

Deshalb sieht der Gesetzentwurf bei der Arzneimittelversorgung weitergehende strukturverändernde Maßnahmen vor, die zu einer Ausgabendämpfung und wirtschaftlichen Verordnungsweise beitragen werden.“

Bereits durch das GRG 1989 hat der Gesetzgeber der Kostenflut im Arzneimittelbereich entgegensteuern wollen, zunächst auch mit Erfolg. Er hat der Pharmaindustrie und den gesetzlichen Krankenkassen verordnet, für bestimmte Arzneimittelgruppen Festbeträge festzulegen, die dann auch nur bis zu dieser Höhe von den Krankenkassen übernommen werden dürfen. Die Festbeträge sind so festzusetzen, daß sie im allgemeinen eine ausreichende, zweckmäßige und wirtschaftliche sowie in der Qualität gesicherte Versorgung gewährleisten. Damit sollte auch der wachsenden Flut von Arzneimittelprodukten Einhalt geboten werden.

Im Jahre 1993 gestaltet sich für den Versicherten die Situation wie folgt:

Für ein Arznei- oder Verbandmittel, für das ein Festbetrag festgesetzt ist, trägt die Krankenkasse die Kosten bis zur Höhe dieses Betrages, für andere Arznei- oder Verbandmittel die vollen Kosten, jeweils abzüglich der vom Versicherten zu leistenden Zuzahlung. Versicherte, die das 18. Lebensjahr vollendet haben, leisten an die abgebende Stelle (Apotheke) zu jedem zu Lasten der gesetzlichen Krankenversicherung verordneten Arznei- und Verbandmittel als Zuzahlung bei einem Apothekenabgabepreis

- bis 30 DM 3 DM, jedoch nicht mehr als die Kosten des Mittels,
- über 30 DM bis zu 50 DM 5 DM,
- über 50 DM 7 DM.

Wenn der Apothekenabgabepreis höher ist als der für dieses Arznei- oder Verbandmittel festgesetzte Festbetrag, tritt für die Berechnung der Zuzahlung der Festbetrag an die Stelle des Apothekenabgabepreises. Wurde für eine Gruppe von Arzneimitteln bereits ein Festbetrag festgesetzt, verschreibt der Arzt jedoch ein Arznei- oder Verbandmittel, dessen Preis den Festbetrag übersteigt, hat der Versicherte die Differenzkosten zwischen Festbetrag und tatsächliche Kosten für das Arznei- oder Verbandmittel selbst zu tragen. Die Krankenkasse erfüllt ihre Leistungspflicht mit dem Festbetrag.

Ab 1. 1. 1994 beträgt die Zuzahlung zu jedem zu Lasten der gesetzlichen Krankenversicherung verordneten Arznei- und Verbandmittel für kleine Packungsgrößen 3 DM je Packung, jedoch nicht mehr als die Kosten des Mittels, für mittlere Packungsgrößen 5 DM je Packung und für große Packungsgrößen 7 DM je Packung. Die Einordnung der Packungsgrößen in diesem Sinne bestimmt der Bundesminister für Gesundheit durch Rechtsverordnung.

– **Arzneimittelbudget**

Ein wirksames Instrument, die Kostenflut im Arzneimittelbereich einzudämmen, sieht die Bundesregierung in der Budgetierung dieser Ausgaben. Das heißt nichts anderes, als daß das Volumen der zu Lasten der gesetzlichen Krankenversicherung verordneten Arzneimittel begrenzt wird. Damit hat die Bundesregierung zum vorläufig letzten und einschneidensten Instrument möglicher Kostenreglementierungen gegriffen. Das hat in der Öffentlichkeit bis hin in die Arztpraxen zu mancherlei Ärger und Verdruß bei allen Beteiligten, allerdings vor unterschiedlichem Hintergrund, geführt. Dieser Ärger sollte aber zumindest aus der Sicht der Versicherten unbegründet sein. Es war nachweislich nicht die Absicht des Gesetzes, Qualitätsverluste in der Arzneimittelversorgung zu bewirken, so daß jeder Versicherte nach wie vor einen Anspruch auf die Verordnung wirksamer Medikamente entsprechend seinem Krankheitsbild hat. Alle anderslautenden Aufklärungsversuche, durch wen auch immer, sind irreführend und entsprechen nicht den Tatsachen.

Gewollt ist aber, daß auch die Pharmaindustrie einen Solidarbeitrag zur Kostendämpfung zu leisten hat, denn im internationalen Vergleich sind die Arzneimittelpreise in Deutschland hoch. Wie die Vertreter der Bundesregierung in der Ver gangenheit immer wieder betont haben, ist aber die gesetzliche Krankenversicherung kein Selbstbedienungsladen. Gleichzeitig sollte mit der Budgetierung eine Mengenausweitung verhindert werden, indem der die Arzneimittel verordnende Arzt zur erhöhten Sorgfalt verpflichtet wird. Aber auch die Patienten sollten sich in ihrer Rolle als Verbraucher und damit als Träger kostendämpfender Maßnahmen ihrer Verantwortung bewußt sein.

Ob und inwieweit die von der Bundesregierung ergriffenen Maßnahmen dauerhafte Wirkung erzeugen, bleibt abzuwarten. Jedenfalls gingen die Ausgaben für Arzneimittel im 1. Quartal 1993 gegenüber dem Vergleichszeitraum 1992 in Westdeutschland um 22,3 v.H. und in Ostdeutschland um 14,3 v.H. zurück. Andere Statistiken sprechen von 22,9 v.H. bzw. 12,6 v.H. Rückgang. Allerdings war im März 1993 die Zahl der Verordnungen mit 63,7 Millionen nur noch rund 6 v.H. geringer als im März 1992, was als Indiz für einen künftigen Ausgabenanstieg auch bei den Kosten gewertet werden kann.

4.3 Heil- und Hilfsmittel

Die Differenzierung dieser beiden Begriffe ist im allgemeinen einerseits hinsichtlich ihres therapeutischen Nutzens, andererseits ihres zeitlichen Anwendungsbereichs zu verstehen, was aus der jeweiligen Bezeichnung bereits geschlossen werden kann. So werden nach herkömmlicher Auffassung Heilmittel während des Heilungsprozesses angewendet, Hilfsmittel dagegen nach beendeter Heilbehandlung, oft als teilweiser Ausgleich eines nicht mehr medizinisch beeinflußbaren Zustandes. Diese grobe und nicht immer zutreffende Unterscheidung soll lediglich das Verständnis für die unterschiedlichen Funktionen wecken. Dennoch ergeben sich für den Versicherten auch hier unterschiedliche Auswirkungen versicherungsrechtlicher und finanzieller Art.

– Heilmittel

Es besteht ein Anspruch auf die Versorgung mit Heilmitteln, sofern diese nicht von der Verordnung zu Lasten der Krankenkassen ausgeschlossen sind. Bei den Heilmitteln handelt es sich um Dienstleistungen. Diese zählen zu den Regelleistungen, auf die ein Rechtsanspruch besteht. Sie werden als Sachleistung zur Verfügung gestellt.

Heilmittel sind Bestandteil der Krankenbehandlung und dienen einem Heilzweck oder sollen einen Heilerfolg sichern.

Als solche kommen u.a. in Betracht

- Maßnahmen der physikalischen Therapie,
- Massagen und Bäder,
- Sprachtherapie,
- Beschäftigungstherapie,
- Krankengymnastik.

Diese zu erbringenden Dienstleistungen werden immer auf Veranlassung des Arztes zur Unterstützung seiner Behandlung von entsprechend ausgebildeten, berufspraktisch erfahrenen und zugelassenen Personen erbracht.

Auch die Heilmittel unterliegen, wie die Arzneimittel, der Budgetierung, wobei die Zielsetzung die gleiche ist. Therapeutisch notwendige Heilmittel dürfen im Rahmen des Wirtschaftlichkeitsgebotes dem Versicherten nicht verweigert werden.

Die Versicherten haben, sofern das 18. Lebensjahr vollendet ist, zu den Kosten des Heilmittels eine Zuzahlung von 10 v.H. an die abgebende Stelle zu leisten, und zwar für jedes Mittel. Dies gilt auch, wenn Massagen, Bäder und Krankengymnastik als Bestandteil der ärztlichen Behandlung oder bei ambulanter Behandlung in Krankenhäusern, Rehabilitations- oder anderen Einrichtungen abgegeben werden.

Beispiel

a) Kosten von 6 Massagen zu je 12 DM		=	72,– DM
Zuzahlung des Versicherten 10 v.H.		=	**7,20 DM**
b) Kosten von je 6 × Fango	zu je 10 DM		
und Massagen	zu je **12 DM**		
	22 DM		
Kosten für Fango und Massagen = 6 × 22 DM		=	132,– DM
Zuzahlung des Versicherten 10 v.H.		=	**13,20 DM**

Der Versichertenanteil ist an die abgebende Stelle zu entrichten, die ihrerseits eine Verrechnung mit den Gesamtkosten zugunsten der Krankenkasse vornimmt.

Eine Zuzahlungspflicht besteht auch für Heilmittel, die im Rahmen der medizinischen Vorsorgeleistungen (z.B. ambulante Vorsorgekur) erbracht werden.

– Hilfsmittel

Die Bundesverbände der Krankenkassen haben sich mit der Frage einer klaren Abgrenzung von Hilfsmitteln zu den Heilmitteln befaßt und den Begriff der Hilfsmittel wie folgt definiert:

„Hilfsmittel sind sächliche Mittel oder technische Produkte, die als serienmäßig hergestellte Ware in unverändertem Zustand oder als Basisprodukt mit entsprechender handwerklicher Zurichtung, Ergänzung bzw. Abänderung von den zugelassenen Leistungserbringern abgegeben werden. Hilfsmittel in diesem Sinne sind auch solche sächlichen Mittel oder technischen Produkte, die dazu dienen, Arzneimittel oder andere Therapeutika, die zur inneren Anwendung bestimmt sind, in den Körper

zu bringen (z.B. Spritzen, Inhalationsgeräte und ähnliche Applikationshilfen).“

Das Gesetz selbst begnügt sich mit einer beispielhaften Aufzählung und verwendet ansonsten lediglich den Begriff Hilfsmittel. Nach dem Gesetz haben Versicherte Anspruch auf Versorgung mit Seh- und Hörhilfen, Körperersatzstücken, orthopädischen und anderen Hilfsmitteln, die im Einzelfall erforderlich sind, um den Erfolg der Krankenbehandlung zu sichern oder eine Behinderung auszugleichen, soweit die Hilfsmittel nicht als allgemeine Gebrauchsgegenstände des täglichen Lebens anzusehen oder ausgeschlossen sind. Der Anspruch umfaßt auch die notwendige Änderung, Instandsetzung und Ersatzbeschaffung von Hilfsmitteln sowie die Ausbildung in ihrem Gebrauch.

Auch hier greift wieder die Festbetragsregelung. Die Bundesverbände der Krankenkassen bestimmen gemeinsam und einheitlich Hilfsmittel, für die Festbeträge festgesetzt werden. Dabei sollen in ihrer Funktion gleichartige und gleichwertige Mittel in Gruppen zusammengefaßt werden. Den Verbänden der betroffenen Leistungserbringer und den Verbänden der Behinderten ist vor der Entscheidung Gelegenheit zur Stellungnahme zu geben. Qualitätsverluste sind auszuschließen.

Ist für ein erforderliches Hilfsmittel ein Festbetrag festgesetzt, trägt die Krankenkasse die Kosten bis zur Höhe dieses Betrages. Für andere Hilfsmittel übernimmt sie die jeweils vertraglich vereinbarten Preise.

Zu den Kosten des Brillengestells zahlt die Krankenkasse einen Zuschuß von 20 DM. Ein erneuter Anspruch besteht nur bei einer Änderung der Sehfähigkeit um mindestens 0,5 Dioptrien, soweit Versicherte das 14. Lebensjahr vollendet haben. Bei Versicherten unter 14 Jahren zahlen Krankenkassen auch dann den Zuschuß, wenn ein neues Gestell erforderlich wird, ohne daß sich die Dioptrien-Zahl um mindestens 0,5 verändert hat.

Allerdings sehen die Richtlinien für medizinisch zwingend erforderliche Fälle Ausnahmen von dieser einschränkenden Regelung vor. Die Höhe des Zuschusses von 20 DM gilt selbstverständlich nur für die Kosten des Brillengestells, während die Gläser in Höhe der vereinbarten Vertragssätze von der Krankenkasse voll übernommen werden.

Etwas anderes gilt für Kontaktlinsen. Das heißt nun nicht, daß diese voll übernommen oder gänzlich ausgeschlossen sind. Der Bundesausschuß der Ärzte und Krankenkassen bestimmt in Richtlinien, bei welchen Indikationen Kontaktlinsen verordnet werden dürfen. Dieses ist medizinisch zu begründen und muß erforderlich sein. Wählen Versicherte statt einer Brille Kontaktlinsen und liegt keine medizinische Notwendigkeit vor, zahlt die Krankenkasse als Zuschuß zu den Kosten von Kontaktlinsen den Betrag, den sie für eine Brille aufzuwenden hätte. Die Kosten für Pflegemittel werden nicht übernommen.

Die Krankenkasse kann den Versicherten in geeigneten Fällen die Hilfsmittel auch leihweise überlassen. Diese Regelung ist als Ausnahme zu verstehen und beschränkt sich im allgemeinen auf besonders teure Hilfsmittel, wie z.B. Krankenfahrstühle, nicht jedoch auf solche Hilfsmittel, die dem persönlich individuellen Gebrauch vorbehalten bleiben, wie z.B. Brillen o.ä.

Wenn auch zu diesem Abschnitt ein Überblick über gesetzliche Regelungen der Hilfsmittelgewährung gegeben wurde, so können sich die Ausführungen nur auf allgemeine Tatbestände beziehen, nicht aber auf eine erschöpfende Aufzählung aller Hilfsmittel im Einzelfall. Dieses würde den Rahmen dieses Buches bei weitem überschreiten. Der Hilfsmittelkatalog der gesetzlichen Krankenkassen erfaßt alle verordnungsfähigen Hilfsmittel und bietet so die Grundlage für einen umfassenden Schutz bei therapeutischen Maßnahmen, selbst dann noch, wenn diese abgeschlossen sind.

– Ausgeschlossene Heil- und Hilfsmittel

Der Bundesminister für Gesundheit kann durch Rechtsverordnung Heil- und Hilfsmittel von geringem oder umstrittenem therapeutischen Nutzen oder geringem Abgabepreis von der Leistungsgewährung durch die Krankenkassen ausschließen. Er kann auch bestimmen, inwieweit geringfügige Kosten der notwendigen Änderung, Instandsetzung und Ersatzbeschaffung sowie der Ausbildung im Gebrauch der Hilfsmittel von der Krankenkasse nicht übernommen werden. Dies gilt aber nicht für die Instandsetzung von Hörgeräten und ihre Versorgung mit Batterien bei Versicherten, die das 18. Lebensjahr noch nicht vollendet haben.

4.4 Krankenhausbehandlung

Durch das Gesundheits-Strukturgesetz 1993 sind die Vorschriften über die Leistung Krankenhausbehandlung in wesentlichen Teilen neu gefaßt worden. Mit dem Begriff Krankenhausbehandlung verbindet man traditionell die vollstationäre Behandlung, Unterkunft und Verpflegung in einem Krankenhaus. Nahezu 35 v.H. der jährlichen Ausgaben bei den Krankenkassen entfallen auf diesen Posten. Tagespflegesätze von bis zu 400 DM sind dabei keine Seltenheit und erklären die Höhe dieses Ausgabenanteils. Bei der Höhe des Pflegesatzes wurde jahrelang eine Differenzierung zwischen leichteren und schwerwiegenderen Fällen ebensowenig vorgenommen wie bei der Verweildauer. Auch der personelle und materielle Aufwand zur Behandlung einer Krankheit blieb weitestgehend unberücksichtigt. Daß betriebswirtschaftliche und weniger medizinische Gründe häufig den Entlassungstag bestimmen, ist eine kaum zu widerlegende Tatsache. Jahrzentelange Übung beweist dies. Man denke dabei nur an die „Montagmorgen-Entlassungen“. Jedes Krankenhaus wird bemüht sein, zugunsten seines Trägers kostengünstig zu wirtschaften, gleichgültig, ob die Trägerschaft in privater oder öffentlicher Hand liegt. Das ist legitim und wäre nicht zu beanstanden, wenn die Pflegesätze nicht aus den Beiträgen der Versicherten und Arbeitgeber aufgebracht werden müßten, die wiederum von den Krankenkassen treuhänderisch verwaltet werden. Ob auf Seiten der Krankenkassen hier alle Möglichkeiten der Kostendämpfung konsequent genutzt worden sind, darf allerdings bezweifelt werden. Bei den Budget-Verhandlungen mit den Krankenhäusern scheint allerdings auch hinsichtlich der Kostendämpfung ein Schritt in die richtige Richtung getan zu sein.

Eine Krankenhausbehandlung wird grundsätzlich dann durchgeführt, wenn die Aufnahme erforderlich ist. Neuerdings kann aber diese Behandlung vollstationär, teilstationär, vor- und nachstationär sowie ambulant erbracht werden. Versicherte haben Anspruch auf vollstationäre Behandlung in einem zugelassenen Krankenhaus, wenn die Aufnahme nach Prüfung durch das Krankenhaus erforderlich ist, weil das Behandlungsziel nicht durch teilstationäre, vor- und nachstationäre oder ambulante Behandlung erreicht werden kann. Die Krankenhausbehandlung umfaßt im Rahmen des Versorgungsauftrages des Krankenhauses alle Leistungen, die im Einzelfall nach Art und Schwere der Krankheit für die medizinische Versorgung notwendig sind. Hier sind insbesondere die ärztliche Behandlung, Krankenpflege, Versorgung mit Arznei-, Heil- und Hilfsmitteln, Unterkunft und Verpflegung zu nennen.

Man darf gespannt sein, wie in der Zukunft die neu geschaffenen Möglichkeiten genutzt werden, um Kosten zu sparen, ohne daß die Qualität zu Lasten der Versicherten geht.

Um eine effektive und den Bedürfnissen des Versicherten gerecht werdende Behandlung zu gewährleisten, gibt der einweisende Arzt in der Krankenhauseinweisung ein für die stationäre Behandlung geeignetes Krankenhaus an. Kommen bei der vorliegenden medizinischen Indikation mehrere zugelassene geeignete Krankenhäuser für die stationäre Behandlung in Betracht, sind die beiden nächsterreichbaren Krankenhäuser anzugeben. In diesem Falle steht dem Versicherten die Wahl unter den in der Krankenhauseinweisung genannten Krankenhäusern frei. Wählen Versicherte ohne zwingenden Grund ein anderes als ein in der ärztlichen Einweisung genanntes Krankenhaus, können ihnen die Mehrkosten ganz oder teilweise auferlegt werden. Zwar ist der Versicherte in der Wahl des Krankenhauses letztendlich eingeschränkt, jedoch kann die Krankenkasse nach pflichtgemäßem Ermessen davon absehen, den Versicherten mit entstehenden Mehrkosten zu belasten, wenn zwingende Gründe vorliegen, keines der in der Verordnung genannten Krankenhäuser in Anspruch zu nehmen, z.B., wenn

- die Entfernung des Krankenhauses zu den nächsterreichbaren Angehörigen sehr groß ist,
- religiöse Bedürfnisse des Versicherten vorliegen,
- angemessene Wünsche des Versicherten berücksichtigt werden sollen.

Die Krankenkasse stellt die Krankenhausbehandlung als Sachleistung zur Verfügung. Auch bei Inanspruchnahme von Wahlleistungen durch den Versicherten wird die Vergütung der allgemeinen Krankenhausleistungen durch die Krankenkassen direkt an das Krankenhaus vorgenommen. Der Versicherte ist lediglich für durch die Wahlleistung anfallenden Mehrkosten Selbstzahler. Eine Erstattung der Differenz zwischen dem gekürzten Pflegesatz (Arztkostenabschlag) und dem allgemein ungekürzten Pflegesatz durch die Krankenkassen scheidet aus.

Versicherte, die das 18. Lebensjahr vollendet haben, zahlen vom Beginn der **voll**stationären Krankenhausbehandlung an innerhalb eines Kalenderjahres für längstens 14 Tage 11 DM, vom 1. 1. 1994 an 12 DM, je Kalendertag an das Krankenhaus. In dem Beitrittsgebiet beträgt die Zuzahlung 8 DM bzw. 9 DM.

Diese Zuzahlungspflicht besteht immer dann, wenn die Krankenhausbehandlung zu Lasten der Krankenkasse durchgeführt wird, also auch bei

Schwangerschaftsunterbrechung und Sterilisation, nicht jedoch bei stationärer Entbindung für die Dauer der ersten 6 Tage nach der Entbindung. Eine Befreiung von der Zuzahlung ist hier nicht möglich.

4.5 Häusliche Krankenpflege

Wenn Krankenhausbehandlung geboten, aber nicht ausführbar ist oder wenn durch eine häusliche Krankenpflege Krankenhausbehandlung vermieden oder verkürzt werden kann, erhalten Versicherte in ihrem Haushalt eine entsprechende Pflege durch geeignete Pflegekräfte. Mitunter kann es Gründe geben, den Kranken in seiner Familie zu belassen, wenn eine ausreichende medizinische und pflegerische Versorgung auch im Haushalt oder in der Familie sichergestellt werden kann. Dann umfaßt die häusliche Krankenpflege die im Einzelfall erforderliche Grund- und Behandlungspflege sowie die hauswirtschaftliche Versorgung. Daneben ist die ärztliche Behandlung unverzichtbarer Bestandteil der Gesamtleistung.

Der Anspruch besteht bis zu 4 Wochen je Krankheitsfall. In begründeten Ausnahmefällen kann die Krankenkasse die häusliche Krankenpflege für einen längeren Zeitraum bewilligen, wenn der Medizinische Dienst festgestellt hat, daß diese erforderlich ist. Kann eine im Haushalt lebende Person den Kranken in dem erforderlichen Umfang pflegen und versorgen, wird häusliche Krankenpflege nicht erbracht.

Hier wird es immer auf die gesamten Umstände des Einzelfalles ankommen und auf eine sorgfältige Abwägung seitens der Krankenkasse, ggf. durch ihren Sozialberater. Kann die Krankenkasse nicht durch eigene bei ihr angestellte Pflegekräfte häusliche Krankenpflege erbringen, wird sie sich der Pflegepersonen anderer Institutionen, z.B. Caritas, bedienen, mit denen sie entsprechende Verträge abschließt. Stellt die Krankenkasse keine Kraft für die häusliche Krankenpflege oder besteht Grund, davon abzusehen, sind dem Versicherten die Kosten für eine selbstbeschaffte Kraft in angemessener Höhe zu erstatten.

Die häusliche Krankenpflege ist grundsätzlich vor der Tätigkeit der Pflegekraft bei der Krankenkasse zu beantragen. Dem Antrag ist eine ärztliche Bescheinigung beizufügen. Sie muß Angaben über den Grund der häuslichen Krankenpflege sowie die Art, Intensität und voraussichtliche Dauer der erforderlichen Maßnahmen enthalten.

4.6 Haushaltshilfe

Aufgabe der gesetzlichen Krankenversicherung ist es nicht nur, die erforderlichen medizinischen und wirtschaftlichen Leistungen sicherzustellen. Sie hat darüber hinaus auch soziale Aufgaben zu erfüllen, die den sozialen Schutz garantieren. So erhalten Versicherte, wenn ihnen wegen einer Krankenhausbehandlung, einer ambulanten oder stationären Vorsorgekur (auch für Mütter) oder einer medizinischen Rehabilitationsmaßnahme (vgl. Abschnitt 4.8) die Weiterführung des Haushalts nicht möglich ist, Haushaltshilfe. Voraussetzung ist weiterhin, daß im Haushalt ein Kind lebt, welches das 12. Lebensjahr noch nicht vollendet hat oder das, bei höherem Alter, behindert und auf Hilfe angewiesen ist.

Im übrigen wird zusätzlich gefordert, daß eine im Haushalt lebende Person den Haushalt nicht weiterführen kann. Der Anspruch auf diese Leistung ist demnach regelmäßig ausgeschlossen, wenn die wesentlichen Haushaltsarbeiten, einschließlich der Beaufsichtigung und Betreuung der Kinder, durch den Ehegatten, einen anderen Angehörigen oder durch Dritte (z.B. Hausangestellte) verrichtet werden. Kann die Weiterführung des Haushalts ganz oder teilweise von einer im eigenen Haushalt des Versicherten wohnenden Person durchgeführt werden, entfällt die Leistungspflicht der Krankenkasse.

Auch hier wird deutlich, daß zunächst Selbsthilfe gefordert wird, bevor die gesetzliche Krankenversicherung als Solidargemeinschaft eintritt. Dort aber, wo die Selbsthilfe aufgrund der gesamten Lebensumstände des Versicherten nicht möglich ist, wird ihm anderweitig geholfen.

Der typische Fall für die Leistung Haushaltshilfe liegt dann vor, wenn ein Ehegatte beschäftigt ist und der andere Ehegatte der stationären Behandlung bedarf. Was ist zu tun, wenn im Haushalt ein Kind lebt, welches das 12. Lebensjahr noch nicht vollendet hat oder das behindert und auf Hilfe der Eltern angewiesen ist? Für diesen Fall kann der andere Ehegatte weiterhin seiner Beschäftigung nachgehen, ohne daß ihm zugemutet wird, Tage seines Jahresurlaubs zur Verfügung zu stellen. Er wird nach geeigneten Möglichkeiten suchen, wie die Versorgung des oder der Kinder, die das 12. Lebensjahr noch nicht vollendet haben, sichergestellt werden kann.

Zunächst wird gefordert, daß eine andere im Haushalt lebende Person den Haushalt nicht weiterführen kann. Dieses unterstellt, wird er versuchen, durch einen nahen Verwandten oder Verschwägerten das von ihm gewünschte Ziel zu erreichen, nämlich die Weiterführung des Haushalts und die Versorgung des Kindes oder der Kinder.

In dieser Situation sollte er seine Krankenkasse um Mithilfe bitten. Sie wird ihm darüber Auskunft geben, ob sie eine geeignete Haushaltshilfe stellen kann. Tut sie dieses, würden die Kosten in der mit ihr vereinbarten Höhe direkt abgerechnet. Dem Versicherten entstehen also keine zusätzlichen Kosten. Kann die Krankenkasse keine Haushaltshilfe stellen oder besteht ein Grund, davon abzusehen, sind dem Versicherten die Kosten für eine selbstbeschaffte Haushaltshilfe in angemessener Höhe zu erstatten. Hier gilt jedoch, daß für die Tätigkeit von Verwandten und Verschwägerten bis zum 2. Grad keine Kosten erstattet werden. Die Krankenkasse kann jedoch die erforderlichen Fahrkosten und den Verdienstausfall erstatten, wenn die Erstattung in einem angemessenen Verhältnis zu den sonst für eine Ersatzkraft entstehenden Kosten steht. Obwohl das Gesetz diese Fälle nicht vorsieht, erstatten Krankenkassen häufig auch ausnahmsweise die bei auswärtiger Unterbringung des Kindes oder der Kinder entstehenden Kosten in entsprechender Anwendung der Vorschriften über die Haushaltshilfe.

4.7 Künstliche Befruchtung

Zu den Ausführungen der Leistung Empfängnisregelung (vgl. Pkt. 3.1) wurde erläutert, daß diese auch die ärztliche Beratung hinsichtlich der Herbeiführung einer Schwangerschaft umfaßt. Wenn alle bisherigen Maßnahmen erfolglos waren, kommt als letztes Mittel eine künstliche Befruchtung in Betracht. Was die Kostenübernahme betrifft, herrschte jahrelang große Unsicherheit, was zu Rechtsungleichheiten bei der Leistungserbringung führte. Seit dem 1. 7. 1990 ist durch § 27 a SGB V die künstliche Befruchtung eine Rechtsanspruchsleistung geworden, die als Teil der Krankenbehandlung erbracht wird. Die Leistungen umfassen medizinische Maßnahmen zur Herbeiführung einer Schwangerschaft, wenn

a) diese Maßnahmen nach ärztlicher Feststellung erforderlich sind,
b) nach ärztlicher Feststellung hinreichende Aussicht besteht, daß durch die Maßnahmen eine Schwangerschaft herbeigeführt wird; eine hinreichende Aussicht besteht in der Regel nicht mehr, wenn die Maßnahme viermal ohne Erfolg durchgeführt worden ist,

c) die Personen, die diese Maßnahmen in Anspruch nehmen wollen, miteinander verheiratet sind,
d) ausschließlich Ei- und Samenzellen der Ehegatten verwendet werden und
e) sich die Ehegatten vor Durchführung der Maßnahmen von einem Arzt über eine solche Behandlung unter Berücksichtigung ihrer medizinischen und psychosozialen Gesichtspunkte haben unterrichten lassen.

Die Krankenkasse übernimmt nur die Kosten der Maßnahmen, die bei ihrem Versicherten durchgeführt werden. Sind die Ehegatten nicht in derselben Krankenkasse versichert oder ist nur einer der Ehegatten in der gesetzlichen Krankenversicherung versichert, hat die Krankenkasse die Kosten der Maßnahmen zu übernehmen, die bei dem Ehegatten durchgeführt werden, der bei ihr versichert ist.

4.8 Leistungen zur Rehabilitation

Der Begriff Rehabilitation fand erstmals durch das „Gesetz über die Angleichung der Leistungen zur Rehabilitation“ vom 7. 8. 1974 seine Bedeutung für die gesetzliche Krankenversicherung. Während die Unfallversicherung, Rentenversicherung und Arbeitslosenversicherung jeweils für ihren Zuständigkeitsbereich bereits Leistungen zur Rehabilitation vor diesem Zeitpunkt erbracht haben, wurde nunmehr durch die Übertragung der medizinischen Rehabilitationsleistungen auf die Krankenkassen die letzte Lücke geschlossen. Dadurch hat sich auch eine klare Zuständigkeitsabgrenzung der Versicherungsträger zueinander ergeben. Danach sind die Krankenkassen allein Träger der medizinischen Rehabilitation, soweit die Krankheit nicht auf einem Arbeitsunfall beruht.

– Medizinische Rehabilitation

Rehabilitation bedeutet Wiederherstellung, Wiedereingliederung, also die Befähigung erwerben zu dem Zustand vor Beginn der Krankheit. Sie hat es folglich mit dem bereits kranken Menschen zu tun und geht allein auf Heilung aus. Daher hat sie ihren Platz hinter der Prävention. Nach dieser Interpretation müßten alle Leistungen der Krankenbehandlung Rehabilitationsleistungen sein. Das ist streng genommen auch richtig, denn die Leistungen der Krankenbehandlung verfolgen ebenso das gleiche Ziel, die Heilung.

Wenn hier dennoch von medizinischer Rehabilitation die Rede ist, dann deshalb, weil diese Leistung zusätzliche Maßnahmen umfaßt, die mit einer herkömmlichen Behandlung nicht zu erreichen sind. Reicht bei Versicherten eine ambulante Krankenhausbehandlung nämlich nicht aus, um das Ziel der Heilung zu erreichen, kann die Krankenkasse aus medizinischen Gründen erforderliche Maßnahmen in Form einer ambulanten Rehabilitationskur erbringen. Die Satzung der Krankenkasse kann zu den Kosten der Kur einen Zuschuß von bis zu 15 DM täglich vorsehen. Zum Leistungsinhalt vgl. Pkt. 2.3.

Lassen sich die Behandlungsziele auch nicht durch eine ambulante Rehabilitationskur erreichen, kann die Krankenkasse eine stationäre Rehabilitationsmaßnahme mit Unterkunft und Verpflegung in einer Rehabilitationseinrichtung erbringen. Diese Einrichtungen sind meistens Spezialkliniken für die in Betracht kommenden Krankheitsbilder, z.B. Herzkliniken, Rheumakliniken u.a., die von ihrer medizinischen Ausstattung her für bestimmte Krankheitsbilder besonders geeignet sind.

Die Regelungen über die Zuzahlung gelten auch hier (vgl. Pkt. 4.4).

– **Belastungserprobung und Arbeitstherapie**

Bei der Belastungserprobung und Arbeitstherapie handelt es sich zwar ebenfalls um medizinische Rehabilitationsmaßnahmen, sie stellen jedoch inhaltlich die Vorstufe zur beruflichen Rehabilitation dar. Die Belastungserprobung dient der Feststellung der körperlichen und psychischen Belastbarkeit eines Versicherten, der nach überstandener Krankheit in das Arbeitsleben integriert werden soll. Hier wird sich meist entscheiden, ob weitere medizinische Maßnahmen erforderlich sein werden oder die bisherigen Maßnahmen zum Ziele geführt haben.

Zweck der Arbeitstherapie ist die Verbesserung der Belastbarkeit und die Weiterentwicklung von Fähigkeiten, die für eine erfolgreiche Wiedereingliederung in den Beruf benötigt werden. Deshalb stehen Übungen zur Verbesserung der Arbeitsqualität und der zeitbezogenen Arbeitsleistung im Vordergrund.

Die Maßnahmen zur Belastungserprobung und Arbeitstherapie können sowohl während einer stationären Rehabilitationsmaßnahme als auch ambulant durchgeführt werden, z.B. in einem Rehabilitationszentrum. Der Rehabilitationsberater der Krankenkasse wird in solchen Fällen, ggf. im Zusammenwirken mit dem Rentenversicherungsträger und dem Arbeitsamt, die erforderlichen Maßnahmen mit dem Versicherten besprechen und einleiten.

– Ergänzende Leistungen zur Rehabilitation

Wie umfangreich der Katalog rehabilitativer Leistungen ist, wird hier besonders deutlich. Das Gesetz schreibt ausdrücklich vor, daß die Krankenkasse als ergänzende Leistungen den Rehabilitationssport fördern kann, wenn dieser ärztlich verordnet und in Gruppen unter ärztlicher Betreuung ausgeübt wird. Grundlage für die Förderung ist eine Vereinbarung mit der Bundesarbeitsgemeinschaft für Rehabilitation über den ambulanten Behindertensport.

Außerdem kann die Krankenkasse bei medizinischer Notwendigkeit solche Leistungen erbringen, die unter Berücksichtigung von Art und Schwere der Krankheit oder Behinderung erforderlich sind, um das Ziel der Rehabilitation zu erreichen. Um welche konkreten Maßnahmen es sich dabei handeln kann, ist im Gesetz nicht beschrieben. Das heißt, daß die Krankenkasse je nach Bedarf und Zweckmäßigkeit die Entscheidung im Einzelfall treffen muß.

– Müttergenesungskuren

Kuren für Mütter können entweder als Vorsorgekur (vgl. Pkt. 2.4) oder als Genesungskur erbracht werden. Die Unterscheidung liegt in der Zielsetzung. Liegen die medizinischen Voraussetzungen für eine Genesungskur vor, kann diese in einer Einrichtung des Müttergenesungswerkes oder in einer gleichartigen Einrichtung durchgeführt werden. Die Satzung der Krankenkasse kann vorsehen, daß die Kosten der Kur übernommen werden oder dazu ein Zuschuß gezahlt wird. Werden die Kosten von der Krankenkasse voll übernommen, hat die Versicherte den Eigenanteil wie bei einer Krankenhausbehandlung zu tragen.

4.9 Zahnärztliche Behandlung

Die zahnärztliche Behandlung umfaßt die Tätigkeit des Zahnarztes, die zur Verhütung, Früherkennung und Behandlung von Zahn-, Mund- und Kieferkrankheiten nach den Regeln der zahnärztlichen Kunst ausreichend und zweckmäßig ist. Von der zahnärztlichen Behandlung zu unterscheiden sind die kieferorthopädische Behandlung und die Leistungen des Zahnarztes bei der Eingliederung von Zahnersatz.

– Kieferorthopädische Behandlung

Das für die gesetzliche Krankenversicherung allgemein geltende Sachleistungsprinzip wird bei der kieferorthopädischen Behandlung und, wie im folgenden Abschnitt noch dargelegt werden wird, auch beim Zahnersatz durchbrochen. In beiden Fällen gilt das Kostenerstattungsprinzip.

Kieferorthopädische Behandlung wird in der Regel dann notwendig sein, wenn eine Kiefer- oder Zahnfehlstellung vorliegt, die das Kauen, Beißen, Sprechen oder Atmen erheblich beeinträchtigt oder zu beeinträchtigen droht. Eine solche Behandlung wird vor allem bei Kindern und Jugendlichen in Betracht kommen, bei denen im Rahmen der herkömmlichen Behandlungsmethoden, wenn auch mit zeitlichem Aufwand und sorgfältiger Befolgung der zahnärztlichen Anweisungen, eine Verbesserung des Zustandes unproblematisch erreicht werden kann.

Zur kieferorthopädischen Behandlung gehören die eigentliche vorbereitende zahnärztliche Behandlung und die im Rahmen der Behandlung notwendig werdenden zahntechnischen Leistungen, wie Anpassen und Eingliedern der Zahnspangen. Zu den Kosten der im Rahmen der zahnärztlichen Versorgung durchgeführten kieferorthopädischen Behandlung haben Versicherte Anspruch auf Übernahme von 80 v.H. der Kosten. Befinden sich mindestens zwei versicherte Kinder, die bei Beginn der Behandlung das 18. Lebensjahr noch nicht vollendet haben und mit ihren Erziehungsberechtigten in einem gemeinsamen Haushalt leben, in kieferorthopädischer Behandlung, besteht für das 2. und jedes weitere Kind Anspruch auf 90 v.H. der Kosten. Die vorbereitende zahnärztliche Behandlung, wie konservierend-chirurgische und Röntgenleistungen, die im Zusammenhang mit der kieferorthopädischen Behandlung erbracht werden, gelten als Sachleistung und werden von der Krankenkasse voll übernommen.

Für den Ablauf des Verfahrens gilt folgendes:

Stellt der Zahnarzt die Notwendigkeit einer kieferorthopädischen Behandlung fest, übersendet er der Krankenkasse einen Behandlungsplan, der auch die Gesamtsumme der Kosten enthält. Die Krankenkasse überweist ihren Anteil von 80 v.H. bzw. 90 v.H. an die Kassenzahnärztliche Vereinigung. Nach Ablauf der Behandlung fordert der Zahnarzt vom Versicherten den Restbetrag von 20 v.H. bzw. 10 v.H.. Ist die Behandlung in dem medizinisch erforderlichen Umfang abgeschlossen und bescheinigt der Zahnarzt dieses, erstattet die Krankenkasse dem Versicherten den von ihm getragenen Anteil.

Hierbei kommt es also darauf an, daß der Patient durch sein Mitwirken das Ziel der Behandlung günstig beeinflußt. Hat er dieses Ziel schuldhaft vereitelt, z.B. durch nicht regelmäßiges Tragen der Zahnspange oder unregelmäßige Kontrolluntersuchungen, wird ihm sein Anteil an den Kosten nicht erstattet. Bei ordnungsgemäßem Abschluß der Behandlung trägt im Ergebnis die Krankenkasse die gesamten Kosten der Behandlung.

– **Zahnersatz**

Versicherte haben Anspruch auf einen Zuschuß von 50 v.H. der Kosten, die bei der medizinisch notwendigen Versorgung mit Zahnersatz anfallen. Der Zahnersatz umfaßt herausnehmbaren Zahnersatz sowie Zahnkronen. Große Brücken zum Ersatz von mehr als 4 fehlenden Zähnen je Kiefer oder mehr als 3 fehlenden Zähnen je Seitenzahngebiet fallen nicht in die Leistungspflicht der Krankenkassen. Mehrere Einzelbrücken je Kiefer sind zulässig, wobei die Gesamtzahl der zu ersetzenden Zähne 4 übersteigen darf. Mehr als 2 Verbindungselemente je Kiefer bei Kombinationsversorgungen fallen nicht in die Leistungspflicht der Krankenkassen. Bei Versicherten mit einem Restzahnbestand von höchstens 3 Zähnen je Kiefer bezuschußt die Krankenkasse auch das 3. Verbindungselement.

Durch diese recht kompliziert anmutende Regelung wurde der Leistungsumfang der Krankenkassen bei Zahnersatz seit dem 1. 1. 1993 zahnmedizinisch neu abgegrenzt. Es muß jedoch festgestellt werden, daß die Krankenkassen auch weiterhin eine funktionsgerechte und vollwertige Versorgung mit Zahnersatz gewährleisten. Zahnmedizinisch umstrittene oder unnötig aufwendige prothetische Versorgungsformen werden hingegen nicht mehr übernommen. Zahnerhaltung und Vorsorge müssen nach den Vorstellungen des Gesetzgebers absoluten Vorrang haben. Deshalb ist eine Erhöhung um 10 v.H. des Zuschusses vorgesehen, wenn der Versicherte eigene Bemühungen zur Gesunderhaltung seiner Zähne nachweisen kann. Dieser Nachweis ist in Form eines sog. „Bonusheftes“ zu erbringen, das der Versicherte vom Zahnarzt erhält. Das Heft enthält Angaben über die in den letzten 5 Jahren durchgeführten Vorsorgeuntersuchungen, die seit dem 1. 1. 1989 jeweils in jedem Kalenderhalbjahr stattgefunden haben müssen.

Wählen Versicherte aufwendigeren Zahnersatz als notwendig, haben sie die Mehrkosten selbst zu tragen. Hier empfiehlt sich, **vor Beginn der Behandlung** eine schriftliche Vereinbarung zwischen dem Zahnarzt und dem Versicherten zu treffen.

5 Krankengeld

Krankengeld wird gewährt, wenn die Krankheit den Versicherten arbeitsunfähig macht oder er auf Kosten der Krankenkasse stationär in einem Krankenhaus, einer Vorsorge- oder Rehabilitationseinrichtung behandelt wird. Folgende Versicherte haben keinen Anspruch auf Krankengeld:

- Personen, die in Einrichtungen der Jugendhilfe für eine Erwerbsfähigkeit befähigt werden sollen,
- Teilnehmer an berufsfördernden Maßnahmen zur Rehabilitation,
- Studenten,
- Familienversicherte.

Die Satzung der Krankenkasse kann für freiwillig Versicherte den Anspruch auf Krankengeld ausschließen oder zu einem späteren Zeitpunkt beginnen lassen.

Der Anspruch auf Krankengeld setzt grundsätzlich voraus, daß die Krankheit den Versicherten arbeitsunfähig macht. Arbeitsunfähigkeit liegt vor, wenn der Versicherte seiner zuletzt ausgeübten oder einer gleichgearteten Beschäftigung wegen Krankheit überhaupt nicht mehr oder nur auf die Gefahr hin nachgehen kann, seinen Zustand zu verschlimmern. Maßstab für die Beurteilung der Arbeitsunfähigkeit ist also die letzte Beschäftigung vor Eintritt der Arbeitsunfähigkeit.

Wird ein Versicherter stationär in einem Krankenhaus, einer Vorsorge- oder Rehabilitationseinrichtung behandelt, so ist daneben Krankengeld zu zahlen. Dabei muß nicht unbedingt Arbeitsunfähigkeit vorliegen, denn die stationäre Aufnahme kann z.B. der Erkennung einer Krankheit dienen, ohne daß Arbeitsunfähigkeit vorliegt. Voraussetzung ist aber in jedem Fall, daß die Krankenkasse die Kosten des stationären Aufenthalts voll bezahlt.

5.1 Beginn des Krankengeldes

Der Anspruch auf Krankengeld entsteht bei stationärem Aufenthalt in einem Krankenhaus, einer Vorsorge- oder Rehabilitationseinrichtung von seinem Beginn an. In allen anderen Fällen wird Krankengeld von dem Tage an gezahlt, der auf den Tag der ärztlichen Feststellung der Arbeitsunfähigkeit folgt.

Beispiel:

Ein Versicherter erkrankt am 11. 8. Die Krankheit verschlimmert sich und führt am 12. 8. zur Arbeitsunfähigkeit. An diesem Tag sucht er seinen Hausarzt auf, der Arbeitsunfähigkeit feststellt. Die Bescheinigung enthält folgende Angaben:

Beginn der Arbeitsunfähigkeit:	12. 8.
Tag der Feststellung:	12. 8.

Das Krankengeld wird vom Tag nach der ärztlichen Feststellung der Arbeitsunfähigkeit an gezahlt, also vom 13. 8. an.

Arbeitnehmer haben bei Arbeitsunfähigkeit infolge Krankheit in den meisten Fällen nach den einschlägigen Sondergesetzen, z.B. nach dem Lohnfortzahlungsgesetz, Handelsgesetzbuch, der Gewerbeordnung, dem Berufsbildungsgesetz, für eine bestimmte Zeit einen Anspruch auf Weiterzahlung des Entgelts. Für die Dauer dieses Anspruchs wird kein Krankengeld gezahlt.

Abweichungen von dieser Regel ergeben sich lediglich für selbständige Künstler und Publizisten und für Leistungsempfänger nach dem Arbeitsförderungsgesetz. Für selbständige Künstler und Publizisten beginnt der Anspruch auf Krankengeld grundsätzlich mit Beginn der siebten Woche der Arbeitsunfähigkeit, auch bei stationärer Behandlung. Allerdings kann für diese Versicherten die Satzung einen früheren Termin für den Beginn des Anspruchs auf Krankengeld festsetzen. Bei Beziehern von Arbeitslosengeld, Arbeitslosenhilfe und Unterhaltsgeld beginnt das Krankengeld am ersten Tag der Arbeitsunfähigkeit.

5.2 Höhe und Berechnung des Krankengeldes

Das Krankengeld beträgt 80 v.H. des erzielten regelmäßigen Arbeitsentgelts oder Arbeitseinkommens, soweit es der Beitragsberechnung unterliegt. Nicht beitragspflichtige Einnahmen werden folglich bei der Krankengeldberechnung nicht berücksichtigt. Das aus dem Arbeitsentgelt berechnete Krankengeld darf das Nettoarbeitsentgelt nicht übersteigen. Das Krankengeld wird für Kalendertage gezahlt. Ist es für einen ganzen Kalendermonat zu zahlen, ist dieser mit 30 Tagen anzusetzen. Für die Berechnung des Krankengeldes ist das von dem Versicherten im letzten vor Beginn der Arbeitsunfähigkeit abgerechneten Entgeltabrechnungszeitraum, mindestens das während der letzten abgerechneten 4 Wochen erzielte und um einmalig gezahltes Arbeitsentgelt verminderte Arbeitsentgelt durch die Zahl der Stunden zu teilen, für die es gezahlt wurde. Das Ergebnis ist mit der Zahl der regelmäßigen wöchentlichen Arbeitsstunden zu vervielfachen und durch 7 zu teilen. Ist das Arbeitsentgelt nach Monaten bemessen, gilt der 30. Teil des Entgelts im abgerechneten Kalendermonat als Berechnungsgrundlage. Der Bruttolohn wird jeweils bis zur Höhe der kalendertäglichen Beitragsbemessungsgrenze berücksichtigt. Für Versicherte, die nicht Arbeitnehmer sind, wird für die Krankengeldberechnung der kalendertägliche Betrag zugrunde gelegt, der zuletzt vor Beginn der Arbeitsunfähigkeit für die Beitragsbemessung maßgebend war.

Mit den 2 folgenden praktischen Beispielen sollen die Rechenvorgänge zur Ermittlung des Krankengeldes verdeutlicht werden:

Beispiel 1

Verdienstbescheinigung
zur Berechnung
von Krankengeld/Verletztengeld/Übergangsgeld

* Die mit einem Stern gekennzeichneten Positionen sind auf der Rückseite erläutert.

Beispiel 1

Arbeitsunfähigkeit/Reha-Maßnahme ab: 12.08.93 Az.

Versicherter:

Versicherungs-Nr.:

1. Allgemeines

1.1 Beschäftigt als (z. B. kfm. Angestellter, Schlosser):
Schweißer

1.2 Letzter Arbeitstag vor Beginn der Arbeitsunfähigkeit/Reha-Maßnahme am 11.08.93

1.3 * Bei Bezug von Kurzarbeitergeld oder Schlechtwettergeld (§§ 63ff. AFG):
☐ Kurzarbeitergeld ☐ Schlechtwettergeld
im letzten Lohnabrechnungszeitraum ☐ Ja
bei Beginn der Arbeitsunfähigkeit/Reha-Maßnahme ☐ Ja
seit

1.4 Während der Arbeitsunfähigkeit/Reha-Maßnahme wird das **volle** Arbeitsentgelt weitergezahlt bis
Anspruch auf Fortzahlung des Arbeitsentgelts besteht für **weniger** als 6 Wochen ☐ Nein ☒ Ja
☒ wegen Vorerkrankungen aufgrund derselben Krankheit

vom	bis	vom	bis
03.03.93	21.04.93	–	–

☐ wegen folgender sonstiger Gründe:

* Besteht für die Dauer der Schonungszeit nach einer medizinischen Reha-Maßnahme Anspruch auf Fortzahlung des Arbeitsentgelts? ☐ Nein ☐ Ja

1.5 Wird über den unter 1.4 genannten Tag hinaus **teilweise** Arbeitsentgelt weitergewährt? ☒ Nein ☐ Ja
☐ laufend ☐ bis zum Datum
Nettoentgelt DM
☐ monatlich ☐ wöchentlich ☐ kal.-täglich

Vermögenswirksame Leistungen des Arbeitgebers DM
☐ monatlich ☐ wöchentlich ☐ kal.-täglich

1.6 * Werden über den unter 1.4 genannten Tag hinaus Sachbezüge weitergewährt? ☒ Nein ☐ Ja
Art: z. B. Kost und Wohnung, Frühstück DM

1.7 Winterlohnausgleich wird gezahlt ☒ Nein ☐ Ja

1.8 Wurde das Arbeitsverhältnis aufgelöst? ☒ Nein ☐ Ja
am zum Grund

2. Arbeitsentgelt

2.1 * Letzter **abgerechneter** Lohnabrechnungszeitraum **vor Beginn** der Arbeitsunfähigkeit/Reha-Maßnahme (1 Kalendermonat/mind. 4 Wochen) vom 01.07.93 bis 31.07.93

2.2 * Höhe des im Zeitraum 2.1 erzielten Entgelts (einschließlich Sachbezüge, jedoch ohne einmalig gezahltes Arbeitsentgelt und ohne Arbeitgeber-Sparzulage) brutto DM 5.600 netto DM 3.270

2.3 * Wird das Arbeitsentgelt als Monatsgehalt/fester Monatslohn gezahlt? ☒ Nein ☐ Ja

2.4 Bitte nur ausfüllen, wenn **2.3 mit ja** beantwortet wurde **und** das im letzten Lohnabrechnungszeitraum (2.1) erzielte Bruttoentgelt (2.2) vom vereinbarten Monatsgehalt oder festen Monatslohn abweicht
Höhe des vereinbarten Bruttoentgelts DM
Daraus ergibt sich als Nettoentgelt DM

Weicht das Bruttoentgelt **regelmäßig** in den letzten abgerechneten 3 Monaten vor Beginn der Arbeitsunfähigkeit/Reha-Maßnahme vom Monatsgehalt oder Monatslohn ab? ☐ Nein ☐ Ja

Monat	Bruttoentgelt	Nettoentgelt

2.5 Bitte nur ausfüllen, wenn weder Monatsgehalt oder fester Monatslohn noch Stundenlohn vereinbart ist (z. B. Stücklohn, Akkordlohn). (Angaben für die letzten 3 abgerechneten Lohnabrechnungszeiträume; 3 Mo./13 Wo.)

Monat/Zeitraum	Bruttoentgelt	Nettoentgelt

3. Arbeitszeit **Bitte nur ausfüllen, wenn das Entgelt nach Stunden bemessen ist oder sich Stunden zuordnen läßt**

3.1* Das Bruttoentgelt wurde erzielt in Stunden 175

3.2 * Vor Eintritt der Arbeitsunfähigkeit/Reha-Maßnahme vereinbarte regelmäßige wöchentliche Arbeitszeit: (Wenn keine regelmäßige Arbeitszeit vereinbart wurde, bitte unter 3.3 anstelle der Mehrarbeitsstd. die **tatsächlich geleisteten** Arbeitsstd. eintragen.) Stunden 38.5

3.3 * Bezahlte und nicht durch Freizeit ausgeglichene/noch auszugleichende Mehrarbeitsstd. in den letzten abgerechn. 3 Lohnabrechnungszeiträumen (3 Mo./13 Wo.):

Monat/Zeitraum	bezahlte Mehrarbeitsstunden
JULI 93	6
JUNI 93	5
MAI 93	2

4. Fehlzeiten ohne Arbeitsentgelt

* In den unter 2.4, 2.5 oder 3.3 ang. Zeiträumen sind folgende Fehltage angefallen:

Zeitraum	Tage

5. Arbeitsunfall

5.1 Unfalltag: Berufsgenossenschaft:

5.2 * Wurden im letzten Lohnabrechnungszeitraum (2.1) neben dem Bruttoentgelt (2.2) lohnsteuerfreie Sonntags-, Feiertags- oder Nachtarbeitszuschläge gezahlt?
☐ Nein ☐ Ja, in Höhe von DM

5.3 * Lohnsteuerfreie Zuschläge (5.2) der letzten 3 Lohnabrechnungszeiträume (3 Mo./13 Wo.) eintragen, wenn unter 2.4 oder 2.5 Angaben gemacht wurden:

Monat/Zeitraum	lohnsteuerfreie Zuschläge

Datum, Stempel und Unterschrift des Arbeitgebers, Telefon

Beispiel 2

Beispiel 2

Arbeitsunfähigkeit/ Reha-Maßnahme ab: 12.08.93 Az.

Versicherter:

Versicherungs-Nr.:

1. Allgemeines

1.1 Beschäftigt als (z. B. kfm. Angestellter, Schlosser):

Angestellter

1.2 Letzter Arbeitstag vor Beginn der Arbeitsunfähigkeit/Reha-Maßnahme am 11.08.93

1.3 Bei Bezug von Kurzarbeitergeld oder Schlechtwettergeld (§§ 63 ff. AFG):
* ☐ Kurzarbeitergeld ☐ Schlechtwettergeld

im letzten Lohnabrechnungszeitraum ☐ Ja

bei Beginn der Arbeitsunfähigkeit/Reha-Maßnahme ☐ Ja

1.4 Während der Arbeitsunfähigkeit/Reha-Maßnahme wird das **volle** Arbeitsentgelt weitergezahlt seit bis 22.09.93

Anspruch auf Fortzahlung des Arbeitsentgelts besteht für **weniger** als 6 Wochen ☒ Nein ☐ Ja

☐ wegen Vorerkrankungen aufgrund derselben Krankheit

vom	bis	vom	bis

☐ wegen folgender sonstiger Gründe:

* Besteht für die Dauer der Schonungszeit nach einer medizinischen Reha-Maßnahme Anspruch auf Fortzahlung des Arbeitsentgelts? ☐ Nein ☐ Ja

1.5 Wird über den unter 1.4 genannten Tag hinaus **teilweise** Arbeitsentgelt weitergewährt? ☐ Nein ☐ Ja

☐ laufend ☐ bis zum Datum

Nettoentgelt DM

☐ monatlich ☐ wöchentlich ☐ kal.-täglich

Vermögenswirksame Leistungen des Arbeitgebers DM

☐ monatlich ☐ wöchentlich ☐ kal.-täglich

1.6 Werden über den unter 1.4 genannten Tag hinaus
* Sachbezüge weitergewährt? ☐ Nein ☐ Ja

Art: z. B. Kost und Wohnung, Frühstück DM

1.7 Winterlohnausgleich wird gezahlt ☐ Nein ☐ Ja

1.8 Wurde das Arbeitsverhältnis aufgelöst? ☐ Nein ☐ Ja

am	zum	Grund

2. Arbeitsentgelt

2.1 Letzter **abgerechneter** Lohnabrechnungszeitraum
* **vor Beginn** der Arbeitsunfähigkeit/Reha-Maßnahme (1 Kalendermonat/mind. 4 Wochen) vom 01.07.93 bis 31.07.93

2.2 Höhe des im Zeitraum 2.1 erzielten Entgelts (einschließlich Sachbezüge, jedoch ohne einmalig gezahltes Arbeitsentgelt und ohne Arbeitgeber-Sparzulage)
* brutto DM 4.600
netto DM 3.094

2.3 Wird das Arbeitsentgelt als Monatsgehalt/
* fester Monatslohn gezahlt? ☐ Nein ☒ Ja

Verdienstbescheinigung
zur Berechnung
von Krankengeld/Verletztengeld/Übergangsgeld

* Die mit einem Stern gekennzeichneten Positionen sind auf der Rückseite erläutert.

2.4 Bitte nur ausfüllen, wenn **2.3 mit ja** beantwortet wurde **und** das im letzten Lohnabrechnungszeitraum (2.1) erzielte Bruttoentgelt (2.2) vom vereinbarten Monatsgehalt oder festen Monatslohn abweicht

Höhe des vereinbarten Bruttoentgelts DM

Daraus ergibt sich als Nettoentgelt DM

Weicht das Bruttoentgelt **regelmäßig** in den letzten abgerechneten 3 Monaten vor Beginn der Arbeitsunfähigkeit/Reha-Maßnahme vom Monatsgehalt oder Monatslohn ab? ☒ Nein ☐ Ja

Monat	Bruttoentgelt	Nettoentgelt

2.5 Bitte nur ausfüllen, wenn weder Monatsgehalt oder fester Monatslohn noch Stundenlohn vereinbart ist (z. B. Stücklohn, Akkordlohn). (Angaben für die letzten 3 abgerechneten Lohnabrechnungszeiträume; 3 Mo./13 Wo.)

Monat/Zeitraum	Bruttoentgelt	Nettoentgelt

3. Arbeitszeit

Bitte nur ausfüllen, wenn das Entgelt nach Stunden bemessen ist oder sich Stunden zuordnen läßt

3.1* Das Bruttoentgelt wurde erzielt in Stunden

3.2 Vor Eintritt der Arbeitsunfähigkeit/Reha-Maß-
* nahme vereinbarte regelmäßige wöchentliche Arbeitszeit: (Wenn keine regelmäßige Arbeitszeit vereinbart wurde, bitte unter 3.3 anstelle der Mehrarbeitsstd. die **tatsächlich geleisteten** Arbeitsstd. eintragen.) Stunden

3.3 Bezahlte und nicht durch Freizeit ausgeglichene/noch auszugleichende Mehrar-
* beitsstd. in den letzten abgerechn. 3 Lohnabrechnungszeiträumen (3 Mo./13 Wo.):

Monat/Zeitraum	bezahlte Mehrarbeitsstunden

4. Fehlzeiten ohne Arbeitsentgelt

* In den unter 2.4, 2.5 oder 3.3 ang. Zeiträumen sind folgende Fehltage angefallen:

Zeitraum	Tage

5. Arbeitsunfall

5.1 Unfalltag: Berufsgenossenschaft:

5.2 Wurden im letzten Lohnabrechnungszeitraum (2.1) neben dem Bruttoentgelt (2.2)
* lohnsteuerfreie Sonntags-, Feiertags- oder Nachtarbeitszuschläge gezahlt?

☐ Nein ☐ Ja, in Höhe von DM

5.3 Lohnsteuerfreie Zuschläge (5.2) der letzten 3 Lohnabrechnungszeiträume (3 Mo./
* 13 Wo.) eintragen, wenn unter 2.4 oder 2.5 Angaben gemacht wurden:

Monat/Zeitraum	lohnsteuerfreie Zuschläge

Datum, Stempel und Unterschrift des Arbeitgebers, Telefon

Aus den Angaben in den Verdienstbescheinigungen des Arbeitgebers ergeben sich danach folgende Berechnungen des Krankengeldes:

Zu Beispiel 1

Arbeitsunfähigkeit besteht ab 12. 8. 1993. Es ist das von dem Versicherten im letzten vor Beginn der Arbeitsunfähigkeit abgerechneten Entgeltabrechnungszeitraum erzielte Entgelt durch die Zahl der Stunden zu teilen, für die es gezahlt wurde (5.600 : 175 = 32 DM). Das Ergebnis ist mit der Zahl der regelmäßigen wöchentlichen Arbeitsstunden zu vervielfachen und durch 7 zu teilen. Die vereinbarte regelmäßige wöchentliche Arbeitszeit beträgt zwar 38,5 Stunden, jedoch hat der Versicherte in den letzten 3 Monaten vor Beginn der Arbeitsunfähigkeit regelmäßig Überstunden geleistet, so daß sich hierdurch die Anzahl der regelmäßigen wöchentlichen Arbeitsstunden von 38,5 auf 39,5 Stunden erhöht. Folglich muß das Ergebnis (Stundenlohn/Geldfaktor) mit 39,5 vervielfacht und durch 7 geteilt werden (32 x 39,5 : 7 = 180,57 DM). Da der Bruttolohn bis zur Höhe der kalendertäglichen Beitragsbemessungsgrenze berücksichtigt wird, muß hier eine Kürzung auf 180 DM (1993) vorgenommen werden (80 v.H. von 180 DM = 144 DM). Im Beitrittsgebiet beträgt die tägliche Beitragsbemessungsgrenze im Jahre 1993 = 132,50 DM, 80 v.H. = 106 DM.

Dieser so vorläufig errechnete tägliche Krankengeldbetrag darf jedoch das Nettoentgelt nicht übersteigen, so daß eine Vergleichsberechnung stattfindet, die nach derselben Formel vorgenommen wird (3.270 : 175 = 18,69 x 39,5 : 7 = 105,47 DM).

Das kalendertägliche Krankengeld beträgt 105,47 DM.

Wegen anrechenbarer Vorerkrankungen besteht ab 12. 8. 1993 kein Anspruch auf Entgeltfortzahlung, so daß Krankengeld vom Tage nach der ärztlichen Feststellung an (13. 8. 1993) gezahlt wird.

Zu Beispiel 2

Das Arbeitsentgelt wird hier nach Monaten bemessen, so daß der 30. Teil des Entgelts im abgerechneten Kalendermonat vor der Arbeitsunfähigkeit als Berechnungsgrundlage dient.

Berechnung:
Brutto 4.600 : 30 = 153,33 DM, 80 v.H. = 122,66 DM

Netto 3.094 : 30 = 103,13 DM (= tägliches Krankengeld).

– **Dynamisierung des Krankengeldes**

Ist ein Versicherter langfristig arbeitsunfähig, erhöht sich das Krankengeld jeweils nach Ablauf eines Jahres seit dem Ende des Bemessungszeitraumes um den Vomhundertsatz, um den die Renten der gesetzlichen Rentenversicherung zuletzt vor diesem Zeitpunkt angepaßt worden sind (1. 7. 1993 = 4,45 v.H., im Beitrittsgebiet = 14,12 v.H.).

Das Krankengeld wird zwar grundsätzlich aus vergangenheitsbezogenen Entgeltwerten berechnet, jedoch soll der langfristig arbeitsunfähige Versicherte auch an der Einkommensentwicklung teilhaben.

5.3 Dauer des Krankengeldes

Im allgemeinen erhalten Versicherte Krankengeld ohne zeitliche Begrenzung. Sind sie jedoch wegen derselben Krankheit längerfristig arbeitsunfähig, so besteht der Anspruch für längstens 78 Wochen innerhalb von je drei Jahren, gerechnet vom Tage des Beginns der Arbeitsunfähigkeit an. Tritt während der Arbeitsunfähigkeit eine weitere Krankheit hinzu, wird die Leistungsdauer nicht verlängert.

Für Versicherte, die im letzten Dreijahreszeitraum wegen derselben Krankheit für 78 Wochen Krankengeld bezogen haben, besteht nach Beginn eines neuen Dreijahreszeitraumes ein neuer Anspruch auf Krankengeld wegen derselben Krankheit.

Die Leistungsdauer von 78 Wochen wurde mit Wirkung zum 1. 8. 1961 durch das „Gesetz zur Verbesserung der wirtschaftlichen Sicherung der Arbeiter im Krankheitsfalle“ eingeführt. Mit diesem Gesetz wurden zugleich auch die Höhe und der Berechnungsmodus des Krankengeldes gegenüber dem früheren Recht auf eine völlig neue Grundlage gestellt. Was die Leistungsdauer betrifft, so ging die Absicht des Gesetzes aus dessen Formulierung hervor. Das Krankengeld sollte keine Dauerleistung sein, sondern hatte lediglich eine Lohnersatzfunktion für die Dauer einer vorübergehenden Arbeitsunfähigkeit. Würde die durch Krankheit bedingte Arbeitsunfähigkeit in einen Dauerzustand übergehen, so sollte für die weitere Gewährung der Dauerleistung der Rentenversicherungsträger in Form der Rente aufkommen.

Mehr konnte der Praktiker aus dem Gesetz nicht erkennen. Das hat verständlicherweise zu permanenten Rechtsstreitigkeiten geführt, die bis auf den heutigen Tag nicht abreißen. Viele dieser Streitigkeiten gingen bis in die 3. Instanz vor das Bundessozialgericht, weil die Rechtssache jeweils von grundsätzlicher Bedeutung war. So ist es auch nahezu unmöglich, an dieser Stelle eine einigermaßen brauchbare Handhabung für die praktische Umsetzung der Vorschrift zu ermöglichen. Dennoch soll hier der tragende Grundsatz für die Berechnung der Leistungsdauer herausgestellt werden, der wenigstens einen allgemeinen Überblick geben kann.

Bei der Berechnung des 3-Jahreszeitraumes ist nach dem Grundsatz der starren Rahmenfrist vorzugehen. Der erstmalige Eintritt der Arbeitsunfähigkeit setzt für diese Krankheit eine Kette aufeinanderfolgender 3-Jahreszeiträume in Gang, innerhalb derer wegen derselben Krankheit jeweils bis zu längstens 78 Wochen Krankengeld bezogen werden kann. Für jede durch dieselbe Krankheit bedingte Arbeitsunfähigkeit ist demnach eine besondere Rahmenfrist (3-Jahreszeitraum) zu bilden. Die erste Rahmenfrist beginnt mit dem erstmaligen Eintritt der Arbeitsunfähigkeit verursachenden Krankheit.

Schaubild

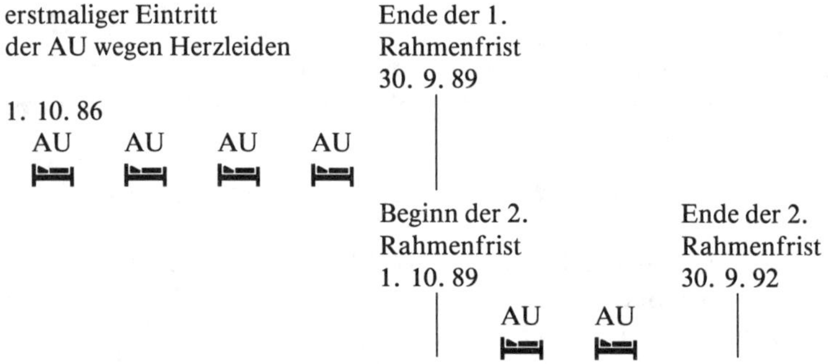

Innerhalb der einzelnen Rahmenfristen besteht für längstens 78 Wochen ein Anspruch auf Krankengeld wegen des Herzleidens. Tritt eine andere Arbeitsunfähigkeit, z.B. wegen eines Magenleidens, ein, werden für diese Krankheit ebenfalls Rahmenfristen gebildet, für die jeweils ein Anspruch auf Krankengeld für längstens 78 Wochen innerhalb von je 3 Jahren besteht.

5.4 Ruhen des Krankengeldes

Besteht Arbeitsunfähigkeit, beziehen aber Versicherte anderweitige Entgeltersatzleistungen während dieser Zeit, ist zwar dem Grunde nach auch Krankengeld zu zahlen, jedoch ruht dieser Anspruch, solange die Entgeltersatzleistungen gezahlt werden. Das ist der Fall,

- soweit und solange Versicherte laufendes beitragspflichtiges Arbeitsentgelt oder Arbeitseinkommen als selbständig Tätige erhalten,
- solange Versicherte Erziehungsurlaub erhalten,
- soweit und solange Versicherte Mutterschaftsgeld beziehen und
- solange die Arbeitsunfähigkeit der Krankenkasse nicht gemeldet wird. Das gilt nicht, wenn die Meldung innerhalb einer Woche nach Beginn der Arbeitsunfähigkeit erfolgt.

5.5 Wegfall und Kürzung des Krankengeldes

Versicherte, die eine Rente wegen Erwerbsunfähigkeit oder Altersruhegeld beziehen, haben vom Beginn dieser Rente an keinen Anspruch auf Krankengeld. Wird während des Bezuges von Krankengeld Rente wegen Erwerbsunfähigkeit oder Altersruhegeld zugebilligt, so entfällt der Anspruch auf Krankengeld.Ist die Rente rückwirkend zugebilligt worden und über den Beginn der Rente hinaus Krankengeld gezahlt worden, erstattet der Rentenversicherungsträger der Krankenkasse das zuviel gezahlte Krankengeld, allerdings nur bis zur Höhe der anteiligen Rente. Der die Rente übersteigende Betrag kann vom Versicherten nicht zurückgefordert werden.

Wird dem Versicherten von einem Zeitpunkt nach dem Beginn der Arbeitsunfähigkeit Rente wegen Berufsunfähigkeit zugebilligt, ist das Krankengeld um den Zahlbetrag der für den gleichen Zeitraum gewährten Rente zu kürzen. Insoweit hat die Krankenkasse bei rückwirkender Zubilligung der Rente einen Erstattungsanspruch gegen den Rentenversicherungsträger.

Versicherten, deren Erwerbsfähigkeit nach ärztlichem Gutachten erheblich gefährdet oder gemindert ist, kann die Krankenkasse eine Frist von 10 Wochen setzen, innerhalb der sie einen Antrag auf Maßnahmen zur Rehabilitation zu stellen haben. Stellen Versicherte innerhalb der Frist den Antrag nicht, entfällt der Anspruch auf Krankengeld mit Ablauf der Frist. Wird der Antrag später gestellt, lebt der Anspruch auf Krankengeld mit dem Tag der Antragstellung wieder auf.

5.6 Krankengeld bei Erkrankung eines Kindes

Versicherte erhalten bei Erkrankung eines Kindes „Kinderpflege"-Krankengeld,

- wenn es nach ärztlichem Zeugnis erforderlich ist, daß sie zur Beaufsichtigung, Betreuung oder Pflege ihres erkrankten und **familienversicherten** Kindes der Arbeit fernbleiben,
- eine andere im Haushalt lebende Person das Kind nicht beaufsichtigen, betreuen oder pflegen kann und
- das Kind das 12. Lebensjahr noch nicht vollendet hat.

Der Anspruch auf Krankengeld besteht in jedem Kalenderjahr für jedes Kind, welches das 12. Lebensjahr noch nicht vollendet hat, für 10 Arbeitstage, für alleinerziehende Versicherte längstens für 20 Arbeitstage. Leben mehrere Kinder im Haushalt des Versicherten, die das 12. Lebensjahr noch nicht vollendet haben, so ist das Krankengeld insgesamt für nicht mehr als 25 Arbeitstage, für alleinerziehende Versicherte für nicht mehr als 50 Arbeitstage je Kalenderjahr zu zahlen.

Versicherten, denen das „Kinderpflege"-Krankengeld zusteht, haben für dessen Dauer gegen ihren Arbeitgeber einen Anspruch auf unbezahlte Freistellung von der Arbeitsleistung, soweit nicht nach anderen Bestimmungen, z.B. nach dem Tarifvertrag, ein Anspruch auf bezahlte Freistellung von der Arbeit besteht.

Das Krankengeld ist von dem Tage an zu zahlen, an dem die Notwendigkeit zur Beaufsichtigung, Betreuung oder Pflege beginnt. Dieses ist durch eine ärztliche Bescheinigung nachzuweisen. Der Tag der ärztlichen Feststellung ist in diesem Falle unbedeutend.

6 Leistungen bei Schwangerschaft und Mutterschaft

Die gesetzliche Krankenversicherung soll, was auch in ihrem Namen zum Ausdruck kommt, in erster Linie Leistungen bei drohender und eingetretener Krankheit zur Verfügung stellen. Von dieser ursprünglichen Zweckbestimmung ist der Gesetzgeber mehrfach abgewichen, indem er der gesetzlichen Krankenversicherung stets dann Leistungen aufgebürdet hat, wenn er die Notwendigkeit sozialer Maßnahmen zum Schutz der Bürger erkannte. Dadurch wird naturgemäß nicht nur das

System verwässert, vielmehr entstehen der gesetzlichen Krankenversicherung zusehends Kosten, die letztlich der Beitragszahler aufbringen muß. So muß man sich fragen, was beispielsweise Fragen zur Empfängnisregelung, eine Sterilisation oder ein Schwangerschaftsabbruch mit Krankheit und dem daraus resultierenden Schutzbedürfnis des Versicherten zu tun haben. Krankenkassen werden immer mehr zum Auffangbecken sozialpolitischer Aufgabenverteiler.

Klar wird hier, daß die Krankenkassen nicht um ihrer selbst willen geschaffen wurden, sondern eine wichtige sozialpolitische Aufgabe in unserem Staat zu erfüllen haben. Aber eben weil dieses so ist, muß diese Versicherung auch bezahlbar bleiben. Mit den in den letzten Jahren vom Gesetz erlaubten Befreiungsmöglichkeiten von der Versicherungspflicht hat nämlich ein Entsolidarisierungsprozeß eingesetzt, der sozialunverträglich ist und von dem heute wohl kaum einer weiß, wo er einmal enden wird. Wenn gerade an dieser Stelle eine wohl eher kritische Betrachtung des Systems stattfindet, dann deshalb, weil Leistungen im Zusammenhang mit Schwangerschaft und Entbindung auch nichts mit Krankheit zu tun haben. Schwangerschaft und Entbindung sind nämlich keine regelwidrigen, sondern durchaus normale Zustände.

Seit das Mutterschaftshilferecht zum 1. 1. 1968 neu gestaltet wurde, hat der Bund zu den Aufwendungen des Mutterschaftsgeldes für beschäftigte Frauen den Krankenkassen einen Pauschbetrag von 400 DM für jeden Leistungsfall zu erstatten. Damit kommt er seiner Verpflichtung nach, die ihm das Grundgesetz auferlegt. „Jede Mutter hat Anspruch auf den Schutz und die Fürsorge der Gemeinschaft“ (Art. 6 Abs. 4 GG). Nun erschöpft sich diese staatliche Verpflichtung gewiß nicht in der Zahlung von Mutterschaftsgeld allein. Tatsache ist jedoch, daß dieser Anteil von 400 DM nur ein Bruchteil der Gesamtaufwendungen eines Leistungsfalles ausmacht, so daß der weitaus überwiegende Teil von der Versichertengemeinschaft aufgebracht werden muß.

Welche Leistungen hierzu gehören, ergibt sich aus den folgenden Abschnitten.

6.1 Umfang der Leistungen

Die Leistungen bei Schwangerschaft und Mutterschaft umfassen

- ärztliche Betreuung und Hebammenhilfe,
- Versorgung mit Arznei-, Verband- und Heilmitteln,

– stationäre Entbindung,
– häusliche Pflege,
– Haushaltshilfe,
– Mutterschaftsgeld und Entbindungsgeld.

6.2 Die Leistungen im einzelnen

Bei der Mutterschaftshilfe unterscheidet man die allgemeine und die besondere Mutterschaftshilfe. Mit allgemeiner Mutterschaftshilfe sind die Leistungen zu bezeichnen, die allen Versicherten, auch familienversicherten Frauen, gleichmäßig zu gewähren sind, ohne daß der Anspruch an irgendwelche zeitlichen Anspruchsvoraussetzungen geknüpft ist. Als besondere Mutterschaftshilfe wird dagegen das laufende Mutterschaftsgeld als Einkommensersatz bezeichnet, da es nur einem bestimmten Personenkreis zusteht und von besonderen zeitlichen Bedingungen abhängig ist.

– Ärztliche Betreuung und Hebammenhilfe

Während der Schwangerschaft, bei und nach der Entbindung sollen durch die ärztliche Betreuung mögliche Gefahren für Leben und Gesundheit von Mutter und Kind abgewendet werden. Zur ärztlichen Betreuung gehören solche Maßnahmen, die der Überwachung des Gesundheitszustandes der Schwangeren dienen, soweit keine Krankheit vorliegt, die einer ärztlichen Behandlung bedarf.

Als ärztliche Betreuung gelten insbesondere

– Untersuchungen zur Feststellung der Schwangerschaft,
– Untersuchungen und Beratung während der Schwangerschaft,
– frühzeitige Erkennung und Überwachung von Risikoschwangerschaften und Risikogeburten,
– serologische Untersuchungen auf Infektionen sowie blutgruppenserologische Untersuchungen auch nach der Geburt,
– Vorsorgeuntersuchungen einschließlich der laborärztlichen Untersuchungen.

Zur Hebammenhilfe gehören

– gymnastische Übungen, Entspannungsübungen und Übungen der Atemtechnik zur Geburtsvorbereitung,

- Leistungen der Mutterschaftsvorsorge und der Schwangerenbetreuung,
- Geburtshilfe und Leistungen während des Wochenbettes.

Bei Schwangerschaftsbeschwerden und im Zusammenhang mit der Entbindung erhält die Versicherte Arznei-, Verband- und Heilmittel. Nach derzeitigem Recht braucht bei der Abgabe dieser Mittel keine Zuzahlung geleistet zu werden.

– Stationäre Entbindung

Die stationäre Entbindung entspricht ihrem Wesen nach der Krankenhausbehandlung. Wenn auch dieser Vergleich rechtsdogmatisch eigentlich unzulässig ist, wird sofort verständlich, welche Leistung damit gemeint ist. Die stationäre Entbindung umfaßt Unterkunft und Verpflegung sowie die Pflege und ärztliche Betreuung in einem Krankenhaus oder einer Einrichtung, in der Geburtshilfe geleistet wird.

Der Anspruch auf stationäre Entbindung besteht für die Versicherte. Die Betreuung des Neugeborenen ist Bestandteil der stationären Entbindung der Mutter. Sofern das Neugeborene jedoch wegen Krankheit selbst der stationären Behandlung bedarf und in eine andere Abteilung des Krankenhauses oder in ein anderes Krankenhaus verlegt wird, handelt es sich bei dem Neugeborenen um eine „echte" Krankenhausbehandlung.

Wird die Versicherte zum Zwecke der Entbindung aufgenommen, hat sie für sich und das Neugeborene Anspruch auf Unterkunft, Pflege und Verpflegung, für die Zeit nach der Entbindung jedoch für längstens 6 Tage. Eine Zuzahlungspflicht besteht auch hier nicht.

– Häusliche Pflege

Soweit wegen der Schwangerschaft oder Entbindung häusliche Pflege erforderlich ist, besteht hierauf ein Anspruch, soweit eine im Haushalt lebende Person die Schwangere oder Wöchnerin in dem erforderlichen Umfang nicht pflegen oder versorgen kann. Kann die Krankenkasse keine hierfür ausgebildete Kraft stellen oder besteht Grund, davon abzusehen, sind der Versicherten die Kosten für eine selbstbeschaffte Kraft in angemessener Höhe zu erstatten.

– **Haushaltshilfe**

Die Ausführungen zu Punkt 4.6 gelten hier entsprechend, soweit der Versicherten die Weiterführung des Haushalts wegen Schwangerschaft oder Entbindung nicht möglich ist und eine andere im Haushalt lebende Person den Haushalt nicht weiterführen kann. Während der Schwangerschaft dürfte Haushaltshilfe nur in begründeten Ausnahmefällen in Betracht kommen, z.B., wenn die Schwangere nach ärztlicher Anordnung Bettruhe einhalten muß.

Im Gegensatz zur Haushaltshilfe bei stationärer Krankenhausbehandlung und Kuren wird hier nicht vorausgesetzt, daß im Haushalt ein Kind lebt, welches das 12. Lebensjahr noch nicht vollendet hat oder das behindert und auf Pflege angewiesen ist. Die Notwendigkeit und der Umfang der Leistung ergeben sich, unter Berücksichtigung der individuellen Verhältnisse, im Einzelfall.

– **Mutterschaftsgeld und Entbindungsgeld**

Die bisher beschriebenen allgemeinen Mutterschaftshilfeleistungen erhalten alle Frauen während der Schwangerschaft und nach der Entbindung, soweit ein Versicherungsverhältnis zu einer Krankenkasse besteht. Das Mutterschaftsgeld hingegen als besondere Leistung hat, ähnlich wie das Krankengeld, Entgeltersatzfunktion und ist von zeitlichen Anspruchsvoraussetzungen abhängig.

Anspruch auf Mutterschaftsgeld haben weibliche Versicherte,

- die bei Arbeitsunfähigkeit Anspruch auf Krankengeld haben oder
- denen wegen der Mutterschutzfristen nach dem Mutterschutzgesetz kein Arbeitsentgelt gezahlt wird.

Als Mutterschutzfristen in diesem Sinne kommen die letzten 6 Wochen vor der Entbindung und 8 Wochen nach der Entbindung in Betracht. Für Mütter nach Früh- und Mehrlingsgeburten verlängert sich diese Frist auf 12 Wochen. Hier ist anzumerken, daß die Schwangere sich durch ausdrückliche Erklärung ihrem Arbeitgeber gegenüber für die Zeit vor der Entbindung zur Arbeitsleistung bereiterklären kann, was allerdings den Verlust des Mutterschaftsgeldes für die Zeit der Arbeitsleistung zur Folge hat. Die Erklärung kann jedoch jederzeit widerrufen werden mit der Maßgabe, daß dann die Mutterschaftsgeldzahlung einsetzt. Eine Arbeitsleistung für die ersten 8 Wochen, bei Früh- und Mehrlingsgeburten für die ersten 12 Wochen nach der Entbindung ist zum Schutze der Mutter generell nicht erlaubt.

Für die Zahlung des Mutterschaftsgeldes wird gefordert, daß die Versicherten vom Beginn des 10. bis zum Ablauf des 4. Monats vor der Entbindung mindestens 12 Wochen Mitglied einer Krankenkasse waren oder in einem Arbeitsverhältnis standen. Ausgangspunkt für die Berechnung der Rahmenfrist ist der vom Arzt festgestellte und bescheinigte voraussichtliche Tag der Entbindung.

Beispiel:

Voraussichtlicher Tag der Entbindung:	6. 10. 1993
Beginn des 10. Monats vor der Entbindung:	6. 12. 1992
Ablauf des 4. Monats vor der Entbindung:	5. 7. 1993

Das Mutterschaftsgeld wird für die letzten 6 Wochen vor der Entbindung, den Entbindungstag und für die ersten 8 Wochen, bei Früh- und Mehrlingsgeburten für die ersten 12 Wochen nach der Entbindung gezahlt. Tritt die Entbindung früher als erwartet ein, bleibt zwar grundsätzlich der Anspruch für 6 Wochen vor der Entbindung erhalten, meistens wird die Schwangere aber bis zum letzten Tag vor dem Eintritt der Schutzfrist gearbeitet und Entgelt bezogen haben, so daß das Mutterschaftsgeld wegen der Entgeltzahlung ruht. Tritt die Entbindung später als erwartet ein, verlängert sich die Zahlung des Mutterschaftsgeldes entsprechend. Dadurch kann es dann durchaus zu einer längeren Leistungsdauer als insgesamt 14 bzw. 16 Wochen kommen.

Beispiel:

Voraussichtlicher Tag der Entbindung:	6. 10. 1993
Tatsächlicher Tag der Entbindung:	10. 10. 1993
Mutterschaftsgeld	
vor der Entbindung vom 25. 8.1993 – 9. 10. 1993	= 46 Tage
Tag der Entbindung 10. 10. 1993	= 1 Tag
nach der Entbindung vom 11. 10. 1993 – 5. 12. 1993	= **56 Tage**
	103 Tage

Als Mutterschaftsgeld wird das um die gesetzlichen Abzüge verminderte durchschnittliche kalendertägliche Arbeitsentgelt der letzten 3 abgerechneten Kalendermonate vor Beginn der Schutzfrist gezahlt. Es beträgt höchstens 25 DM für den Kalendertag. Einmalig gezahltes Arbeitsentgelt sowie Tage, an denen infolge von Kurzarbeit, Arbeitsausfällen oder unverschuldeter Arbeitsversäumnis kein oder ein vermindertes Arbeitsentgelt erzielt wurde, bleiben außer Betracht. Übersteigt das Arbeitsentgelt 25 DM täglich, wird der übersteigende Betrag vom Arbeitgeber gezahlt.

Bei Versicherten, die ein gleichbleibendes Monatsentgelt erhalten, ist für die Berechnung des Mutterschaftsgeldes jeder Monat mit 30 Tagen anzusetzen. In allen anderen Fällen (z.B. Stundenlohn oder Akkordlohn) sind die tatsächlichen Kalendertage des jeweiligen Ausgangszeitraumes zu berücksichtigen.

Beispiel:

Voraussichtlicher Tag der Entbindung:	6. 10. 1993
Beginn der Schutzfrist:	25. 8. 1993

Gehaltsabrechnung am 10. eines jeden Monats für den voraufgegangenen Monat.

Die letzten 3 abgerechneten Kalendermonate umfassen die Monate Mai bis Juli 1993.

Berechnung des Mutterschaftsgeldes bei gleichbleibendem Entgelt:

Monate	Nettoarbeitsentgelt		Tage
Mai	1.800 DM		30
Juni	1.800 DM		30
Juli	1.800 DM		30
	5.400 DM	:	90 = 60 DM Nettoarbeitsentgelt

Das Mutterschaftsgeld beträgt höchstens 25 DM für den Kalendertag. Der übersteigende Betrag wird vom Arbeitgeber gezahlt.

Frauen, die

- bei Arbeitsunfähigkeit keinen Anspruch auf Krankengeld haben
  oder
- nicht in einem Arbeitsverhältnis stehen
  oder
- nicht die zeitlichen Anspruchsvoraussetzungen erfüllen,

erhalten nach der Entbindung ein einmaliges Entbindungsgeld von 150 DM. Das kommt z.B. für alle familienversicherten Frauen in Betracht.

6.3 Erziehungsgeld und Erziehungsurlaub

– Erziehungsgeld

Vorab sei gesagt, daß das Erziehungsgeld und der Erziehungsurlaub keine Leistungen der gesetzlichen Krankenversicherung sind. Wegen ihres unmittelbaren sachlichen und zeitlichen Zusammenhangs mit den Mutterschaftshilfeleistungen sollen aber zumindest einige Grundzüge und Anspruchsvoraussetzungen genannt werden. Im übrigen gehört es auch zu den Aufgaben der Krankenkassen, über dieses Rechtsgebiet grundsätzliche Auskünfte zu erteilen.

Das Bundeserziehungsgeldgesetz in der Fassung vom 21. 1. 1992 regelt den Anspruch auf Erziehungsgeld, dessen Höhe und Dauer sowie die Dauer des Erziehungsurlaubs.

Anspruch auf Erziehungsgeld hat, wer

- einen Wohnsitz oder seinen gewöhnlichen Aufenthalt in der Bundesrepublik Deutschland hat,
- mit einem Kind, für das ihm die Personensorge zusteht, in einem Haushalt lebt,
- dieses Kind selbst betreut und erzieht und
- keine oder keine volle Erwerbstätigkeit ausübt.

Als Kinder gelten auch

- die mit dem Ziel der Annahme als Kind in die Obhut des Annehmenden aufgenommen sind,
- Stiefkinder, die der Antragsteller in seinem Haushalt aufgenommen hat,

- leibliche Kinder des nicht sorgeberechtigten Antragstellers, wenn sie mit diesem in einem Haushalt leben.

Der Anspruch auf Erziehungsgeld ist desweiteren davon abhängig, daß der/die Antragsteller/in keine volle Erwerbstätigkeit ausübt. Das ist u.a. dann der Fall, wenn die wöchentliche Arbeitszeit 19 Stunden nicht übersteigt oder eine Beschäftigung zur Berufsausbildung ausgeübt wird. Während des Bezuges von Arbeitslosengeld wird Erziehungsgeld gewährt, wenn dem/der Arbeitnehmer/in nach der Geburt eines Kindes aus einem Grund gekündigt worden ist, den er/sie nicht zu vertreten hat und der Wegfall des Erziehungsgeldes für ihn/sie eine unbillige Härte bedeuten würde.

Das Bundeserziehungsgeldgesetz findet für beide Elternteile Anwendung. Es können also auch Väter Erziehungsgeld und Erziehungsurlaub erhalten. Für die Betreuung und Erziehung eines Kindes wird nur einer Person Erziehungsgeld gewährt. Werden in einem Haushalt mehrere Kinder betreut und erzogen, wird für jedes Kind Erziehungsgeld gezahlt, und zwar vom Tag der Geburt bis zur Vollendung des 24. Lebensmonats, wenn die Kinder nach dem 31. 12. 1992 geboren worden sind.

Das Erziehungsgeld beträgt 600 DM monatlich. Vom Beginn des 7. Lebensmonats an wird das Erziehungsgeld gemindert, wenn bestimmte Einkommensgrenzen des Berechtigten überschritten werden. Für die Zeit vor oder nach der Geburt laufend zu zahlendes Mutterschaftsgeld aus der gesetzlichen Krankenversicherung wird auf das Erziehungsgeld angerechnet.

Die Landesregierungen oder die von ihnen bestimmten Stellen bestimmen, welche Behörden das Erziehungsgeld auszahlen. Anträge für die Zahlung werden bei jeder Krankenkasse entgegengenommen.

– Erziehungsurlaub

Arbeitnehmer haben Anspruch auf Erziehungsurlaub bis zur Vollendung des 3. Lebensjahres eines Kindes, das nach dem 31.12.1991 geboren ist. Dieser Anspruch besteht nicht, solange

- die Mutter bis zum Ablauf von 8 Wochen, bei Früh- und Mehrlingsgeburten von 12 Wochen, nicht beschäftigt werden darf,

- der mit dem Arbeitnehmer in einem Haushalt lebende andere Elternteil nicht erwerbstätig ist,
- der andere Elternteil Erziehungsurlaub in Anspruch nimmt.

Der Anspruch ist unabdingbar und kann nicht durch Vereinbarung mit dem Arbeitgeber ausgeschlossen oder beschränkt werden. Der Arbeitnehmer muß den Erziehungsurlaub spätestens 4 Wochen vor dem Zeitpunkt, von dem ab er ihn in Anspruch nehmen will, vom Arbeitgeber verlangen.

Es liegt im Ermessen des Arbeitgebers, ob er den Erholungsurlaub, der dem Arbeitnehmer zusteht, auf den Erziehungsurlaub anrechnet. Da dieses von der Sache her zu vertreten ist, kann er nach dem Bundeserziehungsgeldgesetz den Erholungsurlaub für jeden Kalendermonat, für den der Arbeitnehmer Erziehungsurlaub nimmt, um 1/12 kürzen.

Der Arbeitgeber darf das Arbeitsverhältnis von dem Zeitpunkt an, von dem Erziehungsurlaub verlangt worden ist, höchstens jedoch 6 Wochen vor Beginn des Erziehungsurlaubs, und während des Erziehungsurlaubs nicht kündigen. In besonderen Fällen kann ausnahmsweise eine Kündigung für zulässig erklärt werden, die aber nicht auf der Tatsache des Erziehungsurlaubs beruhen darf. Die Zulässigkeitserklärung erfolgt durch die für den Arbeitsschutz zuständige oberste Landesbehörde oder die von ihr bestimmte Stelle.

Der Arbeitnehmer kann das Arbeitsverhältnis zum Ende des Erziehungsurlaubs nur unter Einhaltung einer Kündigungsfrist von 3 Monaten kündigen.

– Bezug zur Krankenversicherung

Die Eltern, die vor der Geburt ihres Kindes bei einer gesetzlichen Krankenkasse Mitglied waren, bleiben beitragsfrei versichert, solange sie Erziehungsgeld erhalten. Wird kein Erziehungsgeld mehr ausgezahlt, weil das maßgebliche Einkommen über der Einkommensgrenze liegt, endet die Mitgliedschaft unabhängig davon, ob weiterhin Erziehungsurlaub beansprucht wird. Es kann jedoch der weitere Krankenversicherungsschutz über die Familienversicherung sichergestellt werden, wenn der Ehepartner Mitglied einer Krankenkasse ist.

War der Erziehungsgeldbezieher vor der Geburt des Kindes privat krankenversichert, so muß er die Beiträge zur privaten Krankenversicherung weiterhin selbst tragen, und zwar auch den bisher vom Arbeitgeber übernommenen Anteil.

7 Leistungen bei Schwerpflegebedürftigkeit

Durch das Gesundheitsreform-Gesetz 1989 wurde das Sozialgesetzbuch V um die Leistungen bei Schwerpflegebedürftigkeit ergänzt. Diese galten bereits damals als Vorläufer einer späteren Pflegeversicherung, deren Entwurf 1993 in den parlamentarischen Gremien beraten wird. Nach den Vorstellungen der Bundesregierung soll die erste Stufe mit den Leistungen für die häusliche Pflege zum 1. 1. 1994 und die zweite Stufe mit den Leistungen bei stationärer Pflege zum 1. 1. 1996 in Kraft treten. Die Pflegeversicherung wird dann allerdings als selbständiger Zweig der Sozialversicherung neben der Kranken-, Renten-, Unfall- und Arbeitslosenversicherung stehen, und zwar mit allen Auswirkungen einer besonderen Finanzierung.

Dagegen sind die Leistungen bei Schwerpflegebedürftigkeit nach geltendem Recht ein Teil der gesetzlichen Krankenversicherung und werden deshalb auch aus den Beiträgen für diesen Versicherungszweig finanziert.

Versicherte, die nach ärztlicher Feststellung wegen einer Krankheit oder Behinderung so hilflos sind, daß sie für die gewöhnlichen und regelmäßig wiederkehrenden Verrichtungen im Ablauf des täglichen Lebens auf Dauer in sehr hohem Maße der Hilfe bedürfen, erhalten häusliche Pflegehilfe. Dabei handelt es sich um Personen, die sich in ihrem Alltag in fast allen Bereichen nicht selbst versorgen können und auf ständige Pflege und meistens auch auf hauswirtschaftliche Versorgung angewiesen sind. Der gesamte Umfang der Pflegebedürftigkeit wird dann den Ausschlag bei der Beurteilung des Zustandes geben, nicht einzelne Funktionsstörungen. Weiterhin muß die Notwendigkeit dauerhafter Pflege vorliegen. Ein vorübergehender krankhafter Zustand löst folglich keine Leistungen in diesem Sinne aus.

7.1 Zeitliche Anspruchsvoraussetzungen

Der Leistungsanspruch ist davon abhängig, daß der Versicherte seit der erstmaligen Aufnahme einer Erwerbstätigkeit bis zur Feststellung der Schwerpflegebedürftigkeit

– mindestens 9/10 der 2. Hälfte dieses Zeitraumes oder mindestens 180 Kalendermonate **und**
– in den letzten 60 Kalendermonaten vor Feststellung der Schwerpflegebedürftigkeit mindestens 36 Kalendermonate

versichert war.

Beispiel:

Ärztliche Feststellung der Schwerpflegebedürftigkeit	15. 1. 1993
Erstmalige Aufnahme einer Erwerbstätigkeit	1. 8. 1938
Rahmenfrist	1. 8. 1938 – 31. 12. 1992
2. Hälfte der Rahmenfrist	16. 10. 1966 – 31. 12. 1992
60 Monate vor Feststellung der Schwerpflegebedürftigkeit	1. 1. 1988 – 31. 12. 1992

Es bestanden regelmäßig Mitgliedschaften bei gesetzlichen Krankenkassen.

Ergebnis:

Der Versicherte war sowohl 9/10 der 2. Hälfte des Zeitraumes zwischen der erstmaligen Aufnahme der Erwerbstätigkeit und der Feststellung der Schwerpflegebedürftigkeit als auch während der letzten 60 Monate vor Feststellung der Schwerpflegebedürftigkeit 36 Kalendermonate versichert. Der Anspruch auf häusliche Pflege besteht also.

Der Zeitraum von 36 Kalendermonaten braucht nicht zusammenhängend zu verlaufen. Es genügt, daß die Versicherung in den letzten 60 Kalendermonaten mindestens 36 Monate (1095 Tage) insgesamt bestanden hat. Zeiten der Familienversicherung gelten entsprechend.

Für die im Beitrittsgebiet Versicherten, die bis zum 31. 12. 1990 in der Sozialversicherung oder der ehemaligen Staatlichen Versicherung der DDR Versicherungszeiten zurückgelegt haben, gelten diese Versicherungszeiten als Zeiten einer Pflichtversicherung.

7.2 Inhalt der Leistung

Die häusliche Pflegehilfe soll die Pflege und Versorgung schwerpflegebedürftiger Versicherter in ihrem Haushalt oder dem ihrer Familie ergänzen. Sie ist darauf auszurichten, daß Pflegebedürftige möglichst dort verbleiben können und stationäre Pflege vermieden wird. Sie umfaßt die im Einzelfall notwendige Grundpflege und hauswirtschaftliche Versorgung bis zu einer Stunde je Pflegeeinsatz und bis zu 25 Pflegeeinsätzen je Kalendermonat. An einem Tag können mehrere Pflegeeinsätze in Anspruch genommen werden. Die Aufwendungen der Krankenkasse dürfen im Einzelfall 750 DM je Kalendermonat nicht übersteigen.

Können die Pflege und Versorgung schwerpflegebedürftiger Versicherter wegen Erholungsurlaubs oder anderweitiger Verhinderung der Pflegeperson zeitweise nicht erbracht werden, wird die häusliche Pflegehilfe im erforderlichen Umfang für längstens vier Wochen je Kalenderjahr durch eine andere geeignete Person übernommen. Voraussetzung ist, daß die bisherige Pflegeperson den Schwerpflegebedürftigen vor der Verhinderung mindestens zwölf Monate gepflegt hat. Die Aufwendungen der Krankenkasse dürfen dabei im Einzelfall 1.800 DM nicht überschreiten. Werden die Versicherten während dieser Zeit außerhalb ihres Haushalts oder ihrer Familie gepflegt, übernimmt die Krankenkasse die dadurch entstehenden Kosten bis zur Höhe des Betrages, den sie bei Pflege und Versorgung der Versicherten in ihrem Haushalt oder ihrer Familie aufzuwenden hätte.

Anstelle der häuslichen Pflegehilfe kann die Krankenkasse generell auf Antrag des schwerpflegebedürftigen Versicherten den Geldbetrag von 400 DM je Kalendermonat zahlen, wenn der Schwerpflegebedürftige die Pflege durch eine Pflegeperson in geeigneter Weise und in ausreichendem Umfang selbst sicherstellen kann.

Vor Beginn dieser Leistung ist in jedem Falle ein entsprechender Antrag bei der zuständigen Krankenkasse zu stellen, die dann alle weiteren Schritte entweder von sich aus oder in Absprache mit dem Versicherten veranlaßt.

8 Sterbegeld

Von den Leistungseinschränkungen des Gesundheitsreform-Gesetzes 1989 wurde auch das Sterbegeld betroffen. Konnte bis zu diesem Zeitpunkt noch ein wesentlicher Teil der Bestattungskosten durch das Sterbegeld abgedeckt werden, wird heute nur noch ein geringer Teil als Zuschuß gezahlt. Das Sterbegeld beträgt beim Tod eines Mitglieds als Festbetrag 2.100 DM. Stirbt ein Familienversicherter, verringert sich dieser Betrag auf die Hälfte. Das Sterbegeld wird an denjenigen gezahlt, der die Bestattungskosten trägt.

Es war der erklärte Wille des Gesetzgebers, daß diese Leistung langfristig aus dem Leistungskatalog der gesetzlichen Krankenversicherung gestrichen wird. Die Kosten der Bestattung sollen durch eine private Sterbegeld- oder Lebensversicherung oder anderweitige Vorsorge aufgebracht werden. Deshalb wird Sterbegeld auch nur noch dann gezahlt, wenn der Verstorbene am 1. 1. 1989 versichert war.

Ist der Tod die Folge eines Arbeitsunfalls oder einer Berufskrankheit im Sinne der gesetzlichen Unfallversicherung, besteht grundsätzlich kein Anspruch auf Sterbegeld, auch wenn am 1. 1. 1989 eine Mitgliedschaft zu einer Krankenkasse bestand. Der Anspruch auf Sterbegeld aus der gesetzlichen Unfallversicherung bleibt allerdings hiervon unberührt.

9 Fahrkosten

Die in diesem Kapitel beschriebenen Leistungen können von den Versicherten oft nur dann in Anspruch genommen werden, wenn längere Wege zu den tatsächlichen Leistungserbringern zurückgelegt werden. Häufig entstehen dann Kosten, die für den Versicherten nicht zumutbar sind. Unter Berücksichtigung einer zumutbaren Eigenbeteiligung werden diese Kosten unter bestimmten Voraussetzungen erstattet.

Die Krankenkasse übernimmt die Kosten für Fahrten einschließlich der Transporte des Rettungsdienstes und sonstiger Krankentransporte, wenn sie im Zusammenhang mit einer Leistung der Krankenkasse notwendig sind. Welches Fahrzeug benutzt werden kann, richtet sich nach der medizinischen Notwendigkeit im Einzelfall. Als notwendig in diesem Sinne sind grundsätzlich nur die Fahrkosten bis zu den nächsterreichbaren geeigneten Behandlungsstätten anzusehen. Nimmt der Versicherte ohne zwingenden Grund eine andere Behandlungsstätte in Anspruch, können ihm die Mehrkosten ganz oder teilweise auferlegt werden. Hierunter fallen nicht die Fahrkosten, die dem Versicherten dadurch entstehen, daß die Krankenkasse ihn zu einer Behandlung oder Untersuchung auffordert, die für weitere Leistungen erforderlich sind (z.B. Untersuchung beim Medizinischen Dienst der Krankenversicherung). Diese Kosten sind dem Versicherten in voller Höhe zu erstatten.

- Die Krankenkasse übernimmt die Fahrkosten in Höhe des Differenzbetrages zwischen 20 DM und dem tatsächlichen Betrag je Fahrt,
- bei Leistungen, die stationär erbracht werden (z.B. Krankenhausbehandlung),
- bei Rettungsfahrten zum Krankenhaus auch dann, wenn eine stationäre Behandlung nicht erforderlich ist,
- bei anderen Fahrten von Versicherten, die während der Fahrt einer fachlichen Betreuung oder der besonderen Einrichtungen eines Krankenkraftwagens bedürfen (Krankentransport),
- bei Fahrten von Versicherten zu einer ambulanten Krankenbehandlung, wenn dadurch eine Krankenhausbehandlung vermieden wird.

Im übrigen übernimmt die Krankenkasse die Fahrkosten, wenn der Versicherte durch sie unzumutbar belastet würde (vgl. Abschnitt 10).

Als Fahrkosten werden anerkannt

- bei Benutzung eines öffentlichen Verkehrsmittels der Fahrpreis unter Ausschöpfung von Fahrpreisermäßigungen,
- bei Benutzung eines Taxis oder Mietwagens, wenn ein öffentliches Verkehrsmittel nicht benutzt werden kann, die mit den Krankenkassen regional vereinbarten Beträge,
- bei Benutzung eines Krankenkraftwagens oder Rettungsfahrzeugs, wenn ein öffentliches Verkehrsmittel, ein Taxi oder ein Mietwagen nicht benutzt werden kann, die mit den Krankenkassen regional vereinbarten Beträge,
- bei Benutzung eines privaten Kraftfahrzeuges für jeden gefahrenen Kilometer der jeweils aufgrund des Bundesreisekostengesetzes festgesetzte Höchstbetrag für Wegstreckenentschädigung (0,38 DM je Kilometer), höchstens jedoch die Kosten, die bei Inanspruchnahme eines erforderlichen Transportmittels entstanden wären.

Die Kosten des Rücktransports in das Inland (z.B. bei Urlaubsreisen) werden nicht übernommen.

10 Härtefallregelungen

Das Leistungsrecht der gesetzlichen Krankenversicherung enthält seiner Aufgabenstellung entsprechend auch Sozialschutzklauseln, die in Form sogenannter Härtefallregelungen ihre Ausprägung finden. Wenn im folgenden von „Härtefallregelungen“ die Rede ist, so kann und soll dieses nicht für den betroffenen Personenkreis als Diskriminierung gelten. Vielmehr sind hiermit Rechtsansprüche verbunden, die, je nach Lage des Einzelfalles, von den Krankenkassen erfüllt werden müssen. Auch bedarf es keines wohlwollend zu beurteilenden Antrages seitens des Versicherten. Die Krankenkasse hat nach Beurteilung der Sach- und Rechtslage von Gesetzes wegen die **Ansprüche** des Berechtigten zu erfüllen.

10.1 Vollständige Befreiung

Die Krankenkasse hat

- Versicherte von der Zuzahlung zu Arznei-, Verband- und Heilmitteln sowie zu stationären Vorsorge- und Rehabilitationsleistungen (**nicht** bei Krankenhauspflege) zu befreien,
- den von den Versicherten zu tragenden Anteil an den Kosten zum Zahnersatz zu übernehmen

und

- die im Zusammenhang mit einer Leistung der Krankenkasse notwendigen Fahrkosten von Versicherten zu übernehmen,

wenn die Versicherten unzumutbar belastet würden.

Eine unzumutbare Belastung liegt vor, wenn

- die monatlichen Bruttoeinnahmen zum Lebensunterhalt des Versicherten, je nach Familienstand, bestimmte Grenzen nicht überschreiten (vgl. nachstehende Tabelle),
- der Versicherte Hilfe zum Lebensunterhalt nach dem Bundessozialhilfegesetz oder im Rahmen der Kriegsopferfürsorge, Arbeitslosenhilfe nach dem Arbeitsförderungsgesetz, Ausbildungsförderung nach dem Bundesausbildungsförderungsgesetz oder ähnliche Leistungen erhält

oder

– die Kosten der Unterbringung in einem Heim von einem Träger der Sozialhilfe oder der Kriegsopferfürsorge getragen werden.

Für 1993 gelten folgende monatliche Einkommensgrenzen:

Einkommensverhältnisse und Sozialklausel in DM

	Alte Länder	Neue Länder*
Ledige	1484,00	1092,00
Verheiratete	2040,50	1501,50
Verheiratete mit 1 Kind	2411,50	1774,50
Verheiratete mit 2 Kindern	2782,50	2047,50
Verheiratete mit 3 Kindern	3153,50	2320,50

* Bei der Arzneimittelzuzahlung gelten in den neuen Ländern die Härtegrenzen für die alten Länder.
Quelle: BMG

Als Einnahmen zum Lebensunterhalt der Versicherten gelten auch die Einnahmen anderer in dem gemeinsamen Haushalt lebender Angehöriger. Zu den Einnahmen zum Lebensunterhalt gehören nicht Grundrenten, die Beschädigte nach dem Bundesversorgungsgesetz erhalten, sowie Renten oder Beihilfen, die nach dem Bundesentschädigungsgesetz für Schäden an Körper und Gesundheit gezahlt werden, bis zur Höhe der vergleichbaren Grundrente nach dem Bundesversorgungsgesetz.

10.2 Teilweise Befreiung

Mit Hilfe der sog. Überforderungsklausel wollte der Gesetzgeber besonders belastete Versicherte, z.B. chronisch Kranke, vor einer unzumutbaren Härte bei Zuzahlungen schützen. Deshalb hat die Krankenkasse die dem Versicherten während eines Kalenderjahres entstehenden notwendigen Fahrkosten und Zuzahlungen zu Arznei-, Verband- und Heilmitteln zu übernehmen, soweit sie die Belastungsgrenze überschreiten. Sie beträgt 2 v.H. der folgenden monatlichen Einkommensgrenzen (1993):

Einkommensverhältnisse und Überforderungsklausel in DM

	Alte Länder	Neue Länder
	Bruttoeinkommen	
Ledige	5400,00	3975,00
Verheiratete	5956,40	4384,50
Verheiratete mit 1 Kind	6327,50	4657,50
Verheiratete mit 2 Kindern	6698,50	4930,50
Verheiratete mit 3 Kindern	7069,50	5203,50

Quelle: BMG

Überschreitet die Zuzahlung 2 v.H. dieser Einkommensgrenzen, übernimmt die Krankenkasse den Differenzbetrag. Hat der Versicherte höhere Bruttoeinnahmen als in der vorstehenden Tabelle angegeben, so erhöht sich die zumutbare Eigenbelastung auf 4 v.H. Auch hier hat dann die Krankenkasse den ggf. übersteigenden Betrag zu übernehmen.

Die Abrechnung wird normalerweise zum Ende des Kalenderjahres mit Hilfe eines Sammelnachweisheftes und der ärztlichen Verordnung vorgenommen. Das Sammelnachweisheft erhält der Versicherte bei seiner Krankenkasse. Diese kann jedoch insbesondere bei regelmäßig entstehenden Fahrkosten und Zuzahlungen eine Kostenübernahme in kürzeren Zeitabständen vorsehen.

Bei der Ermittlung des von der Krankenkasse zu übernehmenden Anteils an Fahrkosten und Zuzahlungen sowie der Belastungsgrenze werden die Fahrkosten und Zuzahlungen der mit dem Versicherten im gemeinsamen Haushalt lebenden Angehörigen und ihre Bruttoeinnahmen zum Lebensunterhalt jeweils zusammengerechnet.

Bei der Versorgung mit Zahnersatz gelten hinsichtlich der Überforderungsklausel im Einzelfall besondere Regelungen.

II Die Leistungen der Privaten Krankenversicherung

1 Der Unterschied GKV – PKV

Will man einen Vergleich zwischen der gesetzlichen und privaten Krankenversicherung für seine individuelle Wahlentscheidung ziehen, fragt man üblicherweise nach zwei, möglicherweise entscheidenden Kriterien: nach der Höhe des Beitrags und dem Umfang der zu erwartenden Leistungen. Beide Kriterien sollten nicht für sich allein, sondern nur in Verbindung miteinander gesehen werden. Ein günstiger Beitrag braucht nicht unbedingt ein Höchstmaß an Leistungen nach sich zu ziehen. Umgekehrt hat ein umfassendes Leistungsangebot eben seinen Preis. Hier kommt es auf das Preis-Leistungsverhältnis an und was einem dieses im Endeffekt jeweils persönlich wert ist.

Die gesetzliche Krankenversicherung unterliegt einem statischen Berechnungsverfahren, bei den Leistungen gilt das Prinzip „alles oder nichts". Das entspricht dem Solidaritätsprinzip. Auch der Inhalt der Leistungen bestimmt sich fast ausschließlich nach dem Gesetz und ist nach Art, Umfang und Höhe nahezu einheitlich festgelegt. Lediglich die Leistungsdarbietung, wie Service und Zusatznutzen, könnte die Wahl allenfalls beeinflussen.

Anders liegen die Verhältnisse bei der privaten Krankenversicherung, wodurch sie ihrer Versicherungsform als Individualversicherung gerecht wird. Der Leistungsumfang ist einer der Faktoren für die Beitragshöhe. Was die Leistungen betrifft, bieten sich grundsätzlich die verschiedensten Möglichkeiten an.

2 Umfang der Leistungspflicht

2.1 Allgemeine Versicherungsbedingungen

Steht die Entscheidung an, ob der GKV oder der PKV der Vorzug gegeben werden soll, kann, auch im Hinblick auf die Leistungen, ein Blick in die Allgemeinen Versicherungsbedingungen (MB/KK 76) aufschlußreich sein (vgl. I. Kapitel Pkte. 3.1 u. 3.2). Während Teil I der AVB für alle privaten Krankenversicherungsunternehmen gleichermaßen gilt, sind beim Teil II bereits Unterschiede bei den einzelnen Unternehmen festzustellen. Zwar kann im Teil II der AVB nur zugunsten des Versicherungsnehmers von den Bestimmungen im Teil I abgewichen werden, aber auch hier unterscheiden sich die Versicherungsunternehmen voneinander, wenn auch meistens nur geringfügig.

Für den Beitrittswilligen beginnt also hier bereits der Entscheidungsprozeß, nach Möglichkeit unter Zugrundelegung mehrerer Angebote.

2.2 Tarife und Tarifbedingungen

Die Tarife mit deren Tarifbedingungen stellen den eigentlichen Kerngehalt des Versicherungsschutzes dar und sind ebenso Bestandteil des Versicherungsvertrages wie die Allgemeinen Versicherungsbedingungen. Auch hier ist eine sorgfältige Abwägung im Einzelfall unter mehreren Angeboten ratsam. Gerade bei den Tarifen und Tarifbedingungen ergeben sich zwischen den einzelnen Versicherungsunternehmen Abweichungen, die aber wiederum die Beitragshöhe beeinflussen. Die Abhängigkeit von Beitrag und Leistung ist gerade in diesem Bereich besonders stark ausgeprägt, was die Frage nach der „besseren Versicherung" überflüssig erscheinen läßt. Es kommt vielmehr auf den individuellen Bedarf an, welche Wünsche an Leistungen geknüpft werden und welcher Beitrag angemessen erscheint.

Die Tarife enthalten die Aufzählung der Leistungen im einzelnen sowie die Bedingungen, unter denen diese Leistungen erbracht werden. Auch die Kurzform der Tarifbezeichnungen bei den einzelnen Versicherungsunternehmen ist unterschiedlich, was aber für den Beitrittswilligen nur eine optische Wirkung hat. Entscheidend sind vielmehr die inhaltliche Bezeichnung des Tarifs und der Inhalt selbst.

– Leistungsumfang und Höhe der Versicherungsleistung

Die Leistungen der jeweiligen Tarife sind differenziert gestaltet, und zwar nach den tabellarisch aufgeführten Leistungen des Versicherungsnehmers (Beiträge) und den von dem Versicherer zu erbringenden Leistungen beim Eintritt des Versicherungsfalles. Letztere werden wiederum unterschieden nach dem Leistungsumfang und der **Höhe** der Versicherungsleistungen.

So könnte beispielsweise ein Tarif für die Krankheitskostenversicherung bei **ambulanter** Heilbehandlung auszugsweise folgenden Inhalt haben:

Leistungen des Versicherers

Leistungsumfang	**Höhe der Versicherungsleistungen**
Ambulante Heilbehandlung einschließlich Vorsorgeuntersuchungen	100 v.H. des erstattungsfähigen Rechnungsbetrages abzüglich einer Selbstbeteiligung von ... DM je Behandlung
Arzneien und Verbandmittel	100 v.H. des erstattungsfähigen Rechnungsbetrages abzüglich einer Selbstbeteiligung von ... DM je Verordnung
Hilfsmittel	100 v.H. des erstattungsfähigen Rechnungsbetrages abzüglich einer Selbstbeteiligung von ... DM je Hilfsmittel
Physikalisch-medizinische Leistungen	100 v.H. des erstattungsfähigen Rechnungsbetrages abzüglich einer Selbstbeteiligung von ... DM je Anwendung

Die jährliche Selbstbeteiligung ist auf ... DM begrenzt.

Erläuterungen zum Leistungsumfang und zum erstattungsfähigen Rechnungsbetrag:

Ambulante Heilbehandlung

Erstattungsfähige Kosten:

- ärztliche Leistungen nach der Gebührenordnung für Ärzte,
- Leistungen des Heilpraktikers nach dem Gebührenverzeichnis für Heilpraktiker,

- psychotherapeutische Behandlungen, wenn sie vor Behandlungsbeginn vom Versicherer schriftlich zugesagt worden sind,
- ambulante Entbindung und Fehlgeburt einschließlich der Hebammenleistungen,
- Dialysebehandlungen, sofern diese nicht stationär durchgeführt werden (vgl. aber Tarif für stationäre Behandlung),
- medizinisch notwendige Kosten eines Unfalltransportes.

Arzneien und Verbandmittel

Nicht erstattungsfähig sind die Kosten für Nähr- und Stärkungsmittel, allgemein gebräuchliche Vorbeugungsmittel, Entfettungs-, Schlaf- und Abführmittel, Mineralwässer, Badezusätze, Desinfektionsmittel.

Hilfsmittel

Erstattungsfähig sind die Kosten für technische Mittel, die körperliche Behinderungen mildern oder ausgleichen sollen.

Technische Hilfsmittel in diesem Sinne sind:

Sehhilfen, Gehapparate, Körperersatzstücke, Krankenfahrstühle, orthopädische Schuhe, Hör- und Sprechhilfen, Stützapparate.

Sehhilfen (Gestell und Gläser) sind erstattungsfähig bis zu einem Betrag von 180 DM für das Gestell, Gläser in voller Höhe, Kontaktlinsen bis zu einem Rechnungsbetrag von 450 DM.

Die Kosten für Hilfsmittel sind innerhalb von drei Kalenderjahren je einmal erstattungsfähig.

Physikalisch-medizinische Leistungen

Inhalationen, Krankengymnastik, Übungsbehandlungen, Massagen und Packungen, Wärmebehandlungen, Elektrotherapie, Lichttherapie, soweit sie durch Angehörige staatlich anerkannter Heilberufe durchgeführt werden.

Diese Ausführungen machen folgendes deutlich:

a) Nach diesem Tarif hat der Versicherer nur die aufgeführten Leistungen (Leistungsumfang) in der genannten Höhe und entsprechend der von ihm vorgegebenen Bedingungen zu erfüllen.

b) Für den persönlichen Schutz im Krankheitsfalle wird der beschriebene Leistungsumfang kaum ausreichen, so daß weitere Tarife in Betracht kommen werden. Tarife, die Leistungen für zahnärztliche Behandlung und Zahnersatz, stationäre Behandlung und Krankentagegeld vorsehen, sollten zum Mindestleistungsumfang gehören. Ob weitere Tarife, z.B. für Kuren, zum Versicherungsschutz gehören sollten, wird jeder für sich entscheiden müssen.
c) Bei einzelnen Leistungen ist die Leistungshöhe der PKV großzügiger bemessen, das gilt im wesentlichen bei Brillengestellen und der Übernahme von Kosten bei Behandlungen durch Heilpraktiker.
d) Der Leistungsumfang der Tarife bei vielen Versicherungsunternehmen entspricht nicht dem der gesetzlichen Krankenversicherung oder muß um weitere Tarife ausgedehnt werden, soweit dieses überhaupt möglich ist bzw. angeboten wird. Zu denken wäre z.B. an Haushaltshilfe, häusliche Krankenpflege, Kinderpflege-Krankengeld u.a. mehr.
e) Die Tarife sind variabel und miteinander kombinierbar. Das läßt viele Möglichkeiten für die persönliche Gestaltung offen. So werden inhaltlich fast gleichlautende Tarife angeboten, mal mit, mal ohne Selbstbeteiligung. Selbst die Höhe der Eigenbeteiligung ist dabei variabel.
f) Jeder Tarif ist versicherungsmathematisch kalkuliert und enthält den jeweils vom Versicherungsnehmer zu zahlenden Beitrag. Sollen auch Familienangehörige versichert werden, gelten diese als selbständige Versicherte mit eigenem Beitrag. Sie können auch die Tarife beliebig zusammenstellen.
g) Jeder Beitrittswillige hat vor dem Abschluß einer privaten Krankenversicherung die große Auswahl, sowohl unter den zahlreichen privaten Krankenversicherungsunternehmen als auch unter den einzelnen Tarifen innerhalb eines Unternehmens.

Die Vielfalt und auch Unterschiedlichkeit der Tarife bei den mehr als 50 Versicherungsunternehmen lassen es geboten erscheinen, sich auf grundsätzliche und beispielhafte Ausführungen zu beschränken. Der interessierte Leser soll einen Eindruck von dem erhalten, was er von der PKV erwarten kann, worauf er achten soll und welche Möglichkeiten er hat, Tarife miteinander zu kombinieren.

3 Einschränkung der Leistungspflicht

Für bestimmte Tatbestände hat die private Krankenversicherung von vornherein ihre Leistungspflicht ausgeschlossen, in anderen Fällen kann sie Leistungen kürzen.

Keine Leistungspflicht besteht

a) für solche Krankheiten, die durch Kriegsereignisse verursacht wurden oder als Wehrdienstbeschädigung anerkannt sind, es sei denn, daß der Versicherungsschutz ausdrücklich vom Versicherer anerkannt wurde;
b) für auf Vorsatz beruhende Krankheiten und Unfallfolgen sowie für Entziehungsmaßnahmen einschließlich Entziehungskuren;
c) für Kur- und Sanatoriumsbehandlung sowie für Rehabilitationsmaßnahmen der gesetzlichen Rehabilitationsträger, es sei denn, diese Leistungen sind tariflich vereinbart;
d) für ambulante Heilbehandlung in einem Heilbad oder Kurort. Das gilt natürlich nicht, wenn der Versicherungsnehmer dort seinen ständigen Wohnsitz hat oder dort während eines vorübergehenden Aufenthaltes akut erkrankt;
e) für wissenschaftlich nicht allgemein anerkannte Untersuchungs- oder Behandlungsmethoden und Arzneimittel;
f) für Behandlungen durch Ehegatten, Eltern oder Kinder. Nachgewiesene Sachkosten werden tarifgemäß erstattet;
g) für eine durch Pflegebedürftigkeit oder Verwahrung bedingte Unterbringung.

Neben dieser generellen Einschränkung der Leistungspflicht, die im Ergebnis einen Leistungsausschluß bedeutet, kann der Versicherer seine Leistungen auf einen angemessenen Betrag herabsetzen. Das wird dann der Fall sein, wenn z.B. eine Heilbehandlung das medizinisch notwendige Maß übersteigt. Dem Versicherungsnehmer werden die von ihm an den Versicherer eingesandten Rechnungen entsprechend gekürzt, so daß er mit dem Differenzbetrag belastet bleibt.

Besteht wegen einer Erkrankung auch Anspruch auf Leistungen aus der gesetzlichen Unfallversicherung oder der gesetzlichen Rentenversicherung, auf eine gesetzliche Heilfürsorge oder Unfallfürsorge, so ist der Versicherer nur für die Aufwendungen leistungspflichtig, welche trotz der gesetzlichen Leistungen notwendig bleiben. Ist Krankenhaustagegeld tariflich vereinbart, so ist dieses ggf. zu zahlen.

4 Auszahlung der Versicherungsleistungen

In der privaten Krankenversicherung gilt das Kostenerstattungsprinzip. Der Versicherungsnehmer wird hier, anders als in der gesetzlichen Krankenversicherung, direkt in die Abrechnungsmodalitäten einbezogen. Allerdings gibt es hiervon Ausnahmen, die aber vereinbart werden müssen und sich nicht automatisch ergeben. Solche Ausnahmen bestehen z.B. bei der Abrechnung von Krankenhausbehandlungskosten. Im allgemeinen stellt das Versicherungsunternehmen entsprechende Ausweise für Krankenhausbehandlung aus, so daß die Abrechnung direkt mit dem Versicherer vorgenommen wird. Der Versicherungsnehmer braucht bei diesem Verfahren nicht vorzuleisten.

Im übrigen hat der Versicherungsnehmer gewöhnlich alle entstehenden Kosten zunächst mit dem Leistungserbringer abzurechnen. Der Versicherer ist danach zur Leistung nur verpflichtet, wenn die von ihm geforderten Nachweise erbracht sind. Die Allgemeinen Versicherungsbedingungen enthalten genaue Einzelheiten zum Abrechnungsverfahren, welches von jedem Versicherungsunternehmen individuell gestaltet werden können.

F Die Beziehungen zu den Leistungserbringern

I Die Gesetzliche Krankenversicherung und ihre Vertragspartner

1 Allgemeines

Im 5. Kapitel wurden die Leistungen der Krankenkassen nach ihrer Zweckbestimmung, ihrem Umfang, der Höhe und Dauer beschrieben. Genau genommen werden aber nur die Geldleistungen direkt von der Krankenkasse erbracht. Für die tatsächliche Ausführung der Dienst- und Sachleistungen, wie z.B. ärztliche Behandlung, Krankenhausbehandlung, Heil- und Hilfsmittel usw., bedient sich die Krankenkasse fremder Personen oder Institutionen. Lediglich die Kosten für diese Leistungen gehen zu Lasten der Krankenkasse.

Das Sozialgesetzbuch V schreibt sowohl die Rahmenbedingungen als auch die Rechtsbeziehungen zwischen den Krankenkassen und ihren „Lieferanten" vor. Die Ausgestaltung dieser Rechtsbeziehungen beruht letztlich aber auf vertraglicher Basis. Ca. 80 v.H. der Gesamtausgaben einer Krankenkasse entfallen auf die Leistungen durch Vertragspartner, wodurch die Wichtigkeit dieser Beziehungen hervorgehoben wird. Das betrifft nicht nur die Kosten an sich, sondern auch die Bedeutung der Krankenkassen als Wirtschaftsfaktor für die regionale Wirtschaft. Ärzte, Zahnärzte, Krankenhäuser, Apotheken, Optiker, Bandagisten, Masseure usw. mit ihrem Personal haben ihre Existenzgrundlage im wesentlichen in der gesetzlichen Krankenversicherung. Die von den Versicherten eingezahlten Beiträge fließen in den Wirtschaftskreislauf und stärken so die heimische Volkswirtschaft.

Die Vertragsfreiheit findet spätestens dort ihre Grenzen, wo der Gesetzgeber entweder die Inhalte oder bestimmte Rahmenbedingungen als vertragliche Bestandteile vorgibt. So sind zum Beispiel die allgemeinen Grundsätze der Qualität, Humanität und Wirtschaftlichkeit festgeschrieben. Die Krankenkasse und Leistungserbringer haben eine bedarfsgerechte und gleichmäßige, dem allgemeinen Stand der medizinischen Erkenntnisse entsprechende Versorgung der Versicherten zu gewährleisten.

Die Versorgung muß ausreichend und zweckmäßig sein, darf das Maß des Notwendigen nicht überschreiten und muß wirtschaftlich erbracht werden. Krankenkassen und Leistungserbringer haben durch geeignete Maßnahmen auf eine humane Krankenbehandlung der Versicherten hinzuwirken. Außerdem haben sie in den Vereinbarungen über die Vergütung der Leistungen den Grundsatz der Beitragssatzstabilität zu beachten.

Es liegt in der Natur der Sache, daß das Vertragsverhältnis zu den Leistungserbringern nicht einheitlich und für alle gemeinsam geregelt werden kann. Zu groß sind die Unterschiede in der Sache. Das macht aber das gesamte Gebiet des Vertragsrechts nicht gerade leichter, so daß dieses im allgemeinen dem spezialisierten Fachmann vorbehalten bleibt. Dennoch ist das Beziehungsgeflecht auch für den juristisch interessierten Laien sehr aufschlußreich, so daß dieses Rechtsgebiet mindestens in seinen Grundzügen dargestellt werden soll.

2 Beziehungen zu Ärzten und Zahnärzten

Ärzte, Zahnärzte und Krankenkassen wirken zur Sicherstellung der vertragsärztlichen Versorgung der Versicherten zusammen. Soweit sich die folgenden Ausführungen auf Ärzte beziehen, gelten sie entsprechend für Zahnärzte.

Das System der vertragsärztlichen Versorgung ist ein komplexes Beziehungsgeflecht, in dem Krankenkassen, ihre Verbände, die Versicherten, die Ärzte und die Kassenärztlichen Vereinigungen eingebunden sind.

Erläuterung des Schaubildes (s. Folgeseite):

1 – 2

Der Versicherte wird bei Erfüllung der Voraussetzungen entweder als Pflichtmitglied, freiwilliges Mitglied oder als Familienmitglied bei seiner Krankenkasse versichert und zahlt Beiträge.

Die Krankenkasse erfüllt ihre Leistungsverpflichtung, indem sie ihren Versicherten zunächst einen Ausweis zukommen läßt. Dieser Ausweis

Schaubild

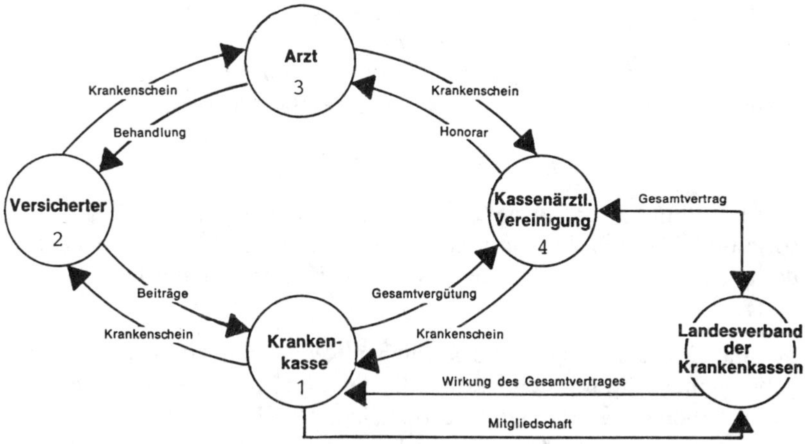

wird zur Zeit noch überwiegend in Form des altbekannten Krankenscheins ausgestellt. Bis zum 1. 1. 1995 muß aber jeder Versicherte von seiner Krankenkasse eine Krankenversichertenkarte erhalten, die das Format einer Scheckkarte hat. Sie ersetzt den heutigen Krankenschein. Künftig braucht also der Versicherte in der Arztpraxis nur seine elektronisch lesbare Krankenversichertenkarte vorzulegen, auf der alle notwendigen Daten gespeichert sind.

2 – 3

Nimmt der Versicherte ärztliche Behandlung in Anspruch, wird er Begünstigter eines Vertrages, den die Landesverbände der Krankenkassen mit den Kassenärztlichen Vereinigungen geschlossen haben. Für den Versicherten besteht einzig die Pflicht, vor Beginn der Behandlung dem Arzt den Krankenschein bzw. die Krankenversichertenkarte vorzulegen. Er kann unter den zur vertragsärztlichen Versorgung zugelassenen Ärzten frei wählen. Die Übernahme der Behandlung verpflichtet den Arzt dem Versicherten gegenüber zur Sorgfalt nach den Vorschriften des bürgerlichen Vertragsrechts. Mitunter kann es bei oder nach der Behandlung zu erheblichen Schäden bei dem Patienten kommen. Der Patient fühlt sich dann nicht selten als Opfer einer falschen Behandlung und begehrt Schadensersatz. Er müßte die ordentliche Gerichtsbarkeit anrufen, um seine Ansprüche zu verfolgen. Um hier einen Interessenausgleich herbeizuführen, ist bei den Ärztekammern jeweils eine „Gutachterkommission für ärztliche Behandlungsfehler“ eingerichtet, an die sich betroffene Patienten mit ihrem Anliegen wenden können. Hier wird man dann versuchen, eben diesen Interessenausgleich auf gütlichem Wege zu bereinigen, ggf. mit der Folge eines Schadensersatzes.

3 – 4

Zur Erfüllung ihrer Aufgaben im Rahmen der vertragsärztlichen Versorgung bilden die Vertragsärzte/-zahnärzte für den Bereich jedes Bundeslandes eine Kassenärztliche und eine Kassenzahnärztliche Vereinigung.

Sie sind Körperschaften des öffentlichen Rechts und haben u.a. die Aufgabe, gemeinsam mit den Krankenkassen und ihren Verbänden die vertragsärztliche Versorgung sicherzustellen. Das heißt, daß in jeder Region so viele Vertragsärzte für die Behandlung der gesetzlich Krankenversicherten zur Verfügung stehen müssen wie benötigt werden. Die Besetzung der Kassenarztsitze wird nach den „Richtlinien des Bundesausschusses der Ärzte und Krankenkassen über die Bedarfsplanung sowie die Maßstäbe zur Feststellung von Überversorgung und Unterversorgung in der vertragsärztlichen Versorgung“ vorgenommen.

Ärzte, die sich in freier Praxis niederlassen möchten, um auch Mitglieder der gesetzlichen Krankenkassen zu behandeln, haben einen entsprechenden Antrag an die zuständige Kassenärztliche Vereinigung zu stellen.

Der bei der Kassenärztlichen Vereinigung gebildete Zulassungsausschuß entscheidet dann über den Antrag in einem besonderen Zulassungsverfahren nach Maßgabe der geltenden Richtlinien.

Wird dem Antrag stattgegeben, nimmt der Arzt an der vertragsärztlichen Versorgung teil und rechnet die von ihm erbrachten ärztlichen Leistungen zugunsten der gesetzlich Krankenversicherten mit der Kassenärztlichen Vereinigung ab. Den Nachweis der Leistungen hat er gegenüber der Kassenärztlichen Vereinigung zu erbringen.

4 – 1

Die Krankenkassen zahlen mit befreiender Wirkung eine Gesamtvergütung an die Kassenärztliche Vereinigung. Aus dieser Gesamtvergütung verteilt die Kassenärztliche Vereinigung die Honorare an die Ärzte. Im Verlaufe dieses Verfahrens werden sogenannte Wirtschaftlichkeitsprüfungen vorgenommen. Diese erstrecken sich auf die Einhaltung der vom Gesetz aufgetragenen wirtschaftlichen Behandlungs- und Verordnungsweise der Ärzte. Wird Ärzten nach einer solchen Prüfung das Honorar gekürzt, besteht ihrerseits kein Ausgleichsanspruch gegenüber den Versicherten oder der betreffenden Krankenkasse.

Die Höhe der an die Ärzte zu zahlenden Vergütung richtet sich nach dem Inhalt des Gesamtvertrages, den die Landesverbände der Krankenkassen mit den jeweiligen Kassenärztlichen Vereinigungen abschließen. Der Inhalt des Gesamtvertrages ist für die Krankenkassen verbindlich.

Die Beschreibung dieses Beziehungsgeflechts enthält die wesentlichen Grundzüge des Rechtsverhältnisses zwischen Versicherten, Krankenkassen und der Ärzteschaft innerhalb des bestehenden Vertragsrechts. Um wieviel komplizierter aber gerade dieser Bereich des Vertragsrechts ist, mag der erkennen, der die Veröffentlichungen in den Medien seit dem Gesundheits-Strukturgesetz 1993 verfolgt hat. Zulassungsbeschränkungen bei den Arztniederlassungen, Qualitätsverluste im Rahmen der vertragsärztlichen Versorgung und Volumenbegrenzung der verordneten Arzneimittel sind einige der Schlagzeilen, die für Diskussionsstoff in der Öffentlichkeit gesorgt haben. Wo aber Interessengegensätze aufeinanderstoßen, wird immer versucht werden, den eigenen Standpunkt, je nach Interessenlage, zu verteidigen. Hier einen Interessenausgleich zu finden, dürfte dann nicht immer ganz leicht sein.

3 Beziehungen zu Krankenhäusern

Die Leistung Krankenhauspflege darf nur durch zugelassene Krankenhäuser durchgeführt werden. Solche sind

- Hochschulkliniken im Sinne des Hochschulbauförderungsgesetzes,
- Krankenhäuser, die in den Krankenhausplan eines Landes aufgenommen sind, und
- Krankenhäuser, die einen Versorgungsvertrag mit den Landesverbänden der Krankenkassen abgeschlossen haben.

Es dürfte selbstverständlich sein, daß alle Krankenhäuser, die zu Lasten der Krankenkassen Patienten aufnehmen dürfen, die Gewähr für eine leistungsfähige und wirtschaftliche Krankenhausbehandlung bieten müssen. Damit verbunden ist auch eine bedarfsgerechte Ausstattung mit Personal und sächlichen Mitteln.

Die Vergütung für die stationäre Behandlung richtet sich im wesentlichen nach einem zwischen den Krankenkassen und dem Krankenhaus ausgehandelten täglichen Pflegesatz und besonderen Leistungen, die nicht im Pflegesatz enthalten sind.

4 Beziehungen zu Leistungserbringern von Heilmitteln

Heilmittel, die als Dienstleistungen abgegeben werden, dürfen an Versicherte nur nach vorheriger ärztlicher Verordnung und nur von zugelassenen Leistungserbringern erbracht werden.

Zuzulassen ist, wer

- die erforderliche Ausbildung sowie eine entsprechende zur Führung der Berufsbezeichnung berechtigende Erlaubnis besitzt,
- eine berufspraktische Erfahrungszeit von mindestens zwei Jahren nachweist, die innerhalb von zehn Jahren vor Beantragung der Zulassung in unselbständiger Tätigkeit und in geeigneten Einrichtungen abgeleistet worden sein muß,
- über eine Praxisausstattung verfügt, die eine zweckmäßige und wirtschaftliche Leistungserbringung gewährleistet, und
- die für die Versorgung der Versicherten geltenden Vereinbarungen anerkennt.

Über die Einzelheiten der Versorgung mit Heilmitteln sowie über die Preise und deren Abrechnung schließen die Landesverbände der Krankenkassen mit Wirkung für die Krankenkassen Verträge. Die Abrechnung der Leistungen wird, mit Ausnahme des Versichertenanteils, direkt mit der Krankenkasse vorgenommen. Zusätzliche Kosten für das Heilmittel entstehen dem Versicherten nicht.

5 Beziehungen zu Leistungserbringern von Hilfsmitteln

Hilfsmittel dürfen an Versicherte nur von zugelassenen Leistungserbringern abgegeben werden. Zuzulassen ist, wer eine ausreichende, zweckmäßige, funktionsgerechte und wirtschaftliche Herstellung, Abgabe und Anpassung der Hilfsmittel gewährleistet und die für die Versorgung der Versicherten geltenden Vereinbarungen anerkennt.

Die Spitzenverbände der Krankenkassen erstellen gemeinsam ein Hilfsmittelverzeichnis. In dem Verzeichnis sind die von der Leistungspflicht umfaßten Hilfsmittel aufzuführen und die dafür vorgesehenen Festbeträge oder vereinbarten Preise anzugeben.

Das Hilfsmittelverzeichnis ist regelmäßig fortzuschreiben und so auf den neuesten Stand zu bringen. Die Spitzenorganisationen der betroffenen Leistungserbringer sind vor Erstellung und Fortschreibung des Verzeichnisses anzuhören.

6 Beziehungen zu Apotheken

Die Apotheken sind bei der Abgabe verordneter Arzneimittel an Versicherte verpflichtet zur

- Abgabe eines preisgünstigen Arzneimittels in Fällen, in denen der verordnete Arzt ein Arzneimittel nur unter seiner Wirkstoffbezeichnung verordnet oder die Ersetzung des Arzneimittels durch ein wirkstoffgleiches Arzneimittel durch den Apotheker zugelassen hat,
- Abgabe auch von preisgünstigen importierten Arzneimitteln,
- Abgabe von wirtschaftlichen Einzelmengen und
- Angabe des Apothekenabgabepreises auf der Arzneimittelpackung.

Die Krankenkassen erhalten von den Apotheken auf den für den Versicherten maßgeblichen Arzneimittelabgabepreis einen Abschlag in Höhe von 5 v.H. Der Abschlag wird nur dann gewährt, wenn die Rechnung des Apothekers innerhalb von zehn Tagen nach Eingang bei der Krankenkasse beglichen wird.

7 Beziehungen zu sonstigen Leistungserbringern

7.1 Versorgung mit häuslicher Krankenpflege und Haushaltshilfe

Die Krankenkassen können zur Gewährung von häuslicher Krankenpflege, häuslicher Pflegehilfe und von Haushaltshilfe geeignete Personen anstellen. Wenn die Krankenkassen dafür andere geeignete Personen, Einrichtungen oder Unternehmen in Anspruch nehmen, haben sie über Inhalt, Umfang, Vergütung sowie Prüfung der Qualität und Wirtschaftlichkeit der Dienstleistungen Verträge zu schließen. Sie haben auch darauf zu achten, daß die Leistungen wirtschaftlich und preisgünstig erbracht werden. Bei der Auswahl der Leistungserbringer ist ihrer Vielfalt, insbesondere der Bedeutung der freien Wohlfahrtspflege, Rechnung zu tragen.

7.2 Versorgung mit Krankentransportleistungen

Soweit landesrechtliche Vorschriften nichts anderes bestimmen, schließen die Krankenkassen oder ihre Verbände Verträge über die Vergütung von Leistungen des Rettungsdienstes und über das Entgelt für andere Krankentransporte mit dafür geeigneten Einrichtungen oder Unternehmen. Sie haben dabei die Sicherstellung der flächendeckenden rettungsdienstlichen Versorgung zu berücksichtigen. Die Preisvereinbarungen haben sich an möglichst preisgünstigen Versorgungsmöglichkeiten auszurichten.

7.3 Vergütung für Hebammenleistungen

Entbindungen finden üblicherweise in Krankenhäusern statt. Die dort erbrachten Hebammenleistungen werden dann mit dem Pflegesatz abgegolten, da diese Hebammen Angestellte des Krankenhausträgers sind. Wird jedoch eine freiberufliche Hebamme bei einer Hausentbindung tätig, bestimmt der Bundesminister für Gesundheit durch Rechtsverordnung mit Zustimmung des Bundesrates die Vergütungen für die Leistungen, soweit diese von der Leistungspflicht der Krankenversicherung erfaßt sind. Die Hebammen sind nicht berechtigt, neben dieser Vergütung weitergehende Ansprüche an die Versicherte zu stellen.

II Das Abrechnungsverfahren mit der Privaten Krankenversicherung

Ein wesentliches Unterscheidungsmerkmal zwischen der GKV und der PKV liegt in dem für die PKV geltenden Kostenerstattungsprinzip. Dieses könnte für viele grundsätzlich Beitrittswillige ein Hinderungsgrund für einen Übertritt sein. Es gilt eben nicht das Sachleistungsprinzip, bei dem es genügt, dem Arzt einen Mitgliedsausweis vorzulegen.

1 Ärztliche Behandlung

Der Privatversicherte schließt mit seinem behandelnden Arzt einen privatrechtlichen Vertrag, der den Arzt zur Behandlung und den Patienten zur Bezahlung der Rechnung verpflichtet. Andere Stellen, wie z.B. die Kassenärztliche Vereinigung, sind nicht an dem Verfahren beteiligt. Der Arzt rechnet mit dem Privatpatienten seine Leistungen nach der Gebührenordnung für Ärzte (GOÄ) ab. Für persönlich erbrachte Dienstleistungen sind bis zum 1,8fachen des jeweiligen Gebührensatzes berechnungsfähig. Dabei handelt es sich um Höchstbeträge, die aber „nach billigem Ermessen" zu bestimmen sind. Das heißt, je nach Schwierigkeit des Behandlungsfalles muß der Arzt von seinem Ermessen Gebrauch machen und darf nach dem ausdrücklichen Willen des Verordnungsgebers der GOÄ nicht ohne weiteres immer die Höchstsätze berechnen. Die Erfahrungen haben jedoch gezeigt, daß sich das ärztliche Liquidationsverhalten in ca. 85 v.H. der Fälle stets an der oberen Grenze der Regelspanne orientiert (vgl. Bundesratsdrucksache 625/85).

Der in dieser Hinsicht meistens nicht sachkundige Patient wird den ihm in Rechnung gestellten Betrag dem Arzt überweisen und die Rechnung seinem Krankenversicherer zwecks Erstattung vorlegen. Es liegt nun im Ermessen des Versicherers, ob er die Rechnung in der vorgelegten Höhe anerkennt oder Kürzungen vornimmt. Meistens wird er keine Kürzungen vornehmen. Schwierigkeiten könnte es allerdings dann für den Versicherungsnehmer geben, wenn der Arzt Positionen abrechnet, die nicht erstattungsfähig sind. Das kann zum Beispiel vorkommen, wenn einzelne Positionen kumulieren, also nicht zusammen abgerechnet werden dürfen. Die Abrechnung der einen Position schließt die Abrechnung einer bestimmten anderen Position aus. Dieses geht dann zu Lasten des Versicherungsnehmers, wenn der Versicherer diese Rechnung beanstandet.

Ein weiterer Fall für eine Minderung der Arztrechnung könnte sich wegen anderweitig fehlender Wirtschaftlichkeitsprüfungen der Behandlungs- und Verordnungsweise ergeben. Übersteigt nämlich eine Heilbehandlung oder sonstige Maßnahme das medizinisch notwendige Maß, so kann der Versicherer seine Leistungen auf einen angemessenen Betrag herabsetzen.

2 Krankenhausbehandlung

Wird der Versicherungsnehmer stationär in einem Krankenhaus behandelt, geht er als Privatpatient ebenfalls ein Privatrechtsverhältnis ein. Er schließt einerseits mit dem Krankenhaus, andererseits mit dem behandelnden Arzt bzw. den behandelnden Ärzten einen Behandlungsvertrag. Von dem Krankenhaus erhält er eine Rechnung über die Unterbringungs- und Verpflegungskosten sowie erbrachte sonstige Krankenhausleistungen abzüglich eines Arztkostenabschlages, außerdem eine Rechnung über die von dem Arzt bzw. den Ärzten erbrachten Leistungen nach der Gebührenordnung.

Hier kommt es darauf an, daß der Versicherungsnehmer einen entsprechenden Tarif mit seinem Versicherer abgeschlossen hat, der alle diese Leistungen einschließt.

Es ist bekannt, daß viele Privatversicherer bei stationären Krankenhausbehandlungen vom Kostenerstattungsprinzip abweichen. Für die Kosten der Unterbringung und Verpflegung kann seitens des Versicherers dem Krankenhaus gegenüber eine Kostenübernahmeverpflichtung abgegeben werden mit der Folge, daß eine Direktabrechnung vorgenommen wird, die den Versicherungsnehmer diesbezüglich nicht unmittelbar belastet. Andernfalls verlangen die Krankenhäuser in den meisten Fällen bei der Aufnahme von ihrem Privatpatienten eine Vorschußzahlung für die vom Versicherungsnehmer zu erwartenden Leistungen.

3 Sonstige Leistungserbringer

Auch in anderen Verhandlungs- und Versorgungsbereichen bewegt sich der Versicherungsnehmer stets in einem Privatrechtsverhältnis. Er ist Vertragspartner und mithin Gläubiger und Schuldner in einer Person. Welche Leistungen er von seinem Versicherer erstattet erhält, richtet sich nach dem Tarif und den dazuge hörigen Bedingungen.

G Rechtsschutz

I Das Verwaltungs-, Widerspruchs- und Gerichtsverfahren in der Gesetzlichen Krankenversicherung

1 Das Verwaltungsverfahren

1.1 Grundsätze des Verwaltungsverfahrens

Unter Verwaltungsverfahren im Sinne des SGB X versteht man alle nach außen (nicht verwaltungsintern) wirkenden Tätigkeiten der Krankenkassen, die in der Regel auf die Prüfung der Versicherungs-, Beitrags- und Leistungspflicht sowie auf die Beitragshöhe und den Leistungsumfang gerichtet sind. Das Verwaltungsverfahren ist an bestimmte Formen nicht gebunden. Es ist einfach und zweckmäßig durchzuführen, was auch den Zugang zu den Sozialleistungen erleichtert. Daneben sind die Krankenkassen verpflichtet, im Rahmen ihres Aufgabenbereiches die Bevölkerung über deren Rechte und Pflichten aufzuklären und im Einzelfall Auskünfte zu erteilen. Sie haben darauf hinzuwirken, daß jeder Berechtigte die ihm zustehenden Leistungen in zeitgemäßer Weise, umfassend und schnell erhält.

Anträge auf Leistungen kann jeder Versicherte stellen, der das 15. Lebensjahr vollendet hat. Jeder am Verwaltungsverfahren Beteiligte (z.B. Versicherte und Arbeitgeber) hat das Recht, sich durch einen **Bevollmächtigten** vertreten zu lassen. Die Vollmacht ermächtigt zu allen das Verwaltungsverfahren betreffenden Handlungen. Der Bevollmächtigte handelt dann **für** den Beteiligten. Vom Bevollmächtigten zu unterscheiden ist der **Beistand**. Ein Beteiligter kann im Einzelfall zu Verhandlungen und Besprechungen mit einer Person seines Vertrauens (Beistand) erscheinen, die aber lediglich eine unterstützende Funktion hat und nicht anstatt, sondern **neben** dem Beteiligten tätig wird.

Im Verwaltungsverfahren bei den Krankenkassen gilt der **Untersuchungsgrundsatz**, was soviel heißt, daß sie den Sachverhalt für von ihnen zu treffende Entscheidungen von Amts wegen ermittelt. Sie haben alle für den Einzelfall bedeutsamen, auch die für die Beteiligten günstigen Tatsachen zu berücksichtigen.

Die Grundsätze des Verwaltungsverfahrensrechts stellen im Interesse der Versicherten und Arbeitgeber, aber auch aus Gründen der Rechts- und Sozialstaatlichkeit, teils recht hohe Anforderungen an die Krankenkassen. Um ihre Aufgaben aber unter Berücksichtigung dieser Grundsätze ordnungsgemäß wahrnehmen zu können, sind sie auf die Mitwirkung ihrer Klientel angewiesen.

Solche Mitwirkungspflichten ergeben sich aus §§ 60ff SGB I. Wer Sozialleistungen beantragt oder erhält, hat

1. alle Tatsachen anzugeben, die für die Leistung erheblich sind, und die hierfür erforderlichen Auskünfte zu geben und
2. Änderungen in den Verhältnissen, die für eine Leistung erheblich sind, unverzüglich mitzuteilen.

Soweit Leistungsanträge einer mündlichen Erörterung bedürfen oder hierfür notwendige Maßnahmen zu beraten sind, soll der Versicherte auf Verlangen der Krankenkasse persönlich erscheinen. Maßnahmen dieser Art können z.B. ärztliche Untersuchungen sein, soweit diese für die Entscheidung über die Leistung er forderlich sind. Ist zu erwarten, daß durch eine Heilbehandlung der Gesundheitszustand gebessert oder eine Verschlechterung des Zustandes verhindert wird, soll sich der Versicherte einer entsprechenden Behandlung unterziehen.

Diese Mitwirkungspflichten bestehen nicht, wenn

1. sie nicht in einem angemessenen Verhältnis zur Leistung stehen (z.B. Geringfügigkeit) oder
2. sie dem Betroffenen aus einem wichtigen Grund nicht zugemutet werden können (z.B. triftige persönliche Gründe) oder Behandlungen und Untersuchungen
3. im Einzelfall ein Schaden für Leben oder Gesundheit nicht mit hoher Wahrscheinlichkeit ausgeschlossen werden kann oder
4. mit erheblichen Schmerzen verbunden sind oder
5. einen erheblichen Eingriff in die körperliche Unversehrtheit bedeuten.

Kommt der Versicherte einer solchen Aufforderung seiner Krankenkasse nach und hat er dadurch bare Auslagen, erhält er diese auf seinen Antrag hin in einem angemessenen Umfang erstattet.

Die Mitwirkungspflichten des Arbeitgebers beim Meldeverfahren und bei der Abführung der Beiträge wurden im 3. und 4. Kapitel behandelt.

1.2 Arten des Verwaltungshandelns

Entsprechend ihrer Aufgabenbestimmung handeln Krankenkassen auf dem Gebiet des Sozialrechts. Das Sozialrecht gehört zu den Rechtsgebieten des öffentlichen Rechts, welches die Beziehungen des Bürgers zum Staat, den Behörden oder den Körperschaften bzw. dieser Stellen zueinander regelt.

– schlichtes Verwaltungshandeln

Nicht immer steht beim Tätigwerden der Verwaltung die Regelung oder Entscheidung eines Einzelfalles im Vordergrund. Oft haben Krankenkassen ihre Versicherten und Arbeitgeber zu beraten, sind Auskünfte zu erteilen oder auch Aufklärungsmaßnahmen, z.B. über gesunde Lebensweise, von Bedeutung. Diese Tätigkeit wird als „schlichtes Verwaltungshandeln" bezeichnet. Wegen seiner geringen rechtlichen Bedeutung dieses Begriffs soll auf weitere Erläuterungen verzichtet und nur der Vollständigkeit halber erwähnt werden.

– fiskalisches Handeln

Zur Erfüllung ihrer gesetzlichen Aufgaben haben Krankenkassen die dafür notwendigen sächlichen Mittel zu beschaffen. Ob es die Beschaffung geeigneter Räumlichkeiten oder von Büromaterial ist, immer treten sie in solchen Fällen privatrechtlich, z.B. als Mieter oder Käufer, auf. Sie handeln eben wie eine Privatperson und damit nicht auf dem Gebiet des öffentlichen Rechts, sondern nehmen am Privatrechtsverkehr teil (fiskalisches Handeln). Streitigkeiten aus diesem Anlaß werden ggf. vor der ordentlichen Gerichtsbarkeit ausgetragen.

1.3 Der Verwaltungsakt

Trifft eine Krankenkasse gegenüber einem ihrer Versicherten oder Arbeitgeber eine Entscheidung zur Regelung eines Einzelfalles auf dem Gebiet des öffentlichen Rechts, erteilt sie einen Bescheid, der eine unmittelbare Rechtswirkung nach außen erzeugt. Dieser Bescheid ist seinem Rechtscharakter nach ein Verwaltungsakt.

Beispiel:

Die Krankenkasse als Einzugsstelle für den Gesamtsozialversicherungsbeitrag hat über die Versicherungspflicht des im Betrieb B mitarbeitenden Gesellschafters G zu entscheiden. Sie kommt nach eingehender Prüfung der Sach- und Rechtslage zu dem Ergebnis, daß G zu allen Zweigen der Sozialversicherung versicherungsfrei ist, und teilt ihre Entscheidung sowohl dem Betrieb B als auch dem mitarbeitenden Gesellschafter G mit.

Ergebnis:

Die Krankenkasse hat mit dieser Entscheidung einen konkreten Sachverhalt (Einzelfall) auf dem Gebiet des Sozialrechts (öffentliches Recht) mit unmittelbarer Rechtswirkung nach außen (keine verwaltungsinterne Maßnahme) geregelt. Sie hat einen Verwaltungsakt gesetzt. Dieser muß einen klaren und verständlichen Inhalt haben sowie die Gründe für die Entscheidung enthalten.

– **Arten des Verwaltungsaktes**

An der Tragweite einer solchen Entscheidung der Krankenkasse wird gegenüber dem „schlichten" und „fiskalischen" Handeln deutlich, daß der Verwaltungsakt das eigentliche Kernstück des Verwaltungsrechts ist. Deshalb hat der Gesetzgeber ihm auch einen besonderen Stellenwert eingeräumt. Diese Bescheide können aus der Sicht des Empfängers in der Auswirkung **begünstigend** oder **belastend** sein. Ob ein Bescheid für den Empfänger begünstigend oder belastend ist, beurteilt sich aus seiner individuellen Interessenlage. Erhält er z.B. eine beantragte Sozialleistung nur zum Teil, so werden seine Interessen nicht vollends abgedeckt, folglich muß er sich belastet fühlen.

– **Wirksamkeit und Bindung des Verwaltungsaktes**

Im allgemeinen Sprachgebrauch werden die Begriffe „Rechtskraft", „Wirksamkeit" und „Bindung" häufig miteinander verwechselt. Deshalb sollen an dieser Stelle die begrifflichen Unterschiede kurz genannt werden:

Rechtskräftig, d.h. unanfechtbar, werden nur Urteile oder Gerichtsbeschlüsse. **Wirksam** hingegen wird ein Verwaltungsakt mit seinem Erlaß, d.h. mit der Bekanntgabe. Das bedeutet, daß mit der Bekanntgabe des Verwaltungsaktes seine Rechtswirksamkeit eintritt. Gelangt der Verwaltungsakt in den Empfangsbereich des Betroffenen (z.B. Zugang durch die Post oder persönliche Aushändigung), wird er wirksam. Nur wirksame Verwaltungsakte können auch bindend werden. **Bindung** bedeutet grundsätzlich Unanfechtbarkeit. Auf die Möglichkeit von Ausnahmen sei hier bereits hingewiesen.

– Aufhebung von Verwaltungsakten

Unter bestimmten Voraussetzungen kann auch ein bindend gewordener Verwaltungsakt aufgehoben werden, soweit es das SGB X (§§ 44ff) zuläßt.

Der Begriff **Aufhebung** umfaßt als Oberbegriff sowohl die **Rücknahme** als auch den **Widerruf** von Verwaltungsakten. Während die Rücknahme die Aufhebung eines **rechtswidrigen** Verwaltungsaktes ist, ist Widerruf die Aufhebung eines rechtmäßigen Verwaltungsaktes.

Schaubild

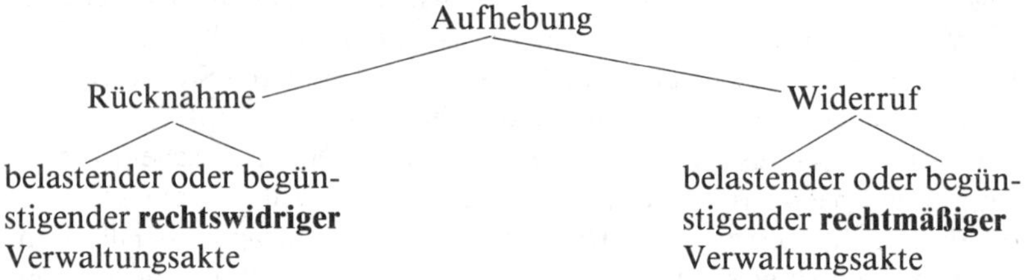

– Rücknahme belastender Verwaltungsakte

Der Grundsatz der Gesetzmäßigkeit der Verwaltung (Art. 20 Abs. 3 GG) gebietet, von vornherein rechtmäßig zu handeln. Deshalb stehen auch Verfahrens- und Formvorschriften ebensowenig zur Disposition wie die Vorschriften, die Versicherungsverhältnisse oder Ansprüche auf Leistungen regeln. Verfahrens- und Formfehler sind allerdings nie völlig auszuschließen. Das Gesetz erlaubt jedoch unter zeitlichen Beschränkungen deren Heilung (mit anderen Worten: die Reparatur eines Fehlers) durch die Verwaltung.

> **Beispiel:**
>
> Die Krankenkasse lehnt einem Versicherten eine beantragte Leistung ab. Sie erteilt folglich einen **belastenden** Verwaltungsakt, der in die Rechte des Versicherten eingreift. In solchen Fällen hat die Krankenkasse vor Erlaß des Verwaltungsaktes den Versicherten anzuhören (Grundsatz des rechtlichen Gehörs). Unterläßt sie dieses, handelt sie **rechtswidrig**.

Eine zunächst unterlassene Anhörung kann von der Krankenkasse nachgeholt werden. Tut sie dies aber auch im Widerspruchsverfahren nicht und erhebt der Versicherte Klage beim Sozialgericht, hat der Betroffene einen Anspruch auf **Rücknahme** des Verwaltungsaktes und ordnungsgemäßer Neubescheidung.

Ist die Anhörung unterblieben und der Verwaltungsakt verspätet angefochten worden, so gilt die verspätete Anfechtung als nicht verschuldet. Dem Versicherten ist deshalb **Wiedereinsetzung in den vorigen Stand** zu gewähren. Die Anhörung wird zunächst nachgeholt, worauf sich hieran eine neue Frist zur Erhebung des Widerspruchs anschließt.

Dieses Beispiel zeigt, daß ein Verwaltungsakt **wegen nicht beachteter Formvorschriften rechtswidrig** sein kann.

Mitunter hat der Betroffene auch nach Eintritt der **Bindung** (Bestandskraft) eines ihn belastenden Verwaltungsaktes ein Interesse an dessen Rücknahme, weil z.B.

- Sozialleistungen abgelehnt oder entzogen wurden,
- ein Beitragsbescheid auf falschen Berechnungen beruht,
- eine Versicherungsberechtigung angeblich nicht besteht.

Stellt sich nachträglich heraus, daß der ergangene belastende Verwaltungsakt rechtswidrig war, kann die Krankenkasse nicht auf die Bestandskraft einer von ihr getroffenen Entscheidung vertrauen, sondern muß auch noch Monate bzw. Jahre nach Erlaß des Verwaltungsaktes damit rechnen, von dem Betroffenen auf dessen Rücknahme in Anspruch genommen zu werden.

Für die Rücknahme eines belastenden Verwaltungsaktes reicht die Behauptung der Rechtswidrigkeit durch den Betroffenen nicht aus. Vielmehr ist diese Frage nach objektiven Maßstäben zu beurteilen. Nur, wenn sich mit an Sicherheit grenzender Wahrscheinlichkeit die Fehlerhaftigkeit einer Entscheidung erweist, kommt eine Rücknahme mit Wirkung für die Vergangenheit in Betracht. Der Betroffene trägt hierfür die Beweislast.

– **Rücknahme begünstigender Verwaltungsakte**

Begünstigende Verwaltungsakte sind solche, die ein Recht oder einen rechtlich erheblichen Vorteil begründen oder bestätigen. Hierbei werden mit dem Begriff „rechtlich erheblicher Vorteil" sämtliche Interessen, Positionen und Vorteile erfaßt, die von der Rechtsordnung geschützt sind. Für die Frage der Begünstigung kommt es ausschließlich auf den Inhalt des Verwaltungsaktes und nicht auf die sonst mit ihm verbundenen Folgen an. Als begünstigende Verwaltungsakte wird man hiernach vor allem sämtliche der Mitwirkung des Betroffenen bedürftigen Entscheidungen beurteilen können, die

- antragsgemäß eine Leistung zuerkennen (Zahlung von Geldleistungen usw.) oder
- eine beantragte Feststellung treffen (z.B. Befreiung von der Versicherungspflicht).

In diesen Fällen ist grundsätzlich zu beachten, daß bei einer Rücknahme von Verwaltungsakten in von der Rechtsordnung geschützte Interessen des Begünstigten eingegriffen werden soll.

Ein rechtswidriger begünstigender Verwaltungsakt darf nicht zurückgenommen werden, wenn der Begünstigte auf den Bestand des Verwaltungsaktes vertraut hat und sein Vertrauen unter Abwägung mit dem öffentlichen Interesse an einer Rücknahme schutzwürdig ist. Auf den Vertrauensschutz kann sich der Begünstigte hingegen nicht berufen, wenn er vorsätzlich oder grob fahrlässig Angaben gemacht hat, die den Inhalt des Verwaltungsaktes wesentlich mitbestimmt haben.

– **Widerruf von Verwaltungsakten**

Beim Widerruf von Verwaltungsakten handelt es sich um die Änderung von Entscheidungen, die rechtmäßig sind. Daraus läßt sich bereits schließen, daß der Widerruf in der Verwaltungspraxis eine höchst untergeordnete Rolle spielt. Es besteht normalerweise keine Veranlassung, einen Verwaltungsakt zu widerrufen, der dem geltenden Recht entspricht, insbesondere dann nicht, wenn er für den Betroffenen begünstigend ist.

2 Das Widerspruchsverfahren

2.1 Der Widerspruch gegen den Verwaltungsakt

Der Verwaltungsakt wird für die Krankenkasse wie für den Empfänger, von den angeführten Ausnahmen einmal abgesehen, verbindlich und damit endgültig (unanfechtbar), wenn nicht innerhalb eines Monats vom Tage der Zustellung an der Rechtsbehelf des Widerspruchs eingelegt wird.

Die Krankenkasse hat dann ihre Entscheidung zu überprüfen. Die Frist von einem Monat zur Erhebung des Widerspruchs gilt jedoch nur, wenn der Empfänger des Verwaltungsaktes über die Möglichkeit des Widerspruchs belehrt worden ist. Fehlt es in dem Bescheid an einer solchen schriftlichen Rechtsbehelfsbelehrung oder ist sie unrichtig erteilt, beträgt die Frist für den Widerspruch ein Jahr vom Tage der Zustellung an.

Beispiel:

Die Krankenkasse teilt dem mitarbeitenden Gesellschafter G mit Bescheid vom 15. 8. 19 . . mit, daß G versicherungsfrei ist. Der Bescheid ist G am 18. 8. 19 . . rechtmäßig zugegangen. G ist mit der Entscheidung nicht einverstanden, da er versicherungspflichtig sein möchte. Also ist G beschwert, weil die Entscheidung nicht seiner Interessenlage entspricht.

Was kann G versuchen, um diese Entscheidung seitens der Krankenkasse rückgängig zu machen?

Zunächst muß G davon ausgehen, daß die Krankenkasse ihre Entscheidung auf der Grundlage des geltenden Rechts getroffen hat. Das schließt jedoch nicht aus, daß aufgrund der Komplexität der Rechtslage eine Entscheidung getroffen wurde, die, je nach Lage des Einzelfalles, im Wege der Rechtsauslegung von den Sozialgerichten anders beurteilt werden kann.

Die Krankenkasse hat durch ihren Bescheid einen Verwaltungsakt gesetzt, dessen Aufhebung von G begehrt wird. Ist dieser Verwaltungsakt mit einer **Rechtsbehelfsbelehrung** versehen, hat G die Möglichkeit, innerhalb eines Monats (18. 9. 19 . .) bei der Krankenkasse Widerspruch einzulegen.

Muster einer **Rechtsbehelfsbelehrung:**

„Dieser Bescheid wird bindend, wenn Sie nicht innerhalb eines Monats vom Tage der Zustellung an Widerspruch bei der ... (Krankenkasse) in ... (Adresse) einlegen."

Der Widerspruch ist für den Widerspruchsführer, also G, relativ einfach zu handhaben. **Wichtig**: Zu beachten ist, daß die gesetzliche Frist von einem Monat eingehalten wird. Der Widerspruch kann schriftlich oder mündlich zur Niederschrift bei der Krankenkasse eingelegt werden, ist also an keine bestimmte Form gebunden. Auch bedarf es hierbei nicht notwendigerweise der Einschaltung eines Anwalts. Allerdings kann sich der Widerspruchsführer, wie unter 1. dargelegt, von einem Bevollmächtigten vertreten lassen. Die Vollmacht ermächtigt dann zu allen Handlungen innerhalb des Verfahrens. Vom Bevollmächtigten wird lediglich die in der Sache erforderliche Fachkompetenz gefordert.

In der Regel wird ein Widerspruch von dem Betroffenen oder seinem Bevollmächtigten schriftlich abgefaßt. Dabei ist lediglich zu beachten, daß der Widerspruchsführer neben den üblichen Angaben, wie Absender, Datum, Adressat und Unterschrift, auf den ihm erteilten Bescheid Bezug nimmt und darlegt, welche Gründe ihn bewegen, die Aufhebung oder Abänderung dieses Bescheides zu begehren. Dieses soll in Form eines Antrags deutlich werden.

Muster eines Widerspruchs:

Absender
Datum **Einschreiben**

An die
... Krankenkasse
Postfach ...

... Musterstadt

Ihr Az.: ...

Widerspruch

gegen den Bescheid vom 15. 8. 19 . . (eingegangen am 18. 8. 19 . .)
betr. Beurteilung der Versicherungspflicht

Der genannte Bescheid ist rechtswidrig ergangen. Ich beantrage deshalb, diesen aufzuheben und mir nach erneuter Prüfung der Sach- und Rechtslage einen neuen Bescheid zu erteilen, der inhaltlich meine Versicherungspflicht feststellt.

Gründe:

... (Schilderung des Sachverhalts und der Gründe)

Unterschrift

2.2 Der Widerspruchsbescheid der Krankenkasse

Ist der Widerspruch bei der Krankenkasse eingegangen, wird diese in einem verwaltungsinternen Verfahren innerhalb einer angemessenen Frist den Sachverhalt und die Rechtslage noch einmal genauestens überprüfen. Kommt sie zu einem für den Widerspruchsführer günstigen Ergebnis, setzt sie einen neuen (begünstigenden) Verwaltungsakt, und die Sache ist damit erledigt. Sie hat dann dem Widerspruch abgeholfen. Kann die Krankenkasse dem Widerspruch nicht abhelfen, muß sie diesen der Widerspruchsstelle zur Verhandlung und Entscheidung vorlegen. Die Besetzung der Widerspruchsstelle wird von der Vertreterversammlung in der Satzung bestimmt.

Der von der **Widerspruchsstelle** erteilte **neue** Bescheid (Widerspruchsbescheid) ist ein rechtlich selbständiger Verwaltungsakt und kann von dem Empfänger, je nach Inhalt und Interessenlage, entweder angenommen oder aber auch vor dem in der Rechtsbehelfsbelehrung des Widerspruchsbescheides genannten Sozialgericht im Wege der Klage angefochten werden.

Dieses vom Gesetz vorgeschriebene Widerspruchsverfahren, auch Vorverfahren genannt, erfüllt seinen Sinn und Zweck einerseits in der Entlastung der Gerichte, andererseits aber auch in der Selbstkontrolle der Verwaltung.

3 Das Sozialgerichtsverfahren

Die durch das Sozialgerichtsgesetz (SGG) vom 3. 9. 1953, in Kraft ab 1. 1. 1954, geschaffenen Gerichte der Sozialgerichtsbarkeit sind unabhängige, von den Sozialversicherungsträgern getrennte, besondere Verwaltungsgerichte. In den Bundesländern bestehen als 1. Instanz die Sozialgerichte, als 2. Instanz in jedem Bundesland ein Landessozialgericht. Das Bundessozialgericht, mit Sitz in Kassel, ist als oberster Gerichtshof des Bundes für die Sozialgerichtsbarkeit 3. Instanz.

Die Gerichte der Sozialgerichtsbarkeit entscheiden über alle Streitigkeiten, für die der Rechtsweg zu diesen Gerichten offensteht. Hierzu gehören auch die öffentlich-rechtlichen Streitigkeiten in Angelegenheiten der gesetzlichen Krankenversicherung.

3.1 Die Klage vor dem Sozialgericht

Der Rechtsschutz wird in der Sozialgerichtsbarkeit auf **Klage** gewährt. Dieses setzt ein Tätigwerden des Klägers, nämlich die Erhebung der Klage, voraus. Nur dann leitet das Sozialgericht das Verfahren ein. Die Klage ist schriftlich beim örtlich zuständigen Sozialgericht einzureichen. Welches Sozialgericht örtlich zuständig ist, muß in der Rechtsbehelfsbelehrung des Widerspruchsbescheides bezeichnet sein. Es besteht aber auch die Möglichkeit, die Klage durch Erklärung zur Niederschrift des Urkundsbeamten beim Sozialgericht zu erheben. Dem Urkundsbeamten kommt dabei eine **formale** Beratungspflicht zu, jedoch nicht in der Streitsache selbst.

Das Gericht wird sodann die **Zulässigkeit** und **Begründetheit** der Klage prüfen. Es hat zunächst von Amts wegen festzustellen, ob die Zulässigkeitsvoraussetzungen der Klage vorliegen. Diese sind u.a.

- sachliche und örtliche Zuständigkeit des Gerichts,
- Durchführung des Widerspruchsverfahrens (Vorverfahren),
- Form und Frist der Klage,
- Beteiligungs- und Prozeßfähigkeit.

Die sachliche und örtliche Zuständigkeit des Sozialgerichts ergibt sich aus der Rechtsbehelfsbelehrung im Widerspruchsbescheid. Ist ein unzuständiges Gericht bezeichnet oder ist die Rechtsbehelfsbelehrung fehlerhaft erteilt, so führt dieser zu einer Erweiterung der sonst maßgebenden einmonatigen Klagefrist auf ein Jahr.

In der gesetzlichen Krankenversicherung besteht Vorverfahrenspflicht (vgl. Pkt. 2 – 2.2). Ist die Klage ohne Vorverfahren eingereicht worden, muß das Gericht diese als unzulässig abweisen. Das Vorverfahren in der gesetzlichen Krankenversicherung gehört nämlich zu den unverzichtbaren Prozeßvoraussetzungen des Sozialgerichtsverfahrens.

An die Form der Klage werden, ähnlich wie im Widerspruchsverfahren, relativ geringe Anforderungen gestellt. Hier gelten im wesentlichen die unter Pkt. 2.1 genannten Merkmale, auch was die Frist zur Einreichung der Klage betrifft (1 Monat). War der Kläger ohne sein Verschulden gehindert, die Klagefrist einzuhalten (z.B. längere schwere Krankheit), so ist ihm unter Darlegung und Nachweis der Gründe durch das Gericht **Wiedereinsetzung in den vorigen Stand** zu gewähren.

Schließlich hat das Sozialgericht die **Beteiligungs-** und **Prozeßfähigkeit** des Klägers zu prüfen. Beteiligte am Verfahren sind der Kläger, der Beklagte und ggf. der Beigeladene. Beteiligte sind insbesondere

- natürliche Personen,
- juristische Personen des öffentlichen und des privaten Rechts, z.B. Aktiengesellschaften, Gesellschaften mit beschränkter Haftung usw.,
- nichtrechtsfähige Personenvereinigungen, z.B. offene Handelsgesellschaften, Kommanditgesellschaften usw.

Von der **Beteiligungsfähigkeit** zu unterscheiden ist die **Prozeßfähigkeit**. Prozeßfähig sein heißt, Prozeßhandlungen (z.B. eine Klage erheben) vornehmen zu dürfen. Nach § 71 SGG ist prozeßfähig, wer sich durch Verträge verpflichten kann. Minderjährige sind in eigener Sache prozeßfähig, soweit sie durch Vorschriften des bürgerlichen oder öffentlichen Rechts für den Gegenstand des Verfahrens als geschäftsfähig anerkannt sind. Das gilt für Minderjährige, die das 15. Lebensjahr vollendet haben, denn sie sind nach § 36 SGB I handlungsfähig und können Anträge auf Sozialleistungen stellen und (im Rechtsstreit) verfolgen, soweit ihre Handlungsfähigkeit nicht durch schriftliche Erklärung gegenüber dem Leistungsträger eingeschränkt wird.

Die Beteiligten, so auch der Kläger, können sich während des Verfahrens durch Bevollmächtigte vertreten lassen, die dann für sie handeln. Ein Vertretungszwang besteht in der 1. und 2. Instanz nicht, lediglich vor dem Bundessozialgericht.

– Grundsätze des Verfahrens

Nach § 103 SGG gilt im Sozialgerichtsverfahren der **Untersuchungsgrundsatz**. Das Gericht erforscht den Sachverhalt und stellt alle Ermittlungen von Amts wegen an. Es ist an das Vorbringen und die Beweisanträge der Beteiligten nicht gebunden. Ebenso gilt der verfassungsmäßige Grundsatz des **rechtlichen Gehörs** (Art. 103 GG). Auch die **mündliche Verhandlung**, bei der die vom Kläger erhobenen Ansprüche und Klarstellungen erörtert werden können, ist ein Ausdruck dieses allgemeinen Rechtsprinzips.

Mündliche Verhandlungen vor den Sozialgerichten sind grundsätzlich **öffentlich**, soweit nichts anderes bestimmt ist.

– Beendigung des Verfahrens

Im allgemeinen wird der Prozeß, und damit das Verfahren, durch **Urteil** beendet. Das Urteil wird grundsätzlich in dem Termin nach der mündlichen Verhandlung verkündet. Mit Einverständnis der Beteiligten kann das Gericht ohne mündliche Verhandlung durch Urteil entscheiden. Das nicht angefochtene Urteil wird sodann **rechtskräftig**, wenn nicht innerhalb eines Monats nach dessen Zustellung Berufung beim Landessozialgericht eingelegt wird und die Berufung zugelassen wird.

Bis zum Schluß der mündlichen Verhandlung kann der Kläger seine Klage zurücknehmen. Durch die **Klagerücknahme** wird der Rechtsstreit erledigt. Dieses wird für den klagenden Versicherten oder Arbeitgeber nur selten in Betracht kommen. Eine weitere Möglichkeit, den Prozeß ohne Urteil zu beenden, bietet der **Vergleich**. Wenn nicht bereits im außergerichtlichen Verfahren ein Vergleich zustande kommt, so kann in der mündlichen Verhandlung die beklagte Krankenkasse dem Kläger ein Vergleichsangebot unterbreiten, das der Kläger annehmen kann, aber nicht annehmen muß. Wenn die beklagte Krankenkasse den gegen sie erhobenen Anspruch anerkennt, so muß der Kläger dieses **Anerkenntnis** annehmen. Damit ist der Rechtsstreit in der Hauptsache erledigt.

3.2 Die Berufung vor dem Landessozialgericht

Die **Berufung** gegen Urteile des Sozialgerichts findet vor dem Landessozialgericht statt. Ob die Berufung zulässig ist, richtet sich nach der Art der Streitigkeit oder ihrer Bedeutung.

Das Recht zur Berufung ist durch das „Gesetz zur Entlastung der Rechtspflege" vom 11. 1. 1993 mit Wirkung zum 1. 3. 1993 umfassend neu gestaltet worden. Hiernach ist nunmehr jede Entscheidung ohne besondere Zulassung berufungsfähig, es sei denn, daß eine bestimmte Wertgrenze des Beschwerdegegenstandes nicht erreicht wird. Bei Geld- und Sachleistungen ist die Berufung nicht zulässig, wenn dieser Beschwerdegegenstand 1.000 DM nicht übersteigt.

Wegen der Komplexität der prozessualrechtlichen Besonderheiten sei allein der vorgenannte Grundsatz besonders hervorgehoben. Die ins Detail gehenden Vorschriften hinsichtlich der Berufung enthalten die §§ 143 – 159 SGG.

Die Berufung ist innerhalb eines Monats nach Zustellung des Urteils beim **Landessozialgericht** schriftlich oder zur Niederschrift des Urkundsbeamten bei der Geschäftsstelle dieses Gerichts einzulegen. Grundsätzlich kann die Berufung innerhalb der Frist von einem Monat auch beim Sozialgericht schriftlich oder zur Niederschrift des Urkundsbeamten eingelegt werden. Das Sozialgericht legt dann die Berufungsschrift unverzüglich dem Landessozialgericht vor.

Das Landessozialgericht prüft den Sachverhalt in gleichem Umfang wie das Sozialgericht. Es hat auch neu vorgebrachte Tatsachen und Beweismittel dem Verfahren zugrunde zu legen und ist damit, wie das Sozialgericht, **Tatsacheninstanz**. Die Entscheidung ergeht in der Regel durch Urteil. Entweder weist es die Berufung des Klägers zurück und bestätigt das Urteil der 1. Instanz oder es hebt das Urteil des Sozialgerichts auf.

Für das Berufungsverfahren gelten im Prinzip die gleichen Grundsätze wie bei der Klage vor dem Sozialgericht. So besteht ebenfalls kein Anwaltszwang. Eine Vertretung ist jedoch auch hier möglich.

Regelung für die neuen Bundesländer:

Nach dem Vertrag zwischen der Bundesrepublik Deutschland und der Deutschen Demokratischen Republik über die Herstellung der Einheit Deutschlands (Einigungsvertrag) ergaben sich für die neuen Bundesländer (ausgenommen ehem. Ost-Berlin) hinsichtlich der Gerichtsbarkeit einige Besonderheiten. Bis zur Einrichtung einer funktionierenden Sozialgerichtsbarkeit wurden bei den Kreis- und Bezirksgerichten Kammern für Sozialrechtsangelegenheiten gebildet. Die Kreisgerichte nahmen die Funktion der Sozialgerichte und die Bezirksgerichte die der Landessozialgerichte wahr. Das Bundessozialgericht ist als 3. Instanz auch für die neuen Bundesländer zuständig. Inzwischen ist auch in den neuen Bundesländern der Aufbau der Sozialgerichtsbarkeit abgeschlossen.

Der Rechtsweg in der Sozialgerichtsbarkeit

Klage (1. Instanz)	Sozialgericht
Berufung (2. Instanz)	Landessozialgericht
Revision (3. Instanz)	Bundessozialgericht

3.3 Die Revision vor dem Bundessozialgericht

Die Revision vor dem Bundessozialgericht findet gegen Urteile des Landessozialgerichts statt. Hier ergeben sich jedoch gegenüber den Verfahren vor der 1. und 2. Instanz einige Abweichungen der Verfahrensgrundsätze.

Während die Klage immer und die Berufung eingeschränkt zulässig sind, ist die Revision grundsätzlich **nicht** zulässig. Sie ist zulässig, wenn sie im Urteil des Landessozialgerichts ausdrücklich zugelassen worden ist. Soweit Rechtsstreitigkeiten von grundsätzlicher Bedeutung vorliegen, ist die Revision zuzulassen, ebenso bei Verfahrensmängeln des Landessozialgerichts.

Das Bundessozialgericht ist keine Tatsacheninstanz. Deshalb können auch in diesem Verfahren keine neuen Tatsachen oder Beweismittel vorgebracht werden. Die Nachprüfung des Berufungsurteils beschränkt sich deshalb auf die Auslegung und Anwendung der Rechtsnormen im Berufungsverfahren.

Die Revision ist innerhalb eines Monats nach Zustellung des angefochtenen Urteils des Landessozialgerichts schriftlich einzulegen, und zwar nur beim Bundessozialgericht. Dieses kann nur durch einen Prozeßbevollmächtigten geschehen, da vor dem Bundessozialgericht Vertretungszwang besteht. Als Prozeßbevollmächtigte nennt das SGG folgende Personenkreise:

Mitglieder und Angestellte von

- Gewerkschaften,
- selbständigen Vereinigungen von Arbeitnehmern mit sozial- oder berufspolitischer Zwecksetzung,
- Vereinigungen von Arbeitgebern,
- berufsständischen Vereinigungen der Landwirtschaft,
- Vereinigungen der Kriegsopfer,

soweit sie kraft Satzung oder Vollmacht zur Prozeßvertretung befugt sind. Jeder bei einem deutschen Gericht zugelassene Rechtsanwalt ist ebenfalls als Prozeßbevollmächtigter vor dem BSG zugelassen.

3.4 Kosten des Verfahrens

– Kosten im Vorverfahren

Das Vorverfahren ist für den Widerspruchsführer im allgemeinen kostenfrei, d.h., es ist keine Gebühr an die Krankenkasse zu entrichten. Die bei der Krankenkasse anläßlich des Vorverfahrens entstehenden Verwaltungskosten trägt diese selbst.

Nach dem SGB X haben Krankenkassen demjenigen, der einen Widerspruch erfolgreich erhoben hat, die notwendigen Aufwendungen der Rechtsverfolgung zu erstatten. Erstattungsberechtigt ist derjenige, der den Widerspruch erhoben hat. Erstattungsfähig sind die Kosten, die notwendig waren. Hierunter fallen z.B. Verdienstausfall, Postgebühren, Kosten für ärztliche Zeugnisse, nicht jedoch Kosten für eigenen Arbeitsaufwand, z.B. Abfassen der Widerspruchsschrift. Die Höhe der Gebühren eines hinzugezogenen Rechtsanwalts richtet sich nach der Gebührenordnung für Rechtsanwälte. Dieser stellt ggf. dem Widerspruchsführer seine Kosten in Rechnung, die bei erfolgreichem Widerspruch dem Widerspruchsführer zu erstatten sind, soweit die Hinzuziehung eines Anwalts notwendig war. Dieses bestimmt sich nach der Lage des Einzelfalles. Es empfiehlt sich für den Widerspruchsführer, alle seine Aufwendungen der Krankenkasse in Rechnung zu stellen. Die Kostenentscheidung ist von Amts wegen vorzunehmen. War der Widerspruch erfolglos, werden Kosten nicht erstattet.

– Kosten im sozialgerichtlichen Verfahren

Wie im Widerspruchsverfahren, so ist auch das sozialgerichtliche Verfahren grundsätzlich kostenfrei: Hierbei bedarf es jedoch einer Unterscheidung:

a) **Gerichtskosten,**
die bei Anrufung der Sozialgerichtsbarkeit entstehen und sich aus Gebühren und sonstigen Auslagen zusammensetzen;
b) **Außergerichtliche Kosten**
des Klägers, dessen Aufwendungen bei der Rechtsverfolgung oder Verteidigung entstehen.

Zu a) Die Kostenfreiheit für den Kläger im sozialgerichtlichen Verfahren ist gesetzlich verankert (§ 183 SGG). In der Sozialgerichtsbarkeit ist der Sachverhalt als Entscheidungsgrundlage durch das Sozialgericht zu ermitteln. Auf Antrag des Klägers ist aber ggf. ein Gutachter (z.B. Arzt) hinzuzuziehen, den der Kläger vorschlagen kann. Die dafür entstehenden Kosten kann das Gericht, vorbehaltlich einer späteren Entscheidung, zunächst dem Antragsteller (Kläger) auferlegen.

Zu b) Das Gericht entscheidet im Urteil, ob und ggf. in welchem Umfang die Beteiligten einander Kosten zu erstatten haben und wer die Kosten zu tragen hat. Unter Kosten sind in diesem Sinne die zur zweckentsprechenden Rechtsverfolgung oder Rechtsverteidigung notwendigen Aufwendungen der Beteiligten zu verstehen (§ 193 SGG). In der Regel wird die beklagte Krankenkasse verurteilt, die Kosten des Klägers zu erstatten, wenn der Kläger den Prozeß gewinnt. Obsiegt die Krankenkasse, sind Kosten meist nicht zu erstatten. Die Aufwendungen für einen Rechtsanwalt oder Rechtsbeistand sind nach dem SGG immer erstattungsfähig. Die Höhe der Gebühren für Rechtsanwälte und Rechtsbeistände richtet sich nach der „Bundesgebührenordnung für Rechtsanwälte" (BRAGO).

3.5 Schlußbemerkung

In den Ausführungen zu diesem Kapitel wird deutlich, daß das gesamte Verfahren formalrechtlich von gesetzlichen Normen vorgegeben ist und sich an rechts- und sozialstaatlichen Grundsätzen orientiert. Nichts bleibt der Willkür überlassen. Der von der Krankenkasse zu betreuende Bürger, sei er Versicherter oder Arbeitgeber, erhält unmittelbar nach der Einleitung des Verwaltungsverfahrens kraft Gesetzes eine schutzwürdige Rechtsposition, die während des gesamten Verfahrens bis hin zum Gerichtsverfahren beibehalten wird.

So kompliziert diese Materie auch sein mag, das schutzwürdige Interesse des Bürgers gegenüber der Verwaltung steht im Vordergrund. Das macht auch den öffentlich rechtlichen Charakter der gesetzlichen Krankenversicherung aus.

II Die Rechtsstellung des Versicherungsnehmers in der Privaten Krankenversicherung

1 Der Versicherungsnehmer und seine Privatversicherung

Das Sozialverwaltungsverfahren, in dem die Rechtsbeziehungen des Versicherten und Arbeitgebers zu ihrer Krankenkasse in dafür besonderen Vorschriften geregelt sind, gilt naturgemäß nicht für den Versicherungsnehmer im Verhältnis zu seinem Versicherungsunternehmen. Dieses Rechtsverhältnis ist privatrechtlicher Art und bestimmt sich folglich nach privatrechtlichen Grundsätzen. Für beide Vertragspartner, den Versicherungsnehmer und das Versicherungsunternehmen, gelten ausschließlich die unter Kap. 1 Pkt. II angeführten gesetzlichen und vertraglichen Normen, d.h. insbesondere das Bürgerliche Gesetzbuch mit Nebengesetzen, die Allgemeinen Versicherungsbedingungen Teile I und II, ggf. die besonderen Vereinbarungen und die entsprechenden Tarife.

Einen besonderen Verfahrensweg, wie ihn das SGB X für das Verwaltungsverfahren bei den Krankenkassen zwingend vorschreibt, kennt das Privatrecht nicht.

1.1 Der Versicherungsnehmer im Streitverfahren

Streitigkeiten aus dem Versicherungsverhältnis, die sich nicht auf gütlichem Wege beilegen lassen, können nur gerichtlich im Wege der Klage vor der Zivilgerichtsbarkeit (ordentliche Gerichtsbarkeit) geklärt werden. Ein formalrechtliches Vorverfahren findet nicht statt.

Im Sozialgerichtsverfahren gilt der Untersuchungsgrundsatz (vgl. Pkt. 3.1), während im Zivilprozeß den Parteien die Herrschaft über den Prozeßablauf obliegt. Sie entscheiden insbesondere darüber, welche Tatsachen und Beweise sie dem Gericht unterbreiten wollen. Nicht vorgetragene Tatsachen werden nicht berücksichtigt (Beibringungsgrundsatz; Verhandlungs-, Dispositionsmaxime).

Streitfälle mit einem Streitwert von bis zu 10.000 DM werden in der 1. Instanz vor dem Amtsgericht verhandelt, darüber hinaus, ebenfalls in der 1. Instanz, vor dem Landgericht. Obwohl vor dem Amtsgericht kein Anwaltszwang besteht, empfiehlt sich für den Versicherungsnehmer als

Kläger, einen in Versicherungsangelegenheiten erfahrenen Rechtsanwalt zur Durchsetzung der Ansprüche zu beauftragen. Das aus folgenden Gründen:

1. Die Gegenpartei wird sich in aller Regel bereits zu diesem Zeitpunkt ebenfalls vertreten lassen, damit das Verfahren einen für sie möglichst günstigen Verlauf nimmt, indem alle materiell-rechtlich wichtigen Tatsachen vorgebracht werden.
2. Der Prozeßverlauf soll aus ihrer Sicht auch sonst günstig beeinflußt werden.
3. Das Prozeßverfahren ist teilweise sehr undurchsichtig. Beispielsweise kann das Versäumen wichtiger Prozeßfristen, die nicht jedermann bekannt sind, eklatante Folgen haben.

Wegen der Unwägbarkeiten eines Zivilprozesses und des damit verbundenen Prozeßrisikos für den Versicherungsnehmer als Kläger wird erklärlich, daß der fachjuristisch nicht vorgebildete Laie im Zivilprozeß ohne fachmännische Beratung von vornherein eine schwächere Ausgangsposition hat. Im Falle der Berufung in der nächsten Instanz (Landgericht) besteht ohnehin Anwaltszwang. Sollte der Streitwert mehr als 10.000 DM betragen, ist das Landgericht als 1. Instanz mit Anwaltszwang zuständig.

– Der Rechtsweg in der Zivilgerichtsbarkeit

Im Falle der Prozeßvertretung durch einen Rechtsanwalt übernimmt dieser mit Erteilung der Prozeßvollmacht durch den Auftraggeber alle Prozeßhandlungen durch Auftrag und mit Wirkung für diesen. Wichtig dabei ist, daß der Auftraggeber (Mandant) seinem Rechtsanwalt alle Tatsachen und Beweismittel, die ihm bekannt sind oder vorliegen, vorträgt. Der Anwalt wird dann entscheiden, welche Tatsachen und Beweismittel für den Prozeßverlauf rechtserheblich sind und diese bei Gericht vortragen.

Aber auch im vorgerichtlichen Verfahren, wenn also eine gütliche Einigung erreicht werden soll, kann es ratsam sein, einen Anwalt einzuschalten. Die Wirkung bleibt oft nicht aus. Auch die Gegenpartei wird, soweit es ihren Interessen entspricht, um einen außergerichtlichen Vergleich bemüht sein. Sollte dieser für eine der Parteien nicht annehmbar sein, kommt es meist zu einem Prozeß durch Klage des Versicherungsnehmers. Der weitere Verlauf wird im wesentlichen durch die Parteien bestimmt. Für den Kläger (Versicherungsnehmer) bedeutet das, daß der von ihm beauftragte Anwalt die Klageschrift und alle weiteren Prozeßhandlungen nach Absprache mit seinem Mandanten übernimmt.

Auf eine ausführliche Darstellung der Einzelheiten des prozessualen Verlaufs sowie der Zulässigkeit von Rechtsmitteln soll hier verzichtet werden, weil davon ausgegangen werden kann, daß bei gerichtlicher Auseinandersetzung die Einschaltung eines Anwalts unausbleiblich ist. Zu seinen Pflichten gehört es auch, seinen Mandanten umfassend in dieser Hinsicht zu beraten.

Zum besseren Verständnis sollen jedoch die grundsätzlichen Möglichkeiten der Rechtsmittel und der Instanzen stark vereinfacht dargestellt werden:

Schaubild

Der Rechtsweg im Zivilprozeß

Klage (1. Instanz)	Amtsgericht	Landgericht	Landgericht
Berufung (2. Instanz)	Landgericht	Oberlandesgericht	
Revision (3. Instanz)	–	Bundesgerichtshof in Karlsruhe	Bundesgerichtshof (Sprungrevision)

Kosten des Verfahrens

Im Gegensatz zum sozialgerichtlichen Verfahren ist der Zivilprozeß für den Kläger grundsätzlich nicht kostenfrei. Das Gericht entscheidet in jedem Urteil, welche Partei die Kosten, ggf. anteilig, übernehmen muß. Es gilt der Grundsatz, daß die Kosten von der unterlegenen Partei zu tragen sind. Wer teilweise unterliegt, hat nur einen Teil der Kosten zu übernehmen. Den anderen Teil trägt die andere Partei.

Für den Fall, daß das Gericht bei der unterlegenen Partei die Kosten nicht eintreiben kann, besteht für das Gericht die Möglichkeit, diese Kosten von der obsiegenden Partei zu verlangen. Hier können also Kosten entstehen, obwohl der Prozeß in vollem Umfange gewonnen wurde.

Zu den Kosten gehören die Gebühren für die Anrufung des Gerichts, die Entschädigungen für Zeugen und Sachverständige und die eigenen Aufwendungen, wie Rechtsanwaltsgebühren, Reisekosten usw. Die Höhe der Gerichtskosten und der Anwaltsgebühren ist in besonderen Gebührenordnungen festgelegt und richtet sich nach der Höhe des Streitwerts und danach, welche richterlichen Handlungen vorgenommen worden sind. Bei mehreren Instanzen werden die Gebühren für jede Instanz gesondert berechnet. Das Verfahren verteuert sich folglich, wenn Rechtsmittel (Berufung, Revision) eingelegt werden.

Der Kläger muß in der Regel einen Anwaltskostenvorschuß sowie einen Prozeßkostenvorschuß zahlen. Bei der Einlegung eines Rechtsmittels braucht kein Vorschuß gezahlt zu werden.

Ein Kläger, der nicht über ausreichende Geldmittel verfügt, kann auf seinen Antrag hin Prozeßkostenhilfe erhalten. Der Antrag auf Prozeßkostenhilfe ist bei dem Gericht zu stellen; er kann vor der Geschäftsstelle zu Protokoll erklärt werden. In dem Antrag ist das Streitverhältnis unter Angabe der Beweismittel darzustellen. Dem Antrag sind eine Erklärung über die persönlichen und wirtschaftlichen Verhältnisse (Familienverhältnisse, Beruf, Vermögen, Einkommen und Lasten) sowie entsprechende Belege beizufügen (§ 117 ZPO).

Vorsicht:
Die Prozeßkostenhilfe bezieht sich nur auf die Kosten des eigenen Rechtsanwalts und der Gerichtskosten inklusive Zeugenauslagen usw. Die Kosten des Rechtsanwalts der Gegenseite muß die Partei, der Prozeßkostenhilfe gewährt worden ist, im Falle des Unterliegens selbst tragen.

Um das Prozeßrisiko einschätzen zu können, wird sich der Klagewillige Beratungshilfe bei einem Anwalt holen. Beratungshilfe besteht in der Beratung und, soweit erforderlich, in der Vertretung. Das „Beratungshilfegesetz“ schreibt hierzu folgendes vor: „Hilfe für die Wahrung von Rechten außerhalb eines gerichtlichen Verfahrens wird auf Antrag gewährt, wenn der Rechtsuchende die erforderlichen Mittel nach seinen persönlichen und wirtschaftlichen Verhältnissen nicht aufbringen kann. Die Voraussetzungen sind gegeben, wenn dem Rechtsuchenden Prozeßkostenhilfe nach den Vorschriften der Zivilprozeßordnung ohne einen eigenen Beitrag zu den Kosten zu gewähren wäre“ (§ 1 BerHG). Der Rechtsuchende kann sich wegen der Beratungshilfe auch unmittelbar an den Anwalt seiner Wahl wenden und über diesen die Gewährung von Beratungshilfe beantragen.

H Anhang

I Allgemeine Versicherungsbedingungen für die Krankheitskosten- und Krankenhaustagegeldversicherung (AVB) Teil I – Musterbedingungen 1976 des Verbandes der privaten Krankenversicherung (MB/KK 76)

Der Versicherungsschutz

§ 1 Gegenstand, Umfang und Geltungsbereich des Versicherungsschutzes

(1) Der Versicherer bietet Versicherungsschutz für Krankheiten, Unfälle und andere im Vertrag genannten Ereignisse. Er gewährt im Versicherungsfall

a) in der Krankheitskostenversicherung Ersatz von Aufwendungen für Heilbehandlung und sonst vereinbarte Leistungen,

b) in der Krankenhaustagegeldversicherung bei stationärer Behandlung ein Krankenhaustagegeld.

(2) Versicherungsfall ist die medizinisch notwendige Heilbehandlung einer versicherten Person wegen Krankheit oder Unfallfolgen. Der Versicherungsfall beginnt mit der Heilbehandlung; er endet, wenn nach medizinischem Befund Behandlungsbedürftigkeit nicht mehr besteht. Muß die Heilbehandlung auf eine Krankheit oder Unfallfolge ausgedehnt werden, die mit der bisher behandelten nicht ursächlich zusammenhängt, so entsteht insoweit ein neuer Versicherungsfall. Als Versicherungsfall gelten auch

a) Untersuchung und medizinisch notwendige Behandlung wegen Schwangerschaft und die Entbindung,

b) ambulante Untersuchungen zur Früherkennung von Krankheiten nach gesetzlich eingeführten Programmen (gezielte Vorsorgeuntersuchungen),

c) Tod, soweit hierfür Leistungen vereinbart sind.

(3) Der Umfang des Versicherungsschutzes ergibt sich aus dem Versicherungsschein, späteren schriftlichen Vereinbarungen, den Allgemeinen Versicherungsbedingungen (Musterbedingungen, Tarif mit Tarifbedingungen) sowie den gesetzlichen Vorschriften.

(4) Der Versicherungsschutz erstreckt sich auf Heilbehandlung in Europa. Er kann durch Vereinbarung auf außereuropäische Länder ausgedehnt werden. (Vgl. aber § 15 Abs. 3). Während des ersten Monats eines vorübergehenden Aufenthalts im außereuropäischen Ausland besteht auch ohne besondere Vereinbarung Versicherungsschutz. Muß der Aufenthalt wegen notwendiger Heilbehandlung über einen Monat hinaus ausgedehnt werden, besteht Versicherungsschutz, solange die versicherte Person die Rückreise nicht ohne Gefährdung ihrer Gesundheit antreten kann, längstens aber für weitere zwei Monate.

§ 2 Beginn des Versicherungsschutzes

Der Versicherungsschutz beginnt mit dem im Versicherungsschein bezeichneten Zeitpunkt (Versicherungsbeginn), jedoch nicht vor Abschluß des Versicherungsvertrages (insbesondere Zugang des Versicherungsscheines oder einer schriftlichen Annahmeerklärung) und nicht vor Ablauf von Wartezeiten. Für Versicherungsfälle, die vor Beginn des Versicherungsschutzes eingetreten sind, wird nicht geleistet. Nach Abschluß des Versicherungsvertrages eingetretene Versicherungsfälle sind nur für den Teil von der Leistungspflicht ausgeschlossen, der in die Zeit vor Versicherungsbeginn oder in Wartezeiten fällt.

(2) Bei Neugeborenen beginnt der Versicherungsschutz ohne Wartezeiten unmittelbar nach der Geburt, wenn am Tage der Geburt ein Elternteil mindestens drei Monate beim Versicherer versichert ist und die Anmeldung zur Versicherung spätestens zwei Monate nach dem Tage der Geburt rückwirkend zum Ersten des Geburtsmonats erfolgt. Der Versicherungsschutz darf nicht höher oder umfassender als der eines versicherten Elternteils sein.

§ 3 Wartezeiten

(1) Die Wartezeiten rechnen vom Versicherungsbeginn an.

(2) Die allgemeine Wartezeit beträgt drei Monate. Sie entfällt

a) bei Unfällen,

b) für den Ehegatten einer mindestens seit drei Monaten versicherten Person, sofern eine gleichartige Versicherung innerhalb zweier Monate nach der Eheschließung beantragt wird.

(3) Die besonderen Wartezeiten betragen für Entbindung, Psychotherapie, Zahnbehandlung, Zahnersatz und Kieferorthopädie acht Monate.

(4) Sofern der Tarif es vorsieht, können die Wartezeiten aufgrund besonderer Vereinbarung erlassen werden, wenn ein ärztliches Zeugnis über den Gesundheitszustand vorgelegt wird.

(5) Personen, die aus einer gesetzlichen Krankenversicherung ausscheiden, wird die nachweislich dort ununterbrochen zurückgelegte Versicherungszeit auf die Wartezeiten angerechnet. Voraussetzung ist, daß die Versicherung spätestens zwei Monate nach Beendigung der Vorversicherung beantragt wurde und der Versicherungsschutz in Abweichung von § 2 im unmittelbaren Anschluß beginnen soll. Entsprechendes gilt beim Ausscheiden aus einem öffentlichen Dienst mit Anspruch auf freie Heilfürsorge.

§ 4 Umfang der Leistungspflicht

(1) Art und Höhe der Versicherungsleistungen ergeben sich aus dem Tarif mit Tarifbedingungen.

(2) Der versicherten Person steht die Wahl unter den niedergelassenen approbierten Ärzten und Zahnärzten frei. Soweit die Tarifbedingungen nichts anderes bestimmen, dürfen Heilpraktiker im Sinne des deutschen Heilpraktikergesetzes in Anspruch genommen werden.

(3) Arznei-, Verband-, Heil- und Hilfsmittel müssen von den in Abs. 2 genannten Behandlern verordnet, Arzneimittel außerdem aus der Apotheke bezogen werden.

(4) Bei medizinisch notwendiger stationärer Heilbehandlung hat die versicherte Person freie Wahl unter den öffentlichen und privaten Krankenhäusern, die unter ständiger ärztlicher Leitung stehen, über ausreichende diagnostische und therapeutische Möglichkeiten verfügen, nach wissenschaftlich allgemein anerkannten Methoden arbeiten und Krankengeschichten führen.

(5) Für medizinisch notwendige stationäre Heilbehandlung in Krankenanstalten, die auch Kuren bzw. Sanatoriumsbehandlungen durchführen

oder Rekonvaleszenten aufnehmen, im übrigen aber die Voraussetzungen von Abs. 4 erfüllen, werden die tariflichen Leistungen nur dann gewährt, wenn der Versicherer diese vor Beginn der Behandlung schriftlich zugesagt hat. Bei Tbc-Erkrankungen wird in vertraglichem Umfange auch für die stationäre Behandlung in Tbc-Heilstätten und -Sanatorien geleistet.

§ 5 Einschränkung der Leistungspflicht

(1) Keine Leistungspflicht besteht

a) für solche Krankheiten einschließlich ihrer Folgen sowie für Folgen von Unfällen und für Todesfälle, die durch Kriegsereignisse verursacht oder als Wehrdienstschädigung anerkannt und nicht ausdrücklich in den Versicherungsschutz eingeschlossen sind;

b) für auf Vorsatz beruhende Krankheiten und Unfälle einschließlich deren Folgen sowie für Entziehungsmaßnahmen einschließlich Entziehungskuren;

c) für Behandlung durch Ärzte, Zahnärzte, Heilpraktiker und in Krankenanstalten, deren Rechnungen der Versicherer aus wichtigem Grunde von der Erstattung ausgeschlossen hat, wenn der Versicherungsfall nach der Benachrichtigung des Versicherungsnehmers über den Leistungsausschluß eintritt. Sofern im Zeitpunkt der Benachrichtigung ein Versicherungsfall schwebt, besteht keine Leistungspflicht für die nach Ablauf von drei Monaten seit der Benachrichtigung entstandenen Aufwendungen;

d) für Kur- und Sanatoriumsbehandlung sowie für Rehabilitationsmaßnahmen der gesetzlichen Rehabilitationsträger, wenn der Traif nichts anderes vorsieht;

e) für ambulante Heilbehandlung in einem Heilbad oder Kurort.

Die Einschränkung entfällt, wenn die versicherte Person dort ihren ständigen Wohnsitz hat oder während eines vorübergehenden Aufenthaltes durch eine vom Aufenthaltszweck unabhängige Erkrankung oder einen dort eingetretenen Unfall Heilbehandlung notwendig wird;

f) für wissenschaftlich nicht allgemein anerkannte Untersuchungs- oder Behandlungsmethoden und Arzneimittel;

g) für Behandlungen durch Ehegatten, Eltern oder Kinder.

Nachgewiesene Sachkosten werden tarifgemäß erstattet;

h) für eine durch Pflegebedürftigkeit oder Verwahrung bedingte Unterbringung.

(2) Übersteigt eine Heilbehandlung oder sonstige Maßnahme, für die Leistungen vereinbart sind, das medizinisch notwendige Maß, so kann der Versicherer seine Leistungen auf einen angemessenen Betrag herabsetzen.

(3) Besteht auch Anspruch auf Leistungen aus der gesetzlichen Unfallversicherung oder der gesetzlichen Rentenversicherung, auf eine gesetzliche Heilfürsorge oder Unfallfürsorge, so ist der Versicherer, unbeschadet der Ansprüche des Versicherungsnehmers auf Krankenhaustagegeld, nur für die Aufwendungen leistungspflichtig, welche trotz der gesetzlichen Leistungen notwendig bleiben.

§ 6 Auszahlung der Versicherungsleistungen

(1) Der Versicherer ist zur Leistung nur verpflichtet, wenn die von ihm geforderten Nachweise erbracht sind; diese werden Eigentum des Versicherers.

(2) Der Versicherer ist berechtigt, an den Überbringer oder Übersender von ordnungsgemäßen Nachweisen zu leisten.

(3) Die in ausländischer Währung entstandenen Krankheitskosten werden zum Kurs des Tages, an dem die Belege beim Versicherer eingehen, in Deutsche Mark umgerechnet.

(4) Kosten für die Überweisung der Versicherungsleistungen und für Übersetzungen können von den Leistungen abgezogen werden.

(5) Ansprüche auf Versicherungsleistungen können weder abgetreten noch verpfändet werden.

§ 7 Ende des Versicherungsschutzes

Der Versicherungsschutz endet – auch für schwebende Versicherungsfälle – mit der Beendigung des Versicherungsverhältnisses.

Pflichten des Versicherungsnehmers

§ 8 Beitragszahlung

(1) Der Beitrag ist ein Jahresbeitrag und wird vom Versicherungsbeginn

an berechnet. Er ist zu Beginn eines jeden Versicherungsjahres zu entrichten, kann aber auch in gleichen monatlichen Beitragsraten gezahlt werden, die jeweils bis zur Fälligkeit der Beitragsrate als gestundet gelten. Die Beitragsraten sind am Ersten eines jeden Monats fällig. Wird der Jahresbeitrag während des Versicherungsjahres neu festgesetzt, so ist der Unterschiedsbetrag vom Änderungszeitpunkt an bis zum Beginn des nächsten Versicherungsjahres nachzuzahlen bzw. zurückzuzahlen.

(2) Wird der Vertrag für eine bestimmte Zeit mit der Maßgabe geschlossen, daß sich das Versicherungsverhältnis nach Ablauf dieser bestimmten Zeit stillschweigend um jeweils ein Jahr verlängert, sofern der Versicherungsnehmer nicht fristgemäß gekündigt hat, so kann der Tarif anstelle von Jahresbeiträgen Monatsbeiträge vorsehen. Diese sind am Ersten eines jeden Monats fällig.

(3) Der erste Beitrag bzw. die erste Beitragsrate ist spätestens unverzüglich nach Aushändigung des Versicherungsscheines zu zahlen.

(4) Kommt der Versicherungsnehmer mit der Zahlung einer Beitragsrate in Verzug, so werden die gestundeten Beitragsraten des laufenden Versicherungsjahres fällig. Sie gelten jedoch erneut als gestundet, wenn der rückständige Beitragsteil einschließlich der Beitragsrate für den am Tage der Zahlung laufenden Monat und die Mahnkosten entrichtet sind.

(5) Ist ein Beitrag bzw. eine Beitragsrate nicht rechtzeitig gezahlt und wird der Versicherungsnehmer schriftlich gemahnt, so ist er zur Zahlung der Mahnkosten verpflichtet, deren Höhe sich aus dem Tarif ergibt.

(6) Die Beiträge bzw. Beitragsraten sind bis zum Ablauf des Monats zu zahlen, in dem das Versicherungsverhältnis endet.

(7) Die Beiträge sind an die vom Versicherer zu bezeichnende Stelle zu entrichten.

§ 8a Beitragsberechnung

(1) Die Berechnung der Beiträge erfolgt auf der Grundlage der Richtlinien für die Aufstellung technischer Geschäftspläne in der Krankenversicherung und ist geschäftsplanmäßig festgelegt.

(2) Bei einer Änderung der Beiträge, auch durch Änderung des Versicherungsschutzes, werden das Geschlecht und das (die) bei Inkrafttreten der Änderung erreichte tarifliche Lebensalter (Lebensaltersgruppe) der

versicherten Person berücksichtigt. Dabei wird dem Eintrittsalter der versicherten Person dadurch Rechnung getragen, daß die Deckungsrückstellung, die geschäftsplanmäßig nach den für die Beitragsberechnung festgelegten Grundsätzen gebildet ist, geschäftsplanmäßig angerechnet wird. Eine Erhöhung der Beiträge oder eine Minderung der Leistungen des Versicherers wegen Älterwerdens der versicherten Person ist jedoch während der Dauer des Versicherungsverhältnisses ausgeschlossen, soweit nach dem Geschäftsplan eine Deckungsrückstellung für das mit dem Alter der versicherten Person wachsende Wagnis zu bilden ist.

(3) Bei Beitragsänderungen kann der Versicherer auch besonders vereinbarte Beitragszuschläge entsprechend ändern.

§ 9 Obliegenheiten

(1) Jede Krankenhausbehandlung ist binnen 10 Tagen nach ihrem Beginn anzuzeigen.

(2) Der Versicherungsnehmer hat auf Verlangen des Versicherers jede Auskunft zu erteilen, die zur Feststellung des Versicherungsfalles oder der Leistungspflicht des Versicherers und ihres Umfanges erforderlich ist.

(3) Auf Verlangen des Versicherers ist die versicherte Person verpflichtet, sich durch einen vom Versicherer beauftragten Arzt untersuchen zu lassen.

(4) Wird für eine versicherte Person bei einem weiteren Versicherer ein Krankheitskostenversicherungsvertrag abgeschlossen oder macht eine versicherte Person von der Versicherungsberechtigung in der gesetzlichen Krankenversicherung Gebrauch, ist der Versicherungsnehmer verpflichtet, den Versicherer von der anderen Versicherung unverzüglich zu unterrichten.

(5) Eine weitere Krankenhaustagegeldversicherung darf nur mit Einwilligung des Versicherers abgeschlossen werden.

§ 10 Folgen von Obliegenheitsverletzungen

(1) Der Versicherer ist mit der in § 6 Abs. 3 Versicherungsvertragsgesetz (VVG) vorgeschriebenen Einschränkung von der Verpflichtung zur Leistung frei, wenn eine der in § 9 Abs. 1 bis 3 genannten Obliegenheiten verletzt wird.

(2) Wird eine der in § 9 Abs. 4 und 5 genannten Obliegenheiten verletzt, so ist der Versicherer nach Maßgabe des § 6 Abs. 1 VVG von der Verpflichtung zur Leistung frei, wenn er von seinem Kündigungsrecht innerhalb eines Monats nach dem Bekanntwerden Gebrauch macht.

(3) Die Kenntnis und das Verschulden der versicherten Person stehen der Kenntnis und dem Verschulden des Versicherungsnehmers gleich.

§ 11 Ansprüche gegen Dritte

Hat der Versicherungsnehmer oder eine versicherte Person Schadenersatzansprüche nichtversicherungsrechtlicher Art gegen Dritte, so besteht, unbeschadet des gesetzlichen Forderungsübergangs gemäß § 67 VVG, die Verpflichtung, diese Ansprüche bis zur Höhe, in der aus dem Versicherungsvertrag Kostenersatz geleistet wird, an den Versicherer schriftlich abzutreten. Gibt der Versicherungsnehmer oder eine versicherte Person einen solchen Anspruch oder ein zur Sicherung des Anspruches dienendes Recht ohne Zustimmung des Versicherers auf, so wird dieser insoweit von der Verpflichtung zur Leistung frei, als er aus dem Anspruch oder dem Recht hätte Ersatz verlangen können.

§ 12 Aufrechnung

Der Versicherungsnehmer kann gegen Forderungen des Versicherers nur aufrechnen, soweit die Gegenforderung unbestritten oder rechtskräftig festgestellt ist. Gegen eine Forderung aus der Beitragspflicht kann jedoch ein Mitglied eines Versicherungsvereins nicht aufrechnen (§ 26 Versicherungsaufsichtsgesetz).

Ende der Versicherung

§ 13 Kündigung durch den Versicherungsnehmer

(1) Der Versicherungsnehmer kann das Versicherungsverhältnis zum Ende eines jeden Versicherungsjahres, frühestens aber zum Ablauf einer vereinbarten Vertragsdauer, mit Frist von drei Monaten kündigen.

(2) Die Kündigung kann auf einzelne versicherte Personen oder Tarife beschränkt werden.

(3) Wird eine versicherte Person kraft Gesetzes krankenversicherungspflichtig, so kann der Versicherungsnehmer eine Krankheitskostenvoll-

versicherung insoweit zum Ende des Monats kündigen, in dem er den Eintritt der Versicherungspflicht nachweist. Will der Versicherungsnehmer von diesem Recht Gebrauch machen, so hat er spätestens innerhalb zweier Monate nach Eintritt der Versicherungspflicht zu kündigen. Die Regelung gilt entsprechend, wenn für eine versicherte Person infolge Versicherungspflicht eines Familienmitglieds kraft Gesetzes Anspruch auf Familienhilfe erlangt wird oder eine versicherte Person infolge nicht nur vorübergehenden Wehr-, Grenzschutz-, Polizei- oder anderen Dienstes Anspruch auf freie Heilfürsorge erlangt.

(4) Erhöht der Versicherer die Beiträge oder vermindert er seine Leistungen gemäß § 18 Abs. 1, so kann der Versicherungsnehmer das Versicherungsverhältnis hinsichtlich der betroffenen versicherten Person innerhalb eines Monats vom Zugang der Änderungsmitteilung an zum Zeitpunkt des Wirksamwerdens der Änderung kündigen. Entsprechendes gilt bei Beitragserhöhungen aufgrund einer Beitragsanpassungsklausel.

(5) Der Versicherungsnehmer kann, sofern der Versicherer die Anfechtung, den Rücktritt oder die Kündigung nur für einzelne versicherte Personen oder Tarife erklärt, innerhalb von zwei Wochen nach Zugang dieser Erklärung die Aufhebung des übrigen Teils der Versicherung zum Schlusse des Monats verlangen, in dem ihm die Erklärung des Versicherers zugegangen ist, bei Kündigung zu dem Zeitpunkt, in dem diese wirksam wird.

§ 14 Kündigung durch den Versicherer

(1) Der Versicherer verzichtet auf das ordentliche Kündigungsrecht. Besteht bei ihm jedoch lediglich eine Krankenhaustagegeldversicherung, eine Krankheitsteilversicherung oder beides, so ist er berechtigt, das Versicherungsverhältnis zum Ende eines jeden der drei Versicherungsjahre, frühestens aber zum Ablauf einer vereinbarten Vertragsdauer, mit einer Frist von drei Monaten zu kündigen.

(2) Die gesetzlichen Bestimmungen über das außerordentliche Kündigungsrecht bleiben unberührt.

(3) Die Kündigung kann auf einzelne versicherte Personen oder Tarife beschränkt werden.

§ 15 Sonstige Beendigungsgründe

(1) Das Versicherungsverhältnis endet mit dem Tod des Versicherungs-

nehmers. Die versicherten Personen haben jedoch das Recht, das Versicherungsverhältnis unter Benennung des künftigen Versicherungsnehmers fortzusetzen. Die Erklärung ist innerhalb zweier Monate nach dem Tode des Versicherungsnehmers abzugeben.

(2) Beim Tod einer versicherten Person endet insoweit das Versicherungsverhältnis.

(3) Das Versicherungsverhältnis endet mit dem Wegzug des Versicherungsnehmers aus dem Tätigkeitsgebiet des Versicherers, es sei denn, daß eine anderweitige Vereinbarung getroffen wird. Bei Wegzug einer versicherten Person endet insoweit das Versicherungsverhältnis.

Sonstige Bestimmungen

§ 16 Willenserklärungen und Anzeigen

Willenserklärungen und Anzeigen gegenüber dem Versicherer bedürfen der Schriftform. Zu ihrer Entgegennahme sind Versicherungsvermittler nicht bevollmächtigt.

§ 17 Gerichtsstand

(1) Klagen gegen den Versicherer können bei dem Gericht am Sitz des Versicherers oder bei dem Gericht des Ortes anhängig gemacht werden, wo der Vermittlungsagent zur Zeit der Vermittlung seine gewerbliche Niederlassung oder in Ermangelung einer solchen seinen Wohnsitz hatte.

(2) Für Klagen aus dem Versicherungsverhältnis gegen den Versicherungsnehmer ist das Gericht am Sitz des Versicherers zuständig, wenn der Versicherungsnehmer keinen allgemeinen Gerichtsstand im Inland hat, wenn er nach Vertragsschluß seinen Wohnsitz oder gewöhnlichen Aufenthaltsort aus der Bundesrepublik Deutschland einschließlich Berlin (West) verlegt oder sein Wohnsitz oder gewöhnlicher Aufenthaltsort im Zeitpunkt der Klageerhebung nicht bekannt ist.

§ 18 Änderungen der Allgemeinen Versicherungsbedingungen

(1) Die Allgemeinen Versicherungsbedingungen (§ 1 Abs. 3) können mit Genehmigung der Aufsichtsbehörde mit Wirkung für bestehende Versicherungsverhältnisse, auch für den noch nicht abgelaufenen Teil des

Versicherungsjahres, geändert werden, soweit sie Bestimmungen über Versicherungsschutz, Pflichten des Versicherungsnehmers, sonstige Beendigungsgründe, Willenserklärungen und Anzeigen sowie Gerichtsstand betreffen.

(2) Änderungen nach Abs. 1 werden zu Beginn des zweiten Monats wirksam, der auf die Benachrichtigung der Versicherungsnehmer folgt, sofern nicht mit Zustimmung der Aufsichtsbehörde ein anderer Zeitpunkt bestimmt wird. Entsprechendes gilt bei Beitragserhöhungen aufgrund einer Beitragsanpassungsklausel.

II Allgemeine Versicherungsbedingungen für die Krankentagegeldversicherung (AVB) Teil I – Musterbedingungen 1978 des Verbandes der privaten Krankenversicherung (MB/KT 78)

Der Versicherungsschutz

§ 1 Gegenstand, Umfang und Geltungsbereich des Versicherungsschutzes

(1) Der Versicherer bietet Versicherungsschutz gegen Verdienstausfall als Folge von Krankheiten oder Unfällen, soweit dadurch Arbeitsunfähigkeit verursacht wird. Er gewährt im Versicherungsfall für die Dauer einer Arbeitsunfähigkeit ein Krankentagegeld in vertraglichem Umfang.

(2) Versicherungsfall ist die medizinisch notwendige Heilbehandlung einer versicherten Person wegen Krankheit oder Unfallfolgen, in deren Verlauf Arbeitsunfähigkeit ärztlich festgestellt wird. Der Versicherungsfall beginnt mit der Heilbehandlung; er endet, wenn nach medizinischem Befund keine Arbeitsunfähigkeit und keine Behandlungsbedürftigkeit mehr bestehen. Eine während der Behandlung neu eingetretene und behandelte Krankheit oder Unfallfolge, in deren Verlauf Arbeitsunfähigkeit ärztlich festgestellt wird, begründet nur dann einen neuen Versicherungsfall, wenn sie mit der ersten Krankheit oder Unfallfolge in keinem ursächlichen Zusammenhang steht. Wird Arbeitsunfähigkeit gleichzeitig durch mehrere Krankheiten oder Unfallfolgen hervorgerufen, so wird das Krankentagegeld nur einmal gezahlt.

(3) Arbeitsunfähigkeit im Sinne dieser Tarifbedingungen liegt vor, wenn die versicherte Person ihre berufliche Tätigkeit nach medizinischem Befund vorübergehend in keiner Weise ausüben kann, sie auch nicht ausübt und keiner anderweitigen Erwerbstätigkeit nachgeht.

(4) Der Umfang des Versicherungsschutzes ergibt sich aus dem Versicherungsschein, späteren schriftlichen Vereinbarungen, den Allgemeinen Versicherungsbedingungen (einschließlich Tarif mit Tarifbedingungen) sowie den gesetzlichen Vorschriften.

(5) Der Versicherungsschutz erstreckt sich auf Deutschland. Bei Aufenthalt im europäischen Ausland wird für im Ausland akut eingetretene Krankheiten oder Unfälle das Krankentagegeld in vertraglichem Umfang für die Dauer einer medizinisch notwendigen stationären Heilbehandlung in einem öffentlichen Krankenhaus gezahlt; für Aufenthalt im außereuropäischen Ausland können besondere Vereinbarungen getroffen werden.

§ 2 Beginn des Versicherungsschutzes

Der Versicherungsschutz beginnt mit dem im Versicherungsschein bezeichneten Zeitpunkt (Versicherungsbeginn), jedoch nicht vor Abschluß des Versicherungsvertrages (insbesondere Zugang des Versicherungsscheines oder einer schriftlichen Annahmeerklärung) und nicht vor Ablauf von Wartezeiten. Für Versicherungsfälle, die vor Beginn des Versicherungsschutzes eingetreten sind, wird nicht geleistet. Nach Abschluß des Versicherungsvertrages eingetretene Versicherungsfälle sind nur für den Teil von der Leistungspflicht ausgeschlossen, der in die Zeit vor Versicherungsbeginn oder in Wartezeiten fällt.

§ 3 Wartezeiten

(1) Die Wartezeiten rechnen vom Versicherungsbeginn an.

(2) Die allgemeine Wartezeit beträgt drei Monate. Sie entfällt bei Unfällen.

(3) Die besonderen Wartezeiten betragen für Psychotherapie, Zahnbehandlung, Zahnersatz und Kieferorthopädie acht Monate.

(4) Sofern der Tarif es vorsieht, können die Wartezeiten aufgrund besonderer Vereinbarung erlassen werden, wenn ein ärztliches Zeugnis über den Gesundheitszustand vorgelegt wird.

(5) Personen, die aus einer gesetzlichen Krankenversicherung ausscheiden, wird bis zur Höhe des bisherigen Krankengeldanspruchs die nachweislich dort ununterbrochen zurückgelegte Versicherungszeit auf die Wartezeiten angerechnet. Voraussetzung ist, daß die Versicherung spätestens zwei Monate nach Beendigung der Vorversicherung zusammen mit einer Krankheitskostenversicherung beantragt wurde und der Versicherungsschutz in Abweichung von § 2 im unmittelbaren Anschluß beginnen soll.

§ 4 Umfang der Leistungspflicht

(1) Höhe und Dauer der Versicherungsleistungen ergeben sich aus dem Tarif mit Tarifbedingungen.

(2) Das Krankentagegeld darf zusammen mit sonstigen Krankentage- und Krankengeldern das auf den Kalendertag umgerechnete, aus der beruflichen Tätigkeit herrührende Nettoeinkommen nicht übersteigen. Maßgebend für die Berechnung des Nettoeinkommens ist der Durchschnittsverdienst der letzten 12 Monate vor Antragstellung bzw. vor Eintritt der Arbeitsunfähigkeit, sofern der Tarif keinen anderen Zeitraum vorsieht.

(3) Der Versicherungsnehmer ist verpflichtet, dem Versicherer unverzüglich eine nicht nur vorübergehende Minderung des aus der Berufstätigkeit herrührenden Nettoeinkommens mitzuteilen.

(4) Erlangt der Versicherer davon Kenntnis, daß das Nettoeinkommen der versicherten Person unter die Höhe des dem Vertrag zugrunde gelegten Einkommens gesunken ist, so kann er ohne Unterschied, ob der Versicherungsfall bereits eingetreten ist oder nicht, das Krankentagegeld und den Beitrag mit Wirkung vom Beginn des zweiten Monats nach Kenntnis entsprechend dem geminderten Nettoeinkommen herabsetzen. Bis zum Zeitpunkt der Herabsetzung wird die Leistungspflicht im bisherigen Umfang für eine bereits eingetretene Arbeitsunfähig keit nicht berührt.

(5) Die Zahlung von Krankentagegeld setzt voraus, daß die versicherte Person während der Dauer der Arbeitsunfähigkeit durch einen niedergelassenen approbierten Arzt oder Zahnarzt bzw. im Krankenhaus behandelt wird.

(6) Der versicherten Person steht die Wahl unter den niedergelassenen approbierten Ärzten und Zahnärzten frei.

(7) Eintritt und Dauer der Arbeitsunfähigkeit sind durch Bescheinigung des behandelnden Arztes oder Zahnarztes nachzuweisen. Etwaige Kosten derartiger Nachweise hat der Versicherungsnehmer zu tragen. Bescheinigungen von Ehegatten, Eltern oder Kindern reichen zum Nachweis der Arbeitsunfähigkeit nicht aus.

(8) Bei medizinisch notwendiger stationärer Behandlung hat die versicherte Person freie Wahl unter den öffentlichen und privaten Krankenhäusern, die unter ständiger ärztlicher Leitung stehen, über ausreichende diagnostische und therapeutische Möglichkeiten verfügen, nach wissenschaftlich allgemein anerkannten Methoden arbeiten und Krankengeschichten führen.

(9) Bei medizinisch notwendiger stationärer Heilbehandlung in Krankenanstalten, die auch Kuren bzw. Sanatoriumsbehandlung durchführen oder Rekonvaleszenten aufnehmen, im übrigen aber die Voraussetzungen von Abs. 8 erfüllen, werden die tariflichen Leistungen nur dann erbracht, wenn der Versicherer diese vor Beginn der Behandlung schriftlich zugesagt hat. Bei Tbc-Erkrankungen wird in vertraglichem Umfange auch bei stationärer Behandlung und in Tbc-Heilstätten und -Sanatorien geleistet.

§ 5 Einschränkung der Leistungspflicht

(1) Keine Leistungspflicht besteht bei Arbeitsunfähigkeit

a) wegen solcher Krankheiten einschließlich ihrer Folgen sowie wegen Folgen von Unfällen, die durch Kriegsereignsse verursacht oder als Wehrdienstbeschädigungen anerkannt und nicht ausdrücklich in den Versicherungsschutz eingeschlossen sind;

b) wegen auf Vorsatz beruhender Krankheiten und Unfälle einschließlich deren Folgen sowie wegen Entziehungsmaßnahmen einschließlich Entziehungskuren;

c) wegen Krankheiten und Unfallfolgen, die auf eine durch Alkoholgenuß bedingte Bewußtseinsstörung zurückzuführen sind;

d) ausschließlich wegen Schwangerschaft, ferner wegen Schwangerschaftsabbruch, Fehlgeburt und Entbindung;

e) während der gesetzlichen Beschäftigungsverbote für werdende Mütter und Wöchnerinnen in einem Arbeitsverhältnis (Mutterschutz). Diese befristete Einschränkung der Leistungspflicht gilt sinngemäß auch für selbständig Tätige, es sei denn, daß die Arbeitsunfähigkeit in keinem Zusammenhang mit den unter d) genannten Ereignissen steht;

f) wenn sich die versicherte Person nicht an ihrem Wohnsitz in Deutschland aufhält, es sei denn, daß sie sich – unbeschadet des Absatzes 2 – in medizinisch notwendiger stationärer Heilbehandlung befindet (vgl. § 4 Abs. 8 und 9). Wird die versicherte Person in Deutschland außerhalb ihres Wohnsitzes arbeitsunfähig, so steht ihr das Krankentagegeld auch zu, solange die Erkrankung oder Unfallfolge nach medizinischem Befund eine Rückkehr ausschließt;

g) während Kur- und Sanatoriumsbehandlung sowie während Rehabilitationsmaßnahmen der gesetzlichen Rehabilitationsträger, wenn der Tarif nichts anderes vorsieht.

(2) Während des Aufenthaltes in einem Heilbad oder Kurort – auch bei einem Krankenhausaufenthalt – besteht keine Leistungspflicht. Die Einschränkung entfällt, wenn die versicherte Person dort ihren ständigen Wohnsitz hat oder während eines vorübergehenden Aufenthaltes durch eine vom Aufenthaltszweck unabhängige akute Erkrankung oder einen dort eingetretenen Unfall arbeitsunfähig wird, solange dadurch nach medizinischem Befund die Rückkehr ausgeschlossen ist.

§ 6 Auszahlung der Versicherungsleistungen

(1) Der Versicherer ist zur Leistung nur verpflichtet, wenn die von ihm geforderten Nachweise erbracht sind; diese werden Eigentum des Versicherers.

(2) Der Versicherer ist berechtigt, an den Überbringer oder Übersender von ordnungsgemäßen Nachweisen zu leisten.

(3) Kosten für die Überweisung der Versicherungsleistungen und für Übersetzung können von den Leistungen abgezogen werden.

(4) Ansprüche auf Versicherungsleistungen können weder abgetreten noch verpfändet werden.

§ 7 Ende des Versicherungsschutzes

Der Versicherungsschutz endet – auch für schwebende Versicherungsfälle – mit der Beendigung des Versicherungsverhältnisses (§§ 13 bis

15). Kündigt der Versicherer das Versicherungsverhältnis gemäß § 14 Abs. 1, so endet der Versicherungsschutz für schwebende Versicherungsfälle erst am dreißigsten Tage nach Beendigung des Versicherungsverhältnisses. Endet das Versicherungsverhältnis wegen Wegfalls einer der im Tarif bestimmten Voraussetzungen für die Versicherungsfähigkeit oder wegen Eintritts der Berufsunfähigkeit, so bestimmt sich die Leistungspflicht nach § 14 Buchstabe a oder b.

Pflichten des Versicherungsnehmers

§ 8 Beitragszahlung

(1) Der Beitrag ist ein Jahresbeitrag und wird vom Versicherungsbeginn an berechnet. Er ist zu Beginn eines jeden Versicherungsjahres zu entrichten, kann aber auch in gleichen monatlichen Beitragsraten gezahlt werden, die jeweils bis zur Fälligkeit der Beitragsrate als gestundet gelten. Die Beitragsraten sind am Ersten eines jeden Monats fällig. Wird der Jahresbeitrag während des Versicherungsjahres neu festgesetzt, so ist der Unterschiedsbetrag vom Änderungszeitpunkt an bis zum Beginn des nächsten Versicherungsjahres nachzuzahlen bzw. zurückzuzahlen.

(2) Wird der Vertrag für eine bestimmte Zeit mit der Maßgabe geschlossen, daß sich das Versicherungsverhältnis nach Ablauf dieser bestimmten Zeit stillschweigend um jeweils ein Jahr verlängert, sofern der Versicherungsnehmer nicht fristgemäß gekündigt hat, so kann der Tarif anstelle von Jahresbeiträgen Monatsbeiträge vorsehen. Diese sind am Ersten eines jeden Monats fällig.

(3) Der erste Beitrag bzw. die erste Beitragsrate ist spätestens unverzüglich nach Aushändigung des Versicherungsscheines zu zahlen.

(4) Kommt der Versicherungsnehmer mit der Zahlung einer Beitragsrate in Verzug, so werden die gestundeten Beitragsraten des laufenden Versicherungsjahres fällig. Sie gelten jedoch erneut als gestundet, wenn der rückständige Beitragsteil einschließlich der Beitragsrate für den am Tage der Zahlung laufenden Monat und die Mahnkosten entrichtet sind.

(5) Ist ein Beitrag bzw. eine Beitragsrate nicht rechtzeitig gezahlt und wird der Versicherungsnehmer schriftlich gemahnt, so ist er zur Zahlung der Mahnkosten verpflichtet, deren Höhe sich aus dem Tarif ergibt.

(6) Die Beiträge bzw. Beitragsraten sind bis zum Ablauf des Monats zu zahlen, in dem das Versicherungsverhältnis endet.

(7) Die Beiträge sind an die vom Versicherer zu bezeichnende Stelle zu entrichten.

§ 8a Beitragsberechnung

(1) Die Berechnung der Beiträge erfolgt auf der Grundlage der Richtlinien für die Aufstellung technischer Geschäftspläne in der Krankenversicherung und ist geschäftsplanmäßig festgelegt.

(2) Bei einer Änderung der Beiträge, auch durch Änderung des Versicherungsschutzes, werden das Geschlecht und das (die) bei Inkrafttreten der Änderung erreichte tarifliche Lebensalter (Lebensaltersgruppe) der versicherten Person berücksichtigt. Dabei wird dem Eintrittsalter der versicherten Person dadurch Rechnung getragen, daß die Deckungsrückstellung, die geschäftsplanmäßig nach den für die Beitragsberechnung festgelegten Grundsätzen gebildet ist, geschäftsplanmäßig angerechnet wird. Eine Erhöhung der Beiträge oder eine Minderung der Leistungen des Versicherers wegen des Älterwerdens der versicherten Person ist jedoch während der Dauer des Versicherungsverhältnisses ausgeschlossen, soweit nach dem Geschäftsplan eine Deckungsrückstellung für das mit dem Alter der versicherten Person wachsende Wagnis zu bilden ist.

(3) Bei Beitragsänderungen kann der Versicherer auch besonders vereinbarte Beitragszuschläge entsprechend ändern.

§ 9 Obliegenheiten

(1) Die ärztlich festgestellte Arbeitsunfähigkeit ist dem Versicherer unverzüglich, spätestens aber innerhalb der im Tarif festgesetzten Frist, durch Vorlage eines Nachweises (§ 4 Abs. 7) anzuzeigen. Bei verspätetem Zugang der Anzeige wird das Krankentagegeld erst vom Zugangstage an gezahlt, jedoch nicht vor dem im Tarif vorgesehenen Zeitpunkt. Fortdauernde Arbeitsunfähigkeit ist dem Versicherer innerhalb der im Tarif festgesetzten Frist nachzuweisen. Die Wiederherstellung der Arbeitsfähigkeit ist dem Versicherer binnen drei Tagen anzuzeigen.

(2) Der Versicherungsnehmer hat auf Verlangen des Versicherers jede Auskunft zu erteilen, die zur Feststellung des Versicherungsfalles oder der Leistungspflicht des Versicherers und ihres Umfanges erforderlich ist. Die geforderten Auskünfte sind auch einem Beauftragten des Versicherers zu erteilen.

(3) Auf Verlangen des Versicherers ist die versicherte Person verpflichtet, sich durch einen vom Versicherer beauftragten Arzt untersuchen zu lassen.

(4) Die versicherte Person hat für die Wiederherstellung der Arbeitsfähigkeit zu sorgen; sie hat insbesondere die Weisungen des Arztes gewissenhaft zu befolgen und alle Handlungen zu unterlassen, die der Genesung hinderlich sind.

(5) Jeder Berufswechsel der versicherten Person ist unverzüglich anzuzeigen.

(6) Der Neuabschluß einer weiteren oder die Erhöhung einer anderweitig bestehenden Versicherung mit Anspruch auf Krankentagegeld darf nur mit Einwilligung des Versicherers vorgenommen werden.

§ 10 Folgen von Obliegenheitsverletzungen

(1) Der Versicherer ist mit der in § 6 Abs. 3 Versicherungsvertragsgesetz (VVG) vorgeschriebenen Einschränkung von der Verpflichtung zur Leistung frei, wenn eine der in § 9 Abs. 1 bis 4 genannten Obliegenheiten verletzt wird.

(2) Wird eine der in § 9 Abs. 5 und 6 genannten Obliegenheiten verletzt, so ist der Versicherer nach Maßgabe des § 6 Abs. 1 VVG von der Verpflichtung zur Leistung frei, wenn er von seinem Kündigungsrecht innerhalb eines Monats nach dem Bekanntwerden Gebrauch macht.

(3) Die Kenntnis und das Verschulden der versicherten Person stehen der Kenntnis und dem Verschulden des Versicherungsnehmers gleich.

§ 11 Anzeigepflicht bei Wegfall der Versicherungsfähigkeit

Der Wegfall einer im Tarif bestimmten Voraussetzung für die Versicherungsfähigkeit oder der Eintritt der Berufsunfähigkeit (vgl. § 15 Buchstabe b) einer versicherten Person ist dem Versicherer unverzüglich anzuzeigen. Erlangt der Versicherer von dem Eintritt dieses Ereignisses erst später Kenntnis, so sind beide Teile verpflichtet, die für die Zeit nach Beendigung des Versicherungsverhältnisses empfangenen Leistungen einander zurückzugewähren.

§ 12 Aufrechnung

Der Versicherungsnehmer kann gegen Forderungen des Versicherers nur aufrechnen, soweit die Gegenforderung unbestritten oder rechtskräftig festgestellt ist. Gegen eine Forderung aus der Beitragspflicht kann jedoch ein Mitglied eines Versicherungsvereins nicht aufrechnen (§ 26 Versicherungsaufsichtsgesetz).

Ende der Versicherung

§ 13 Kündigung durch den Versicherungsnehmer

(1) Der Versicherungsnehmer kann das Versicherungsverhältnis zum Ende eines jeden Versicherungsjahres mit einer Frist von drei Monaten kündigen.

(2) Die Kündigung kann auf einzelne versicherte Personen oder Tarife beschränkt werden.

(3) Wird eine versicherte Person kraft Gesetzes krankenversicherungspflichtig, so kann der Versicherungsnehmer das Versicherungsverhältnis insoweit zum Ende des Monats kündigen, in dem er den Eintritt der Versicherungspflicht nachweist. Will der Versicherungsnehmer von diesem Recht Gebrauch machen, so hat er spätestens innerhalb zweier Monate nach Eintritt der Versicherungspflicht zu kündigen.

(4) Erhöht der Versicherer die Beiträge oder vermindert er seine Leistungen gemäß § 18 Abs. 1 oder macht er von seinem Recht auf Herabsetzung gemäß § 4 Abs. 4 Gebrauch, so kann der Versicherungsnehmer das Versicherungsverhältnis hinsichtlich der betroffenen versicherten Person innerhalb eines Monats vom Zugang der Änderungsmitteilung an zum Zeitpunkt des Wirksamwerdens der Änderung kündigen.

(5) Der Versicherungsnehmer kann, sofern der Versicherer die Anfechtung, den Rücktritt oder die Kündigung nur für einzelne versicherte Personen oder Tarife erklärt, innerhalb von zwei Wochen nach Zugang dieser Erklärung die Aufhebung des übrigen Teils der Versicherung zum Schlusse des Monats verlangen, in dem ihm die Erklärung des Versicherers zugegangen ist, bei Kündigung zu dem Zeitpunkt, in dem diese wirksam wird.

§ 14 Kündigung durch den Versicherer

(1) Der Versicherer kann das Versicherungsverhältnis zum Ende eines jeden der ersten drei Versicherungsjahre mit einer Frist von drei Monaten kündigen.

(2) Die gesetzlichen Bestimmungen über das außerordentliche Kündigungsrecht bleiben unberührt.

(3) Die Kündigung kann auf einzelne versicherte Personen, Tarife oder auf nachträgliche Erhöhungen des Krankentagegeldes beschränkt werden.

(4) Der Versicherer kann, sofern der Versicherungsnehmer die Kündigung nur für einzelne versicherte Personen oder Tarife erklärt, innerhalb von zwei Wochen nach Zugang der Kündigung die Aufhebung des übrigen Teils der Versicherung zu dem Zeitpunkt verlangen, in dem diese wirksam wird. Das gilt nicht für den Fall des § 13 Abs. 3.

§ 15 Sonstige Beendigungsgründe

Das Versicherungsverhältnis endet hinsichtlich der betroffenen versicherten Personen

a) bei Wegfall einer im Tarif bestimmten Voraussetzung für die Versicherungsfähigkeit zum Ende des Monats, in dem die Voraussetzung weggefallen ist. Besteht jedoch zu diesem Zeitpunkt in einem bereits eingetretenen Versicherungsfall Arbeitsunfähigkeit, so endet das Versicherungsverhältnis nicht vor dem Zeitpunkt, bis zu dem der Versicherer seine im Tarif aufgeführten Leistungen für diese Arbeitsunfähigkeit zu erbringen hat, spätestens aber drei Monate nach Wegfall der Voraussetzung;

b) mit Eintritt der Berufsunfähigkeit. Berufsunfähigkeit liegt vor, wenn die versicherte Person nach medizinischem Befund im bisher ausgeübten Beruf auf nicht absehbare Zeit mehr als 50% erwerbsunfähig ist. Besteht jedoch zu diesem Zeitpunkt in einem bereits eingetretenen Versicherungsfall Arbeitsunfähigkeit, so endet das Versicherungsverhältnis nicht vor dem Zeitpunkt, bis zu dem der Versicherer seine im Tarif aufgeführten Leistungen für diese Arbeitsunfähigkeit zu erbringen hat, spätestens aber drei Monate nach Eintritt der Berufsunfähigkeit;

c) mit dem Bezug von Altersrente, spätestens nach Vollendung des 65.

Lebensjahres, zum Ende des Monats, in dem die Altersgrenze erreicht wird;

d) mit dem Tod. Beim Tode des Versicherungsnehmers haben die versicherten Personen das Recht, das Versicherungsverhältnis unter Benennung des künftigen Versicherungsnehmers fortzusetzen. Die Erklärung ist innerhalb zweier Monate nach dem Tode des Versicherungsnehmers abzugeben;

e) mit dem Wegzug aus dem Tätigkeitsgebiet des Versicherers, es sei denn, daß eine anderweitige Vereinbarung getroffen wird.

Sonstige Bestimmungen

§ 16 Willenserklärung und Anzeigen

Willenserklärungen und Anzeigen gegenüber dem Versicherer bedürfen der Schriftform. Zu ihrer Entgegennahme sind Versicherungsvermittler nicht bevollmächtigt.

§ 17 Gerichtsstand

(1) Klagen gegen den Versicherer können bei dem Gericht am Sitz des Versicherers oder bei dem Gericht des Ortes anhängig gemacht werden, wo der Vermittlungsagent zur Zeit der Vermittlung seine gewerbliche Niederlassung oder in Ermangelung einer solchen seinen Wohnsitz hatte.

(2) Für Klagen aus dem Versicherungsverhältnis gegen den Versicherungsnehmer ist das Gericht am Sitz des Versicherers zuständig, wenn der Versicherungsnehmer keinen allgemeinen Gerichtsstand im Inland hat, wenn er nach Vertragsschluß seinen Wohnsitz oder gewöhnlichen Aufenthaltsort aus der Bundesrepublik Deutschland einschließlich Berlin (West) verlegt oder sein Wohnsitz oder gewöhnlicher Aufenthaltsort im Zeitpunkt der Klageerhebung nicht bekannt ist.

§ 18 Änderungen der Allgemeinen Versicherungsbedingungen

(1) Die Allgemeinen Versicherungsbedingungen (§ 1 Abs. 4) können mit Genehmigung der Aufsichtsbehörde mit Wirkung für bestehende Versicherungsverhältnisse, auch für den noch nicht abgelaufenen Teil des Versicherungsjahres, geändert werden, soweit sie Bestimmungen über

Versicherungsschutz, Pflichten des Versicherungsnehmers, sonstige Beendigungsgründe, Willenserklärungen und Anzeigen sowie Gerichtsstand betreffen.

(2) Änderungen nach Abs. 1 werden zu Beginn des zweiten Monats wirksam, der auf die Benachrichtigung der Versicherungsnehmer folgt, sofern nicht mit Zustimmung der Aufsichtsbehörde ein anderer Zeitpunkt bestimmt wird.

III Allgemeine Versicherungsbedingungen für die Pflegekrankenversicherung Teil I – Musterbedingungen des Verbandes der privaten Krankenversicherung (MB/PV)

Der Versicherungsschutz

§ 1 Gegenstand, Umfang und Geltungsbereich des Versicherungsschutzes

(1) Der Versicherer leistet im Versicherungsfall in vertraglichem Umfang Ersatz von Aufwendungen für Pflege oder ein Pflegetagegeld.

(2) Versicherungsfall ist die Pflegebedürftigkeit einer versicherten Person. Pflegebedürftigkeit liegt vor, wenn die versicherte Person so hilflos ist, daß sie nach objektivem medizinischem Befund für die in Abs. 3 genannten Verrichtungen im Ablauf des täglichen Lebens in erheblichem Umfang täglich der Hilfe einer anderen Person bedarf. Der Versicherungsfall beginnt mit der ärztlichen Feststellung der Pflegebedürftigkeit. Er endet, wenn Pflegebedürftigkeit nicht mehr besteht.

(3) Als Verrichtungen im Ablauf des täglichen Lebens gelten Aufstehen und Zubettgehen, An- und Auskleiden, Waschen, Kämmen und Rasieren, Einnehmen von Mahlzeiten und Getränken, Stuhlgang und Wasserlassen.

(3) Der Umfang des Versicherungsschutzes ergibt sich aus dem Versicherungsschein, späteren schriftlichen Vereinbarungen, den Allgemeinen Versicherungsbedingungen (Musterbedingungen, Tarif mit Tarifbedingungen) sowie den gesetzlichen Vorschriften.

(4) Der Versicherungsschutz erstreckt sich auf Pflege in der Bundesrepublik Deutschland einschließlich des Landes Berlin. Er kann durch Vereinbarung auf das Ausland ausgedehnt werden.

§ 2 Beginn des Versicherungsschutzes

Der Versicherungsschutz beginnt mit dem im Versicherungsschein bezeichneten Zeitpunkt (Versicherungsbeginn), jedoch nicht vor Abschluß des Versicherungsvertrages (insbesondere Zugang des Versicherungsscheines oder einer schriftlichen Annahmeerklärung) und nicht vor Ablauf der Wartezeit. Für Versicherungsfälle, die vor Beginn des Versicherungsschutzes eingetreten sind, wird nicht geleistet. Nach Abschluß des Versicherungsvertrages eingetretene Versicherungsfälle sind nur für den Teil von der Leistungspflicht ausgeschlossen, der in die Zeit vor Versicherungsbeginn oder in die Wartezeit fällt.

§ 3 Wartezeit

(1) Die Wartezeit rechnet vom Versicherungsbeginn an.

(2) Die Wartezeit beträgt drei Jahre.

§ 4 Umfang der Leistungspflicht

(1) Art und Höhe der Versicherungsleistungen ergeben sich aus dem Tarif mit Tarifbedingungen. Die Leistungspflicht des Versicherers beginnt mit dem im Tarif festgelegten Zeitpunkt, frühestens ab dem 92. Tag nach ärztlicher Feststellung der Pflegebedürftigkeit und nach Ablauf der Wartezeit.

(2) Soweit der Tarif Ersatz von Aufwendungen für häusliche Pflege vorsieht, wird nur geleistet bei Inanspruchnahme von öffentlichen oder freigemeinnützigen Pflege- oder Sozialstationen oder staatlich anerkanntem Pflegepersonal.

(3) Bei stationärer Pflege wird nur geleistet bei Aufenthalt in konzessionierten oder öffentlichen Pflegeheimen, Pflegeabteilungen in Altenheimen oder in Krankenanstalten.

(4) Eintritt und Fortdauer der Pflegebedürftigkeit sind durch ärztliche Bescheinigung nachzuweisen. Kosten je eines Nachweises innerhalb von drei Monaten hat der Versicherungsnehmer zu tragen. Kosten häufiger verlangter Nachweise gehen zu Lasten des Versicherers. Bescheinigungen von Ehegatten, Verwandten, Verschwägerten oder im Haushalt des Versicherten lebenden Personen reichen zum Nachweis nicht aus.

§ 5 Einschränkung der Leistungspflicht

(1) Keine Leistungspflicht besteht

a) für Versicherungsfälle, die durch Kriegsereignisse verursacht oder deren Ursachen als Wehrdienstbeschädigung anerkannt und nicht ausdrücklich in den Versicherungsschutz eingeschlossen sind;

b) für Versicherungsfälle, die auf Vorsatz oder Sucht beruhen;

c) für Aufwendungen aus Pflege durch Personen oder Einrichtungen, deren Rechnungen der Versicherer aus wichtigem Grunde von der Erstattung ausgeschlossen hat, wenn der Versicherungsfall nach der Benachrichtigung des Versicherungsnehmers über den Leistungsausschluß eintritt. Sofern im Zeitpunkt der Benachrichtigung ein Versicherungsfall schwebt, besteht keine Leistungspflicht für die nach Ablauf von drei Monaten seit der Benachrichtigung entstandenen Aufwendungen;

d) für Aufwendungen aus Pflege durch Ehegatten, Verwandte, Verschwägerte oder im Haushalt des Versicherten lebende Personen. Soweit der Tarif es vorsieht, wird jedoch ein Pflegetagegeld gezahlt;

e) während stationärer Heilbehandlung im Krankenhaus, Rehabilitationsmaßnahmen, Kur- und Sanatoriumsbehandlung und während der Unterbringung aufgrund richterlicher Anordnung.

(2) Übersteigt eine Pflegemaßnahme das notwendige Maß oder ist die geforderte Vergütung nicht angemessen, so kann der Versicherer seine Leistungen auf einen angemessenen Betrag herabsetzen.

(3) Besteht auch Anspruch auf Leistungen eines Sozialversicherungsträgers, auf eine gesetzliche Heilfürsorge oder Unfallfürsorge, so ist der Versicherer nur für die Aufwendungen leistungspflichtig, welche trotz der gesetzlichen Leistungen notwendig bleiben.

§ 6 Auszahlung der Versicherungsleistungen

(1) Der Versicherer ist zur Leistung nur verpflichtet, wenn die von ihm geforderten Nachweise erbracht sind; diese werden Eigentum des Versicherers.

(2) Der Versicherer ist berechtigt, an den Überbringer oder Übersender von ordnungsgemäßen Nachweisen zu leisten.

(3) Kosten für die Überweisung der Versicherungsleistungen können von den Leistungen abgezogen werden.

(4) Ansprüche auf Versicherungsleistungen können weder abgetreten noch verpfändet werden.

§ 7 Ende des Versicherungsschutzes

Der Versicherungsschutz endet – auch für schwebende Versicherungsfälle – mit der Beendigung des Versicherungsverhältnisses.

Pflichten des Versicherungsnehmers

§ 8 Beitragszahlung

(1) Der Beitrag ist ein Jahresbeitrag und wird vom Versicherungsbeginn an berechnet. Er ist zu Beginn eines jeden Versicherungsjahres zu entrichten, kann aber auch in gleichen monatlichen Beitragsraten gezahlt werden, die jeweils bis zur Fälligkeit der Beitragsrate als gestundet gelten. Die Beitragsraten sind am Ersten eines jeden Monats fällig. Wird der Jahresbeitrag während des Versicherungsjahres neu festgesetzt, so ist der Unterschiedsbetrag vom Änderungszeitpunkt an bis zum Beginn des nächsten Versicherungsjahres nachzuzahlen bzw. zurückzuzahlen.

(2) Wird der Vertrag für eine bestimmte Zeit mit der Maßgabe geschlossen, daß sich das Versicherungsverhältnis nach Ablauf dieser bestimmten Zeit stillschweigend um jeweils ein Jahr verlängert, sofern der Versicherungsnehmer nicht fristgemäß gekündigt hat, so kann der Tarif anstelle von Jahresbeiträgen Monatsbeiträge vorsehen. Diese sind am Ersten eines jeden Monats fällig.

(3) Der erste Beitrag bzw. die erste Beitragsrate ist spätestens unverzüglich nach Aushändigung des Versicherungsscheines zu zahlen.

(4) Kommt der Versicherungsnehmer mit der Zahlung einer Beitragsrate in Verzug, so werden die gestundeten Beitragsraten des laufenden Versicherungsjahres fällig. Sie gelten jedoch erneut als gestundet, wenn der rückständige Beitragsteil einschließlich der Beitragsrate für den am Tage der Zahlung laufenden Monat und die Mahnkosten entrichtet sind.

(5) Ist ein Beitrag bzw. eine Beitragsrate nicht rechtzeitig gezahlt und wird der Versicherungsnehmer schriftlich gemahnt, so ist er zur Zahlung der Mahnkosten verpflichtet, deren Höhe sich aus dem Tarif ergibt.

(6) Die Beiträge bzw. Beitragsraten sind bis zum Ablauf des Monats zu zahlen, in dem das Versicherungsverhältnis endet.

(7) Die Beiträge sind an die vom Versicherer zu bezeichnende Stelle zu entrichten.

§ 14 Kündigung durch den Versicherer

(1) Der Versicherer verzichtet auf das ordentliche Kündigungsrecht.

(2) Die gesetzlichen Bestimmungen über das außerordentliche Kündigungsrecht bleiben unberührt.

(3) Die Kündigung kann auf einzelne versicherte Personen oder Tarife beschränkt werden.

§ 15 Sonstige Beendigungsgründe

(1) Das Versicherungsverhältnis endet mit dem Tod des Versicherungsnehmers. Die versicherten Personen haben jedoch das Recht, das Versicherungsverhältnis unter Benennung des künftigen Versicherungsnehmers fortzusetzen. Die Erklärung ist innerhalb zweier Monate nach dem Tode des Versicherungsnehmers abzugeben.

(2) Beim Tod einer versicherten Person endet insoweit das Versicherungsverhältnis.

(3) Das Versicherungsverhältnis endet mit dem Wegzug des Versicherungsnehmers aus dem Tätigkeitsgebiet des Versicherers, es sei denn, daß eine anderweitige Vereinbarung getroffen wird. Bei Wegzug einer versicherten Person endet insoweit das Versicherungsverhältnis.

Sonstige Bestimmungen

§ 16 Willenserklärung und Anzeigen

Willenserklärungen und Anzeigen gegenüber dem Versicherer bedürfen der Schriftform. Zu ihrer Entgegennahme sind Versicherungsvermittler nicht bevollmächtigt.

§ 17 Gerichtsstand

Es gelten die gesetzlichen Bestimmungen.

§ 18 Änderungen der Allgemeinen Versicherungsbedingungen

(1) Die Allgemeinen Versicherungsbedingungen (§ 1 Abs. 4) können mit Genehmigung der Aufsichtsbehörde mit Wirkung für bestehende Versicherungsverhältnisse, auch für den noch nicht abgelaufenen Teil des Versicherungsjahres, geändert werden, soweit sie Bestimmungen über Versicherungsschutz, Pflichten des Versicherungsnehmers, sonstige Beendigungsgründe, Willenserklärungen und Anzeigen sowie Gerichtsstand betreffen.

(2) Änderungen nach Abs. 1 werden zu Beginn des zweiten Monats wirksam, der auf die Benachrichtigung der Versicherungsnehmer folgt, sofern nicht mit Zustimmung der Aufsichtsbehörde ein anderer Zeitpunkt bestimmt wird.

IV Gegenüberstellung GKV – PKV

Stichwort	GKV	PKV
Zustandekommen der Versicherung	Bei Versicherungspflicht kraft Gesetzes ohne Rücksicht auf den Willen der Beteiligten und ohne Willenserklärung. Meldung und Beitragszahlung; bei freiwilliger Versicherung: durch einseitige, empfangsbedürftige Willenserklärung des Versicherten bei der Krankenkasse. Für die Krankenkasse besteht Kontrahierungszwang, soweit die Voraussetzungen für die Mitgliedschaft erfüllt sind. Aus der Versicherungspflicht ausgeschiedene höherverdienende Angestellte und Arbeiter bleiben automatisch Mitglied (freiwillig), wenn sie nicht ihren Austritt erklären.	Durch privatrechtlichen Vertrag, d.h. durch Antrag des Versicherungsnehmers und Annahme des Versicherers. Der Versicherungsnehmer ist sechs Wochen an seinen Antrag gebunden. Der Versicherer kann innerhalb dieser Frist den Antrag annehmen (Vertrag kommt zustande) oder ablehnen oder zu veränderten Bedingungen (Risikozuschlag, Leistungsausschluß) annehmen.
Vorvertragliche Anzeigepflichten	Gibt es nicht.	Alle Tatsachen, wonach der Versicherer im Antrag ausdrücklich fragt, müssen gemeldet werden. Gesundheitszustand und sämtliche Vorerkrankungen; auch solche Erkrankungen, die während der sechswöchigen Bindungsfrist eintreten.

Stichwort	GKV	PKV
Verletzung der Anzeigepflichten	Entfällt.	Schuldhaft: – Versicherer kann vom Vertrag zurücktreten, – Versicherungsnehmer muß bezogene Leistungen bar erstatten, – keine Beitragserstattung durch Versicherer. Nicht schuldhaft: – Beitragsangleichung vom Beginn der laufenden Versicherungsperiode an (Risikozuschlag), – Versicherungsnehmer hat kein außerordentliches Kündigungsrecht.
Beginn der Versicherung	Bei Versicherungspflicht mit dem Vorliegen der gesetzlichen Voraussetzungen, z. B. Beginn der Beschäftigung; bei freiwilliger Versicherung mit dem Tag des Eingangs der Anmeldung bei der Krankenkasse bzw. unmittelbar anschließend an eine vorherige Pflichtversicherung.	Der Zeitpunkt ist im Versicherungsschein bezeichnet. Frühester Beginn ist der Zugang des Versicherungsscheines oder der Tag der schriftlichen Annahmeerklärung.
Beginn der Leistungen	Vom Beginn der Mitgliedschaft an.	Vom Beginn des Versicherungsschutzes an, jedoch nicht für Erkrankungen, die vor dem Versicherungsbeginn eingetreten sind.
Wartezeiten	Gibt es nicht.	1. Die Wartezeiten rechnen vom Versicherungsbeginn an. 2. Die allgemeine Wartezeit beträgt drei Monate. Sie entfällt a) bei Unfällen, b) für den Ehegatten einer mindestens seit drei Monaten versicherten Person, sofern eine gleichartige Versicherung innerhalb zweier Monate nach der Eheschließung beantragt wird.

Stichwort	GKV	PKV
		3. Die besonderen Wartezeiten betragen für Entbindung, Psychotherapie, Zahnbehandlung, Zahnersatz und Kieferorthopädie acht Monate. 4. Die Wartezeiten können erlassen werden, wenn ein ärztliches Gesundheitszeugnis vorgelegt wird. 5. Zurückgelegte GKV-Zeiten werden unter bestimmten Voraussetzungen angerechnet.
Beiträge	Einkommensabhängig in v. H. bis höchstens Beitragsbemessungsgrenze (1993 = 5400 DM mtl.). Bemessungsgrundlage – bei Arbeitnehmern das Arbeitsentgelt, – bei Rentnern Rente, Arbeitsentgelt, Versorgungsbezüge, – bei Studenten der BAföG-Satz, – bei freiwillig Versicherten die Einnahmen zum Lebensunterhalt. Keine Berechnung des individuellen Risikos. Familienversicherung ohne Rücksicht auf die Personenzahl im Beitrag inbegriffen. Beitragserhöhungen, -senkungen entsprechend der Ausgaben-/Einnahmenentwicklung.	Einkommensunabhängig. Bemessungsgrundlagen: – Versicherungsleistungen (Tarif), – Beitrittsalter, – Geschlecht, – Gesundheitszustand. Bei Umwandlung des Tarifs gilt das jeweilige Eintrittsalter unter Anrechnung der Alterungsrückstellung. Risikozuschläge bei Vorerkrankungszeiten möglich. Jede versicherte Person zahlt individuellen Beitrag. Beitragserhöhungen bei – Kostensteigerungen von meistens mehr als 10 v. H., – Änderung des Altersprofils, – Schließung und damit „Vergreisung“ von Tarifen beim Verbleiben im Alttarif. Beitragsanpassung dem Eintrittsalter entsprechend beim Wechsel zu einem anderen Versicherungsunternehmen.

Stichwort	GKV	PKV
Beitragserstattung	Grundsätzlich nicht.	Grundsätzlich erfolgsabhängig und nach Zustimmung durch die Aufsichtsbehörde, wenn im Versicherungsjahr keine Leistungen beansprucht wurden.
Beitragszuschuß	– Für Arbeitnehmer zur Hälfte vom Arbeitgeber, – für Rentner vom RV-Träger, – für Studenten von der BAföG-Stelle, soweit Leistungen bezogen werden.	– Für Arbeitnehmer zur Hälfte des GKV-Beitrages, höchstens jedoch zur Hälfte des PKV-Beitrages einer Krankheitskostenvollversicherung. Der Beitragszuschuß entfällt beim Wegfall der Lohnersatzleistung (Arbeitsunfähigkeit von mehr als sechs Wochen). Danach muß der volle Beitrag vom Arbeitnehmer gezahlt werden, – für Rentner vom RV-Träger, – für Studenten von der BAföG-Stelle, soweit Leistungen bezogen werden.
Leistungen (allgemein)	Sach-/Dienstleistungsprinzip Keine Vorfinanzierung durch den Versicherten bei grundsätzlich kostenloser Inanspruchnahme der Leistungen. Behandlung und Abgabe der Arznei-, Verband-, Heil- und Hilfsmittel durch zugelassene Vertragspartner im Rahmen der Verträge. Keine Erstattung von Behandlungskosten durch Heilpraktiker. Versicherte zahlen nach Vollendung des 18. Lebensjahres einen Eigenanteil bei – Arznei- und Verbandmitteln von 3 DM, 5 DM oder 7 DM je nach Preis bzw. ab 1994 nach Packungsgröße,	Kostenerstattungsprinzip lt. Tarif. – Volle Erstattung, – Selbstbeteiligung mit Höchstbeträgen, – teilweise Erstattung (Quotentarif), aber Vorfinanzierung durch den Versicherungsnehmer bei anschließender Erstattung auf Antrag. Einige Versicherer rechnen die Kosten der Krankenhausbehandlung direkt mit dem Krankenhaus ab. Behandlung durch den Leistungserbringer als Privatpatient. Grundsätzlich Erstattung von Heilpraktikerkosten. Leistungsbegrenzung auf das medizinisch

Stichwort	GKV	PKV
	– Heilmitteln von 10 v. H. Leistungsbegrenzung auf das medizinisch Notwendige. Versicherungsschutz im Ausland im Rahmen zwischenstaatlicher Sozialversicherungsabkommen.	Notwendige. Europaweiter, meist weltweiter Versicherungsschutz bei vorübergehendem Auslandsaufenthalt.
Leistungen im einzelnen – Gesundheitsförderung	Kurse, z. B. Raucherentwöhnung, Übergewicht, Ernährungsberatung, Bewegungsmangel, Streß.	Nicht vorgesehen.
– Früherkennungs-untersuchungen	Volle Kostenübernahme für bestimmte Vorsorgeuntersuchungen und Altersgruppen (Kinder, Frauen, Männer).	Kostenübernahme im tariflich vereinbarten Umfang.
– ambulante ärztliche/ zahnärztliche Behandlung	Volle Kostenübernahme auf Behandlungsschein.	Kostenübernahme für privatärztliche Behandlung im tariflich vereinbarten Umfang, z. B. 50 v. H., 75 v. H., 100 v. H.
– Zahnersatz	Zuschuß in Höhe von z. Zt. 60 v. H. der Kosten, wenn vorher mindestens einmal jährlich zahnärztliche Untersuchungen in Anspruch genommen wurden.	Kostenübernahme im tariflich vereinbarten Umfang (wie oben). Zum Teil aufwendigere Leistungen als in der GKV.
– kieferorthopädische Behandlung	Erstattung der vollen Kosten, wenn die Behandlung aus ärztlicher Sicht ordnungsgemäß abgeschlossen ist.	Kostenübernahme im tariflich vereinbarten Umfang, z. B. 50 v. H., 75 v. H.
– Arzneimittel	Volle Kostenübernahme, ggf. Eigenanteil.	Kostenübernahme im tariflich vereinbarten Umfang. Keine Festbeträge, kein Eigenanteil wie in der GKV.

Stichwort	GKV	PKV
– Heilmittel	Kostenübernahme laut Heilmittelkatalog abzüglich 10 v. H. Eigenanteil.	Kostenübernahme im tariflich vereinbarten Umfang, zum Teil aber Höchstbeträge.
– Hilfsmittel	Volle Kostenübernahme laut Hilfsmittelkatalog, soweit Festbeträge vorgesehen sind.	Kostenübernahme im tariflich vereinbarten Umfang, z. T. aber Höchstbeträge. Der Umfang der Hilfsmittel ist in den Versicherungsbedingungen erschöpfend aufgezählt.
– Badekur badeärztliche Behandlung Kurmittel Tageszuschuß	Volle Kostenübernahme auf Berechtigungsschein Volle Kostenübernahme abzügl. 10 v. H. Eigenanteil. Je nach Satzung, meistens 15 DM. Leistungen werden bis zu vier Wochen in der Regel innerhalb von drei Jahren erbracht.	Meistens feste Pauschbeträge für ambulante und stationäre Kurbehandlung sowie stationäre Sanatoriumsbehandlung, z. B. 18 DM täglich für insgesamt 30 Tage pro Kalenderjahr, soweit ein Zusatztarif abgeschlossen wurde.
– Rehabilitation/ Sozialer Dienst	Persönliche Beratung und Hilfe im Einzelfall (z. B. Einleitung und Durchführung von Maßnahmen in Rehabilitationskliniken, Wiedereingliederungsmaßnahmen, ergänzende Leistungen usw.)	Spezielle Leistungen nicht vorgesehen, es sei denn, es handelt sich um eine Krankenhausbehandlung.
– Stationäre Krankenhausbehandlung	Kostenübernahme aller Krankenhausleistungen abzüglich Eigenanteil von 11 DM täglich für längstens 14 Tage im Kalenderjahr. Ab 1. 1. 1994 = 12 DM, im Beitrittsgebiet = 8 DM (1993), 9 DM (1994).	Meistens volle Erstattung bei Wahlleistung je nach Tarif, z. B. mit oder ohne privatärztliche Behandlung im Ein- oder Zweit- oder Mehrbettzimmer.
– Sanatoriums- behandlung	Kostenübernahme abzüglich Eigenanteil.	Grundsätzlich nicht vorgesehen, es sei denn durch Spezialtarif.

Stichwort	GKV	PKV
– Häusliche Krankenpflege	Volle Kostenübernahme in Höhe der Vertragssätze.	Nicht vorgesehen.
– Haushaltshilfe	Kostenübernahme bis zu einem täglichen Höchstsatz.	Nicht vorgesehen.
– Familienversicherung	Mitversicherung ohne zusätzlichen Beitrag.	Für jeden Angehörigen wird bei Bedarf eine Versicherung mit eigenen Leistungstarifen und Beiträgen abgeschlossen.
– Häusliche Urlaubspflege	Voraussetzungen: – Schwerpflegebedürftigkeit, – Vorversicherungszeit Leistungen: bis zu 1 800 DM für höchstens 28 Tage im Jahr.	Leistungen nur bei Sondertarif.
– Laufende häusliche Pflegehilfe	Voraussetzungen: – Schwerpflegebedürftigkeit, – Vorversicherungszeit Leistungen: bis zu 750 DM je Kalendermonat.	Leistungen nur bei Sondertarif und abgestuft nach Schweregrad der Pflegebedürftigkeit.
– Fahrkosten	Kostenübernahme zur stationären Behandlung abzüglich 20 DM Eigenanteil.	Kostenübernahme bei vertraglicher Vereinbarung.
– Kranken(tage)geld bei Verdienstausfall	80 v.H. des Bruttoentgelts bis zur Beitragsbemessungsgrenze, höchstens Nettoentgelt, bis zu 78 Wochen innerhalb von je drei Jahren wegen derselben Erkrankung.	Bei entsprechenden Tarifen von einem vertraglich vereinbarten Zeitpunkt an in der vertraglich vereinbarten Höhe. Zeitliche Begrenzung: Eintritt eines Dauerzustandes. Bei stationärer Krankenhausbehandlung wird, soweit vereinbart, Krankenhaustagegeld gezahlt.

Stichwort	GKV	PKV
– Krankengeld bei Erkrankung eines Kindes	Für die Beaufsichtigung, Betreuung oder Pflege des erkrankten Kindes (vor Ablauf des 12. Lebensjahres) für längstens 10 Arbeitstage je Kind, insgesamt höchstens 25 Arbeitstage je Kalenderjahr. Alleinerziehende erhalten höchstens 20 Tage je Kind, höchstens 50 Arbeitstage im Kalenderjahr.	Grundsätzlich nicht vorgesehen, evtl. bei Zusatztarif als Zusatzkrankentagegeld.
– Mutterschaftsgeld	Arbeitnehmerinnen erhalten grundsätzlich sechs Wochen vor und acht Wochen nach der Entbindung (Schutzfrist) bis zu 750 DM im Monat Mutterschaftsgeld. Differenz zum Nettogehalt vom Arbeitgeber. Andere Versicherte erhalten einen Pauschbetrag von 150 DM.	Grundsätzlich nicht vorgesehen, aber ggf. bei Zusatztarif Kranken(haus)tagegeld. Arbeitnehmerinnen erhalten Mutterschaftsgeld zu Lasten des Bundes, höchstens 400 DM, vom Bundesversicherungsamt.
– Sterbegeld	Zuschuß anläßlich des Todes eines Mitgliedes 2100 DM, beim Tode eines Angehörigen 1050 DM, soweit eine Versicherung am 1. 1. 1989 bestand.	Keine Leistung der PKV. Sterbegeld wird nur aus einer Sterbegeld- und/oder Lebensversicherung gezahlt.
Krankenversicherung der Rentner	Übergang von der allgemeinen Versicherung in die Krankenversicherung der Rentner obligatorisch, soweit die Voraussetzungen (u.a. Vorversicherungszeit) erfüllt sind.	Als Rentner grundsätzlich keine Rückkehr in die KVdR (GKV) wegen Nichterfüllung der Vorversicherungszeit.

Stichwort	GKV	PKV
Ende der Versicherung	Die freiwillige Mitgliedschaft endet 1. mit dem Tod des Mitglieds, 2. mit Beginn der Pflichtmitgliedschaft, 3. mit Ablauf des nächsten Zahltages, wenn für zwei Monate die fälligen Beiträge trotz Hinweises auf die Folgen nicht entrichtet wurden, oder 4. mit Ablauf des übernächsten Kalendermonats, gerechnet von dem Monat, in dem das Mitglied den Austritt erklärt, wenn die Satzung der Krankenkasse nicht einen früheren Zeitpunkt bestimmt.	Die Versicherung endet in folgenden Fällen: 1. Kündigung durch den Versicherungsnehmer zum Ablauf der vereinbarten Vertragsdauer mit einer Frist von drei Monaten. 2. Wird ein Versicherungsnehmer kraft Gesetzes krankenversicherungspflichtig, so kann er eine Krankheitskostenvollversicherung zum Ende des Monats kündigen, in dem er den Eintritt der Versicherungspflicht nachweist. Er hat spätestens innerhalb zweier Monate nach Eintritt der Versicherungspflicht zu kündigen. Anmerkung: Ein Verbleib in der PKV ist möglich, wenn die Versicherungspflicht wegen Erhöhung der Jahresarbeitsentgeltgrenze eintritt und ein Antrag auf Befreiung bei der Krankenkasse gestellt wird. 3. Erhöht der Versicherer die Beiträge oder mindert er seine Leistungen durch Änderung der Versicherungsbedingungen, so kann der Versicherungsnehmer das Versicherungsverhältnis innerhalb eines Monats kündigen. 4. Bei Tod des Versicherungsnehmers. 5. Mit dem Wegzug des Versicherungsnehmers aus dem Tätigkeitsgebiet des Versicherers.

Stichwort	GKV	PKV
Versicherungsschutz/ Beitragszahlung für Arbeitnehmer während des Bezuges von Lohnersatzleistungen – Kranken(tage)geld	KV: Es besteht Beitragsfreiheit, aber Versicherungsschutz.	KV: Es besteht Beitragspflicht. Beiträge sind vom Versicherungsnehmer allein zu tragen. Durch Erhöhung des Krankentagegeldes kann die Beitragsfinanzierung aufgefangen werden.
	RV: Es besteht Versicherungspflicht kraft Gesetzes. Beiträge je zur Hälfte vom Versicherten und der Krankenkasse.	RV: Versicherungspflicht auf Antrag möglich, wenn im letzten Jahr Versicherungspflicht bestand. Beiträge sind vom Versicherungsnehmer allein zu tragen.
	AlV: Es besteht Beitragspflicht. Beiträge je zur Hälfte vom Versicherten und der Krankenkasse.	AlV: Beiträge werden pauschal von den Versicherungsunternehmen gezahlt.
– Mutterschaftsgeld	KV: Es besteht Beitragsfreiheit, aber Versicherungsschutz.	KV: Es besteht Beitragspflicht. Beiträge sind von der Versicherungsnehmerin allein zu tragen.
	RV: Es besteht keine Beitragspflicht. Bezugszeit ist aber eine Anrechnungszeit.	RV: Es besteht keine Beitragspflicht. Bezugszeit ist aber eine Anrechnungszeit.
	AlV: Es besteht Beitragsfreiheit.	AlV: Beiträge werden pauschal von den Versicherungsunternehmen gezahlt, wenn Krankentagegeld zu zahlen ist.
– Erziehungsgeld	KV: Es besteht Beitragsfreiheit, aber Versicherungsschutz.	KV: Es besteht Beitragspflicht. Beiträge hat der/die Versicherungsnehmer(in) allein zu tragen.
	RV: Es besteht Versicherungspflicht. Pflichtbeiträge gelten als gezahlt.	RV: Es besteht Versicherungspflicht. Pflichtbeiträge gelten als gezahlt.
	AlV: Es besteht Beitragsfreiheit.	AlV: Es besteht Beitragsfreiheit.

Stichwortverzeichnis